京都の町家と町なみ

何方《いづれのかた》を見申様《みもうすよう》に作る事、堅仕間敷事《かたくつかまつるまじきこと》

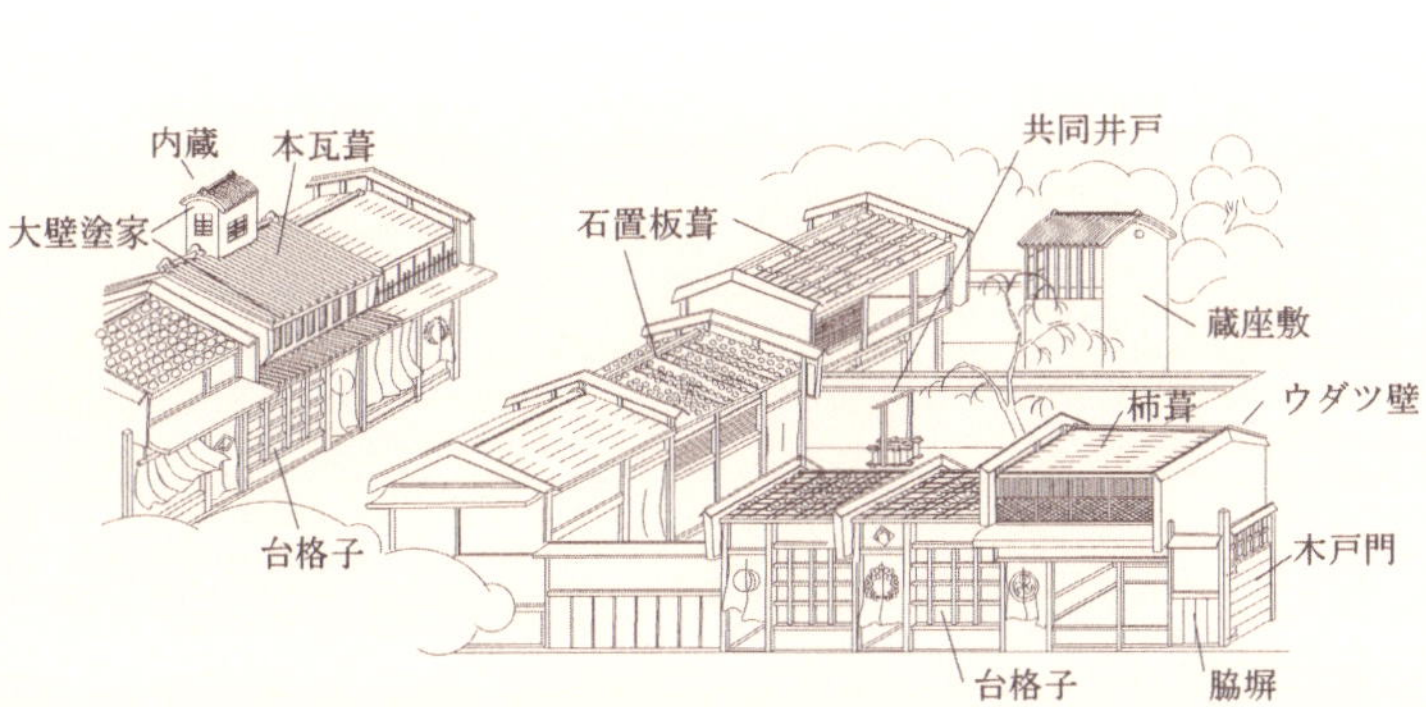

丸山俊明　著

昭和堂

京都の町家と町なみ——何方《いづれのかた》を見《み》申様《もうすよう》に作る事、堅《かたく》仕《つかまつる》間敷事《まじきこと》

本書は「財団法人　住宅総合研究財団」の
2006年度出版助成を得て出版されたものである。

序

京都。この地をなぜ、年間五千万もの人々が訪れるのでしょうか。

理由のひとつに、日本の大都市の中で、京都が最もよく伝統的な町なみを残すことがあるでしょう。その町なみでは、町家が伝統的な建築様式を伝えます。町家は主に江戸時代の都市住宅の総称です。建築規制や社会的制約の影響を受け、住環境からみれば合理的でない表構えを持ちましたが、それゆえに独特の町なみを生み出しました。その歴史に彩られた趣きや、そこでの洗練されたもてなしが、古都の魅力になっているのです。

かつて日本では、京都以外の大都市でも、伝統的な町家が美しい町なみをみせていました。京都にだけ町家があったわけではありません。子どもからお年寄りまで、みんなが暮らす古い町家が、東京にも、名古屋にも、大阪にも、広島にも、長崎にも、全国各地にありました。京都と同じように端正な町なみが大事にされていたのです。

ところが昭和の戦争末期、全国六六都市はアメリカ軍の空襲を受けました。すでに防空能力はなく、無抵抗のまま焼き尽くされたのです。京都も二度の空襲をうけ、百余名の命と六百余の町家が失われました。しかしアメリカ軍内部で梅小路機関庫が原爆投下候補地となり、通常爆撃が見合わされる中で終戦を迎えたので、町家や町なみが残されたた。京都は文化財が多いから空襲されなかったとの通説を覆すこの事実は、吉田守男氏が明らかにされています（同『京都に原爆を投下せよ——ウォーナー伝説の真実』角川書店　一九九五）。

写真１　戦前の京都
（黒川翠山撮影写真　京都府立総合資料館蔵）

戦後、各地の復興が成し遂げられたとき、必然性を失っていた伝統的な様式は、完全には復活しませんでした。その結果、大都市の伝統的な住宅様式を伝えるのは京都に残された町家と町なみ、つまり「京都の町家と町なみ」になったのです。この点こそ、京都の町家と町なみを評価する最大の要点です。日本人の宝物になったのです。

その宝物も、戦後の国土開発や不動産投機によって多くが姿を消しました。それでも今に残る町家や町なみは、お住まいの方々の努力によって守られてきたものです。「世の中どう変わろうと、守るべきものは守る」。そのように語られる方々に接しているうちに、建築史を学ぶ者として京都の町家と町なみのなりたちを明らかにしたい、そう考えるようになりました。

もちろん、この課題には多くの先学諸兄が語られています。しかし、そこには実証性を欠いた通説が入り混じる。そこで私は、まず通説を疑うことから始めて古文書や絵画史料を検討し直し、新たな見解を導き出すことにしました。その結果を記したのが本書です。

もう少し本書の姿勢について、お話ししておきましょう。

たとえば本書は「京町屋」を記しません。定義が曖昧と考えるからです。「昭和二五年に建築基準法が制定される以前の京都の木造住宅」ともいいますが、これでは江戸時代の建築規制がはずれた後の変化や、大正期の近代法規の影響を見過ごしています。「京都の町家だから京町屋」の声もありますが、そもそも「京何々」は京都の固有性を強調して価値付けする「京ブランド」。なので「京野菜」も、京都の特産品として固有性が確かな賀茂なすや鹿ケ谷かぼちゃを指します。それでは京都の町家はどうでしょう。特産品ではありません。京都で生まれた型式や意匠はありますが、江戸時代には各地へ伝播しています。格子が他より細い点を取り上げて「京都の町衆の美意識」を反映した「京格子」と評価する方もありますが、江戸前期の京都の技術的先進性が生んだ「京格子」は、技術の伝播が進んだ江戸中期には全国でも珍しくなくなって「京格子」の用例も減っています。ただ、幕末の大火を経た京都の町家は、近世最後の格子を付けて最も細いだけです。

また、表の店舗棟と奥の居住棟の間に坪庭を入れる「おもて造り」を特徴とみる向きもありますが、京都の町家すべてがそうではありませんし、元禄元年（一六八八）には、井原西鶴が越前国敦賀に「このたび表屋《おもてや》づくりの普請」（『日本永代蔵』）と記していて、江戸前期における地方都市への伝播を示唆しています。よって京都の町家に固有の平面とは規定できません。

写真２　戦前の京都
（黒川翠山撮影写真　京都府立総合資料館蔵）

京都の町家の固有性は、実はただ一点。他の大都市より多く残る点だけです。しかし、これは非人道的な空襲の結果です。日本人にとって不本意な状態なのです。この不本意な状態を固有性に置き換えたときにだけ「京町屋」はなりたちます。それに不本意だろうとなんだろうと「京町屋」の需要は大きい。不動産の売買でも、観光資源化する場合も、京ブランドの効果は絶大です。それを経済活動や行政用語に用いるのも、やむをえないことでしょう。しかし歴史用語としてはどうか。わずか六二年前、全国六六都市の町家が、そこに暮らす人々とたどった運命を思うとき、私は京都に残された町家として「京都の町家」。そう記さずにいられません。

そのような京都の町家と町なみのなりたちに、本書は江戸時代の建築規制の影響を指摘します。この点はこれまで軽視され、むしろ町人が自主的に形成したとの説が有力でした。しかし本書の副題「何方《いづれのかた》を見申様《みもうすよう》に作る事、堅《かたく》仕《つかまつる》間《ま》敷事《じきこと》」のような建築規制を追っていくと、本当のなりたちがみえてきます。

さあ皆さん、一緒にみてみようではありませんか。

住環境文化研究所代表（当時、現京都美術工芸大学工芸学部教授）　丸山俊明

※本書は、「財団法人　住宅総合研究財団」の二〇〇六年度出版助成を得て出版されたものです。

※本書は日本建築学会論文集委員会の査読を経て同学会計画系論文集に掲載された著者の論文八本を基本に構成していますが、内容・構成とも大幅な加筆修正を加えています。

※本書の掲載写真には所有者ならびに寄託管理者の掲載許可を必要とするものがあります。

※本書の挿図のうち地図史料は著者の作成です。図面史料は著者が書き直しています。絵画史料は人物を省略するなど関連部分だけを写し取っています（人物があった部分は著者の判断で修正・加図しています）。

※文書史料は読み下しにあたり仮名使いや旧字体に手を加えています。

もくじ

序章

古代から近世初頭の京都

——江戸時代までの町家と町なみ

本書は、京都の伝統的な町家や町なみを考えます。そのため、主に江戸時代を取り上げますが、それ以前にも目を通しておく必要があります。そこで本章では、古代の平安京が江戸時代の京都になるまで、町家と町なみの移り変わりを概観します。あわせて江戸時代の京都の幕府支配機構と町の行政組織もみておきましょう。

第一節　京中・洛中・京都そして小屋・町家

四神相応の地

延暦一三年（七九四）一〇月に長岡京から平安京へ遷った桓武天皇は、同月と翌月の詔で遷都を宣言しました。山背国北部の京都盆地に南北五・二キロメートル、東西四・五キロメートルの平安京造営を始めたのです（図1）。そして「嵯峨の天皇の御時、都と定まりにける」（『方丈記』）となりました。

この場所の選定理由は、風水思想や陰陽五行道のいう「四神相応之地」であるためとされます。そして四神には、東に青龍として鴨川、南に朱雀として巨椋池、西に白虎として山陰道、北に玄武として船岡山があてられます。京都の地形が都の条件を満たす、というわけです。この四神相応＝京都地形説は通説となっていますが、根拠は明らかではありません。ただ、平安時代の陰陽師、安倍晴明の撰という『簠簋《ほき》内伝』に次の内容があります。

……東に流水有、いわく青龍、南に沢畔有、いわく朱雀、西に大道有、いわく白虎、北に高山有、いわく玄武……

確かにそれらしい内容ですが、この『簠簋内伝』は「流水無ければすなわち柳九本」「沢畔無ければすなわち桐七本」などと四神に代替物を許したり、「四物相具足すなわち富貴自在、子孫繁昌」という家相占いのような記述もあるなど、

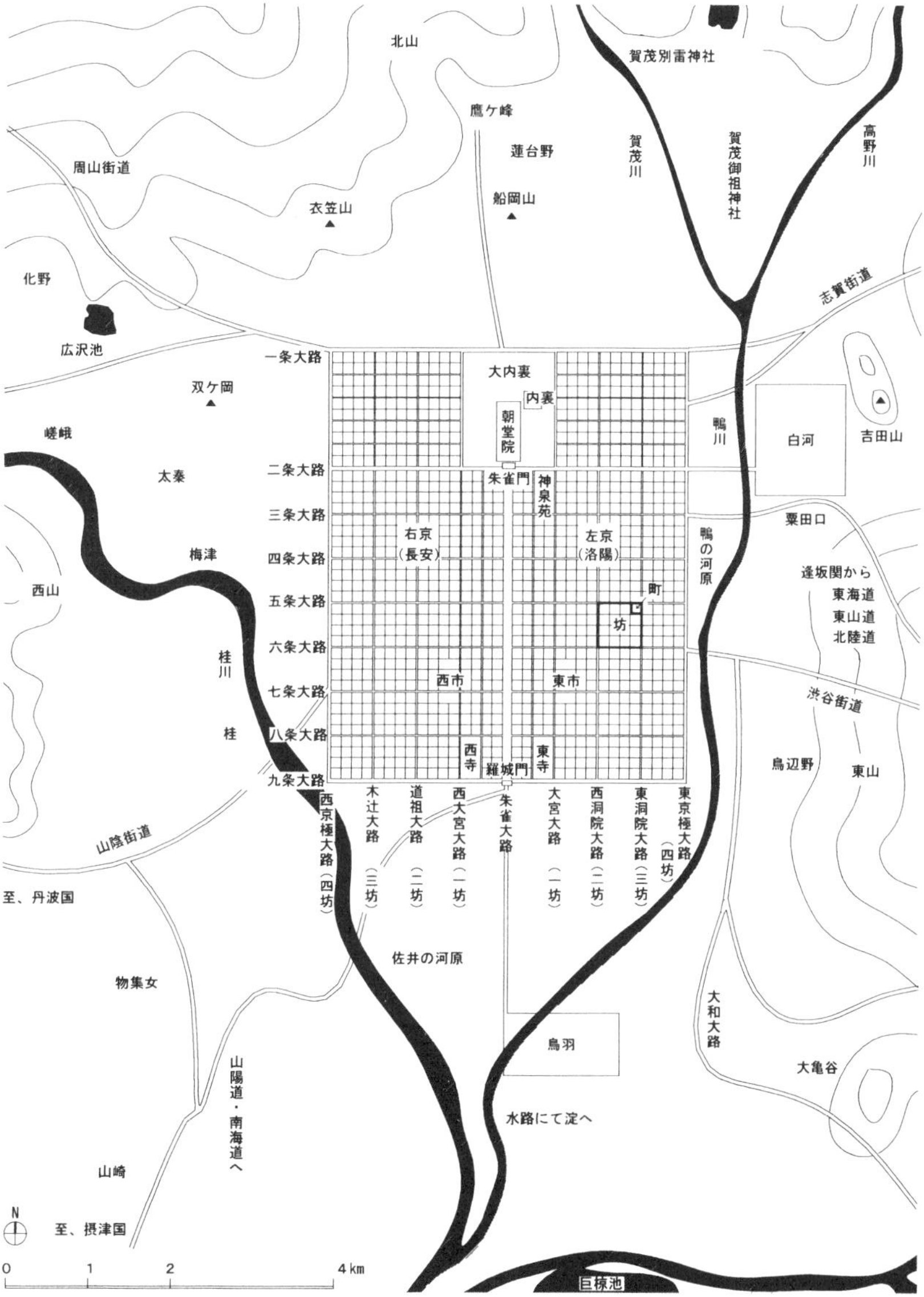

※四神相応之地＝盆地説は朱雀を図外の南甘備山とする

図１　古代平安京

都の選定に関わる緊迫感がありません。実は中世の僧侶作というのが本当のようで、そうすると四神が山や川、沼や道である根拠がなくなります。そうでなくても平安京は東にも大道（東海道・東山道・北陸道）があり、流水も西の桂川が大きい。『日本紀略』などにうかがう遷都の詔にも四神については明確でなく、次のようにあるだけです。

……此の国は山河襟帯《さんがきんたい》して自然に城を作《な》せり……宜しく山背国を改めて山城国と為すべし……

山が襟《えり》、川が帯のように取り巻く自然の城、これが選定理由です。だから山背国が山城国に改名され、翌年の踏歌にも「四方の山々美しく」とあります。このため四神は京都盆地を囲む山々であり、四神相応の地は京都盆地を指す、という四神相応＝盆地説もあります(一)。そしてこの説こそ、三世紀頃の中国で成立した風水思想に根拠を置きます。

風に散り、水に止まるという「気」を扱う風水は、都に「龍穴」や「天心」を求め、それは四神が囲んで気が充満する四神相応の地とします。そして四神は「前山もって朱雀、後山を玄武となし、青龍を左山となし、白虎を右山となす」（『地理人子須知』）、つまり盆地を囲む山々とします。平原が続く中国大陸では、十字四方の山々が囲む盆地が自然の城。それを天心とする「十字天心説」もあり、四神相応＝盆地説と合致します。大陸では盆地が都の重要な条件だったのです。

しかし、この四神相応＝盆地説を、そのまま平城京や平安京にあてることにも問題があります。遷都に関わる四神は、平城京の遷都の詔に「平城の地、四禽《しきん》図に叶い、三山鎮《しずめ》を作《な》し」とあります。「四禽」が四神ですが、これが奈良盆地を囲む山々なら、後文の「三山」に重なります。当時の四神は山々ではない、別の何かなのです。それは何か。

そもそも四神は、古代中国の天文思想に現れたもので、星座群を指しました。天球を四つに分け、そこに集まる星座群に四神をあてたのです。これが東西南北の方位に転意しました。日本でも、この思想の影響を示す四神図が、高松塚古墳やキトラ古墳に天文図と共に描かれて、死者の小宇宙を表現しています。山や川、沼や道ではありません。ですから両古墳の築造と近い時期に遷都された平城京も、天空に四神が広がる土地、地上では東西南北にバランスよく広がる地形が四禽図にかなうのでしょう。それを三山が囲んで鎮める土地に都が置かれたのです。

それでは平安京。バランスのよい地形の重要性は同じはずですが、詔に四神は明確でなく、貴族の墓にも四神図や天文図は指摘されません。おそらく天文思想の影響は後退し、盆地を求める本格の風水思想や、太古の磐座《いわくら》や神奈備《かんなび》を基準とする土地選定思想が複合的に検討されたのでしょう。その結果が詔に山や川という実在で表現されたのです。

それでは、鴨川などをあてる四神相応＝京都地形説は、どこから来たのか。おそらく後代の創作です。千年都となる平安京（実際は一〇七四年）も、藤原薬子の平城京再遷都計画や平清盛の福原遷都のように、幾度か遷都が試みられました。いずれも貴族の抵抗で失敗に終りましたが、計画の復活を恐れた貴族達は平安京こそ「万世の宮地」と位置づけるため、古代天文思想の四神に京都固有の地形を結び付けたのでしょう。武家の時代になっても、貞享元年（一六八四）まで天文を扱うのは朝廷でしたから、創作は可能でした。それを古代の神秘的陰陽師に仮託して、信憑性をまとわせたと考えられます。

このように史料を見直すと、通説とは違う見方ができます。この姿勢で本書を進めていきましょう。

平安京の都市計画

平安京は、古代の都（「宮処《みやこ》」宮のあるところの意味）の常として「都城制《とじょうせい》」により造営されました。都城は古代中国の長安や洛陽に範を得た都市計画で、都市壁の「羅城《らじょう》」と、条大路《じょうおおじ》と坊大路《ぼうおおじ》が街区を走る「条坊制《じょうぼうせい》」からなりました。

このうち羅城は、外敵の不安がないので、羅城門の両脇に短く付いただけでした。しかし条坊制は徹底され、一条～九条の東西大路と一坊～四坊の南北大路が平安京を五五〇メートル四方の「坊《ぼう》」に区画し、その一坊を縦横三本の小路《しょうじ》が一六の「町《ちょう》」に分けたのです（図1）。

こうして生まれた一町（約一二〇メートル）四方（「方一町《ほういっちょう》」）が、貴族に賜わる屋敷地「一町家《いっちょうや》」の基本になりました。下位の貴族になるほど狭くなりましたが、一町四方が「碁盤の目」「格子縞」と表現される後世の街区につながります。

ちなみに、東寺の北門から北へ伸びる「櫛笥小路《くしげしょうじ》」は、道幅も雰囲気も、当時の面影を残す数少ないところです。

なお条坊制は、大宰府など全国の役所（「国府」）周辺でも、実施される場合がありました。ですから小規模な「都」は各地に生まれました。その中で、天皇の住まう平安京こそ最大最重要の都として「京都《きょうのみやこ》」と称されるようになったのではないか。京都《きょうと》という名称の発生には諸説あるのですが、私はこのように考えています。

さて平安京は、内部範囲を「京中《きょうちゅう》」と称されました。京中の東側は左京（洛陽城）、西側は右京（長安城）と称され、両京の間には幅八五メートルの朱雀大路が南北に走りました。南端には平安京正門の羅城門が、北端には大内裏正門の朱雀門が置かれ、大内裏《だいだいり》（平安宮）には、大極殿など政治施設が集まる朝堂院や、天皇が住まう内裏《だいり》が置かれたのです。

ですから大内裏以外の京中は、貴族や庶民に賜る土地でした。しかし右京は湧水地が多く、一〇世紀には人家が左京へ移りました。その結果、飽和状態になった左京は北側へ伸張を始め、貴族屋敷が集まって上辺《かみのあたり》と称されました。そうなると、左京の南側は下辺《しものあたり》となります。こうして京都を上と下に分ける地域概念が生まれたのです。

両京の官製市場も、右京の「西市」は衰退し、左京の「東市」が繁栄します。そして一〇世紀頃に成立した『倭名類聚抄』には、「店家《まちや》、俗に町と云う……座して売る舎《いえ》なり……商売の居所の所をいう」とあります。市が「町」、市に並ぶ店舗が「店家《まちや》」だったのです。「まちや」という名称は、商売と強い結びつきを持って現れました。この店屋《まちや》を少し後の『一遍上人絵伝』などにみると、屋根はつながっても、内部は複数の店舗が入る棟割長家です。そして市以外のつまり通りに沿って増加する店舗付住宅も、やがて店家《まちや》と呼ばれるようになっていきます。

庶民住宅の増加

一一～一二世紀は、平安時代の末期にあたります。この頃、貴族の別荘地であった白河（現、岡崎）に、「勝」の字の付く寺院が次々に建築されました（六勝寺）。中でも最初の法勝寺は、高さ八二メートルもの八角九重塔を備えたといいます。京中を外れた鴨東（鴨川東側）に、このような国家的事業を展開したのは白河天皇でした。「賀茂の水、

図２　庶民住宅

双六《すごろく》の賽、山法師」のみ「朕の心に随わぬ」（『平家物語』）と言い放ち、気に入らなければ雨でも容器に受けて獄につないだという人物です。譲位後には白河上皇として鳥羽に広大な離宮（城南水閣、今の名神高速京都南ＩＣ）を造営、院政を始めました。一方、平安京では堀河、鳥羽、崇徳天皇が次々に立ちますから、政治的な混乱が起きます。京中は強盗と放火が頻発、治安は悪化。比叡山延暦寺や大和興福寺僧兵の乱行も凄まじくなりました。これを押えた武士が、やがて台頭するのですが、とにかく「京中、火災恐るべし」と考えた貴族や庶民は、「あたかも都遷《みやこうつり》」（『扶桑略記』）つまり遷都のように、鳥羽へ移り住んだのです。

残された京中では、街路が押領された巷所《こうしょ》や主人が去った貴族屋敷を囲む築地（塀）が庶民住宅に変わっていきます。ここに入った庶民が貴族に地代（地子《ぢし》）を納めるのです。

このような庶民住宅は、慶滋保胤の日記『池亭記』に、軒先はつなぎ壁を隔てる（「小屋《ちいさきや》、壁を隔《へだ》て軒を接《まじ》う」）と記されました。つまり棟割長屋です（図2）。通りに面した間口は三間程度、奥行は四間程度。板葺か草葺の屋根を連続させています。柱は地面に突き入れる掘立柱《ほったてはしら》、外壁は板壁や薄板を編む網代《あじろ》壁や土壁、入口（門口《かどぐち》）に板戸が開き、窓には板戸に格子を打った「蔀《しとみ》」（突上戸）があります。内部は土間と張床、あるいはムシロ敷の「土座《どざ》」があったようです。

このような庶民住宅を、貴族の慶滋保胤が「小屋《ちいさきや》」と記したのは当然です。規模も仕様も貴族屋敷に劣る上、火事が発生した場合は、延焼を止めるために引き倒されることもありましたから。ただし、庶民自身も「小屋《ちいさきや》」と呼んだかというと、そうではない。中世の日記紀行集や南北朝の動乱を記した『太平記』に、庶民の住まいは「家」や「家居《いえゐ》」、「在家《ざいけ》」とあります。「小屋《ちいさきや》」ではありません。そして、これらの家の中に、商品陳列台を通りに出す店舗付住宅つまり店家《まちや》がありました。この店家が左京の三条以南に増加して私製市場となり、やがて町《まち》と称されるようになって、官製市場を廃れさせていったのです。

ちなみに、貴族が通り沿いに「桟敷《さじき》」を置くこともありました。祭りなどの見物用の仮設とされますが、「一条桟敷屋にある男泊まりて、傾城（遊女）と臥したりけるに……蔀《しとみ》を少し押しあけて見ければ……」（『宇治拾遺物語』）とあるように、張床《はりゆか》や蔀戸《しとみど》（押し上げ式の板戸）を持つ常設の建物もあったようです。おそらく庶民住宅と同じような棟割長屋もあったのでしょう。少し後の『徒然草』にも「今出川の辺より見れば、院の御桟敷のあたり、更に通り得べうもあらず……」とあります。

平安京の衰退

鎌倉時代に入った京中は、太郎焼亡や次郎焼亡といった大火や養和大飢饉で、大きな被害を受けました。政治的にも、後鳥羽上皇と西国武士団が鎌倉武士団に完敗し（承久の乱、一二二一）、朝廷の凋落は誰の眼にも明らかでした。安貞元年（一二二七）四月に焼失した内裏も再建されず、大内裏は「内野《うちの》」と呼ばれる荒地になりました。貴族屋敷も小さくなり、「一町家」は消滅しました。治安の悪化は歯止めがきかず、鎌倉幕府の出先機関である六波羅探題は、左京一帯に四八箇所もの「篝屋《かがりや》」（常灯の監視櫓）を置いて、警備を強化しなければなりませんでした。

しかし、その中でも庶民住宅は通りに沿って増え続け、店家《まちや》も増加しました。それらが新たな商業地を求め、一町四方の街区に新しい通り（辻子《づし》、小路《こうじ》）を通す状況が、『庭訓往来』に「市町《いちまち》は辻子《づし》・小路《こうじ》を通し、見世棚《みせだな》を構えせしめ、絹布の類・贄《にえ》・菓子、売買の便り有らん様、相計らわれるべき也」とあります。新しい通り沿いに「見世棚」という商品陳列台を付けた店家が並んだのです。「見世」の「棚」というのですから、店家《まちや》は「見世《みせ》」とも称されたのでしょう。なお通りの清掃は『延喜式』に規定されましたが、下水がないので相当汚れていたようです。

この頃、京都を中心にした商品流通は、近畿一円から瀬戸内にも広がっていました。ここから集まる富を吸収した金融業者（「土倉《どそう》」「借上《かしあげ》」）が新興勢力として「京童《きょうわらべ》」を自称するようになっていました。一四世紀前半に鎌倉幕府が動揺すると、彼らは家々の周辺に、自衛の柵（「釘貫《くぎぬき》」）を設けて、内部で自治的様相を強めていくのです。

洛中洛外の発生

一四世紀前半、鎌倉幕府の崩壊から南北朝の動乱を記録した『太平記』には、次のような記述があります。

……五千余騎にて梅津、桂、西七条に火をかけて、京中へぞ攻め入りける、洛中には向う敵もなければ、南方、北国の兵皆一所に打ち寄せて、四条、五条の河原に轡《くつわ》を並べてひかえたる……

「京中」と「洛中」を使い分けています。「梅津、桂、西七条」から入る京中は、古代平安京の京中と同じ範囲でしょう。その京中を通って洛中に入るわけですが、洛中の索敵を終えた兵は、鴨川河原に集まります。ここが洛中の東端です。そうすると、古代の左京は洛陽城と称されましたから、洛中とは左京が基本範囲で、そこから突き出た上辺を加えた人家密集地域を指したのでしょう。また、『太平記』には人家の少ない場所が「洛外」とあり、人家密集度で洛中と洛外を分ける概念も現れています。ちなみに、北へ行くのを「上《あが》ル」、南へ行くのを「下《さが》ル」、東や西へ進むのを「入《い》ル」とする京都独特の言い回しは平安後期に始まっていましたが、定着したのはこの頃であったようです。

上京・下京と町人の発生

一五世紀の室町時代、上辺に足利将軍の公方御所（花の御所）が造営されました。近くの土御門邸には、転々としていた里内裏（内裏を失った天皇の仮住まい）が落ち着き、近くに貴族や富裕商人の屋敷が集まって、「上京」になりました。一方、庶民住宅や職人の工房が集まる三条から七条辺りが「下京」となり、上京と下京が洛中を構成することになりました。

その上京と下京では、通り沿いに向かい合う庶民住宅が生活共同体の「両側町」を形成し、「〜町《ちょう》」という固有名称を自称するようになりました。その町内では、富裕商人を中心に自治が行われ、足利政権や領主に対しては、独立した身分を強調する「町人《ちょうにん》」を自称するようになりました。その中で、「店家」も「町家」「町屋」と記されるようになっていきます。

これらの町々は、近郊農村から債務放棄を求めて襲来する土一揆勢に対応するために、「惣町《そうちょう》」という連合体を形成するようになり、上京惣町は革堂《こうどう》（行願寺）を、下京惣町は六角堂（長法寺）を「惣堂」（相談の場）にしました。

さて、この頃の町なみですが、一休さん（宗純和尚）は『狂雲集』に、次のように記しています。

……街坊《まちぼう》の間、十家に四五は娼楼なり、淫風の盛《さか》んなる、亡国に幾《ちか》し……

洛中の半数近くが二階建ての風俗店、というのです。同様の店は鎌倉時代からありましたが、室町末期の『洛中洛外図』では平屋が多数なので、にわかには信じがたい描写です。しかし、町人の経済力の伸長を反映するような、二階建ての増加という町なみの変化はあちこちにあったのでしょう。

もっとも、このような傾向も、応仁・文明の乱（一四六七〜七七）で大きく後退したはずです。室町幕府の管領、細川勝元の東軍と、山名宗全の西軍が激突した戦いは一一年間にも及び、主戦場となった上京は、東軍が堀や釘貫を廻らせた東軍御構《とうぐんおんかまえ》と、西軍御構（西陣）が向かいあうだけになりました。そのほかは『応仁略期』に「二条より上、北山東西ことごとく焼け野原」、『応仁記』に「花洛は真に名に負う平安城なりしに、量《はか》らざりき応仁の乱に依《より》て今赤土」とあるように、焼け焦げた荒地になりました。連歌師の宗長も「京を見渡し侍れば、上下の家、むかしの十が一もなし、ただ民屋の耕作業の躰、内裏は五月の麦の中」（『宗長日記』）として、上京・下京ともに灰燼に帰した様子を伝えています。

ただ宗長は、「下京茶湯とて、このごろ数奇などといいて、四畳半敷、六畳敷をのをの興行、宋珠さし入、門に大なる松あり、杉あり、垣のうち清く……」とも記しています。侘び茶を始めた村田珠光の後継者、奈良屋宋珠の草庵茶室を描写したもので、鷲尾隆康も「山居の躰、もっとも感有り、誠に市中の隠と謂うべし」（『二水記』）と伝えています。上京から一条通りの空堀を隔てただけの下京は、実は戦乱による壊滅的被害を免れていて、町人文化が展開されていました。その中に、静寂な空間を生み出す土地占有があったのです。これを可能にしたのは、大乱終結からわずか三年（明応九年〔一五〇〇〕）で祇園御霊会（祇園祭）の山鉾巡行を再開したような、下京町人の経済力でしょう。

歴博甲本『洛中洛外図』屏風の町なみ

一六世紀前半の町なみは、歴博甲本『洛中洛外図』屏風（国立歴史民俗博物館蔵）に描かれています（図3）。通り沿いに多くの平屋が並びますが、敷地奥の境界はあまり見当たらず、共同便所や井戸が置かれた共同利用地が多いようです。屋根は板葺で、板が風で飛ばないための石を井桁組にした竹木で支える石置板葺《いしおきいたぶき》です。これらの中に、両側の妻壁を屋根よりも高くあげるウダツ（梲、卯建、卯立、宇立）があり、中には表（平側）にもあがる家もありますが（図4）、多くはウダツをあげません。これらは外壁が連続しているので、棟割長屋と思われます。ただし屋根は個々に描き分けてありますから、葺替えは各家で行ったのでしょう。現在の京都でも、建物は長屋なのに、屋根は別々に葺きかえる例がありますから。

表通りに面する表構えは、入口（門口《かどぐち》）に紋を染め抜く大暖簾《のれん》を掛け、大ぶりな格子を腰台に造り付けた「台格子」を装置し、揚見世《あげみせ》を広げています。このように開放的な店舗付住宅が、町家と呼ばれたのでしょう。揚見世は商品陳列台で見世棚《みせだな》とも呼ばれますが、夜は壁側に収納して壁代わりになるものが揚見世でした。

ちなみに、ずっと後の江戸時代の話ですが、一階の表構えを、平格子や出格子で閉鎖的にしつらえる「仕舞屋《しもたや》」化

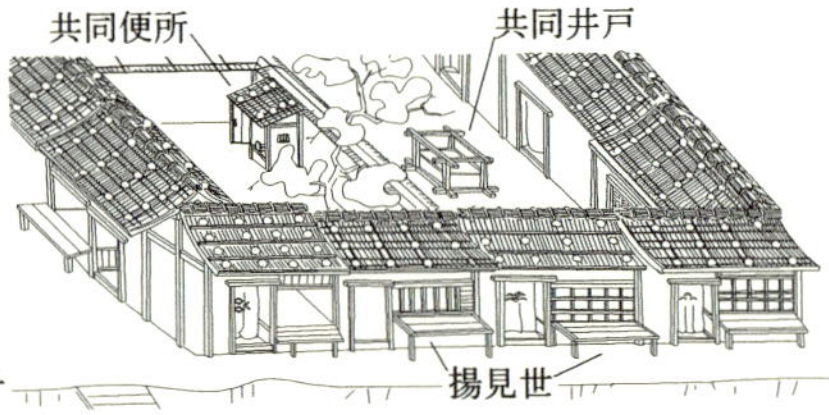

図３　歴博甲本『洛中洛外図』屏風
（右隻四扇より小川沿いの上京町々）

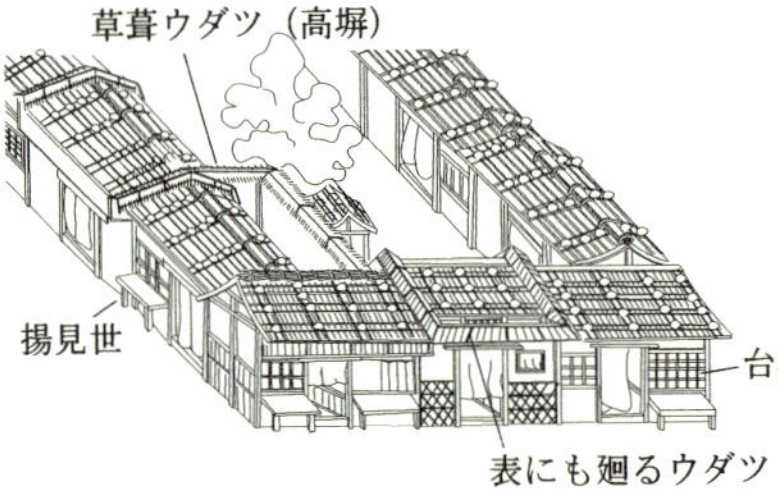

図４　歴博甲本『洛中洛外図』屏風
（左隻一扇より下京町々）

が進みました。そのとき揚見世は小ぶりになって腰掛の意味の床机、それも収納式の「ばったり床机」と呼ばれるようになっていきます。

独立自衛の町人自治

一六世紀の戦国時代、町人は町域を柵や門（釘貫）で囲む「町の囲い」を増やし、内部の自治を整えました。この傾向は下京に強く、その下京は「大方題目の巷《ちまた》」でもありました。題目とは、法華宗（日蓮宗）の「南無妙法蓮華経」のことです。下京町人は、法華宗の「支配権力の否定、現世利益の肯定」に共鳴して、門徒になっていたのです。そして、僧侶や有力商人の指導のもと武装化して、細川晴元や六角定頼と結び、本願寺門徒の一向一揆と死闘を展開しました。その一方で、弱体化した足利政権には自治を認めさせ、領主には地代（地子）不払いの「法華一揆」「天文法華之乱」を展開しました。

ここに、町人が武力で独立自衛を確保する本当の自治が、一時的かつ限定的であるにせよ、京都に成立したのです。

争乱の最中、天文二年（一五三三）に、八坂祇園社が御霊会取止めを検討したときも、下京六六の町々代表（月《がち》行《ぎょう》事《じ》衆）は祇園社に「神事これなくとも山鉾渡したき……」（『祇園執行日記』）とねじこみました。神事そっちのけの申し入れに、祇園社は「此方は知らず」と突き放しましたが、乱世に息づく下京町人の活力のなせる業だったのでしょう。

その下京町人は、天文五年（一五三六）に、六条本圀寺で比叡山延暦寺僧兵・近

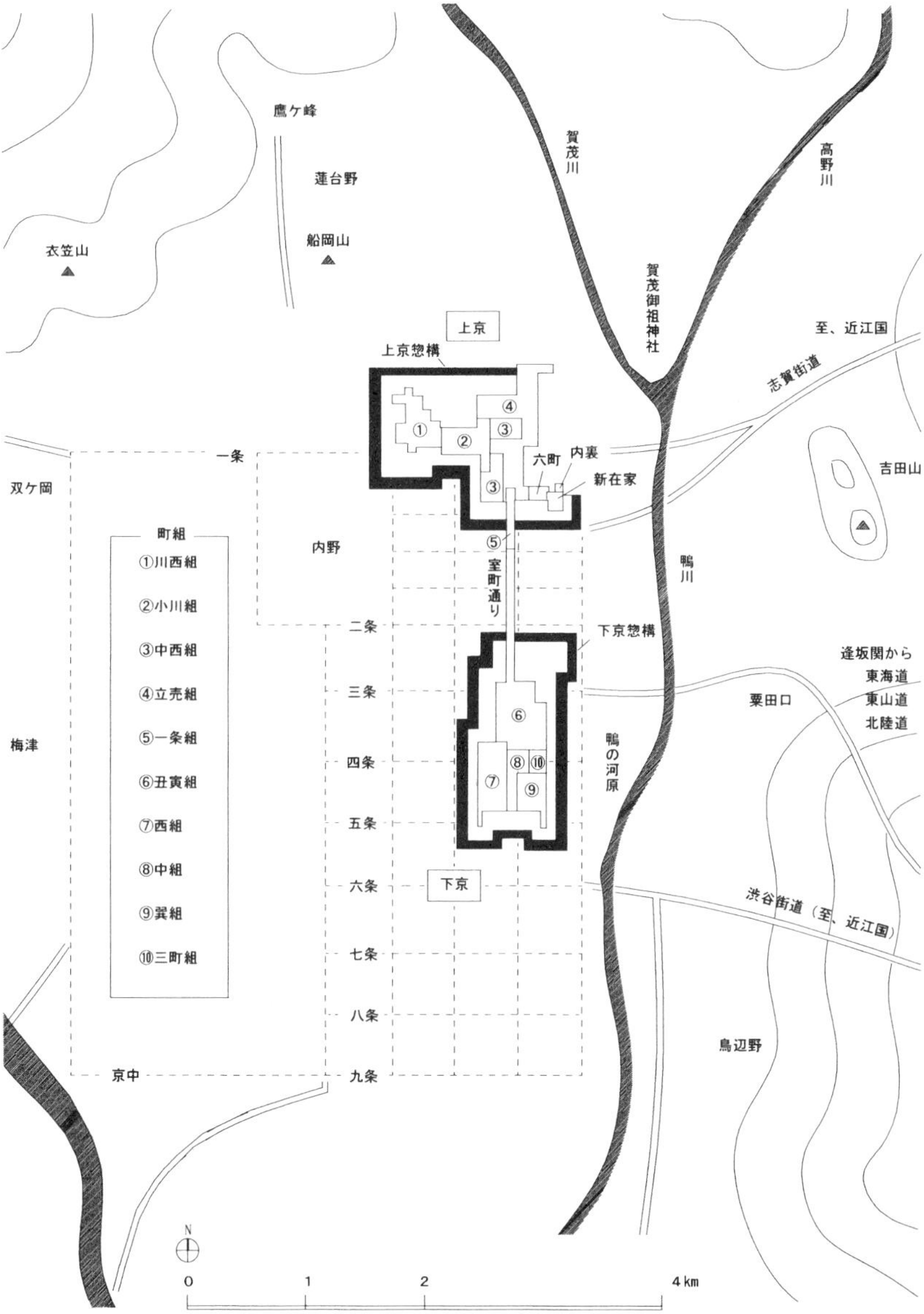

図5　上京惣構と下京惣構

江六角氏連合軍に敗れ、法華寺院二一本山と下京全域、上京南側を焼かれました。天文元年（一五三二）に始まった法華一揆は、ここに終息したのです。

その後、町々は足利政権に恭順の姿勢を示しますが、自衛力の強化は再開します。天文六年（一五三七）以降、内裏周辺の町々が六町《ろくちょう》（後の禁裏六丁町）という町組を結成し、上京にも五組、下京にも五組の町組が生まれたのも、その表れでした。さらに上京惣町と下京惣町は周囲に土塁や掘、釘貫を廻して「惣構」とします。こうして惣構に限定された人家密集地域は、平安京造営以降、最小範囲となりました（図5）。しかし内部では、町の定めごとを明文化する「町式目」が現れるなど自治が進展していました。戦乱の時代は誰にも頼りきらない姿勢が必要だったのです。なお「上京惣構」と「下京惣構」を結んだのが「室町通り」ですが、このような通り名もこの頃から確認されます。

町家と小屋

当時都の町なみを、町人や農民は、どのように見ていたのでしょうか。室町時代に成立した狂言の『末広がり』や『粟田口』には、冒頭に、都のぼりの印象が記されています。

……いや、都に近うなったとみえて、いかう人足が重くなった、いえ、さればこそ、はや都に上り着いた、はあ、また、なにがしの辺りとは違うて、家建ちまでも格別じゃ、あれからつうっとあれまで、軒と軒、棟と棟、仲よさそうにひっしりと建て並んだほどに……

「仲よさそうにひっしり」続く町なみは、専門の狂言師が現れた一五世紀前半のものでしょう。当時の板葺は、連歌師宗長も「夜はしぐれ、朝戸は霜の板屋かな」（『宗長日記』）と詠んだように多かったようです。この板葺の町なみは、一五世紀後半（応仁・文明の乱後）の歴博甲本でも（図3、4）、一六世紀前半（天文法華の乱後）の上杉本『洛中洛外図』屏風（米沢市立上杉博物館蔵）でも大きく変わりません。板葺の連なりこそ、都らしい町なみだったのです。

しかし、これらの家は、貴族の日記や室町幕府の史料に、まだ小屋《ちいさきや》と記されます。瓦葺寺院群や檜皮葺の内裏、板葺の武家屋敷と比べれば小屋だったのです。もっとも上杉本を織田信長から贈られた上杉謙信が支配する越後府内へ出した板葺命令には、京都への憧れが指摘されます（二）。府内は草葺の町なみだったのです。越前朝倉氏が日本海の富を集めた一乗谷が、ようやく板葺の町なみでした（写真1）。

その中で、板葺が連なり面的に広がる京都の町なみが先進的であったのは間違いありません。現在から見れば粗末な板葺も、他所の草葺に比べれば上等ですから、京都の町人も、自分たちの家を小屋《ちいさきや》とは呼ばない。家や家居、あるいは町家なのです。そもそも「小屋《ちいさきや》」は、「春の野に小屋《こや》構《か》いたるやうにて突い立てたる鉤蕨《かぎわらび》……」（『梁塵秘抄』）とあるような小屋《こや》、仮設の小屋《こや》がけを連想させたはずですから。

写真１　特別史跡朝倉氏遺跡環境整備で復元された棟割長屋（福井県立一乗谷朝倉氏遺跡）

貴族が小屋《ちいさきや》と見るのに、町人が家とする。この認識の違いが解消されて町家で揃うのは、一六世紀末から一七世紀初頭。豊臣政権による京都改造と、二階建て政策を待つことになります。

京都に近世支配者出現

一六世紀後半の永禄一一年（一五六八）、「天下布武」を進める織田信長が、足利義昭を連れて入京しました。

入京後、ただちに上京と下京の中間地点を整地し、足利義昭の居城として二条城（旧）を築城しました。石垣を持ち、二重堀を廻らした近世城郭は、京都の町人に近世統一政権の強大な権威を知らしめたことでしょう。

もっとも、このような場合、京都の町人は往々にして反感を持ちます。その反感は雑草がはびこるように広がって、ついに元亀四年（天正元年

（一五七三）、信長の義昭追放に抵抗する結果になりました。その代償は謝罪金の支払命令となり、拒否した上京は「上の都は日本全国の都」（『耶蘇会士日本通信』）と称えられた町なみを、焼き払われました。抵抗を諦めた下京も、銀七〇〇枚献上のため各町が銀一三枚の供出となり、負担できない者は「暴力をもって貧家から追われ、その家の売却代金の内より彼等に課したるものを徴収」（『耶蘇会士日本通信』）となったのです。

このように強権的に動く信長は、各種法令を「上京惣中」「下京惣中」に出すなど、惣町―町組―町の自治組織を自身の京都支配機構に取り込みました。ここに、自分たちで生命と財産を守る本当の町人自治は終結したのです。

さらに信長は、上京焼討ち跡に「前々の如《ごと》く、還住《かんじゅう》せしむべきの事」「居宅造《つくり》おわんぬの間、人足免除の事」「家宅油断なく再興すべし」などと早急な町なみ復興を命じ、これを促すため、年貢の代銭納にあたる「地子銭《ぢしせん》」も免除したといいます。その結果、「甚だ富みたる人」による上京復興は順調に進みました。ただし、近世の絶対権力者による京都の町なみへの関わりが、貧しい町人を排除する形で行われたことは、その後を考える上で見逃せません。

こうして復興した町なみは、宣教師ジョアン・ロドリーゲスが、「都市や集落の道路に面した家々で、通常それらはすべて商店である」と記しています。商店は店家《まちや》、つまり町家です。京都は町家の町なみになったのです。

ところが天正一〇年（一五八二）六月二日。一万三千の兵を連れて西から京都になだれ入った明智光秀は、信長を本能寺で、長男信忠を二条城で焼殺しました。直後に上京下京の地子を赦免する朱印状を発したのは、人心掌握に務めた現われでしょう。しかし、いくらもせぬうち、中国攻めから大返しに返した羽柴秀吉と山崎で激突、日の出の勢いの前に粉砕されました。その秀吉が信長の跡目争いを勝ち抜き、天正一二年（一五八四）には徳川家康まで軍門に下らせて天下統一をはたしたのは周知の通りです。

そして秀吉は、朝廷から豊臣姓を賜わった天正一四年（一五八六）、京都改造に着手します。手始めに、内野に築城を始めます（図6）。かつて大内裏であった内野は誰も手を付けずにいましたが、その場所こそ秀吉の京都居所にふさわしかったのでしょう。天守閣を持つ巨大な平城は「長生不老の楽しみを聚《あつ》める建物」すなわち「聚楽第《じゅらくてい》」とな

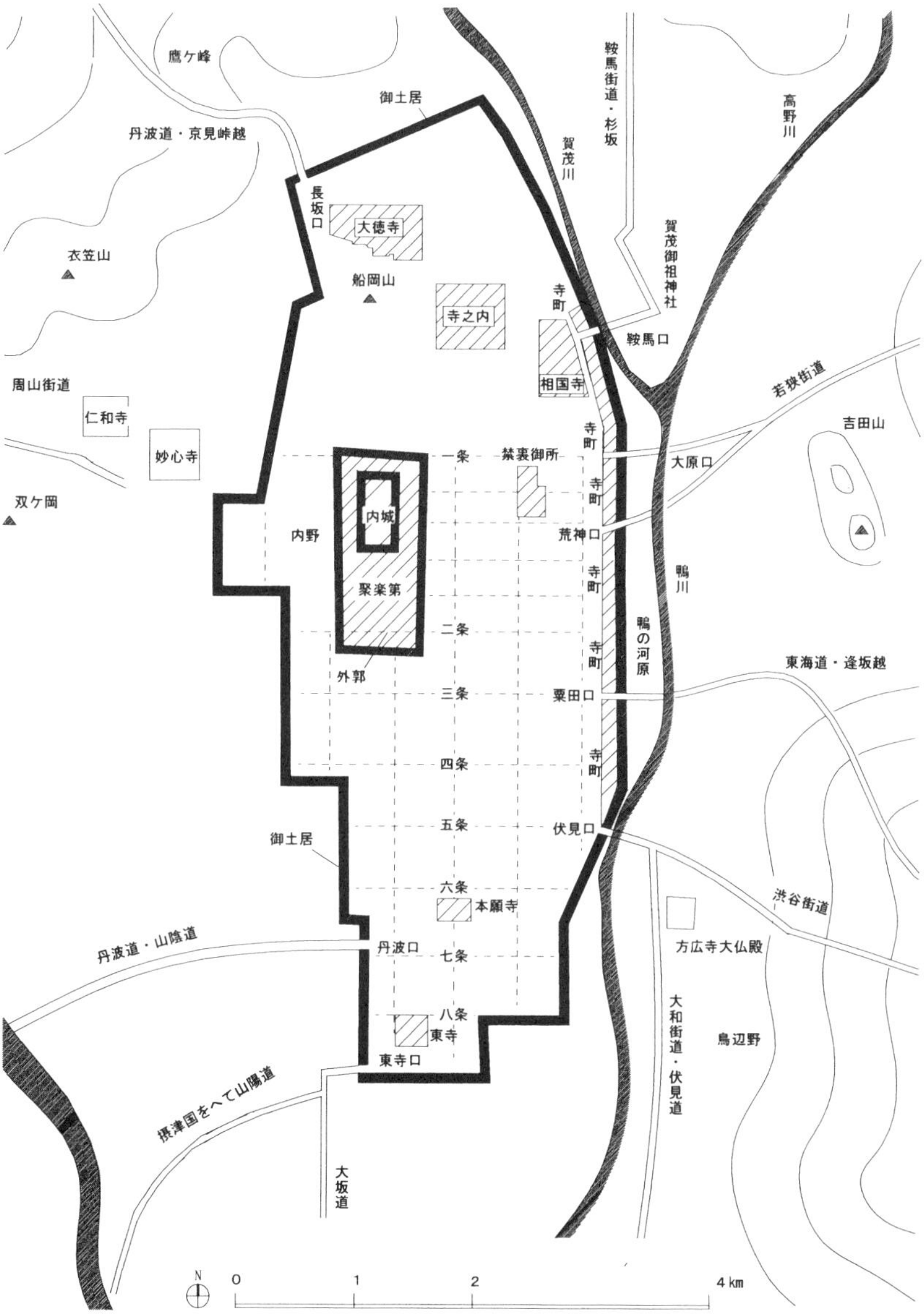
鷹ケ峰
御土居
丹波道・京見峠越
鞍馬街道・杉坂
賀茂川
高野川
長坂口
大徳寺
衣笠山
船岡山
寺之内
寺町
賀茂御祖神社
鞍馬口
相国寺
若狭街道
周山街道
仁和寺
妙心寺
寺町
吉田山
一条
禁裏御所
大原口
双ケ岡
寺町
内城
内野
荒神口
寺町
聚楽第
鴨川
二条
鴨の河原
寺町
外郭
三条
粟田口
東海道・逢坂越
四条
寺町
五条
伏見口
御土居
六条
本願寺
渋谷街道
丹波道・山陰道
丹波口
七条
方広寺大仏殿
八条
東寺
大和街道・伏見道
鳥辺野
東寺口
摂津国をへて山陽道
大坂道
N
0
1
2
4 km

図６　御土居と聚楽第

りました。金箔押の瓦当《がとう》を持つ天守閣や諸殿舎が内城となり、幅三〇メートルの堀に囲まれました。その周囲に大名屋敷が外郭をなし、さらに武家屋敷が集められて武家町となりました。こうして京都に本格的な城下町ができたのです。

また秀吉は、上京北東の内裏周辺を整備して天皇御座所の禁裏御所《きんりごしょ》とし、周囲に公家屋敷を集めて公家町としました。慶長二年（一五九七）には禁裏御所の隣に秀頼のため京都新城を置きましたが、これは関ヶ原合戦（一六〇〇）に伴い破却されています。このほか下京に点在した法華宗寺院群は町々から切り離し、上京北端に集めて「寺之内」としました。他宗の寺院群は鴨川西岸に集めて「寺町」とし、東から襲ってくる敵や、鴨川の洪水に備えたといいます（図6）。

残る洛中は、町家が集まるべき場所になりました。しかし天正一七年（一五八九）まで「洛中検地」を進めた豊臣政権は、農地や寺院跡地が多い実態を知ります。そして、一町四方の伝統的な街区を問題視したはずです。なぜなら、この街区は周囲に町家が張り付いても、内側に空閑地を生みやすい。そこで天正一八年（一五九〇）に、新たな南北通り（突抜《つきぬけ》）を通して街区を東西に二分する、いわゆる「天正地割《てんしょうちわり》」を実施します。

こうして生まれた新しい通りに、農村から商人や職人が流入して両側町を形成します。彼らは、天正一九年（一五九一）の「六六ケ国人ばらい」（全国戸籍調査）と身分統制令（士農工商分離）で農村から切り離されていました。この様子を、宣教師ルイス・フロイスは「諸国から移動してくる人々の動きに伴って、建物、殿舎、居宅が数を増し、その変貌ぶりは以前にこの町を見たものでなければ信じられないほどであった」（『日本史』）と記しています。

さらに豊臣政権は、洛中から周辺農村、空地まで囲んで「御土居」あるいは「御土居堀」を築造します。高さ三メートルの土塁と幅四〜一八メートルの堀は古代ローマ帝国のリーメスにも匹敵するもので、東は寺町東辺り、北は鷹ヶ峯及び上賀茂、西は紙屋川、南は九条通りを限りに廻し、総延長は二三キロにも及びました。土塁の崩落防止のため表面に植えた竹は、ロドリーゲスによれば「大きくてよく繁った竹を各地から移植」（『日本教会史』）したもので、

「すべて根をおろし」たといいます。「七口」（実際は八口で後に増加）の出入口を開けるだけの御土居は都市壁すなわち羅城でしたが、巨大な緑の壁でもありました。軍事防衛や洪水対策の役割もありましたが、むしろ内側を「洛中」、外側を「洛外」に分ける視覚効果こそ大きかったと思われます。こうして視覚的に独立した洛中の町々が豊臣政権から「京中屋地子《やぢし》事、御免許成られおわんぬ」との朱印状を受け、地子免除されます。なお、ここにある「京中」は、もはや平安京を意味する京中ではありません。御土居が囲む洛中の、それも人家密集地に限った地域を指します。そのため、同じ意味の「洛中町々」という名称が現れた江戸時代には、京中の用例は減っていきます。

豊臣政権の二階建て政策

豊臣政権は、町家が増加した洛中の町なみに景観整備を試みました。二階建て政策です。これを伝える『京都屋造之初』（『長刀鉾町所蔵文書』）は、当時のものでなく後世の文書ですが、次のように記されています。

……ある時玄以法印、京極通の在家人等を召し連れてのたまひけるは　勿論上下（南北）屋並取続きては見ゆれとも、ひらや又は葛屋（草葺）多く、きひ柱（未製材の柱）に多くは大棚（棟割長屋）也、殿下様（豊臣秀吉）伏見より京へ上りたまう御成筋なれば、見苦敷覚しめさるゝ、奥はいかにもあれ、先ず表は二階造にして角柱に作るへし、屋並高下のなきやう仕候てしかるへし……被仰ければ人々承て、左様成る結構の屋作はかつて覚御座なく候得共、御上意にて候得ば先ず承りて罷帰候……其後、上下京一同に富も貧もまけし劣しと造立にけり……京の町、次第に屋作あらたまりけり……

豊臣政権が置いた京都所司代、前田玄以は京極通り（現、寺町通り）の町人を集めて申し渡しました。平屋や草葺、未製材の柱を用いた長屋[三]が多いのは、秀吉様の通り筋に見苦しい、表構えだけでも角柱を用いた二階建てに建直し、高低差なく揃えるように、と命じたというのです。そして、これを契機に京都の町なみは二階建てに変わった、としています。

図7　『聚楽第図』屏風にみる長者町の町なみ

　これがいつ頃の話なのか。「伏見」が伏見城なら、一応の完成は文禄三年（一五九五）です。しかし、翌文禄四年（一五九六）に破却された聚楽第を描く『聚楽第図』屏風（三井文庫蔵）では、大手門前に本二階建て（二階に充分な高さを持つ）が軒を連ねます（図7）。そうすると、ロドリーゲスが「全市民が二階づきの家の正面を杉の貴重な木材で作るように命じられ」「すぐに実行した」、フロイスが「平屋の家が一軒として存在するを許さず、すべての家屋が二階建とされるように命じた」と記したのは、天正一八年から一九年頃（一五八〇～八一）ですから、この頃のことでしょう。当時は京都改造の真最中ですから、二階建て政策があっても不思議ではありません。またロドリーゲスは、二階建てが増加する前に「多くの通りには、新しく住民が増加した」、そして増加後に「道路が大きくて広くなったのと共に都市全体が大変美しくなった」（『日本教会史』）と記しており、景観整備の徹底を伝えています。貧困層が信長の時代に追われていたことも、このように急速な実現を可能にしたのでしょう。

　しかし、そうはいっても、二階に生活習慣のない町人です。少ない負担で、二階建てを実現したかったはずです。それには二階に充分な高さを持つ本二階建てよりも、厨子《つし》二階《にかい》で充分だったでしょう。厨子は、本来は仏像や経典を入れる両開きの宝箱ですが、この場合は転じて物置を指します。その軒高さを低く、つまり二階の天井を低くするのですが、それでも物置には充分です。その物置に本格的な窓は不要なので、明り採りや通気口程度に土塗格子を並べると、いわゆる「ムシコ」になります。また二階建てでは、板葺屋根の両端が、風の吹き上げや吸い上げの影響を受けやすいので、建物両側の妻壁を大屋根より高くあげて風に備えると、「ウダツ」になります。こうして、ウダツをあげる板葺の厨子二階、二階表にムシコという町家型式が登場したのです。その中で、聚楽第門前に見た本二階建ては、

「長者町」の町名が示すように、特別富裕な町人たちが城郭建築に経験を持つような大工を雇用して、実現したものでしょう（図7）。

ところで改造が終った京都を、ロドリーゲスは「住民の家屋で道路に面したところは、普通は商売をし、商品を置き、さまざまな職業の仕事をする場所」（『日本教会史』）と伝えています。改造前後で、町家が並ぶ町なみは変わりませんでした。しかし二階建ての増加という建築的な発展は明らかであり、そのとき貴族の記録でも、かつての小屋《ちいさきや》という用語は影をひそめ、かわって町家という名称が現れます。貴族と町人の認識のずれは解消されたのです。

もっとも、平屋であった町なみを、豊臣政権の二階建て政策が二階建てに変えた、という評価も正しくありません。なぜなら、京都改造前の天正五年（一五七七）頃、すでに京都は「都の諸家屋に造りたる二階」（『臼杵発耶蘇会士通信』）と記されました。その一方で、豊臣政権末期の慶長期初頭を描く舟木本『洛中洛外図』屏風（東京国立博物館蔵）では、平屋と二階建てが相半ばします。二階建て化は完了していません。この当時は、壁面線や軒先線が揃わず、凹凸が多かったとの指摘もあります（四）。豊臣政権は従来の二階建て増加傾向を助長したのであって、苛烈な強制まではしなかったのでしょう。宣教師は強制を伝えますが、天正一五年（一五八七）にバテレン追放令を出し、同一七年（一五八九）に南蛮寺を破壊した秀吉は、「胡椒と魂」つまり植民地の作物と人心獲得を目指すドメイン主義の彼らにこそ「暴君」でした。宣教師の任務は、住民を教化して支配者への抵抗動機をつくる→弾圧を受けると本国へ救援を要請して戦闘を手引きし植民地化に加担する→植民地化の成功後は、言語を奪うことで伝統文化を破壊した上で、抑圧的支配を耐え忍ぶことが神の国への道と教えこみ、収奪に加担する、この作業を世界中で展開することにありました。ですから、日本での作業を妨げた秀吉を否定的に記した可能性があるのです。

それはともかく、その後の京都の町なみは、経済活動の活性化を後押しする豊臣政権の時代から徳川政権の江戸初期にかけて、動的に変化していきます。多層・多様化が進み、華やかな京都の町なみを創り出すのです。それがどのようにして低層・均質化していったのか。これらの経緯を明らかにすることから本書の本文が始まります（第一章）。

洛中洛外町続きの範囲

慶長六年（一六〇一）、徳川家康は西国大名に、聚楽第南端跡での新二条城築城を命じました。翌慶長七年（一六〇二）には工事を本格化させ、神泉苑から湧水を取り込み、聚楽第外郭から部材を移すなど突貫工事で体裁を整えました。そして一応の完成をみた慶長八年（一六〇三）、家康は征夷大将軍の宣下を受けるため入城します。

このような経緯で、京都の町人に新しい絶対権力者を印象付けた徳川政権は、元和三年（一六一七）に、下京の地子赦免地を広げ、寛永一一年（一六三四）には、周辺の「洛外町続《らくがいちょうつづ》き」を地子赦免地に加えました。京都の町人の懐柔策でしたが、このとき、御土居の外側に現れた洛中町々と洛外町々を一体的に捉える「洛中洛外町続《らくちゅうらくがいちょうつづ》き」「洛中《らくちゅう》洛外町続《らくがいちょうつづ》き町々《まちまち》」という名称が生まれたのです。

この洛中洛外町続きを、そのまま江戸時代の京都とみる方もありますが、厳密には町々の集合体です。天皇の住まう禁裏御所や上皇の「仙洞御所」、公家屋敷を集めた公家町を取り巻く「築地之内《ついじのうち》」、二条城周辺の徳川政権政庁（京都所司代屋敷・京都町奉行所屋敷など）、それに寺院の境内地を合わせることで、はじめて江戸時代の京都になりました（図8）。

なお当時の洛外町続きは、御土居の東側にあたる鴨川沿いに集中しています。この一帯は、豊臣政権による三条大橋と五条大橋の架橋後に町家が増えていました。そのため御土居が邪魔になり、破壊が進んでいたのです。寛文九～一〇年（一六六九～七〇）には、二条～五条間の鴨川沿いに護岸工事が行われ、この石垣（寛文新堤）に守られた旧河川敷にも町家が増加しました。その結果、延宝年間（一六七三～一六八〇）には、四条通沿いの鴨川両岸が京都最大の繁華街となり、破壊を免れていた辺りの御土居も「御旅丁通（四条通り）河原町の西に土居の石垣東西にありしが今は其地にも家連して見へず」（『扁額規範』）というように町なみに隠れてしまいました。こうして洛中町々と洛外町々のつながりは、いっそう強まったのです。

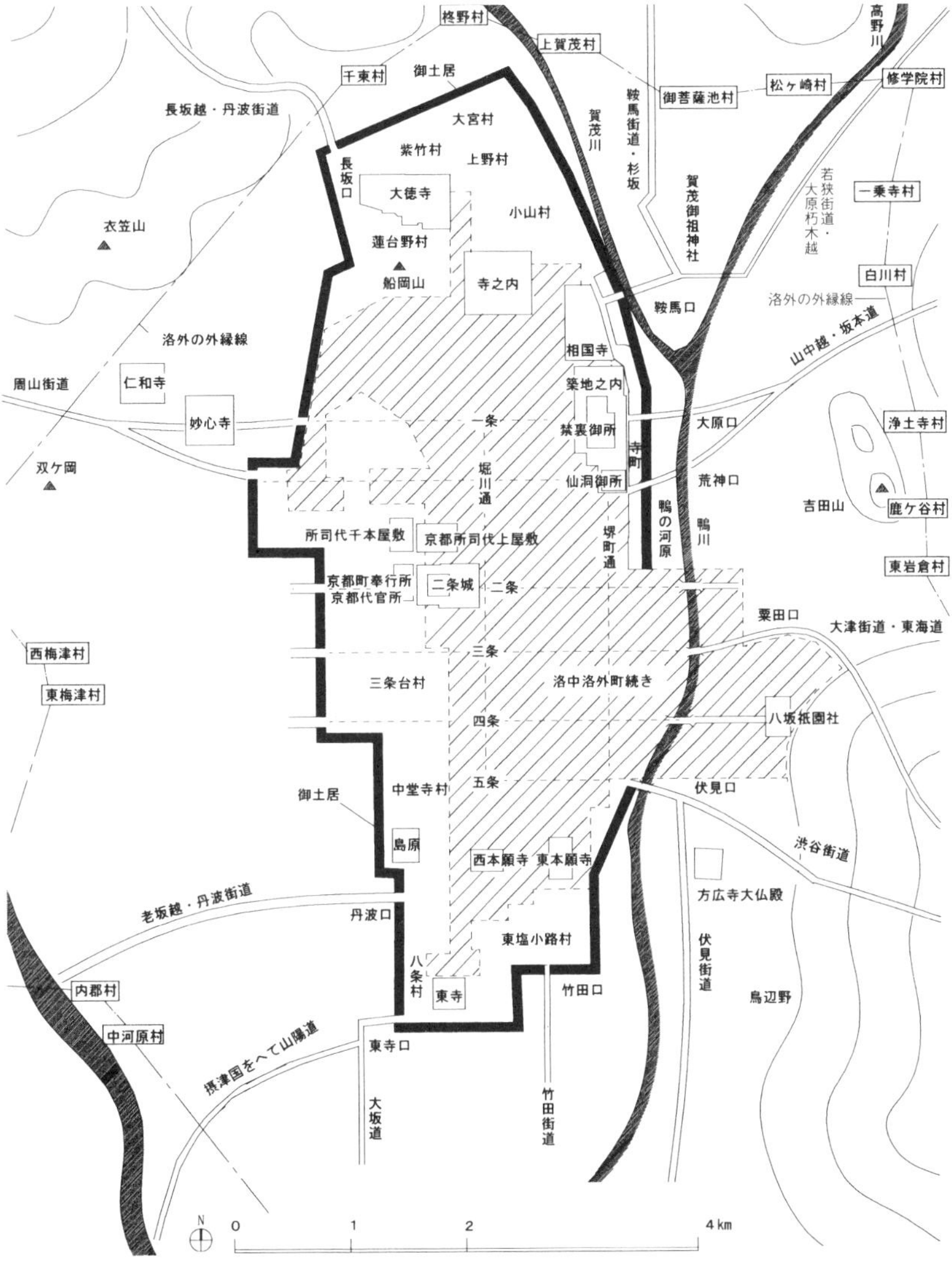

図8　洛中洛外町続きの範囲（斜線部分）

もっとも、そのほかの御土居は、江戸時代を通じて維持・管理がなされました。せいぜい出入口が増えた程度です。京都町奉行所が「御土居藪」から伐採した竹や「ねそから」（マンサク蔓）をたびたび入札にかけたように、竹や雑木が繁りに繁った緑の壁は洛中と洛外を視覚的に分ける役割を幕末まで担い続けていたのです。

なお行政範囲としての洛中と洛外は、御土居に関係ありません。町奉行所付で半官半民の役人である「町代《ちょうだい》」が担当する地域が洛中、「雑色《ぞうしき》」が担当する地域が洛外でした（五）。しかし、それは行政上の話。御土居が分ける視覚的な洛中と洛外の区分は揺るぎもしません。

それでは、洛外と遠在農村の区分はどうだったのか。これも行政区分ですが、明和四年（一七六七）一二月の京都町奉行所の触書（六）に読み取れます。これによると、左記の村々が洛外の外縁でした。これより遠方は遠在農村とされ、行政上の扱いが異なったのです。

- 紀伊《きい》郡の内、竹田村・中嶋村・横大路村・下鳥羽村・塔之森村・嶋村・石原村・吉祥院村・中河原村
- 葛野《かどの》郡の内、内郡村・東梅津村・西梅津村・上山田村・山田村・下嵯峨村・上嵯峨村
- 愛宕《おたぎ》郡の内、千束村・柊野村・上賀茂村・御菩薩池村・松ヶ崎村・修学院村・一乗寺村・白川村・浄土寺村・獅子谷《鹿ケ谷》村・東岩倉村
- 宇治郡の内、上野村・御陵村・竹鼻村・音羽村・大塚村・大宅村・小野村・西野山村

ここで参考までに、京都の町数と人口に関わる数字も参考までにあげておきましょう。

- 洛中町数　一六〇三町　町家四万戸　町人三〇万人
- 洛外町続き町数　二〇四町　町家五千戸　町人四～五万人
- 洛中洛外町続き町数　一八〇七町　町家四万五千戸　町人三四～三五万人（江戸前期は二〇万人とも）

一七世紀後半の時点で、地子赦免地は洛中に一三三三町。これは洛中洛外町続き全体の七四パーセントを占めました。また人口は、江戸の五〇万人（幕末までに大きく増加）より少ないですが、大坂とは変わりません。これは当時

の日本全体に推定される人口三千万人の中で一・二パーセント。この比率は今も大して変わっていません。

第二節　江戸時代の京都の幕府支配機構

京都所司代

京都の幕府支配機構は、譜代大名が補任される京都所司代を頂点にしました。江戸幕府が成立した慶長八年（一六〇三）以降、慶応三年（一八六七）までの二六四年間に五六代を数えた所司代は、大坂城代→若年寄→奏者番→所司代→老中という栄達の一段階をなしました。与力五〇騎・同心一〇〇人が付く職務は、西国三三大名を監視、老中の指揮を受けて畿内大名の公役を指図、京都町奉行・京都代官・伏見奉行など幕府役人の監督などでした。また、大和国（奈良県）や山城国（京都府から丹波・丹後を除く）、河内国（大阪府）、摂津国（大阪府）、和泉国（大阪府）の五畿内と、丹波国（京都府）、播磨国（現兵庫県）、近江国（滋賀県）を合わせた八ケ国の幕府直轄領地（天領・御蔵入）の公事訴訟にも、責任を持ちました。

しかし、何より重要なのは、天皇の身辺警護でした。これは元文五年（一七四〇）、『古老茶話』(七)に「京都所司代の極意は朝敵天子を奪い取らんとする時、所司代御供いたして近江彦根に退く御定」とあるように、一般にもよく知られていました。それがいかに的を射ていたかは、戊辰戦争時に現れます。将軍慶喜や京都守護職、所司代が天皇の確保をせず、維新政府側が確保したので、外様藩はおろか譜代藩や親藩まで朝敵（天皇の敵）になるのをためらって、錦《にしき》の御旗《みはた》と節刀《せっとう》の前に下ったのです。最後まで天皇を確保しておけば、違う展開もあったはずですが。

それはともかく天皇を守るため所司代は存在し、天皇御座所の禁裏御所の警衛に責任を負いました。在任中の「四位侍従」という官位も、御所に参内して天皇に付き従うためのものでした。なお、祇園祭の稚児の仮官位は五位少将。所司代はこれより一位上でした。

その所司代の役屋敷は、二条城北側に上屋敷や堀川下屋敷、千本下屋敷、他に所司代付与力同心組屋敷がありました。近くには東西の京都町奉行所や京都代官所があり、これらが二条城周辺に武家町の様相を呈していたのです。

京都町奉行所

所司代とともに、畿内幕政の中心的な体制を構築したのが京都町奉行です。旗本が補任され、東西の町奉行所にいて与力二〇騎・同心五〇人が付き、月番交代で洛中洛外町続きの民政や、治安維持に務めました。

職制上は老中直属でしたが、実際は所司代―町奉行所体制として、畿内の幕府直轄都市の奉行衆や農村の代官衆、五畿内及び近江の大工組を支配する京都大工頭中井家、そして社寺に監督権を及ぼしました。所司代の江戸参府中は西国大名衆への指揮権も許されたように、全国幕政の中でも異例な権力を持っての行政には、強い独自性が指摘されます。享保七年（一七二二）には、それまで所司代とともに支配した八ケ国のうち、四ケ国（和泉・河内・摂津・播磨）を大坂城代の管轄に移す「国分け」を受けましたが、それでも畿内幕政の中核であること、独自の行政を行うことに変わりはありませんでした。

ですから、幕府史料から編纂された『徳川禁令考』や『寛保御触書集成』などに多くの家作禁令が記録されていても、それが実際に京都で出たのかを確認しない限り、禁令の影響を京都にみることはできません。国の法律は必ず全国を対象に機能するというような現代的感覚でみると、京都の町なみが江戸や大坂と異なった理由がわからなくなります。

もちろん大坂や堺、博多といった同じ幕府直轄都市の建築規制にも同様の注意が必要ですし、諸藩の建築規制も幕府直轄領地の規制より厳しい内容になるのが普通でしたから、なおさら注意が必要です。

町代《ちょうだい》と雑色《ぞうしき》

町奉行所の内部には、町代部屋《ちょうだいべや》が置かれていました。町代は、職制上は町々を代表する町年寄に属し、そこから給金を得て町奉行所を補助する半官半民の者たちでした。

ところが、町奉行所に代わって触書を出し、町役人を吟味し、宗門改帳を扱い、町年寄の権限であった「大割勘定」（諸費用の町組への割当勘定）まで行ううちに、町奉行所役人のような振舞いが増えたようです。業を煮やした町々は、文化一四年（一八一七）、町代は町組に従うのが「古格」として町奉行所へ訴え出ました。訴えられた町代も、町奉行の配下として町組を支配、沙汰する立場を主張しました。全面対決になったのです。町奉行は、付き合いの深い町代に同情的でしたが、古文書を揃えて理路整然と主張する町々には適いませんでした。文政元年（一八一八）、町代は町組に従う立場であることが確定し、町々は大いに溜飲を下げたのです。これが「町代改義一件」です。

もっとも、その後も町代は、町奉行所と洛中町々の間に介在しました。そして町々は、彼らの触書で行政方針を知りました。また、洛外の町々（洛外町続き）では、同じ役割を雑色《ぞうしき》が担いました。幕末の元治元年（一八六四）刊行『京羽津根』によれば、当時の町代は一二人で、担当は洛中一四五九町。雑色は四人で、担当は洛外町続き二一一町と農村三七三村でした。彼らは、担当地域を所司代や町奉行が巡見する場合には付き従い、これに牢屋番兼捕吏の中座や、記録係の筆工、時には中井家役人も同行しました。このうち筆工は民間業者でしたが、町奉行所との強い結びつきをもとに、町奉行所宛ての申請書の作成業務を有償で独占し、そのかわりに町奉行所への各種申請のアドバイスをしました。彼ら以外が作成した申請書は、受理されても、町奉行所の内部で意図的に滞留されてしまったようです。

第三節　町組織と町役人

町組

江戸時代の京都には、町組として上京に一二組、下京に八組、上京中心部の内裏西辺りに禁裏六町組、そして東本願寺と西本願寺それぞれに寺内《じない》町組がありました。

それぞれの町組では、成立時期が古く格式がある町々が集まって親町《おやちょう》や古町《こちょう》を形成し、指導的な役割を担いました。成立時期の新しい町々は枝町《えだちょう》や新町《しんちょう》、差配町《さはいちょう》や随身町《ずいしんちょう》、離町《はなれちょう》を形成し、町組の中では親町や古町に従いました。このように、新旧の町々が地縁的に集まったのが町組です。

町組は、上京と下京それぞれに集まって上京惣町と下京惣町を形成していましたが、江戸時代になって連帯が薄れました。ところが、町代改義一件がこの単位の訴願が有効であることを示したので、上京に「大仲」（後の上大組）、下京に「下古京八組」（後の下大組）が、新しく整えられました。その内部では、新しい町々の発言権も認められたといいます。

町役人

町には、年寄と五人組（この場合は五人組の代表）という町役人がいました。農村の庄屋と年寄にあたります。

彼らは、他町との交渉や、町人の各種申請や町奉行所からの召喚に帯同するなど、町内の出来事に責任を負いました。また「触箱」に入った触書が廻されてくると、重要なものは書き写し、時には触書に従う誓約書（御請書）を作成して提出しました。そして町内の会所で寄合を行う際に、町内の町人へ周知したのです。

このような寄合での定めごとは、町の意思となりました。また後世に伝えるべき内容は、「町掟」「町儀定」などの名称を持つ町式目類に明文化しました。違反者には罰金から家屋敷の没収、さらに町内からの追放まで罰則を定める場合もありました。町内のみの機能とはいえ、法を定めて処分まで行う町は、現在の隣保組織とは違います。それは、町内の生活を安定させるため、町役人を中心に、町人が共同で運営する運命共同体でした。だからこそ、種々の事がらに寄合を行ったのです。その意味で、町は確かに自治組織でしたが、この自治は、中世の独立自衛の自治とは違います。自治の象徴に見える町式目でさえ、実は町奉行所の触書と同じ内容が多かった。町は、徳川政権の京都支配機構の末端に組み込まれた存在でした。所司代・町奉行所体制の方針を徹底する目的において、自律的な運営が委ねられていたにすぎないのです。

そのような中で、町は町内の治安責任や、隣町から近隣へ広がる範囲の消防責任まで課せられました。強大な権限を持つ所司代・町奉行所体制といっても、その体制はせいぜい数百人。それで畿内諸国の事がらまで扱うのですから、手下を使っても京都の民政支配に充分手がまわったはずはなく、町々の治安や消防が重要でした。その意味では、江戸時代の京都は町々が安寧を成り立たせていたとみてよいのです。

◉註

一　黄永融・本多昭一「日本古代宮都の敷地選定と中軸線計画について」(『日本建築学会計画系論文集』第四七四号　一九九五・八)

二　佐々木銀弥『日本中世の都市と法』(吉川弘文館　一九九四)

三　「きひ柱」や「大棚」の解釈は土本俊和氏の研究を参照した(同『中近世都市形態史論』中央公論美術出版　二〇〇三)

四　早見洋平・土本俊和「細川殿から御三間町へ――一六世紀末・上京焼討後の都市形成」(『日本建築学会計画系論文集』第五六二号　二〇〇二・一二)、同「一六世紀末京都・上京における隣地境界線の生成過程」(『都市計画』第二四一号　二〇〇二)

五　土本俊和『中近世都市形態史論』

六　『京都町触集成』第四巻　四七三頁(岩波書店　一九八四)

七　柏崎永以「古老茶話」(『日本随筆大成』第Ⅰ期　一一　吉川弘文館　一九七五)

第一章

京都の町なみを整えたのは
——家作禁令と建築規制、御触書と町式目

（石井行昌撮影写真、京都府立総合資料館寄託）

はじめに

江戸時代の京都は、同じような町家が並ぶ町なみだったといいます。その端正な顔立ちは、いつ、どのように整ったのでしょうか。京都に興味を持つ人なら、誰しも考えるところでしょう。この点、町人が自主的かつ自律的に整えたとする見解が、数多く示されています。たとえば次のように（一）。

……確かに徳川幕府は町衆に対して派手な家作（結構）や三階建ておよび床・棚・書院などのしつらえを禁止した。しかしそれはそういう実態があったことを裏付けても、禁止の実効性は疑わしい。そのように統一的で均質な町なみを作りあげたのは町衆自身であろう……

幕府が町人の建築を規制したことは、認められています。しかし、その影響で町なみが整ったのではなく、町人自身が整えたとされます。同様の見解は他にも多く、いずれも町人が整った町なみを望んだことを前提にされています。それらの見解が根拠とするのが、万治二年（一六五九）五月に清和院町が定めた次の町式目（町ごとの規約）（二）です。

一、家作事《いえさくじ》仕《つかまつり》候はば、地形《ぢぎょう》つき申節、町中相談仕、上下むかふを見合、町並能様《まちなみよきよう》に仕《つかまつる》べく候事

〈意味〉

一、町家を建築するときは、整地（地形つき）をする段階で、町中が寄って相談し、南北（上下）の両隣や通りの反対側に立つ町家と見比べて、町なみが整うように行うこと

これを町人自身が望んで決めたのなら、彼らが町なみを整えたとする見解も成り立ちます。京都研究の重鎮であった秋山國三氏（三）も、町なみ研究に巨大な足跡を残された西川幸治氏（四）も、そのように考えられたと拝察します。

しかし、江戸時代は今と違います。磔《はりつけ》刑や火あぶりなど六種類の極刑が、西土手つまり西側の御土居や街道筋の粟田口で行われ、斬首された生首を晒す獄門台は公開でした。胴体が刀の様《ため》し切りにされるのも、周知の事実でした。そんな時代に、町人が建築規制を無視したでしょうか。重罪であったかどうかは別にして、外観に関わる規制は、違反が誰の目にも明らかです。自分のためにも、町内のためにも、守っておこうと思うのが普通でしょう。それに江戸時代の京都の町々は、所司代・町奉行所体制の支配機構に組み込まれていました（五）。町々が定める規約、いわゆる町式目類に、所司代・町奉行所体制の触書がそのまま記される場合があるのも、そのためです。町家に関わる建築規制も例外ではなく、その実効性を確保することが、町や、町役人の重要な役割だったことは間違いありません。

また、江戸初期の京都では、所司代が苛烈な武断政治を行っていました。戦国の余風や豊臣政権への懐旧を一掃するためで、文治政治へ転換して武士が軟弱化した後世とは比較にならない厳しさでした。その中で、建築規制は徹底されていったのです（六）。自治の伝統を受け継ぐ京都の町人に、幕府に屈しない姿勢を願う気持ちは私にもありますが、希望は希望のまま置いて、歴史は史料によって裏付けなければなりません。

そこで本章では、京都の町なみに影響をあたえた建築規制を明らかにし、町なみが整った経緯を考えます。この点、すでに先行研究がありますが、京都以外の建築規制を、そのまま京都にあてはめるものがほとんどです。しかし、同じ幕府直轄都市でさえ、京都、江戸、大坂それぞれの町なみが異なったように、京都は京都で機能した建築規制を考えなければなりません。この点が本章の主眼になります。

第一節　絵画史料にみる町なみの変容

まず、町なみが変容する経緯を、絵画史料に追うことから始めましょう。もちろん絵画ですから、描かれる家数が実際の数であるはずがないように、本当の町なみを克明に写したものではありません。しかし、描かれた町家型式や諸風俗が、当時の様子を伝えることも間違いない。それぞれの要素の占める割合に、趨勢をうかがうことも可能でしょう。なお何々本とだけ記している絵画史料は、すべて『洛中洛外図』屏風と考えてください。

豊臣政権下の多層・多様化

図1　平屋の町なみ（歴博甲本）

中世末期、戦乱が繰り返された一六世紀前半の京都は、歴博甲本や歴博乙本（国立歴史民俗博物館蔵）や東博模本（東京国立博物館蔵）、上杉本（米沢市上杉博物館蔵）といった『洛中洛外図』屏風群に描かれています。

大永五年（一五二五）頃を描く歴博甲本では、真壁《しんかべ》（第三章）で石置板葺の三八〇棟がひしめきますが（図1）、ほとんど平屋で、二階建ては六棟に過ぎません。これが天文年間（一五三二〜五五）後半の上杉本になると、三〇〇棟中一三棟です。

このような二階建てが、天正五年（一五七七）頃には「都の諸家屋に造りたる二階」（『臼杵発耶蘇会士通信』）となったようです。もっとも当時の絵画史料では、元秀印『洛中洛外図』扇面に二階建てが二棟ありますが、大多数は平屋で、それほど二階建てが増加したようには見えません。まだ、あちこちに増えたという程度だったのでしょう。

続く豊臣政権のもと、流通経済を阻害する諸国の群雄が排除されると、京都の町人に入る富も増加しました。それを町家建築にも振り向けて二階建てが増加、そしてさらに天正一九年（一五九一）頃の二階建て政策（後述）が助長しました。従来からの二階建ての増加傾向を後押しして、町なみを整えさせたのです。

しかし、二階に生活習慣がない町人は、少ない経費で二階建てを実現するため、低い厨子二階とする場合が多かったようです。直立が難しい二階は物置程度。そして通気・採光には土塗格子を並べた開口、いわゆるムシコを開けました。中世末期、平屋が大勢であった町なみでは、二階に定まった型式がありませんでしたが、奨励を受けた二階建てには、ムシコが多くなります。それは居室に適当な開口ではありませんから、それだけ物置が多かったことを示しています。

もっとも、二階に充分な高さを持つ本二階建ても建てられました。それには、城郭建築に経験を持つ大工が関わっていたようです。彼らが関わることで大工以外の職種も関与するようになり、やがて本瓦葺や白亜の漆喰塗、意匠的な窓が町家にも現れます。資本の蓄積を果たした富裕な町人が、これらを採用していったのです。

このような経緯は、江戸初頭から前期の『洛中洛外図』屏風に確認できます。当時の屏風は、左隻に徳川政権を象徴する二条城、右隻に豊臣氏を象徴する方広寺大仏殿を置く構図（第二定型）を持ちますが、ここに記した町家も描かれています。

図2　建具職人のかたわらに台かんな
（舟木本）

〔慶長期　一五九六～一六一四〕

慶長元年（一五九六）の大地震で、多くの町家が建直されたはずの当時を描く文化庁本や富山県勝興寺本、舟木本（東京国立博物館蔵、第二定型ではない）では、従来の石置板葺に加えて、こけら葺が増加します。二階建ても増え、ウダツ（梲、卯建、卯立、宇立）をあげる割合も大きくなります。その中に散見される本瓦葺は、二階の柱や垂木を白亜の土壁で塗り籠む塗家《ぬりや》ですが、この型式にウダツは少なかったようです。

また、多くの町家にさまざまな格子が付き、台かんなの使用がうかがえます（図2）。古代から用いられた槍《やり》かんなに比べ、一六世紀中頃に現れた台かんなの自由度や仕事精度は格段に高く、「美に奉仕する大工道具」（七）とされているのです。

このほか、慶長末期の町家を細かく描く史料に『職人尽絵』屏風（東京国立博物館

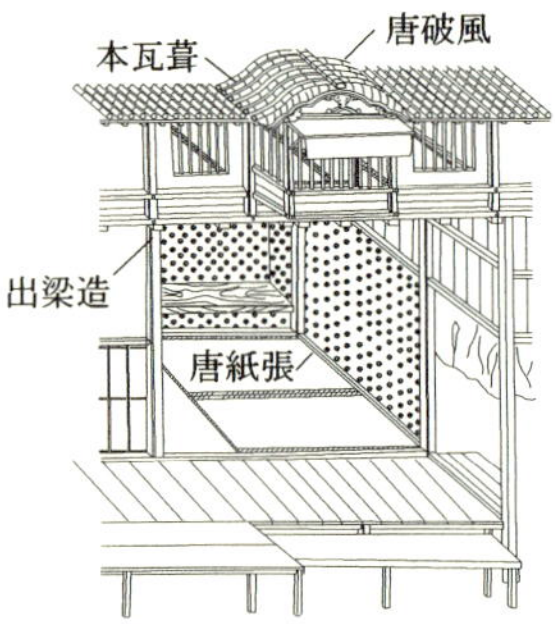

図3　「鎧師」宅（『職人尽絵』）

図4　「畳師樋師」宅（『職人尽絵』）

寄託）があります。最も豪壮な「鎧師《よろいし》」宅は、本瓦葺に唐破風《からはふ》を付けた本二階建て。二階を受ける梁を表に伸ばし、その上に二階座敷を張り出す出梁造《でばりづくり》で、内部は型押しの唐紙張りのようです（図3）。また「畳師樋師」宅は板ウダツの石置板葺、二階表に開口を持たない厨子二階で、一階表には突上げの蔀戸や台格子を装置しています（図4）。このほか『職人尽絵』屏風には、本瓦葺に板ウダツをあげる塗家や、草葺の小屋なども描かれており、多層・多様化の傾向がうかがえます。

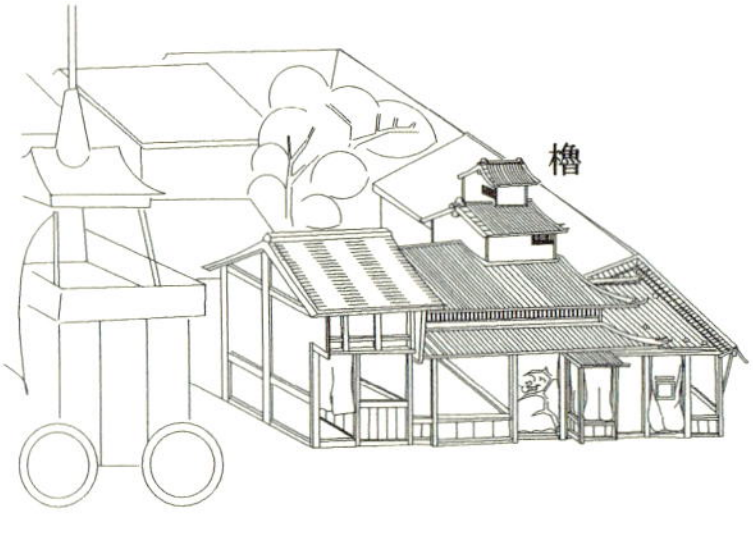

図5　天守閣のような櫓（堺市博物館本）

〔元和期　一六一五～二三〕

元和元年（一六一五）の大坂城炎上と豊臣氏滅亡に始まる元和期。京都は町家の二階も生活の場になり、多層・多様化した町なみが現れます。出光美術館本では、本瓦葺や本二階建てが増加し、二階表には土塗格子を並べた開口（ムシコ）のほかに、手摺付の大開口や、半円形の開口に格子を並べた「櫛型窓《くしがたまど》」が現れています。一方、一階表は、中世末期から大きく変わらず、揚見世や大ぶりの台格子の開放的な姿のままです。堺市博物館本では、二階建てに櫓を重ねて天守閣のような町家もありますが（図5）、同じ工房の制作らしいメアリー・ジャクソンバーグ財団本では、制作時の建築規制の影響なのか、この位

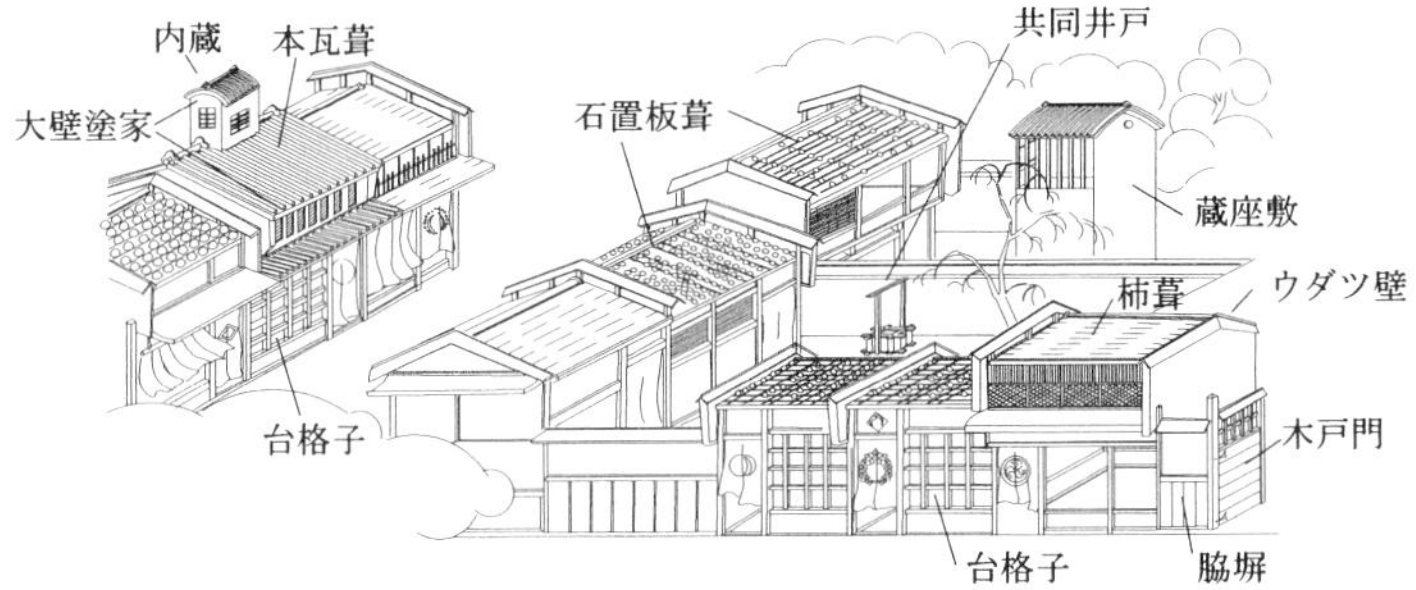

図６　元和期の町なみ（林原美術館本）

置の町家に櫓がありません。江戸では角屋敷、大坂では矢倉屋敷として、特権商人の町家がこのような姿でしたから、京都に存在しても不思議はないのですが。もしもそうなら、ずいぶん耳目を引いたでしょう。

そして、この時期の京都を最もよく伝えるのが林原美術館本（旧池田本）です（図６）。町家の屋根は、こけら葺や石置板葺、本瓦葺が混在します。多くがウダツをあげますが、本瓦葺にはウダツが少ないようです。町なみを見ると、町家の一階は同じ高さで揃いますが、二階は厨子二階と本二階建てが入り混じります。あずまや風の建物をのせる楼閣や、二階屋根から飛び出した内蔵、二階建ての土蔵に座敷階を重ねた蔵座敷、三階建の表蔵が混在していて、とにかく高低差がある町なみです。およそ整っているとはいえません。

また外観意匠も、二階表にムシコのほか櫛型窓や出格子、菱格子があって多様化しています。通庇の上に梁を伸ばして二階を張り出す出梁造も増加し、その内部には二階座敷があります。二階の生活習慣が定着しているのです。また外壁は、柱をみせる真壁が多いのですが、本瓦葺だけは塗家です。ただし、それは通庇よりも上の二階部分に限られ、一階表は大ぶりの台格子や揚見世で開放的、塗り籠めてはいません。したがって塗家は、防火の目的だけではないようです。それよりも塗家が白亜の壁に土塗格子を並べる姿は、二条城の濠端にそびえる城壁と連子窓に似せて描いているようです。ですから、塗家は、近世城郭を見た町人が採用した富裕表現だった可能性があります。

〔寛永前期〜中期　一六二四〜三三〕

寛永初頭のサントリー美術館本では、本瓦葺の普及が進み、二階座敷も増加しています。寛永中期の『祇園祭礼図』屏風（京都国立博物館蔵）では通りに面して立つ表蔵に四階建てが現れ、本二階建ても並びます。多くは二階座敷を張り出す出梁造。手摺や格子付の大開口には山鉾巡行の見物人が鈴なりなので、二階の生活習慣が定着した様子がわかります。この屏風は特に写実性が強く、内容の信憑性が高いとされています。

以上のように、中世末期には板葺の平屋が大勢を占めていた京都の町なみは、近世初頭に多様・多層化の道をたどりました。この時期、明確な建築行政は見当たりませんから、この状態は、町人の経済力と自由意志に基づく建築的な発展傾向が豊臣政権の二階建て政策によって助長され、それが江戸時代にも続いた結果ということになります。

これは何も京都に限ったことではありません。天正一八年（一五九〇）八朔の日の徳川家康「江戸御打ち入り」以降、都市化が進んだ江戸にも、「表を三階家に致、二階三階には黒ぬりにしたる串形窓ならべ、殊外目立たり」という町家が現れたとする記録を、後代に喜多村信節《のぶよ》が紹介しています（八）。そして寛永期（一六二四〜四四）の『江戸図』屏風（国立歴史民俗博物館蔵）には、当時の京都と同様に、多様・多層化が進んだ町なみが描かれています。

このように自由に任されたときの町人の建築は、多層・多様化したのです。低層・均質化する傾向はありません。ですから、京都の町人が主体的かつ自律的に町なみを整えたという従来の見解は、否定されてよいのです。

徳川政権下の低層・均質化

多様・多層化が進む京都の町なみに、変化が現れたのは江戸時代に入ってほぼ三〇年後、寛永期も中頃以降です。

〔寛永後期　一六三四〜四三〕

歴博Ｄ本（国立歴史民俗博物館蔵）では、出梁造の二階座敷や大開口が少なくなり、見物人もほとんど見当たらなくなります。かわって厨子二階が増加し、その二階表には、窓のない壁・土塗格子を並べた開口（ムシコ）・出格子、このうちのどれかになります。寛永前期までと違い、二階表が閉鎖的になる傾向があるのです（図７）。

〔明暦期　一六五五～一六五七〕

正保、慶安期を経て、明暦期の海北友雪筆『祇園祭礼図』屏風（八幡山保存会蔵）を見ると、四条通りには本二階建てで出梁造の町なみがあり、三条通りには大開口を持つ本二階建ての町なみがあります。寛永中期の『祇園祭礼図』屏風と変わりませんが、奇妙なことに、二階座敷に町人の姿がまったくありません。一階は多くの町人がひしめき山鉾巡行を見物しているのに、がらんとした無人の二階座敷が続く町なみは、どこかしら異様です。これには先にみたような、二階表が閉鎖的に変わるのと同じ方向性がうかがえます。

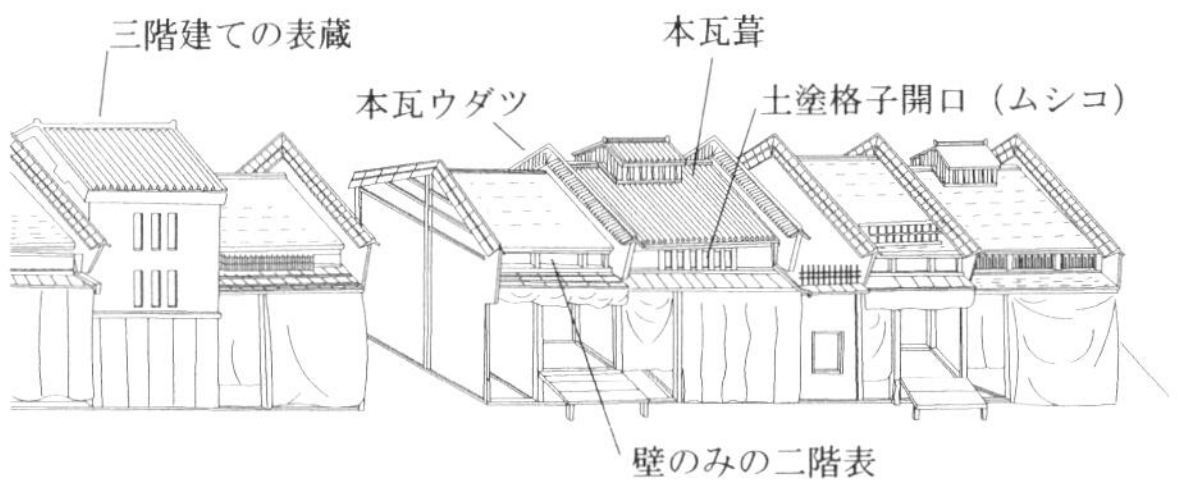

図７　寛永後期の町なみ（歴博Ｄ本）

〔寛文期　一六六一～七二〕

万治期を過ぎて寛文五年（一六六五）、浅井了意は京都案内書『京雀』（九）を著して、次のように記しました。

……京にのぼりて、人をたずね侍《は》べらんには、まぎれたる町の名、同じような家つくり、ほうがく《方角》をわすれ……

〈意味〉

……京都に行って誰かを訪ねようとしても、同じような町の名前、同じような町家が並んでいて（目印となるような建物もなく）方角もわからなくなってしまい……

当時の京都では、同じような町家が並ぶといいます。そうであれば、かつての多層・多様性は失われたことになりますが、それは果たして、どのような町家だったのでしょうか。この点、『京雀』は多くの挿図に町家を描いています。

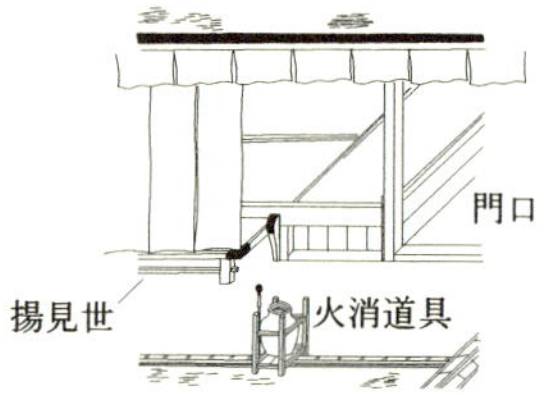

図８　開放的な町なみ（『京雀』）

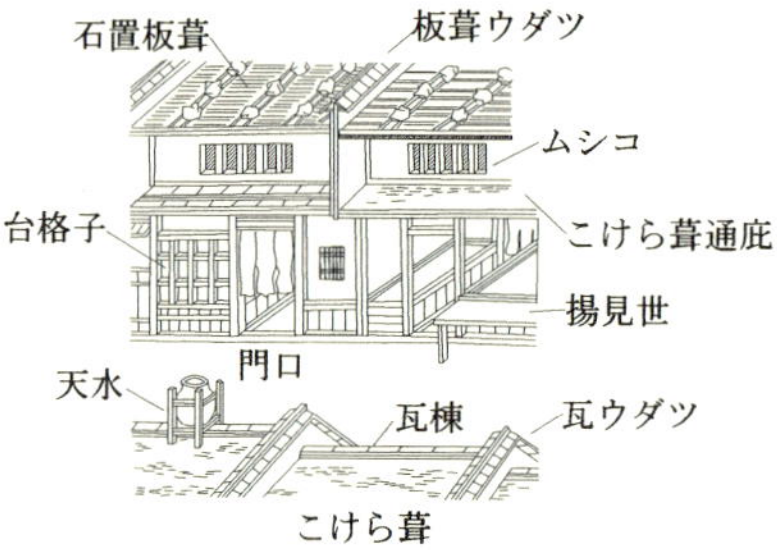

図９　二階も描かれた町なみ（『かなめ石』）

大きな揚見世を広げたり、太い格子（台格子）を付けたり。また門口越しにみる一階は、内部の見通しが効いて開放的です（図８）。屋根は、こけら葺と石置板葺があって、みなウダツをあげています。このウダツや棟には瓦葺もありますが、瓦葺の屋根は見当たりません。一階と二階の間の通庇も、こけら葺とそぎ板に横桟を打った板葺がありますが、やはり瓦葺は見当たりません。そして棟の高さや軒先線は、どれもよく揃っています。

残るのは二階表ですが、この部分は、『京雀』では省略されています。二階は「同じようなる家つくり」なので描き分ける必要がなかったのか、なんともいえません。そこで、同じ浅井了意著『かなめ石』（一〇）をみましょう。『京雀』刊行の三年前、寛文二年（一六六二）五月一日に京都を襲った「京畿大地震」、あるいは「京師大地震」の実録です。

……家くづれて落ちかかる、さしもの、長押《なげし》、鴨居《かもい》に頭を打ちわられ、倒るヽ小壁に腰の骨を打ち折られ、二階よりをるヽ者は、落ちかかる棟木に髪のもとどりをはさまれ……

〈意味〉

……町家が崩れて倒れかかり、差物や長押、鴨居（といった建築部材）に頭を砕かれ、倒れる壁があたって腰骨を折られ、二階から降りようとした者は、落ちてきた棟木に、結った髪をはさまれて……

「京中の町家損ぜし事」という項の内容です。町家が倒壊する様子が生々しく

図10　壁土が落ちる表蔵
（『かなめ石』）

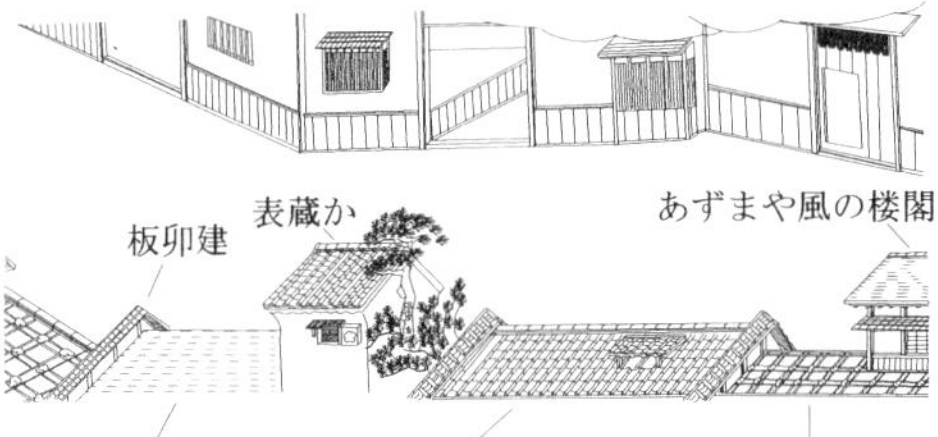

図11　清水宿坊光乗院献納扁額（『扁額規範』）

記されています。このあと町人は、揺れ崩れるにまかせてしまえ（「とかく町屋の家どもは残らずゆりくづすべし」）とたくましいのですが、ここでは二階が描かれた挿図が重要です（図9）。これを見ると、隣り合う町家は厨子二階、軒先も揃っています。一階や屋根まわりも、『京雀』と変わりません。そして二階表は一階と同じ真壁で、土塗格子のムシコを開けています。したがって浅井了意のいう「同じようなる家つくり」は、ウダツをあげる板葺の厨子二階、一階は太い台格子や揚見世で開放的、二階はムシコで閉鎖的、このような町家型式を指していたと思われます。

ただし、注意しなければなりません。この時期はまだ、壁面線や軒先線が完全に整ったわけではありませんでした。同じ『かなめ石』でも、別の挿図には、表通りに立つ土蔵があります（図10右端、町家が構成する壁面線から飛び出している）。「洛中の蔵共は大方くづれ倒れ、其ほかは戸前傾き、軒ゆがみ、壁割れはなれ、土こぼれ落ちたり」とあり、多くの土蔵が倒壊して、残ったものも被害を受けたようですが、修復され、表通りに残った土蔵もありました。土蔵が表通りに立つのですから、町家も飛び出したものがあって、壁面線が整っていなかった可能性があるのです。文政二年（一八〇五）に北川春成が、京都諸寺院の扁額を写した『扁額規範』（二）でも、寛文二年（一六六二）五月に清水宿坊光乗院へ献納された扁額に、本瓦葺の屋根やウダツ、楼閣風の二階を持つ町家が、石置板葺の町家と入り混じる町なみが描かれています（図11）。ですから当時の町なみは、整う方向にはあっても、京都全体でみれば完全ではない、そんな状況だったのでしょう。

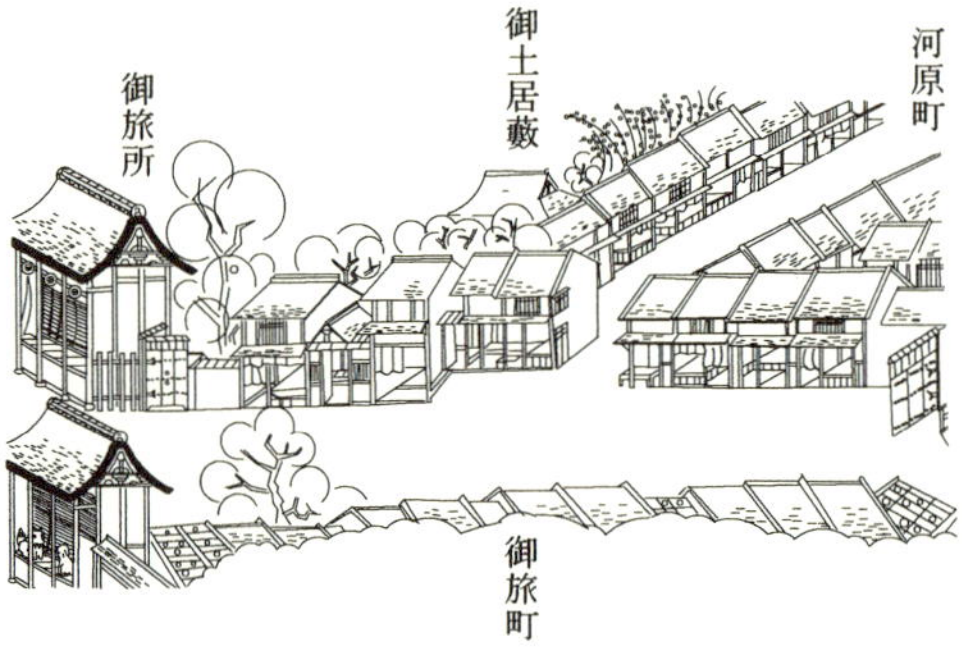

図12　四条通り沿いの町なみ（『祇園社并旅所之図』）

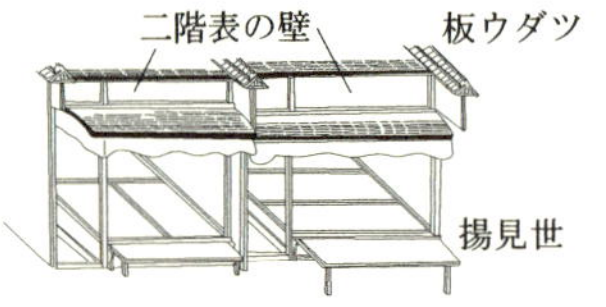

図13　四条通り沿いのけんどん屋
（『京都四条川原画巻』）

災害と低層・均質化の完了

寛文期には多層・多様性を残していた町なみが、いつ頃、低層・均質化を終えたのでしょうか。

〔延宝期　一六七三～七九〕

先にあげた『扁額規範』には、『京雀』から約二〇年後、延宝四年（一六七六）に八坂神社へ献納された『祇園社并旅所之図』もあります（一二）。八坂神社西門から四条大橋小橋を渡って御旅所まで、四条通沿いの町なみが描かれています（図12）。この辺りは、江戸時代を通じて京都最大の繁華街でしたが、表蔵は見当たりません。ウダツをあげる厨子二階の町家が並び、石置板葺や瓦葺とは違う屋根は、こけら葺のようです。表構えは、一階は開放的、二階は窓を開けたり開けなかったり。それも格子窓かムシコのようで閉鎖的です。簡単な描写ですが、同時期の『京都四条川原画巻』（一三）に描かれた「けんどん屋」（蕎麦切を商う）も二階表は壁ですから、当時の四条通り沿いは、一階は開放的、二階は閉鎖的という観察で間違いないようです（図13）。

〔元禄期　一六八八～一七〇三〕

『祇園社并旅所之図』から一四、五年後。元禄三、四年（一六九〇、九一）のオランダ商館長の上洛に帯同したドイツ人博物学者エンゲルト・ケンペルは、当時の京都を次のように観察しています（一四）。

……京は、いわば日本における工芸や手工業や商業の中心地である。何かを売ったり、あるいは作ったりしていない家は、ほとんど見当たらない。大通りには商家以外は、ほとんどなく、こんなたくさんの商品や小売の品物に買手が集まって来るのかと、われわれは驚くほかはない……

……庶民の家は狭く、二階建で、木と粘土と漆喰で、この国の様式に従って建てられている。木の薄板で葺いてある屋根の上には、水を入れた大きな桶が、たくさんの火消し道具と一緒に置いてある……

前段の「何かを売ったり」「作ったり」は、一階が開放的だから観察できたのでしょう。「商家」が続く町なみは、寛文期や延宝期の絵画史料とも整合します。ケンペルが持ち帰った『諸国名所図会』（一五）の「祇園」図に見る四条通りも、棟の高さが揃う町家が石置板葺やこけら葺です。本瓦葺は見当たらず、ウダツや棟にだけ瓦がのります（図14）。

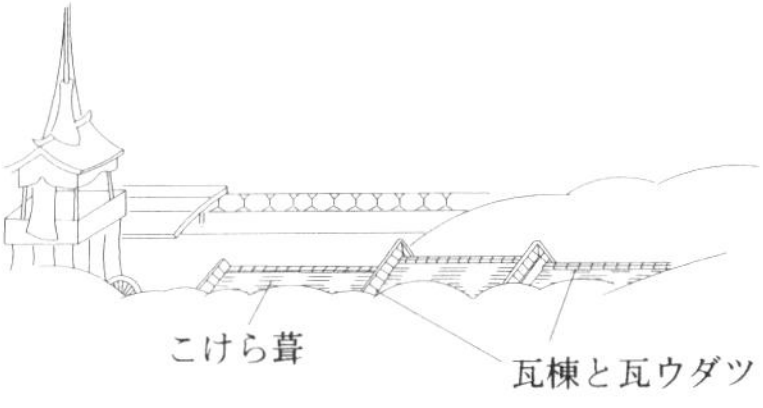

図14　「祇園」図の町なみ（『諸国名所図会』）

後段の「二階建」は、ケンペルが他で「国が法令を出して低い家屋を建てるように命じている」と記しています。建築規制に従った厨子二階を示唆する点は、町なみが整った要因を考える上で重要なので、後ほど取り上げます。また「木の薄板」の屋根はこけら葺。その上の「火消し道具」や「桶」は、当時の消防（火の粉を叩き消す、燃える部分を取り壊す、屋根に穴を開けて可燃性ガスを抜く）の道具で、『京雀』（図8）や『かなめ石』（図9）にもありました。

ところで、同時期の住吉具慶筆『洛中洛外図』屏風（個人蔵）でも、厨子二階の二階表に町人の姿はありませんが、「志満者ら《島原》」にだけ二階に町人の姿があります。六条三筋町など洛中の遊郭を寛永一八年（一六四一）に朱雀野へ集めた「西新屋敷」は、土塀と大門に囲まれました。そこへ移された際の混乱ぶりが、二年前に終息した島原一揆になぞらえられて島原と呼ばれたのです。なぜ、ここだけ二階に人が描かれるのか。これも、普通の町家の二階に町人がいなくなった理由を考える上で重要なので、後ほど取り上げます。このほか、板葺にウダツをあげる厨子二階の町なみは、寂光院本にも確認で

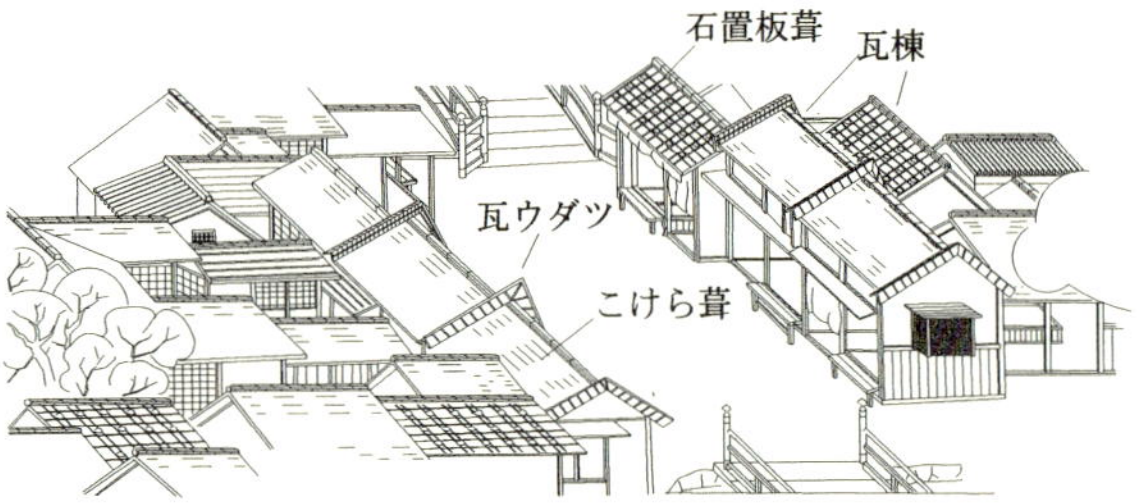

図15　元禄期の町なみ（寂光院本）

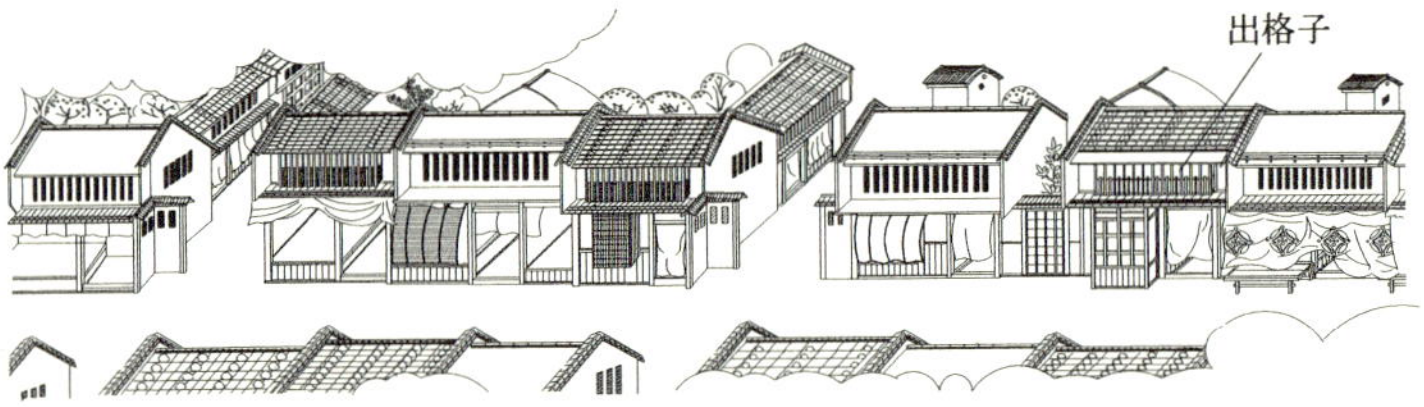

図16　正徳期の町なみ（今井町本）

きます（図15）。瓦はウダツや棟だけ、瓦葺の屋根はありません。

当時の公刊本でも、万治二年（一六五九）『東海道名所記』（一六）や延宝五年（一六七七）『出来斎京土産』（一七）、貞享二年（一六八五）『西鶴諸国ばなし』（一八）、同四年（一六八七）『男色大鑑』（一九）など多くに、『洛中洛外図』と同じ町家があります。ただし『京雀』と同様に二階表の描写が省略されているものが多いのは、この部分に職業上の特徴が現れず、格子窓や土塗格子の開口（ムシコ）、あるいは壁のままで閉鎖的に類型化していたためと思われます。

〔正徳期　一七一一～一五〕

宝永五年（一七〇八）三月八日、宝永大火に襲われた京都は、ほとんど灰燼に帰しました。焼け跡から復興した町なみは今井町本（喜多古美術店蔵）にみえます（図16）。正徳元年（一七一一）に上洛した第八回朝鮮通信使を描くとされ（二〇）、そうであれば大火から三年後にあたります。

ウダツをあげる厨子二階が並び、屋根はこけら葺と石置板葺。通庇はこけら葺と横桟打の板葺が相半ばします。一階は揚見世と台格子で開放的、二階は土塗格子のムシコや出格子で閉鎖的。これは寛文・延宝期の低層・均質化方向に沿った町なみです（図8、9、12、13）。元禄期の寂光院本や歴博E本（国立歴史民俗博物館蔵）にも同様の町なみがありましたが、均質化した町家の表構えが最もよくわかるのは今井町本です。そこでもう少し観察すると、二階表に出格子の増加傾向がある。そのため内部の居室化が想像されます。表蔵はなく、土蔵は敷地奥に並びます。その土蔵は本瓦葺ですが、町家本体には棟以外に瓦は見当たりません。

以上のように絵画史料をみると、一六世紀末から一七世紀前半まで多層・多様化を続けていた町なみが、一七世紀前半から中頃に低層・均質化へ転じ、一七世紀末から一八世紀初頭に完了したことがわかります。

そこで次節では、この理由を探してみましょう。

第二節　町なみが変容した理由

幕府の家作禁令と京都所司代の触書

ケンペルは、元禄期の町なみに、建築規制の影響を示唆しました。そこで、京都の町なみに影響をあたえた建築規制を探してみると、寛永一九年（一六四二）八月二〇日、二代目の京都所司代（板倉周防守重宗）が次のような触書を出しています（二二）。

一、当年は諸国の人民草臥候間、町人等食物迄もその覚悟致し、飢に及ばずように仕《つかまつる》べき事

一、町人衣類紗綾《さあや》、縮緬《ちりめん》、平亀や、羽二重《はぶたえ》、此外結構なる衣類着すへからす、えり帯等にも右の外、結構成もの仕まじく候事……

一、町人作事《さくじ》、自今以後結構に仕まじき事……

全国的に飢饉が続く中、この触書は衣類や食事とともに、町家建築（「作事」）にも「結構」を規制する方針を明ら

かにしています。板倉重宗は、すでに元和八年（一六二二）八月と一一月に、町人の生活姿勢を規制する「京都市中法度」を触れていましたが、そのときは町家建築に言及しませんでした。この触書で初めて、多層・多様化が進む一方の町なみに、支配者として規制する方針を打ち出したのです。

もっとも「結構」の具体的内容は、何も記されていません。そこで具体的な建築規制を記す触書を探すと半世紀も後、寛文八年（一六六八）に設置された京都町奉行所が出した触書に、初めてみることになります。

寛文八年三月二五日（江戸の老中から命令を受けた町奉行所が「京都町中」へ触れたもの）（二二）

一、町人の屋作ならびに衣類、諸事相守、倹約なるほど軽く仕《つかまつ》るべき事

寛文八年三月二五日（右同）（二三）

一、町人の屋作軽少、長押《なげし》、付書院《つけしょいん》、櫛形《くしがた》、彫物、組物無用、床縁《とこぶち》、栈框《さんかまち》塗候事ならびに唐紙張付停止の事

附けたり、遊山舟金銀の紋、座敷の内絵、書中ましき事

二つ目の触書が具体的に記しています。座敷に長押を廻すこと、付書院を設けること、櫛形窓や社寺が軒先を飾るような組物、彫物を付けること、框や栈框を漆塗にすること、そして唐紙張を規制します。町家の内部に関わるものが多く、外観への影響は櫛形窓程度ですが、とにかく、これらを取り付ける新規の建築は規制されたのです。

それでは、既存のものはどうなのでしょう。取り外す必要があったのでしょうか。この点は、同年三月に江戸の幕府役人間で申し渡された「番頭より惣御番衆へ申渡」が参考になります。長押や付書院など右記と同じ要素を幕府役人にも規制したものですが、既存のものには「有来家《ありきたり》は其儘差置《そのままさしおき》、重て作直し候節、此ヶ条の趣守候様にとこれを申渡」（二四）とあります。規制対象でも建直しや修理時に取り外せばよく、直ちに取り外す必要はなかったのです。これは町なみと建築規制を考える上で重要です。なぜなら江戸時代の建築規制は、出された時期と、影響が現れる時期が、必ずしも一致しないことになるからです。火事や地震などの災害が、町なみが変容する機会になるとされるのも

このためです。

幕府直轄都市に共通する建築規制

歴博本『江戸図』屏風（国立歴史民俗博物館）は、寛永一一年（一六三四）頃（二五）の江戸の町なみを描きます。当時の江戸の町家は、通庇を支える独立柱が目立ち、通庇下がアーケード状になる点が京都の町家と違いますが、それ以外の姿は変わりません。そして本瓦葺と板葺が入り混じり、ウダツをあげる厨子二階や塗家、三階櫓もあるなど、多層・多様の町なみがあります。豊臣政権の頃から続く多層・多様化は、京都にも江戸にも、ほとんど変わらない町なみを生み出したのです。

その後、江戸では、明暦三年（一六五七）正月一八〜一九日、市中を焼亡して一〇万人以上が死ぬ明暦大火がありました。これが、江戸の町なみが変容する機会になったとするのが定説です。しかし、浅井了意（『京雀』『かなめ石』著者）が著した明暦大火の実録『むさしあぶみ』（二六）を見ると、燃える町家はウダツをあげるこけら葺、軒先も揃います（図17）。これを見る限り、低層・均質化への転換は、大火以前から進んでいたように思えてなりません。からっ風にさらされる江戸は、明暦大火以前にも火事が頻発しており、そのつど復興が繰り返されましたから。そこで、江戸の触書や幕府の禁令を集成したものに、町なみに関わる内容を探すと、次のものがあります。

図17　明暦大火で燃える町なみ
（『むさしあぶみ』）

慶安二年（一六四九）二月「町触」（二七）
一、町人作事《さくじ》に金銀の箔、付《つけ》間《ま》敷事《じきこと》
一、三階　仕《つかまつる》間《ま》敷事《じきこと》

明暦三年（一六五七）二月（二八）

一、瓦葺家屋、向後、国持大名が為すといえども、これを停止と為すべし、但し土蔵は苦しからずの旨、これを仰せ出される云々

明暦三年（一六五七）三月（二九）

一、町中作事《まちじゅうさくじ》仕《つかまつり》候砌《みぎり》、地形築候《ちぎょうつきそうろう》とも、両頬《りょうつら》高下これ無き様に申合、並能《なみよく》地形築申すべく候、ならびに街道隣町の映りよき様に築申すべく候、むさと我まゝに築申まじく候

明暦三年（一六五七）四月（三〇）

一、作事仕候とも長屋は申すに及ばず、裏店居間の分も三間梁《さんけんばり》より大きに作申間敷候

明暦三年（一六五七）八月（三一）

一、内々相触候如く、町中作事仕候はば御定の外、街道え少も作り出申間敷候……

残念ながら、明暦大火をさかのぼるものは、慶安二年の三階建て規制しかありません。しかし、明暦三年に集中するのは、大火後の町なみを急ぎ整えようとした幕府老中が、矢継ぎ早に繰り出したためです。同様の方針が明暦大火以前にもあって、火事があった地域ごとに命じていた可能性は捨てきれません。この点、心残りですが、ここではとにかく、明暦三年に集中する建築規制がどのような町なみを生み出したのかを、考えてみましょう。

まず注目されるのは、三階建ての規制、土蔵以外の瓦葺規制、そして三間梁よりも大きな梁使用の規制です。これらに従うと、それまでよりも低層で、小ぶりな板葺になります（第四章）。両隣（「両頬」）と高低差がなく、見た目に整った整地（「地形築」）を命じることにも、同様の方針があります。また街道へ出張る建築の規制には、壁面線や軒先線を揃えさせる方針があります。つまり、多層・多様化した町なみを低層・均質化に方向転換させる方針があるのです。

ちなみに喜多村信節《のぶよ》も、当時の江戸の屋根に関わる触書として、次の内容を紹介しています（三二）。

寛文元年（一六六一）丑九月　……町中わら葺、茅葺小屋のやね、土にて塗申すべし
　同年　一一月　……わら屋、かや、瓦新規に作候儀、自今已後堅無用
寛文八年（一六六八）　九月　……屋ねを土にて塗申すべし

藁葺や茅葺に「土」の重ね塗りを命じるのは、防火上の理由でしょう。そうすると、防火性能に優れた瓦葺の新規建築を規制するのと矛盾しますが、当時瓦は贅沢とみなされていたようです（第二章）。
このように江戸の町なみは、一七世紀中頃に、多層・多様から低層・均質化の方向へ転換しました。
それでは、京都の町なみに、これら建築規制の影響はあったのでしょうか。これを考えるとき、先にあげた寛文八年（一六六八）の長押や付書院などを規制した触書が、まず江戸で寛文八年三月二〇日（三三）に出されたときに、「京都、大坂、奈良、堺、伏見、長崎、駿府、山田」（三四）への命令も定められていた点が重要です。各地の幕府直轄都市に建築規制を加える幕府老中の方針は、まず最初に江戸へ伝えられたのです。将軍のお膝元ですから当然ですが。そして京都の触書が江戸から遅れるのもわずか三日。同時期に共通の建築規制が各地の幕府直轄都市に出されたことは、低層・均質化命令も、まず江戸で最も早く命じられた後、京都でも大きく遅れなかった可能性を示しています。
ところが、この時期の京都で収集される建築規制は、天和二年（一六八二）の触書（三五）にあるだけです。

……町中諸商人、諸職人のかんばん、金銀の箔を押、蒔絵、梨子地、金具めっき・かな物無用にいたし、木地のかんばん墨にて書付、かな物鉄銅の外は、一切仕間鋪候、ならびに（揚）見世に金銀の張付、金銀の唐紙、同所金銀の屏風立候義、向後御停止候間、無用に致へし、もし右相背ものこれ有るに於いては、急度《きっと》曲事《くせごと》為すべきもの也……

揚見世の金銀箔の張付けや、唐紙張、屏風を規制します。贅沢禁止が目的ですが、江戸の慶安二年二月触書の「町

人作事に金銀の箔付間敷事」に似ています。寛文八年三月触書と同様に、京都と江戸の間に似た建築規制があるのですから、江戸を低層・均質化に向わせた明暦期の触書も、京都にも同じように命じられていた可能性はある。しかし、京都で明確な外観規制が収集されないのも事実なので、次は町々の町式目に建築規制を探してみましょう。

町式目にみる建築許可申請と建築規制

町役人を中心とする町は、建築規制に関わっていたのか。ここでは、この点を町式目にみるのですが、その前に、元禄三年（一六九〇）八月に町奉行所が出した触書（「新家改」）(三六)をみてください。

一、地子赦免の町屋は、古来の通、申し来たるに及ばず、但し、寺社・道場は前々の如く申し来たるべき事

「地子《ぢし》」とは年貢の代銭納です。古代平安京で朝廷が公民に乗田を賃租し、賃租料を取った制度に始まるもので、中世末期から江戸時代初頭には、この地子を免除する都市優遇策が受け継がれました（序章）。この優遇を受ける町家が「地子赦免の町屋」です。延宝期（一六七三～八〇）の京都では七割以上の町々が該当しました。これら地子赦免の町家つまり大部分の町家は町奉行所への建築許可申請が免除されていたことを、この触書は伝えています。

それが、どれほどの特権であったのか。町奉行所への建築許可申請は、申請書の提出だけでなく、完成報告書の提出や工事前後の検査が義務付けられ、そのつど多くの役人への心づけが必要でした（第四章）。特に検査時は、東西の町奉行所から与力・同心、町代または雑色、中座（牢屋番）、京都御大工中井家の役人が訪れ、接待や心づけは建築主にとって大きな負担でした(三七)。そのため地子赦免地でない町々は、元文三年（一七三八）二月に町奉行所へ「普請御願御免之願書」を提出したほどです(三八)。この願いは認められませんでしたが、地子赦免地の申請免除が特権であったことがわかります。

さて、申請を免除された町家ですが、もちろん勝手気ままな建築が許されたわけではありません。それを制御した

のが町役人を中心にした町です。そこで町式目に建築許可申請に関わる内容を探してみると、次のものがあります。

●上京下柳原南半町　寛政八年（一七九六）正月「条目書」(三九)

一、町中普請《ふしん》等の儀、一統相談の上、致し申すべく候、さりながら聊《いささか》の義は年寄取計《とりはからい》申すべく候

●上京冷泉町　寛政九年（一七九七）八月か「定」(四〇)

一、新造家立儀は、町分へ前以《まえもって》絵図相見せ、其上にて普請致されるべき事

●上京町頭町　文政三年（一八二〇）正月「毎月二日連判状」(四一)

一、家屋鋪ならびに土蔵等造作《ぞうさく》、且、店の格好修復仕候節は、隣家近辺へも相断《あいことわり》、相互に他の障《さわ》りに相ならず候様、熟談納得の上、普請致すべし

●上京西亀屋町　享和三年（一八五〇）一一月「万歳帳」(四二)

一、普請其外、表事は何によらす、年寄方へ相届け申すべく候事

これらの町式目は、町内の町家建築に、町への申請や、近隣への事前確認を義務付けます。すべての町が、このような規定を町式目に残すわけではありません。しかし、どこの町でも町家建築に近隣の目はまぬがれませんから、町役人への届出や近隣への挨拶、そして建築内容の説明は不可欠だったでしょう。極端なことができたとは思えません。また申請を受けた町役人が何を確認したかについて、次の町式目をご覧ください。

●上京清和院町　寛文一三年（延宝元年、一六七三）六月「御公儀様ならびに町儀定帳」(四三)

一、昔より当町何《いづれ》も商《あきない》見《み》せにて、奥住居にして表大塀《だいべい》の家、壱軒もこれ無く候、今度火事に付、仮屋の奥住居、仮の大塀は格別の儀也、いつまても永々敷《ながながしく》大塀にして昔よりの町なみ違い候事、仕間敷候

但、表を借屋にたて、奥住居はくるしからず候、しかる間、表仮《かり》塀《へい》を粗相《そそう》に仕立《したて》申すべく候……

「商《あきない》見《み》せ」は商店。揚見世や刷上戸、台格子で一階表を開放的にした町家をいうのでしょう。そのような町家が続く町なみに、板壁を立てたままにするのは「昔よりの町なみ」と違うとして許さず、放置せずに作る場合も簡単にせよと定めています。「同じようなる家つくり」（『京雀』第一節）と描写されるほど整った町なみを守るために、変調をもたらす具体例をあげて規制したものでしょう。そのために町への申請を命じたと思われます。これと同じような目的を持つ町式目は、ほかの町にもあります。

●下京橋弁慶町　安永九年（一七八〇）正月「町儀定例控」（四四）

一、町内屋鋪、少しにても他町へ売申事堅《がたく》無用、ならびに替地仕度《したき》人候はば町中へ披露仕《ひろうつかまつり》、差図《さしず》を請《うけ》申すべき事

●下京三条衣棚町　正徳四年（一七一四）一〇月「町の式目」（四五）

一、弐軒を壱軒に仕候は例これ有り、三軒を壱軒に仕候事、堅停止の事

町内の土地売買や交換を規制する目的も、町なみの変容への監視でしょう。その役割を担うのが町役人であり、町なのです。そして彼らが、所司代が命じる具体的な建築規制に関わっていたことを示すのが次の町式目です。

●下京菊屋町　寛永一九年（一六四二）九月「四条菊屋町内証《ないしょう》式目の覚」他一題「并従御公儀様度々の御触の通」（四六）

作事致申候定之事

一、地ぎやうつき申候時に、両隣何も町中へ断申《ことわりもうし》、相対仕《あいたいつかまつり》、何《いづれ》もがてんなられ候はば、地形《ちぎょう》つき有るべく候、さりながら、いずれも町なみ見合、仕るべき事

一、蔵御立候時、三かいは無用と為すべく候

右に御公儀より御触廻にて御座候、一かいにても、其上に座敷を作り、何方《いづれのかた》を見申様《みもうすよう》に作る事、堅《かたく》仕《つかまつる》間敷事《まじきこと》

●上京三丁目町　明暦二年以前～明暦二年（一六五六）「中立売式目」（四七）

一、本屋の屋敷つかれ候事は、両隣地形を見合、両方に高下候はば中分を以つかすへき事、但し、書院屋敷を隣の境高成候わぬ様になられるべく候、もし屋敷の儀に付、出入候はば、町中として裁判仕られるべき事

●上京清和院町　明暦二年（一六五六）五月「御公儀町帳」（四八）

一、表蔵立申事、法度《はっと》也

●　同町　万治二年（一六五九）五月「御公儀様并町儀定帳」

一、家作事《いえさくじ》仕候はば、地形つき申節町中相談仕、上下向ふを見合、町並能様《まちなみよきよう》に仕べく候

一、表蔵 堅《かたく》法度《はっと》の事

●下京福長町　元禄一二年（一六九九）以前「町儀式目」ほか（四九）

一、表蔵、惣格子仕間敷事

一、表土蔵ならびに大形の屋根附看板付、無用事

これまでは、万治二年の清和院町の町式目が、町人による町なみの自律的な低層・均質化の根拠とされてきました（はじめに）。しかし、ここでは菊屋町。清和院町のものより一四年も早い寛永一九年（一六四二）九月の下京菊屋町の町式目にこそ、注目します。

これはまず第一項で、町なみ（「町次」）に「見合」う整地（「地形つき」）を定めます。これを清和院町の町式目と比べるとどうでしょうか。「家作事」の「地形つき」は、「町中相談仕、上下むかふを見合、町並能」と似ています。さらに菊屋町は、これを「御公儀より御触廻」として、所司代（当時は町奉行所設置前）の命令であることを明らか

にしています。寛永一九年（一六四二）九月あるいはそれ以前に、所司代は京都の町なみを整えさせる目的で、町々に触書を出していたのです。したがって、清和院町の町式目は、町人の自律性の根拠ではなく、所司代の命令が町々に浸透したことを示す史料ということになります。三丁目町が、明暦二年（一六五六）までに定めた内容（「本屋の屋敷つかれ候」時は「両隣地形を見合、両方に高下候はば中分を以つかすへき」）も、同じ浸透例です。

また、これら町式目の表題は、菊屋町が「作事致申候定の事」、清和院町が「家作事」とします。「作事」は建築、つまり町家建築の意味ですから、所司代は整地（地形つき）に限らず、町家が並んだ町なみにも、整った姿になるように命じたことになります。

そうすると、江戸でも明暦三年（一六五七）三月の触書の中に、「町中作事仕候砌《みぎり》」つまり町家建築の際に、隣と「竝能《なみよく》」整った整地を命じる内容がありました。京都でも江戸でも、一七世紀中頃に、整った整地や町家建築が命じられていました。京都の所司代の触書には確認できませんが、町式目には確かに記録されていたのです。

そして京都の命令は、江戸の触書より一五年も早い。しかし、これを触れた所司代は老中に従う立場ですから、低層・均質化に向わせる老中の意図は、遅くとも寛永一九年にあったことになります。そうすると江戸でも同じ頃から、町家の低層・均質化が命じられていて、『むさしあぶみ』にみた町なみが生まれていたのかもしれません（図17）。この確認は今後の課題におきますが、江戸だけに確認される建築規制、すなわち三階建て規制・瓦葺規制・三間梁より大きな梁間規制・街道へ出張る建築の規制も、何らかのかたちで京都に伝えられ、町なみに影響を与えた可能性はあります。多層・多様であった京都の町なみが低層・均質化した理由は、徳川政権の家作禁令や、それを受けた所司代の建築規制の影響であり、その実効性を確保したのが町々と考えられるのです。

町式目の実効性と評価

所司代が低層・均質化を命じたとき、建築許可申請を免除された多くの町々では町役人を中心に、町が実効性を確保したはずです。まだ武断政治が続き、町人の命は安い時代ですから、安易に扱っては大変です。そして整った後も、冷泉町が「昔よりの町なみ」の維持を定めたように、混乱させる行為は許さなかった。それが重要な役割だから、三丁目町も「屋敷の儀」に関わる紛争（「出入」）に、「町中として裁判」を定めたのです（前項）。このような意味でなら、町人が町なみを整えたという評価も可能でしょう。しかし、それはあくまで幕府の家作禁令や所司代の建築規制が前提。これを受けた町々が実効性を確保するために維持管理を行った、そういう意味です。

もっとも町は、やがて幕府や所司代が求めない建築規制まで定めるようになります。たとえば前項の福長町の「惣格子」規制がそうです。所司代は命じていません。また次のような町式目も該当します。

●下京饅頭屋町　享保四年（一七一九）四月「饅頭屋町々誌」（五〇）

一、家作り格子路地《こうしろぢ》、古来より無用の事

●上京冷泉町　寛政九年（一七九七）八月か「定」（五一）

一、格子の儀は幅壱間迄は金百疋、壱間余より金二百疋、余右に准じ申すべき事

これらは、一階表の惣格子や格子、路地の新設を規制しています。揚見世や台格子で開放的であった一階表構えに、格子戸を入れて閉鎖的にする傾向、いわゆる「仕舞屋《しもたや》」化を規制するのです。井原西鶴が元禄五年（一六九二）刊行『世間胸算用』に「万事の商売うちばにかまへ、表向は格子作りに、しまふた屋と見せて、内証を奥深ふ、年中入帳の銀高つもりて、世帯まかなふ事也」（「神さへ御目違ひ」）と記したのは堺ですが、京都でも表構えに格子を並べ、商売は「終《しま》うた」ように見える町家の増加傾向がありました。これを規制する町式目なのです。それでも、冷泉町が金銭で幅の広い格子を許したように仕舞屋化は避けられない方向でしたが、とにかく所司代や町奉行所は規制していません（第五章）。それはさておき、ここで確認しておきたいのは、幕府や所司代の低層・均質化命令の実効性を、町が積極的に確保し続けた理由です。建築が自由であった頃の多層・多様化とは逆の方向なのに、なぜ低層・均質化に従うだ

けでなく、ことさら積極的だったのか。校則にあてはめると、よいでしょう。何か校則が決まると、好きかどうかは別にして、普通の生徒は守る。それもただ守るだけでなく、破る者に冷たい視線を向けるようになる。生徒会は、学校に代わって校則を管理することもある。校則が建築規制、生徒会が町役人、普通の学生が町人です。京都支配機構の末端として自律的に相互監視を行い、維持管理に務める町は、いつしか整った町なみに価値を見出し、積極的に維持に務めるようになっていたのです。

菊屋町の町式目の「内證」

菊屋町の町式目は、所司代が多層・多様化した京都の町なみを、低層・均質化に転じさせたことを明らかにしました。しかし、同じ寛永一九年の所司代の触書には「町人作事、自今以後結構に仕ましき事」つまり「結構」を規制するだけで、具体的な内容はありませんでした。それなのに、なぜ菊屋町には具体的な建築規制が記録されたのか。他方、ほかの町には、なぜ記録されないのか。また菊屋町の町式目の表題に「内證式目」とあるのも気になります。「内證」は内輪のこと、つまり町内に限る意味です。なぜこのようなことを記すのでしょうか。

この点、もしも個々の町で規制内容が異なったとすればどうでしょう。正徳元年（一七一一）に幕府御大工の中井家が作成した『洛中絵図』（五二）によれば、京都の町々は町家だけでなく、朝廷関係の屋敷や諸国大名の京都屋敷が混在していました。そうすると、京都全体に建築規制を命じるとき、配慮が必要な町もあったでしょう。また宿屋など一部の職種は、二階座敷を持つのを許され続けました。そんな建物が集まる町にも、微妙なさじ加減が求められたのではないでしょうか。そのように柔軟な規制は、京都全体には「結構」、つまり必要以上の贅沢を規制する程度にとどめなければなりません。その一方で、具体的な建築規制は各町別々に命じたのではないか、そのため菊屋町は町内に限る内容として「内證」と書き残し、多くの町々は記録するのも遠慮したとの想像が生まれます。もちろん低層・均質化は京都全体の傾向でしたから、各町に違いがあっても僅かだったでしょうけれども。現時点では、ほかに寛永一九年前後の建築規制を伝える史料を収集できませんから、これ以上の推測は控えますが、ひとつの仮説として述べておきます。

本節では、京都の町家が低層・均質化した理由を所司代の触書に、その時期を寛永一九年（一六四二）に、それぞれ特定しました。続いて、低層・均質化を象徴する表蔵の消滅と厨子二階の増加をくわしくみましょう。

第三節　表蔵の消滅

表蔵に関わる町式目

町なみが低層・均質化した理由が所司代の建築規制にあったとすると、通りに面した表蔵はどうだったのか。三階建てや四階建ての表蔵は、寛永中期〜後期の表通りに目立っていました（図7）。しかし、やがて消滅します。この点、上京清和院町は、明暦二年（一六五六）五月に「表蔵立中事法度也」と「御公儀町帳」に、万治二年（一六五九）五月にも「表蔵立堅法度之事」を「御公儀様并町儀定帳」に記していました（第二節）。どちらも「公儀」つまり所司代に関わる表題の帳面ですから、これに記された表蔵規制も、所司代の命令であった可能性があります。そして、それから四〇年後、福長町が元禄一二年（一六九九）以前の町式目に「表蔵」や「表土蔵」を規制したのは（第二節）、所司代の表蔵規制が町々に浸透して、相互規制に組み込まれていたことを示しています。この影響で、表蔵は取り壊されるか、敷地奥へ曳かれる運命になったのです。

また、江戸初頭の京都では、表通りに面した町家の大屋根に突き出た瓦葺土蔵、いわゆる「内蔵《うちぐら》」もありましたが（図6）、境界が確定された敷地奥に土蔵が建てられるようになると消滅します。この理由が表蔵規制にあるのか。三階建て規制にあるのか。おそらく両方でしょう。

そうすると、なぜ寛文二年（一六六二）の『かなめ石』挿図に表蔵があったのか（図10）。おそらくこれは、表蔵規制が出る前から存在していて、規制後もただちに撤去が命じられなかったものと考えられます。

敷地奥へ移る土蔵

明暦二年（一六五六）五月、あるいはそれ以前に表蔵規制があったとして、土蔵はどこへ行くのでしょうか。もちろん先述のように敷地奥ですが、この時期には敷地奥の境界線が確定していたかどうかという問題があります。

短冊状の敷地が「鰻の寝床」といわれる京都ですが、元和期（一六一五～二三）の林原美術館本をみると、まだ敷地奥に共同井戸があります。敷地奥の境界が明確でないのです（図6）。もちろん敷地奥を占有した町家もあり、その発生は中世にさかのぼります（序章）。そして豊臣政権の天正地割でかなり画定されたのですが、まだ画定されていない地域もあったのです。これでは表蔵規制が出ても、土蔵の行き場が定まりません。しかし土蔵は内蔵に収まりきらない商品保管や財産確保に必要ですから、境界の画定が急務になります。

実は、すべての境界が画定された時期が延宝二年（一六七四）と延宝五年（一六七七）にありました。宗門改とともに行われた「延宝《えんぽう》期《き》間尺《かんしゃく》改《あらため》」です。このとき所司代・町奉行所体制は、各町に町内全戸の間口・奥行を、一間あたり六尺五寸（約二メートル）で報告させました（五三）。測量も行われ、敷地境界が確認されたのです。

しかし、表蔵規制はこれに少なくとも二〇年は先立ちます。その間も、火事などの事情で敷地奥に土蔵を曳く、あるいは建直すため、敷地奥の境界画定は必要だったはずです。同じ頃、町家の二階から飛び出た内蔵もみえなくなっていきますから、表蔵規制が確認される一七世紀中頃から、未画定の敷地奥の境界画定は急速に進んだとしか考えられません。そして延宝期間尺改は、支配体制による敷地境界線の最終確認だったのではないでしょうか。

その後、一七世紀末期の寂光院本（図15）や一八世紀初頭の今井町本（図16）といった『洛中洛外図』屏風に表蔵や内蔵がみえないのは、表蔵規制が徹底されたことを示しています。土蔵は敷地奥のものになりました。

鰻の寝床と軒役の関係

土蔵が敷地奥に移るため、敷地奥の境界画定が進んだと考えた場合、いわゆる「鰻の寝床」説はどうなるでしょうか。京都の町人は、地子《ぢし》（土地面積に対する年貢の代銭納）を免除されていました。しかし、税金にあたるものがなかったわけではありません。所司代・町奉行所体制から、表通りに接する間口に軒役《のきやく》（棟別賦課）を課せられたのです。軒役は、毎年一～二月ごろの町奉行所の触書に「町夫銀壱軒役に付き壱匁二分ずつ」、「竹切町夫銀壱軒役壱匁二分ずつ」などと徴収が命じられています。この「町夫」とは町人が負担すべき労働を意味し、その代銭納が軒役なのです。

写真1　間口三間と少しの町家（一階表は仕舞屋）

京都の一軒役は間口三間（約五・九メートル）が基準とされ、その理由を大田南畝は「大体三間ン間口の家多く御座候」（五四）と伝えます。間口三間の町家が多かったのです。なぜ、そうなっていたのでしょうか。

平安京の頃から一町四方が街区の基準であった京都では、庶民住宅は街区の周囲に、続いて街区に開いた新しい通りに並びました。特に店舗付住宅は、通り沿いでなければ商売が立ち行かない。そのため多くの町人が商売しようとすると、限られた通りに店舗がひしめきます。特に、上京と下京惣構に町々が押し込められた戦国時代、この状況は甚だしかったはずです（序章）。その中から、門口と揚見世を持つ最短長さとして、三間分割が現れたのではないでしょうか。先に三間の敷地割があって町家が並んだのなら、その間口は整うはず。しかし実際は、三間に端数が付いて揃いません。そうではなく、まず三間間口が自然発生し、中世領主の「地口銭《ぢぐちせん》」賦課（軒役の前身）を生み、これを近世統一政権が見逃さずに三間基準の軒役を設定した、このように考えられます。そして江戸時代。軒役は町役人が各町人から徴収し、町組ごとに集計して町奉行所へ届けました。また町入用（町会費）や木戸門などの修理代や臨時負担も、軒役として徴収されたようです。

さて、「鰻の寝床」説ですが、これは軒役負担を嫌がる町人が町家地の間口を広げず、奥に伸ばして鰻の寝床状の敷地になった、とするものです。しかし、触書が記す年頭の軒役の基本額は「壱匁二分（千円程度）」。大田南畝と田宮橘庵は「町役入用銀役、其の分にて一カ年拾匁より廿匁迄、常の入用」、つまり年間一〇～二〇匁（八千～一万六千円）と伝えます。「木戸門の普請などこれ有、其の外臨時入用は別なり」とも記しますが、これもそんなに高額ではありませんでした（第八章）。また三条衣棚町が正徳四年（一七一四）一〇月に「三軒を壱軒に仕候事、堅停止の事」と定めたのは（第二節）、軒役負担など気にせず、町なみを混乱させるほどに町家地を集積する町人が数多くいたことを示しています。町人が軒役負担を必死になっていやがるようにはみえないのです。

そうすると鰻の寝床が横ならびする短冊形敷地は、どのように生まれたのでしょうか。それはおそらく、まず一町四方あるいは天正地割後の南北一町、東西半町の街区で、表通りに面する部分に三間そこその最小間口の町家が並ぶことから始まったのでしょう(五五)。そのとき、敷地奥となる街区内側は共同利用地が多くありましたが、やがて土蔵を置くなどの都合で境界が画定され、その結果、短冊形敷地が生まれたと考えられます。軒役の影響で三間間口が増えたのではなく、三間間口が多いから軒役の基準にされたのでしょう（写真1）。

なお、町奉行所は享保七年（一七二二）正月の触書(五六)で、約半世紀前の延宝期と同様に、「六尺五寸棹を以って間尺相改、書付け差出」を命じました。ちょうど享保改革の始動期にあたる当時、もう一度、京都の町家の敷地間口を把握しようとしたのです。ただし、このときは「裏行は改めるに及ばず」として敷地奥の長さに報告を求めませんでした。関心が間口だけに集中したのは、家数の統計や軒役に関わる部分だったからでしょう。そして、この後も間口三間程度が一応の軒役の基準であり続けたようです。

防火帯としての評価の是非

表蔵規制により短冊状の敷地奥に土蔵が移ると、敷地奥の境界線に沿って土蔵が並びます。境界線の反対側の町家でも同じです。このため、これら並列する土蔵群を防火帯と評価する見解もあります（五七）。井原西鶴が「隣町の境目に、三間に五間の二階蔵を普請」と記したことも、その根拠にされています。

しかし、町奉行所の触書や町々の町式目に、敷地奥に土蔵建築を命じた内容は見当たりません。表蔵を規制するだけです。確かに敷地奥の土蔵群が並ぶ事実はあり、防火帯説の発生は理解できます。しかし一度でも延焼が広がる現場を見れば、塗り繋いでもいない土蔵群に防火帯の効果が疑わしいことは、すぐにわかります。炎は酸素を求めて生き物のように移動しますし、土蔵を置かない町家もある中で延焼を防ぐ効果は期待できません。

もちろん多額の費用で土蔵を建てた町人が、飛んでくる火の粉を防ぐ程度の役割を期待する気持ちまでは否定しません。しかし、個々の土蔵群を防火帯という都市施設と評価することには無理があります。やはり所司代の低層・均質化命令と表蔵規制の結果であることを、まずは考える必要があるでしょう。

三階蔵の問題

菊屋町の町式目には「蔵御立候時、三かいは無用と為すべく候」とありました。三階蔵の規制が読み取れます。ところが、井原西鶴は元禄元年（一六八八）『日本永代蔵』（五八）に、寛文四年（一六六四）頃に京都室町で開業した呉服商を「一に俵、二階造り、三階蔵を見わたせば、都に大黒屋といへる分限者有ける」（「才覚を笠に着る大黒」）と記しました。二階建ての町家のほかに三階建ての土蔵を記しているのです。二〇年以上も昔の寛永一九年（一六四二）、すでに三階蔵の新築は規制されたはずなのに、なぜ「三階蔵」を建てることができたのか。大黒屋が寛文二年（一六六二）の大地震後も三階蔵が残った敷地を購入した、そんな可能性もありますが、中村利則氏によれば（五九）、慶安二年（一六四九）二月に江戸で「三階仕間敷事」とする触書が出たとき、土蔵だけは三階を許されたといいます。前節で見たように、この時期の江戸と京都には共通の建築規制が推測されますから、京都でも三階蔵の規制除外が機能して、寛永一九年の三階蔵規制に優先されたのではないでしょうか。

ちなみに宝永大火（一七〇八）の実録も、「洛中洛外のかし座敷、下屋敷、二階三階、、蔵の内」（『音無川』）（六〇）と記しています。焼け残った三階蔵はいくつもあるようです。そして宝永大火後に表蔵が敷地奥に曳かれたとき（第五節）、これらの三階蔵も敷地奥に移ったのでしょう。引き倒されたという記録は今の所、見当たりません。

第四節　厨子二階

町人は、商売に成功した暁には「八間間《はっけんま》に家蔵構える」という理想があったといいます（六一）。町人が負担する軒役は間口三間（五・九メートル）が基準だったようですから、八間（一五・七五メートル）という広い敷地に町家や土蔵を構えることを成功の証とみていたのです。

それでは高さはどうだったのでしょうか。これも同様であったことを、江戸で特権商人だけが許された三階櫓が示しています。京都でも、建築規制が確認されない一七世紀中頃までの絵画史料に、三階蔵や四階蔵、二階蔵に座敷を載せた蔵座敷、そのほか櫓やあずまや風の建物を載せる楼閣町家が多くありました（図6）。高い所に登れば見晴らしがよく、誰しも気持ちがいい。ところが一七世紀後半から一八世紀初頭には厨子二階で整う。それは、華やかな豊臣政権の時代から禁欲的な徳川政権の時代へ、移り変わりを象徴する町なみの変容でした。第二節では、この理由に菊屋町の町式目を取り上げましたが、ここでもう一度、厨子二階についてくわしくみてみましょう。

菊屋町の町式目と厨子二階

寛永一九年（一六四二）の菊屋町の町式目を、もう一度みてみます。

一、蔵御立候時、三かいは無用と為すべく候

右に御公儀より御触廻にて御座候、二かいにても、其上に座敷を作り、何方を見申様に作る事、堅仕間敷事

「三かい」の「蔵」を「無用」とする第一項は確かに三階蔵規制です。これに続いて二階でも「其上に座敷」を置くことを規制しますが、これを三階蔵規制に続けて読むと、二階建ての土蔵に座敷をのせる「蔵座敷」の規制になります。林原美術館本『洛中洛外図』屏風など、元和期（一六一五～二三）まで見られた蔵座敷が（図6）、その後みえなくなるのも、これが理由と考えられないでもありません。しかし、当時の町家の二階座敷に町人の姿が消えるのはどうしたことでしょうか（第一節）。この状況が、さらに本二階建ての減少と厨子二階の増加、大開口の減少と閉鎖的な開口の増加へ続くのです。そうすると、まず二階座敷から周辺の見物が許されない状況が生まれ、やがて二階表の居室性が低い建築につながった、と考えるのが妥当でしょう。そのように考えたとき別の読み方があります。

つまり「二かいにても、其上に座敷を作り、何方を見申様に作る事」は、町家の二階座敷から周囲を見渡すことの規制、周辺眺望の規制になるのです。眺望が規制されるのですから、まず二階座敷が無人になります。明暦期に海北友雪が描いた無人の二階座敷がこれです（第一節）。続いて建築的に変化します。本二階建ては必要ないので厨子二階。厨子は仏像や経典を納める箱ですが、転じて物置の意味です。物置に大開口は不要ですから、壁や土塗格子の開口（ムシコ）、あるいは出格子になります。こうして二階表にムシコを装置した厨子二階が生まれ、町なみは低層・均質化するのです。

そのように考えると、かつて豊臣政権が二階に生活習慣を持たない町人に、二階建てを助長したときが思い出され

ます（序章）。そのときは少ない費用で実現できる二階として厨子二階が増え、二階は物置として利用され、その通風・採光のため土塗格子の開口が増えました。必要のない二階は、そのようにしつらえられたのです。これに対して寛永期の周辺眺望の規制も、再び京都に多くの厨子二階を生み出しました。周辺眺望の規制により、二階の居室機能は失われたと町人は判断して、再びそこに物置が増えたのでしょう。

そうすると、二階蔵に座敷をのせる蔵座敷はどうなるのか。こちらは第一項の三階蔵規制に該当します。また二階からの眺望が規制されるのですから、三階からの眺望は逃れようもありません。あずまや風の楼閣もだめです。

厨子二階という型式

二階表で直立できない厨子二階は、町人にとって、どのような型式だったでしょうか。

江戸時代の代表的な豪商、三井家が営んだ越後屋は、宝永大火後の正徳三年（一七一三）と天明大火（一七八八）後の寛政二年（一七九〇）の二度、間口一八間（約三六メートル）という広大な京都本店を建直したとき、敷地奥には本二階建ての建物を数多く建て込みましたが、表通り側は厨子二階にして、二階表は土塗格子を並べるムシコにしました。そうして周辺の町なみに揃えたのです（六二）。

これは、圧倒的な経済力をもってしても、閉鎖的な厨子二階を克服できなかったことを示しています。その理由は、周辺眺望の規制と、町なみを整えるように命じた所司代の命令です。このような命令を三井家が重視していたことは、初代当主の遺言に「江戸、京都、大坂は御公儀よりの御法度のほか恐るる事無く……」とあるのに明らかです。

もっとも、寛政期の再建立面図をよく観察すると、外観の意匠はムシコ主体で変わらないのですが、二階の高さがわずかに高くなっています。これは、おそらく次の理由によるのでしょう。まず、周辺眺望の規制や、町なみを整えるように命じた所司代の命令は、高さは数値的に規定しませんでした。ですから厨子二階は、所司代から眺望規制を命じられた町人が、もはや本二階建ては必要ない、あるいは問題が起きるかもしれないと予想して、自主的に選択した可能性があります。そもそも、ほとんどの町家は町奉行所への申請は不要で、検査も受けませんでしたから。そうして整えられた町なみは町が維持しました。ですから極端な変容でなければ、わずかに高さをあげる程度なら許されることもあったのでしょう。その蓄積がやがて町なみを高く変えていき、再び本二階建てが現れるのです。

消防上の都合

厨子二階が町人の自主選択としても、何か低い建築に必然性があったのかもしれません。この点を考える上で、まず享保八年（一七二三）一二月の江戸の記録（「此度作事之儀、頭取之面々より組合え相達候書付」）（六三）をみましょう。

一、家作、随分小住居に仕る可き旨、仰出候上は、各《おのおの》弥《いよいよ》了簡《りょうけん》有之《これあり》、兼て十畳敷にもちぢめ、其上、差懸《さしかかり》入用にこれ無き所は、相止められ申すべく事

一、家作、成るべく、たけは低く建候儀、これ肝要となすべき事

一、瓦葺と仰せ出され候は、土蔵作りの事にてはこれ無く候、屋根ばかり平瓦にても、さん瓦にても、ふせ候儀に候、もっとも下地塗り申さず、直に瓦置候様、成見分《なりけんぶん》計《ばかり》取繕《とりつくろい》候儀は堅くこれ有間敷事

但、勝手に任せ土蔵作り致され候段は、勿論しかるべき事

「なるべく」という抽象的な表現ですが、第二項が確かに低い建築を命じています。ですので、これが低層の町なみ形成の理由とする向きもあるのですが、少し違うようです。第三項が説明する「瓦葺」は、この触書の三年前、享保五年（一七二〇）四月の江戸の触書を指しています（六四）。その触書は、江戸では明暦三年（一六五七）から六三年間も規制されていた瓦葺を次のように許可する、つまり瓦葺規制を解除するものでした。

……町中普請の儀、土蔵作り或は塗家ならびに瓦屋根に仕候事、只今迄は遠慮致し候様に相聞候、向後右の類普請仕度と

存候者は、勝手次第為すべく候……出火の節、防にもなり、又は飛火これ無き為……

江戸の防火性能を向上させるため、瓦葺を奨励したのです。ところが、この触書の後も瓦葺は普及しなかった。そこで瓦葺はどういうものかを説明したのが先の享保八年一二月の触書です。ですから、その触書が命じた低い建築も、消防上の都合を考えなければなりません。当時の消防は、火の粉を叩き消す、火の付いた部分を取り壊す、屋根に穴を開けて可燃性空気を抜くなど屋根上の作業が多かった。なので享保八年一二月触書の「ひきく建」も、消防作業の都合のために命じたのです。その後の寛政四年（一七九二）八月の触書にも「今度類焼の跡家作《かさく》の儀、随分小住居にいたし、もっとも成《なる》たけ棟《むね》高からず様……」（六五）とあります。小さく登りやすいのが消防に都合のよい町家だったのです。ただし、これらは一八世紀前半の話。一七世紀後半の京都には関わりありません。あったのは周辺眺望の規制と町なみを整える命令でした。当時の厨子二階と消防との関係を示す史料は見当たらないのです。

流通規格の関係

厨子二階には、流通規格の影響も指摘されています。現存する京都の町家は古くても一八世紀以降の建築ですが、実測調査によって軒柱に「丈四」（一丈四尺、約四・二メートル）や「丈五」（一丈五尺、約四・五メートル）の規格が指摘されています（六六）。文化二年（一八〇五）の大工見積書にも「厨子二階、一丈四尺軒高さ、一階表店（見世棚）、二階むし子大津に壁」（『真町文書』）とありますが、このような町家は、一階の高さは三メートル程度、二階は一・二〜一・五メートル程度。表通りに面した二階表室の内部は直立できないほど低い天井になるのです（図18）。

それでは、丈四や丈五の規格はどこから来たのでしょうか。次にこの点を考えてみましょう（六七）。

江戸時代の京都には、宇治川経由の西近江材、木津川経由の奥山城・吉野材、淀川経由の諸国材も入ったといいますが、なんといっても丹波国の山国・黒田（京都市右京区京北町）産が多かった。この地域の山方五二ヶ村が切り

図18　丈四を軒柱に用いた町家モデル

出した材木は、幕末には年間一五〇〇〇もの筏でもたらされ、実に七〇万本にも及んだといいます。

丹波国の大堰川から保津川峡谷を走る保津川、山城国に入って桂川を下った材木は、洛外三浜（嵯峨、桂、梅津）の三ヶ所材木屋へ陸揚げされ、そこから洛中一五ヶ所の材木屋を通じて京都市中へ、さらに伏見や大坂へも出荷されていきました。

このような丹波材木の流入は平安京造営時に始まり、一〇世紀初めの『延喜式』には、次のように記されています。

……丹波国滝額津、雑材値《あたい》ならびに、いかだ功銭は五六歩板・一丈四尺柱値各三七文、簀子・一丈二尺柱値二二文……

「滝額津」は保津川急流の起点、保津村辺りを指し、「いかだ功」は運賃規定をいいます。筏を組んで保津川を運ぶ一四尺（「一丈四尺柱」）や一二尺（「一丈二尺柱」）の柱規格が、すでに存在しているのです。

中世になると、朝廷への上納材に「五三寸《ごさんすん》三尋荒木《みひろのあらき》」という規格が現れます。末口（木の先端の細い方）断面が五寸×三寸（一五センチ×九センチ）、長さ一五尺（約四・五メートル、一尋は五尺、約一・五メートル）の皮付材ですので、元口（根元側）はさらに太かったでしょう。これは柱というより、梁や桁用の材木規格と思われます。

近世に入り、天正一五年（一五八七）に豊臣政権の丹波国検地を受けた村々は「山役」（賦課）を課せられます。

一、長さ目のうち三間木、末の丸太八寸　一、三尋木　一、山役銭

まず「三間木」は長さ三間つまり一九・五尺（約六メートル）の規格材を意味します。「末」口八寸（約二四センチ）ですから、元口は一尺（約三〇センチ）を越えたでしょう。続く「三尋木」は先の「五三寸三尋荒木」です。必要本数や山役銭の額はわかりませんが、この山役さえ完納すれば後は商品化も公認された点が重要です。それまでは朝廷用材として売買制限があったようですが、山役賦課後は売買目的の筏が増加し、秀吉の改造が進む京都に大量の材木をもたらしました。山越え陸路もありましたが、保津川の急流を行く筏のほうが早く、多くの材木を運べたようです。

それでは、その筏はどのような姿だったでしょうか。三〇種類もあったといいますが、全体の大きさは一七世紀後半（延宝期）に幅一間二尺（約二・六メートル）、長さ三〇間（約五九メートル）以下という協定が結ばれ、その後は変わりませんでした。理由は保津川の狭隘さと流路の蛇行にありました。それ以上の筏を組むことは許されない、というより危険だったのです。ですから、それ以前の筏も、普通はこの程度の大きさだったと思われます。

その中で代表的な筏は、杉や檜を運ぶ「丈間筏」でした。丈間筏は一連《れん》（枚ともいう）あたり一二～三〇本の材木を「ねそ」（マンサク蔓）で編み、先頭の「鼻」筏から最後尾の「猿尾」筏まで一二連《れん》を連ねました。最重要は筏中央の「丈《じょう》間《ま》土《ど》伝《でん》」という丈四材で、実長は一四尺二寸でした。当時の建築部材に必要な二間長さ（一三尺、一間六尺五寸の二倍）に、仕上加工しろ二寸を加えると一三尺二寸。これを筏に組むための「ねそ穴」を開ける両端五寸ずつ、合わせて一尺の余裕も必要としました。合計は一四尺二寸（図19）、三尋木を受け継ぐ太い断面でした。

そうすると、実長一四尺という町家の軒柱にはなりません。実はほかに一五～一六尺の材木を連ねる筏もあったようで、末口は二～四寸（六～一二センチ）。柱に適当です。そして、この一五～一六尺から両端のねそ穴五寸ずつをの

ぞくと残りはちょうど一四〜一五尺。厨子二階の軒柱に用いられる丈四材や丈五材が現れるのです。

なお、丹波材木は、近世初頭まで天然材の出荷が多かったといいます。しかし江戸前期に枯渇。人工植林の時代になって一五尺が育成基準＝最多の出荷規格として定着しました。柱にする材木の規格が古代『延喜式』の一四尺と大きく変わらなかったのは、受け継がれた規格だからでしょう。そもそも筏は、二人から数人が乗り（写真2、筏竿を持つ

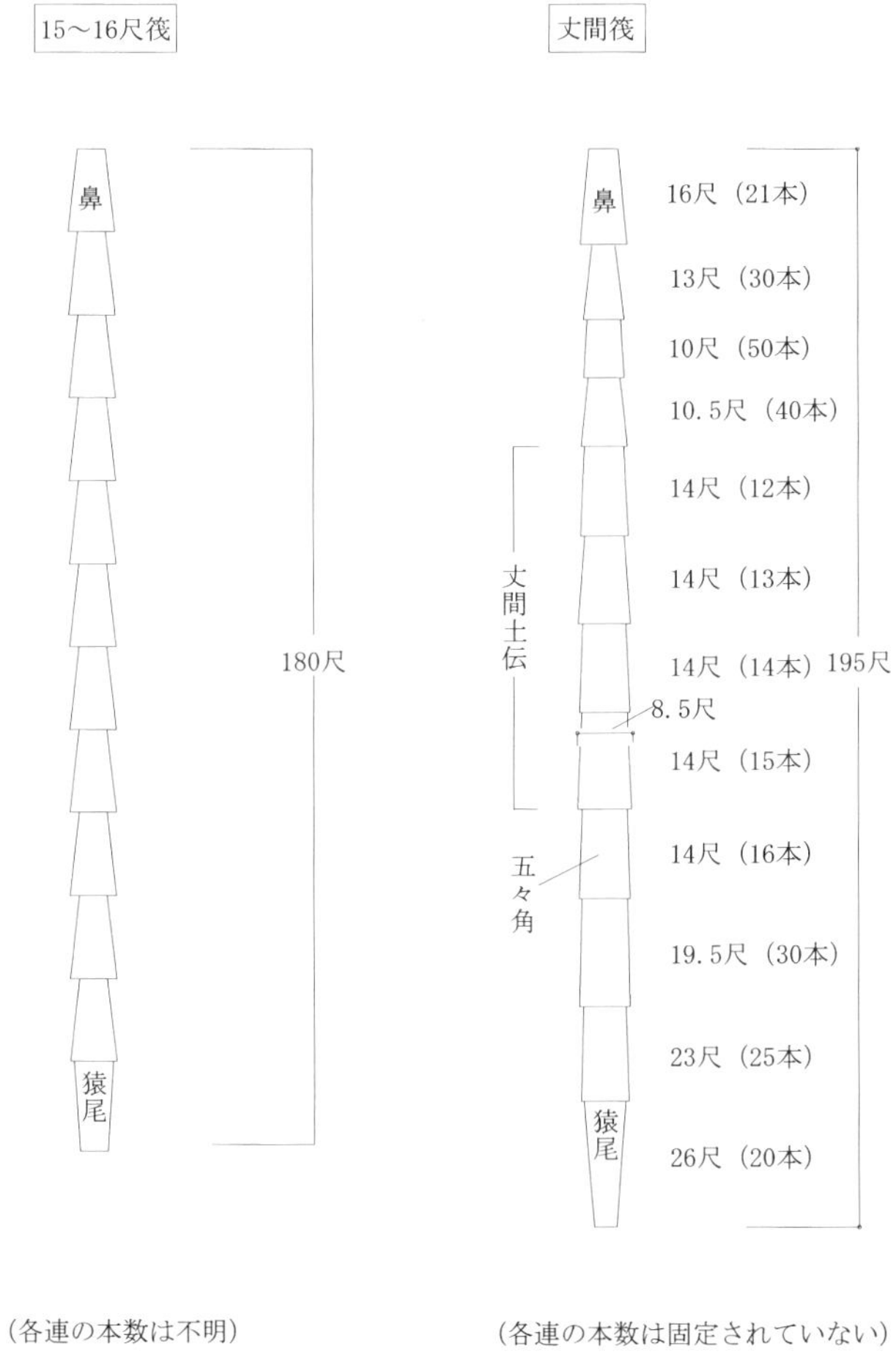

図19　大堰川筏モデル

差子《さしこ》など三人が乗る）、筏上に薪柴（杷木《ばぎ》）を満載して急流を下る場合もあって、高度な操縦技術を要しました。その技術の伝承という面でも、材木長さに大きな変化は考えにくいのです。

もちろん、それ以外に一〇～二六尺の材木もあり、それぞれ用途がありました。たとえば上京の堀井家住宅（すっぽん料理大市）は宝永大火（一七〇八）直後の建築とされ、京都では最古級の町家です。原状は、揚見世の上に格子をのせるなど改変されていますが、ウダツをあげる表構えは古風です（写真3）。その印象の理由は、わずか一〇尺しかない軒柱にあります。なぜ、このように短い軒柱を用いたのか。ひょっとすると、大火後の復興需要の中で、筏が運ぶ最短材が軒柱に用いられたのかもしれません。そうすると、中世末期まで京都の町なみで大勢であった平屋も、

写真２　保津川の筏流し
（黒川翠山撮影写真、京都府立総合資料館蔵）

写真３　堀井家住宅（すっぽん料理大市）

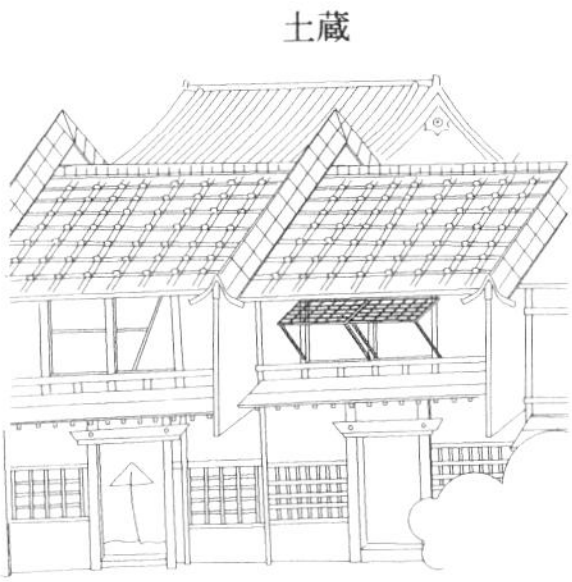

図20　本二階建ての町なみ
（『聚楽第図』屏風）

おそらく軒柱に一〇～一四尺の材木を用いていたでしょう。そこに天正一九年（一五九一）、豊臣政権の二階建て政策が始まれば、そのまま軒柱に用いつつ強引に通庇を付けた二階、つまり厨子二階が生まれます。そして天井の低い二階表室は物置とし、通気や採光にムシコを開ける不自然な町家型式が生まれたのです。もちろん柱をつないだり、長尺物を用いて本二階建ても可能です（図20）。長尺材は平屋や二階建ての通柱にもなりますし、需要があれば切断して丈五材にもなる。豊臣政権期も、徳川政権期も、厨子二階の増加には流通規格が大きく関わっていたと思われます。

二階表の開口の変容

所司代が町家建築の「結構」を規制する触書を出し、菊屋町が周辺眺望を規制された寛永一九年（一六四二）以降、厨子二階の二階表は土壁のまま、土塗格子を並べたムシコ、そして出格子で閉鎖的に変容しました（図7）。

このうちムシコは、防犯性能や防火性能が認められて普及した、という見解があります（六八）。太くてはずしにくいとみるのです。しかし、豊臣政権が瓦解し不満浪人が流入して京都の治安が悪化した元和期（一六一五～一六二三）でも、町家の二階表がムシコで揃うことはありませんでした。むしろ、二階座敷が増加する中で開口は大きい窓に、そして手摺付も現れました。防犯性能の面でも、壁ならばともかく、土塗格子は梃子《てこ》でも使えば簡単に外せます。侵入する手間は、竪子を数多く釘打ちした出格子と大した違いはないのです。

しかし、寛永期に周辺眺望の規制が出たとき、確かに二階表には、土塗格子のムシコが増えました。それは、居室機能を失った二階表室が物置となり、通風・採光用に簡単な穴を開けた、そういう位置付けでした。それなのに、

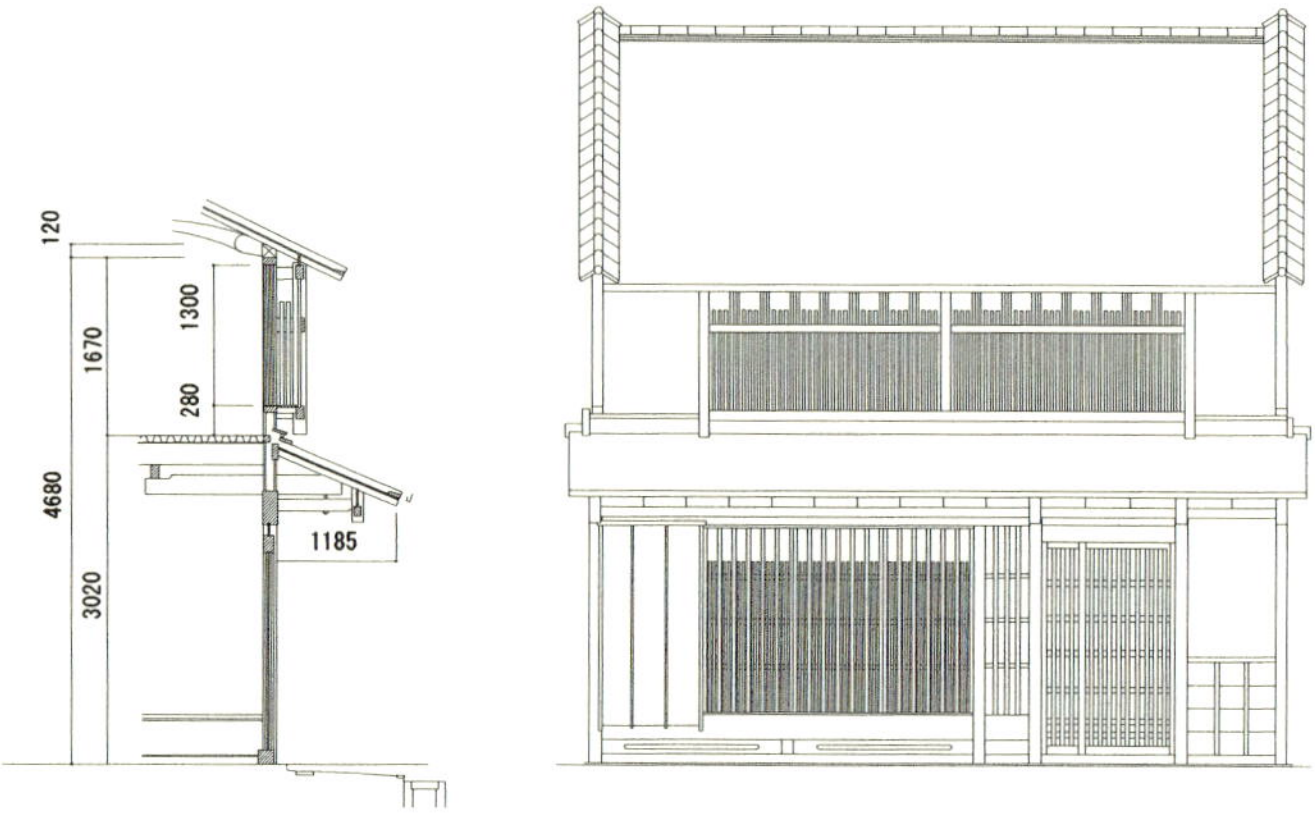

図21　二階表に出格子を持つ町家モデル

宝永大火（一七〇八）後に燃えやすいはずの木製出格子が増加してムシコと相半ばしたのは（図16）、出格子の方が採光面積が大きく、その割に閉鎖性もよい、つまり居室向きの性格を持つためでした。もちろん寛永中期までの大開口には比べるべくもありませんが、それでも二階表室へ居室機能を求める動きが再び生まれていたのです（図21）。ですから、二階表室を物置とした場合は壁。通風・採光を求めた場合は土塗格子のムシコ。居室機能を求めた場合は出格子。このような選択肢が生まれたと思われるのです。

それでは、ムシコに防火性能はあったでしょうか。この点、土蔵と比較すれば明らかです。土蔵は、柱や梁の軸組構造を厚く塗りこみ、開口にも防火性能の高い土戸を付けました。火事になると土戸を閉めるのですが、それでも火が入る場合があったので、隙間に土詰めして万全を期したのです。ですから土蔵の周りには壁土が常備され、いざというときは池水や井戸水でこねて詰めました。火を入れないためには、それほどの配慮が必要だったのです。

一方、ムシコは確かに土塗格子ですが、周りは柱や束《つか》を露出する真壁がほとんどです。また見た目に細い土塗格子の隙間も、土詰めにはかなりの壁土を要します。しかしムシコ近くに壁土を置いたという話はついぞ聞きません。つまりムシコの防火性能は、確たるものではないのです。

このほか、町家内部であがった火の手を外へ出さないためのムシコ、という説もあります。京都には火事を出した家は町内の付き合いから三代はじくという言い伝えもあるので、これから生まれた説かもしれません。しかし上京蛸薬師町の享保八年（一七二三）「町の法式」(六九)に次の内容があります。

……家内失火これ有時は、はやく声を立て、近所の衆を呼び起こし、はやく消し止め肝要に候、押し隠しおき、我が家内、土蔵等仕廻候事にかかり候えば大火に成り、互いにこれ難儀かかる事に候間、早速知らせ候……

家内で火が廻る速さを強調して、消火のために近所の者を早く呼べ、と命じています。火事を出したことを問題視するのではなく、隠そうとして結果的に延焼要因を作った者をとがめるのです。確かにムシコから火を出さないでおこうとすれば、壁土で塞ぐしかない。しかし、そんな時間があるなら火を消す方が先です。土詰めなどしていては、家は全焼するし身も焼ける。近隣への多大な迷惑は避けられず、それこそ付き合いの支障になるでしょう。

実は、ムシコの位置付けを示す史料がほかにあります。

まず、元禄一四年（一七〇一）、洛外の愛宕郡八瀬村農民が、町奉行所へ提出した申請書。土蔵の庇を修理する申請書に「……作所《たしょ》より見透 申窓《みすかしもうすまど》など、高く明け申さず……」(七〇)とあります。周辺の眺望には関係ない工事ですが、このように記す理由は、所司代の眺望規制が行き渡って当時の申請書の書式に定型化していたとしか考えられません。そして、これを裏付けるのが享保一三年（一七二八）、洛外町続きの祇園新地富永町の借家建築を町奉行所へ申請した願書です。これにも「……他所を見透し申戸障子口窓など高く明け申さず……」(七一)とあり、八瀬村の申請書と近似しますが、こちらは借家七軒の改築申請。文面通り、二階表に周辺眺望を可能にする開口を持たないとの誓約書です。そして申請図に付された指図《さしず》（図面）には七軒の借家の二階表に「ぬり窓」、つまり土塗格子のムシコがあるのです。これらの申請書は、所司代による周辺眺望の規制が、洛中だけでなく洛外や農村にも徹底され、申請書の書式に反映された時期があったことを示します。それと共に、土塗格子を並べたムシコ（ぬり窓）が、周辺眺望を確保できない、規制に従った開口と位置付けられていたことを明らかにします。採光できる通気口、しかし周辺眺望は効かない、これこそ当時のムシコの位置付けでした。

島原の二階と風呂屋の遊女

それでは、第一節で後述とした点。すなわち元禄期の住吉具慶筆『洛中洛外図』屏風で、島原にだけ二階座敷に町人の姿があった理由を考えてみましょう。まず、当時の町奉行所の触書を紹介します。

元禄一〇年（一九六七）六月一八日（七二）
一、風呂屋垢《あか》かき女の事、前々相定の通、三人に過べからざる事
一、二階座敷を構候儀、遊所に粉《まぎらわしく》敷相聞へ候、二階座敷無用に為すべく候
但し、勝手物置の儀は苦しからず候事、附けたり、向後、作事いたし、直し候節は絵図指し出すべく事

風呂屋の「二階座敷」を「遊所」と紛らわしいと規制し、「勝手物置」ならよいとする風紀粛清令ですが、なぜ風呂屋に遊女なのか。実は二階座敷は中世から風俗営業の場所でした（序章）。江戸時代も遊郭遊びに通じた者が「二階座鋪の尊きに通ず」（寛延二年〔一七四二〕『跖《せき》婦人伝』）（七三）、遊女の室への出入禁止が「二階をとめねば、どふもすみんせん」（寛政二年〔一七九〇〕『繁千話』）（七四）などと表現されました。だから島原にだけ二階に町人の姿があったのも、遊郭だったからです。もっとも土塀と大門に囲まれた島原は、一般の規制は及ばない地域ではあったのですが。

それでは風呂屋。風呂屋に二階座敷があったのは、多数の湯上り客が涼むため、旅籠などと同じ観点（第六節）から許されていたのでしょう。換気のための大開口を装置した二階座敷を持つ、本二階建てだったはずです。しかし元禄一六年（一七〇三）刊行『五ケ津余情男』には、次の内容があったといいます（七五）。

……京の町の風呂風呂も、昔よりのお猿さまも、今は板の間へ出て垢かくなど、古めかしい事はとんとやめて、下着は白むくに墨絵の近江八景、信濃八丈の紅裏……（猿とは風呂屋の女をいふ）……

元禄期の京都の風呂屋には、遊女として働く女性がいて、その営業場所が二階座敷だったのです。そこで先の触書は物置にせよと命じた。物置なら普通の町家と変わりないからです。周辺眺望の規制後、普通の町家の二階座敷は激減して、物置が普通になっていた。その物置に適当な二階表構えは、壁のままか土塗格子のムシコでした。厨子二階にムシコという型式は、二階座敷がない、すなわち遊所ではないことを示す建築表現ということになるのです。そうすると、寛永一九年に町家建築の「結構」を規制した所司代が、同日に次の触書を出していたことも無視できません。

寛永一九年八月二〇日（七六）
一、傾城《けいせい》京中の町へ一切出し申間敷事

町中に遊女（「傾城」）を置く商売を禁じたのです。翌寛永二〇年（一六四三）頃にも次のように触れています（七七）。

一、町中にて、傾城屋、上ケ屋、出合屋、遊女類勿論、人の女子ならびに下女に至迄、町にて傾城の売買、御法度の旨承届申、向後組中互に度々せんさく仕、少も相背申間敷候、もし訴人御座候においては町中曲事に候

京都の町々に遊女施設を規制し、町々に相互監視を命じています。告発された町には連帯処分まで定めたのです。このような命令に従う建築表現は、厨子二階に開口なし、あるいはムシコが適当です。この後に普及した閉鎖的な二階表には、周辺眺望の規制に従うだけでなく、遊女施設でないことを示す建築表現という面もあったのでしょう。

そして、このような町家型式の定着が、次のような町式目を生むことになります。

●上京三丁目町　明暦二年以前（一六五六）（七八）

……二階へ火、灯す事、用所有時は各別の事也、用所を叶候はば、其儘《そのまま》消され申すべく候、夜番の者見付候はば、咎め申すべく候、其時人なく候か、又寝入り候て、一言二言の内に返答仕らず候はば、過銭と為し、前々よりの定のごとく銀壱枚、見付候夜番の者の方へ、火、灯し申候奉公人、手前より出し申すべく事……

〈意味〉

……町家二階の灯火について、用事が終れば消せ、消さずにおいて「夜番」が見付け、数回声をかけても返答がなければ、以前から定めているように罰金「銀壱枚」を、消し忘れた奉公人から差し出させよ……

夜まわりの木戸番が表通りから灯火を確認する「二階」は二階表室です。その二階表室の灯火が監視対象になるのですから、そこは常灯ではない用途、つまり物置や予備室と考えられます。防火上の観点から二階の居室利用が制限されているのですが、町家の二階表室には物置が定着する中で、火の気を戒める町式目であったと考えられます。

表屋造り

京都の町家には、一つの平入屋根が、内部平面を取り込む型式があります。この場合、表通り側の軒高を低くして厨子二階にしながら、敷地奥の軒高は本二階建て並みに高くして、内部の天井高さを確保する町家が多くあります。

そしてもうひとつ、表通りに店舗棟を独立させ、敷地奥に居室用の別棟を置いて、店舗棟との間に廊下と坪庭を入れる「表屋造り」の型式があります（図22）。こちらは、店舗棟を厨子二階に、敷地奥の居室棟を本二階建てにして、店舗棟

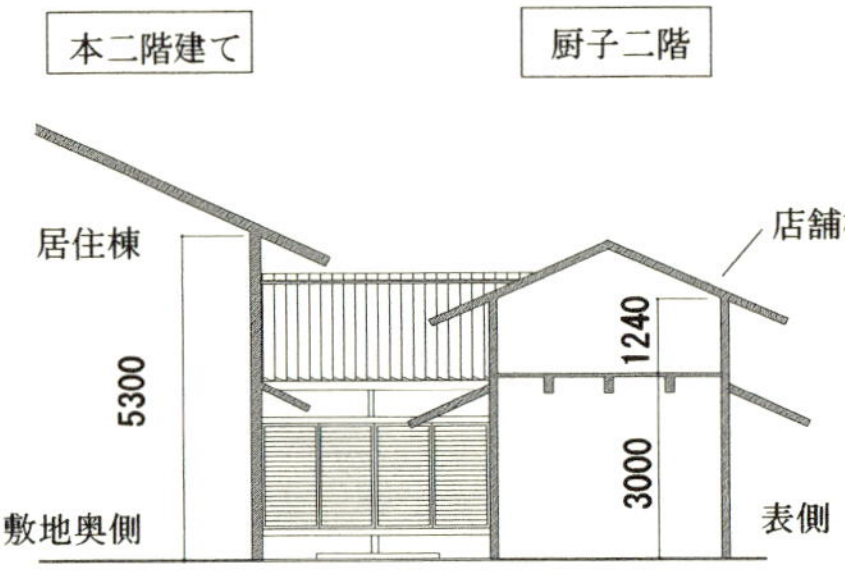

図22　表屋造りモデル

との間に廊下と坪庭を入れて通風・採光に用いるのです。

どちらの型式も、表通り側の低さは、周辺眺望の規制や町なみの整頓、遊女施設の自粛が作用した結果と考えられます。他方、敷地奥には規制が及んでいません。町家の多くは町奉行所への建築許可申請が免除され、完成検査もなかったのですが（第二節）、所司代‐町奉行所体制の関心が町なみに関わる表構えに集中する状況の中で、このような型式が生まれたのでしょう。

ちなみに井原西鶴は、「銀のなる木は門口の柊」（元禄元年〔一六八八〕刊行『日本永代蔵』）で、越前敦賀国の町家に「奢りのはじめとして、このたび表屋づくりの普請」と記しています。本当かどうかわかりませんが、表屋造りが敦賀では贅沢とされたというのです。京都では、規制下で内部の住環境を確保する必然的な型式でしたし、敦賀でも、町家が並ぶ中で住環境の改善に有効だったはずですが、京都からの伝播物は贅沢とする風を伝えるのかもしれません。そしてこの記述は、京都で生まれた町家型式が、江戸前期には各地に広がっていたことを示唆しています。

第五節　低層・均質化の完了

放火の季節

多様・多層化した町なみが、低層・均質化に転じた時期と、完了した時期を整理しておきましょう。

低層・均質化につながる建築規制や町式目は、京都では、寛永一九年（一六四二）に集中します（第二節）。しかし、この時期を、徳川幕府の方針転換点として特定できるかというと、そうでもありません。

まず江戸です。寛永一一年（一六三四）頃の歴博本『江戸図』屏風では、本瓦葺の塗家や、天守閣のような櫓をあげる豪壮な角屋があります。多層・多様化の状態なのですが、よくみると、板葺で厨子二階、閉鎖的な表構えの町家も多い。そして明暦三年（一六五七）の絵画史料（『むさしあぶみ』）では、ウダツをあげる板葺の町家が、類型的に描かれています（図17）。いつ頃、このように徹底されたのか。寛永一一年以降のことなのか、それ以前にさかのぼるのか、少なくとも明暦大火（一六五七）以降に変容が現れたという定説を鵜のみにするのは難しい。京都と同じ寛永一九年（一六四二）頃を中心に、地域的に限られた規制も収集を試みる必要があり、今後の課題です。

それでは京都はどうでしょう。延宝四年（一六七六）『祇園社幷旅所之図』には、板葺の厨子二階の町なみがありました（図12）。土本俊和氏はこれを、寛永一四年（一六三七）までに「中世的町屋から近世的町屋への転換（七九）を果たした結果」とされています。確かに、菊屋町の町式目は寛永一九年の年記を持つだけで、元の触書が出た時期とは限りません。ですから寛永一九年をさかのぼる可能性もありますが、これを裏付ける史料は収集できません。そのため現時点では、所司代が町家建築の「結構」を規制し、菊屋町が具体的な建築規制を記録した寛永一九年を町なみの転換点とみておきます。それで別段、絵画史料との齟齬はありませんから。

それでは、低層・均質化が完了したのはいつ頃でしょうか。建築規制が出た時期と、影響が現れる時期は、必ずしも一致しません（第二節）。その上で、喜多村信節が大火を町家型式や町なみの変容の機会としたこと（「回禄《かいろく》（大火）の度毎にしば〳〵家作り変るにや」）（八〇）をふまえると、江戸初頭の京都でも、放火（「投火」）が多かったことが思いおこされます。それは次にあげるように政治絡みの放火でした。

まず元和元年（一六一五）五月一七日『東寺雑事記』（八一）に「京都町人上下《上京下京》四拾人計、東寺の前ハリ付《磔》にかかる、火付也」とあり、二日後にも「火つけの者候の宿をいたし、隠しおくに付て、九兵衛夫婦の儀は申すに及ばず……十人組をも御成敗成られ……」（八二）とあります。火付けに関わった多くの町人が処刑されていますが、これは同年に大坂城が落城した後、豊臣方の残党が京都で放火を繰り返していたようなのです。

また徳川秀忠の娘和子が入内した元和六年（一六二〇）にも、二月三〇日『泰重日記』（八三）が「小川町十八九町、家数六七百家焼畢……火付の由」と記しています。入内反対派が、二条城と禁裏御所の間で、示威的な放火を繰り返していたようです。

寛永期に低層・均質化につながる建築規制が出た後も、放火は一向に止む気配がありませんでした。承応二年（一六五三）は特に激しく、六月九日『隔蓂記』(八四)は「方々上下市中在々所々に火事繁き故……火付これある由」と記録しています。この年はついに禁裏御所まで焼失させるに及び、所司代の板倉重宗は放火犯として子供数人を逮捕、直ちに処刑しました。この事件を伝える『十三朝紀聞』(八五)は次のように記しています。

……是の月、都下に十四五歳の児女数人あり、故なく戯《たわむ》れに火を放ち、火災頻《しき》りに作る……所司代重宗、捕えて悉《ことごと》く之を誅す、けだし人妖なり……

豊臣政権の滅亡から三八年が過ぎてなお人心は定まらず、不穏な情勢がうかがえます。「人妖」とされた「児女」も、よるべのない子どもたちであったかもしれませんが。

明暦元年（一六五五）の所司代の触書は、「火之札制止之事」(八六)つまり放火を予告する札を立てて脅迫した者や、脅迫に負けて金銀を与えた者に処罰を定め、捕まえた者には犯人の財産をあたえるとしています。それでも火事は減らず、『隔蓂記』(八七)は万治二年（一六五九）一月二五日に「京町火事火来、烏丸通二条の一町下に火出……町数十八町家数六百余焼却なり」と記し、万治四年（一六六一）にも禁裏御所や町家千棟が焼け落ちる火事を伝えています。

このような火事と繰り返される復興の中で、所司代の建築規制が影響を与えて町なみは整っていったのですが、さらに広範囲に変容が進む機会として寛文二年（一六六二）五月の「京畿大地震」「京師大地震」があります。浅井了意が『かなめ石』に記録したこの大地震は、京都周辺の山城国から畿内諸国にまで被害を出しました。耐震性の小さい町家は相当数が倒壊し、建直しを必要とする半壊はさらに多かったようです。このときの復興後の町なみが寛文五年（一六六五）刊行『京雀』に「同じようなる家つくり」と記されたのは、所司代の規制が行き届き、町人が低層・均質化命令に従った結果ですが、それでもまだ完全には整っておらず、表蔵が残る状況もあったのです（第一節）。

その後、天和二年（一六八二）八月一六日の所司代の触書（八八）は次のように記しています。

……子供、つぶて打、なげ火仕候儀、その親、主人ならびに町中ゆだん故に候間、もし左様の儀候はば、曲事に仰せ付けらるべく候……

子供が石を投げ合ったり（つぶて打、印字打ちともいう）、放火（なげ火）をするのは親や主人、町中の連帯責任としています。人妖として処刑された先の子どもたちと同様に放火をして遊ぶ子どもがいたのです。これでは火事も減りません。したがって町なみを整える機会にも事欠かなかったでしょう。

宝永大火と町なみ

宝永五年（一七〇八）三月八日、京都を大火が襲いました。被害は天明八年（一七八八）刊行（『花紅葉都噺』）（八九）に「宝永年中の火は今も語り伝えて恐ろしき事なれど、京の町十が六分なりとかや」とあるように、京都の大半を灰燼に帰すものでした。広大な焼け跡を見た所司代・町奉行所体制は、かねて暖めていた老中の命令（九〇）を断行します。

……惣じて其地は、町の小路狭く候て、火事これ有り候節、防候義指《さし》つかえ候間、向後町屋作替候歟《か》、又は火事などにて焼候時は、右の心得致されるもっとも候事……元禄三年（一六九〇）一二月二六日条

京都の通りは狭くて消防に不都合だから、火事の機会に備えて心得ておくように、と命じられていたのです。そして拡幅が実行に移されたことを、京都の幕政記録『京都御役所向大概覚書』（九一）が記録しています。

……上は今出川、下は錦小路、東は寺町、西は油小路迄の分、道幅《みちはば》馬踏《ばふみ》三間、外に両方壱尺五寸溝付け相極《きめ》河原町通中通二条より上、荒神町迄、ならびに塔之段、道幅馬踏弐間より弐間半相極候……

……右焼失の内、椹木町肴店、錦小路肴店、小路広くなり候ては商売難儀に付、肴店の分道幅前々の通、肴店三間より外へ出すべからず、非常の節、日覆《ひおおい》取り除くべきの旨、證文申付、道幅前々の通に差置候事……

右場所、道幅の外へ出張土蔵等、引為し候事

洛中の中心部では道幅を三間（五・九メートル）、両側に一尺五寸（四五センチ）の雨溝の設置を、中心部を外れた地域には道幅二間半（五メートル弱）を定めました。その中で椹木町通りや錦小路を免除したのは、魚屋が多く、道幅が広がると両側から張り出す日除（「日覆」）の間が開いて鮮度が保てないことに配慮したためです。緊急時は日除撤去が条件でしたが、今も賑やかな錦小路を歩くとき、このなりゆきが思い起されます。

また、それまで既存のものは許されていた表蔵も、この道路拡幅の影響は免れませんでした。まず町奉行所は、「類火の町の土蔵の分、何箇所内何箇所は焼失、何箇所は焼残るの訳」として、焼残った土蔵数の報告を町々に命じます（九二）。それから「道幅の外へ出張土蔵等、引為し候事」として、焼残った土蔵を敷地奥へ移す曳屋《ひきや》を命じました。これにより町なみを整える上で最大の障害であった表蔵は、ついに京都の町なみから姿を消すことになったのです。

また同年八月二二日の町奉行所の触書（九三）にも、次のように記されています。

……類焼の町々、新溝を掘、古溝を埋、道幅御定杭之通、早々直させ候様に仰付られ、先だって口上書廻候ところ、今もって其通に致置候所々もこれ有、不届に思召され候、御見分御出し成られ、もし其侭に指置候所々これ有候はば、急度落度仰付けらるべく旨、御意に候間、御定杭の通、早々これ直し申されるべく候、以上

新しい道幅を明示する「道幅御定杭之通」を打ち込んだ所司代・町奉行所体制は、「古溝」を埋めさせ、杭に沿って「新溝」を作らせました。そして、これを履行せず放置する町には厳しく対応するとして、命令の実効性を確保したのです。このとき作られた溝には、生活排水を流す以外の役割もあったことが同年六月八日の触書（九四）に読み取れます。

……焼屋敷雨落の義、溝の内へ落候様に最前仰付られ候ところ、今もって雨落溝より外へ落候所これ有候間、弥《いよいよ》溝内へ落し申べき旨、仰付られ候……

軒先の雨水を受ける「雨落《あまおち》」でもあったのです。そうすると、新溝に沿って軒先線を揃えなければなりません。樋を付ければ別ですが、当時の町家の通庇は、軒先に樋がない板庇が多かった。そこから雨水を雨落に落とすには、軒先を揃えるしかないのです。おそらく所司代・町奉行所体制は、この機会に町なみを整えさせる目的も持っていたのでしょう。同年四月に三条衣棚町が町奉行所へ提出した「御請書」(九五)にも、これを裏付ける内容があります。

一、当町道幅御改の上、場踏有来通、三間六尺に可仕るべきの旨、すなわち御定杭御打渡なられ、おって屋作仕候時分、町並能《まちなみよく》仕るべきの旨、畏れ奉り候

一、町並両側溝幅の儀、壱尺五寸に致されるべく候、是より広きは有来通仕るべく候、店出し候共勿論、雨落は溝の内限に仕るべきの旨、畏れ奉り候

同町には、従来から三間以上の道幅(三間六尺、七・一メートル)がありました。そこで町奉行所は、そのままの道幅を命じる杭を打ち、町家を建築する場合も町なみを整えるように命じたのです。揚見世(「店」)を出す場合は新溝の内側に収めるように、とも命じており、新溝に沿って軒先を揃えることが「町並能」の意味とわかります。なお、御請書の付記に「町並作事出来見分《まちなみさくじできけんぶん》の上、もし相違の儀御座候はば、如何様《いかよう》の曲事《くせごと》にも仰付られるべく候」とあります。町家建築に目途が付いた頃、町奉行所の検査が予想されていたのです。京都の町々は地子赦免地として申請を免除され、検査も受けていませんでした。ですから、このとき義務付けられた検査は例外的なものでしたが、それゆえに寛永一九年以降の建築規制の実効性を確保する上で大きな役割を果たすことになったでしょう。

このように宝永大火は、京都の町なみが整う最大の機会でした。それ以前にも京都には多くの災害がありましたが、

大火時にまだ「道幅の外へ出張土蔵等」（『京都御役所向大概覚書』）つまり通りに突き出る表蔵があったように、町家の軒先線や壁面線には整っていない部分がありました。『洛中洛外図』屏風では揃っていても、実際の町なみは違っていたのです。しかし、宝永大火後の道路拡幅の断行は大火の実録（『音無川』）（九六）にも記されます。

……溝石くづすもあれば堀もあり、今度あらたまる町幅三間に両方へ一尺五寸の溝石も……すべて二百八十五町……

大火を機会に表蔵規制は完全に機能し、焼残った土蔵は敷地奥に曳かれました。町家には、周辺の眺望規制や遊女施設の規制を反映した厨子二階が増加し、軒先線や壁面線は揃いました。そして二階表は、閉鎖的な仕様（開口なしの壁やムシコ）や少し居室機能を持った出格子となり、あわせて瓦葺規制が反映されることになりました。

ここに、町なみの低層・均質化が完了したのです。多層・多様から転換点となった寛永一九年からは、七〇年近く経過していました。後年、町奉行所与力（神沢貞幹）が天明元年（一七八一）『翁草』（九七）に「洛火（宝永大火）以後、都の普請も凡鄙の家居に似て、結構なるは稀なり、其中に兼て家を造り直さんと思ひし者も、故なきに家居きらきら敷建直さんは、流石世の聞こえいかがと堪え居たる」と記したのは、所司代が規制した「結構」が宝永大火を機会に「稀」になり、低層・均質化を完了した町なみが町人の相互規制で維持されていったことを示しています。

第六節　本二階建ての増加

本二階建てが許された対象

寛永一九年（一六四二）、所司代の周辺眺望規制、町なみ整理、遊女施設の自粛命令を受けた町人は、流通規格の影響もあって厨子二階を選択しました。そうして整った町なみは、町の相互監視の中で維持されていきます。

その後、徳川政権は寛文八年（一六六八）三月の家作禁令で、農民に「不應其身」の建築を規制しましたが（九八）、同時に「道筋町家、人宿仕候所は格別となすべき事」、つまり街道筋の宿場や旅籠を営む町家は「格別」としました。これにより島原などの遊郭はもちろん、高瀬川沿いの「生洲」屋など料理屋、大通り沿いの旅籠も「人宿」に類する職種として、大開口を備えた本二階建てが許されました。その結果、普通の町家とは異なる表構えになったのです。

なお、参考までに、元禄一二年（一六九九）刊行『愛宕宮笥《あたごみやげ》』（九九）に記された内容を紹介しておきましょう。

……棟をならべ、甍をつらぬる家屋、みだりに高く作ること用捨《容赦》あるべし、その里の高下を見合、それにて高うてよろしあらんか、百年已前の家作は大家も小家も悉皆平屋作りなり、是民家の相応成べし

火伏せ神（愛宕神社）への信仰から火事への備えを説く同書は、消防に都合のよい低層町家を奨励する立場ですが、ここでは集落全体の高さが揃っていればよいとしています（「里の高下を見合、それにて高ふてよろしあらんか」）。高い町家も、地域的に揃う場合は許されるとすると、確かに所司代は京都の町家に厨子二階を命じたわけではなく、周辺眺望や遊女施設の規制、町なみを整えるように命じただけでしたから、大開口を備える本二階建ての旅籠が集落で揃う景観もありえたのでしょう。なお瓦葺規制下の当時、「甍」は棟やウダツのものと思われます（第二章）。

一般町家の本二階建て化

それでは普通の町家はどうでしょうか。町役人が維持する町なみでは、建て直しでわずかに高さをあげる程度は許されたようです（第四節）。町内の相互監視で町なみを維持しても、軒高の数値規定はなかった。その状況下、二階表室の居室利用への要求が高まれば、相互規制にも柔軟な運用が求められたでしょう。そして、二階は徐々にせり上がっていった。三井家が寛政期の京都本店建て直しで旧建物の立面を踏襲しつつ二階を少し高く変えたのも、この例です（一〇〇）。

そして、このような変容はやがて本二階建ての増加をもたらします。たとえば太子山町の場合、幕末の文久二年

（一八六二）の町内に厨子二階が二六棟、平家が三棟ありましたが、本二階建ても一〇棟が記録されています（『太子山町中家並書上帳』）（一〇一）。厨子二階が大勢を占める中で、本二階建てが増加傾向にあったと考えられます。

その後、幕末や明治期の写真史料（一〇二）を見ても、遊郭や旅籠以外の町家にも本二階建ての高さが多くあります。そして、それらの二階表には土塗格子が縦長に伸びたムシコが少なくありません。元の立面を踏襲しながら高さを上げていくうちに、このような土塗格子が現れて、出格子と混在するようになったようです。また明らかな本二階建ては三条や四条通りなどの大通りに多かったようですが、一筋入った通りでも、かつてのような低い町なみはなくなっています。二階の居室機能を求める町人の願いがうかがえますが、このような願いがバネとなり、建築規制が消えた明治維新後に堰を切ったような本二階建ての増加につながっていくのです（写真４）。

写真４　仮囲いの中で二階の高さを上げる明治末期の建直し（石井行昌撮影写真、京都府立総合資料館寄託）

おわりに

本章では、江戸時代の京都が、多様・多層化から低層・均質化する方向で、町なみが整った理由を検討しました。

多層・多様化は、豊臣政権の二階建て政策が助長して、江戸初期まで続きました。しかし、所司代が寛永一九年（一六四二）に発した町家建築の「結構」規制や町中の遊女施設の規制が根本理由となり、町なみは低層・均質化に転じました。多くの町家は町奉行所への建築許可申請を免除され、完成後の検査も受けなかったのですが、町役人を中心にした相互監視によって低層・均質化は進みました。当時の所司代の建築規制を反映した町式目には、左記の内容があります。

- 建築や土地造成には、近隣の同意を得て、軒先線や壁面線を揃えること
- 三階蔵の規制（ただし、慶安二年〔一六四九〕の江戸触書が三階建てを規制した時に土蔵除外、これが京都に準用された可能性あり）
- 蔵座敷規制
- 表蔵規制
- 周辺眺望が可能な二階座敷の規制

このほか同時期の江戸で機能した規制、すなわち瓦葺規制、土蔵を除く三階建規制、三間より長い梁規制、壁面線の遵守も、京都の町家に影響を与えたと考えられます。これらの結果、町なみは次のように変わりました。

- 厨子二階の増加
- こけら葺や石置板葺の板葺の増加、瓦葺は棟やウダツに限られる
- 表蔵の消滅（敷地奥に曳屋）
- 蔵座敷消滅
- 櫛型窓消滅

この変容は一七世紀後半の災害を機会に進み、宝永大火（一七〇八）後の表通りの拡幅に伴って一応完了しました。時代は下りますが、文政期（一八一八〜一八二九）に上洛した喜田川守貞は『守貞謾稿』（一〇三）に記しています。

……江戸市街は、路上に木戸、自身番、番小屋、髪結所、井戸等これあり、民居の列高ありて自ずから一覧紛々たり、京坂、路上に出るもの木戸のみ、しかのみならず、民宅高低なく一望自ら整然たり……

「整然」と整った京都の町なみを伝えますが、それは一〇〇年以上も昔に整った町なみの印象を受け継ぐものでした。

なお、延宝五年（一六七七）九月朔日の町奉行所の触書は次のように命じていました（一〇四）。

……上下京共に丑の年（延宝元年癸丑の一六七三か）以後造り申候台格子の下を透かし、釣格子に仕るべき事……

「台格子」は、一階表の腰台に大ぶりの格子を仕込むものです。これを、足元を透かす「釣格子」にせよと命じる触書は、ほかに表通りの掃除徹底や表溝へのごみ捨てを禁じます。ですから台格子も、表通りに突き出た接地型を指すのでしょう（図23）。これを持ち上げ式の出格子（釣格子）にする理由は、必要なとき簡単に取外せるように、という意味かもしれません。宝永大火前の当時、町なみはまだ整っていませんでしたから。しかし、後世に一階表の出格子が増加したとき、通庇より内側にあるのに足元を透かす釣格子式になったのは、この触書に遠因があったのかもしれません。

また、本章で取り上げた規制は、いずれも表構えに影響を与えました。しかし敷地奥には関わりが少なく、「表屋造り」や、表は厨子二階、奥は本二階建ての型式は可能でした。表蔵規制で表から曳かれた土蔵を置くことにもなった敷地奥は、江戸初期には共同利用地も残っていたのですが、そこでも境界画定が進み、町奉行所が次の文書提出を命じた（一〇五）延宝三、五年（一六七五、七七、延宝期間尺改）に最終的に画定します。

壱軒表口何軒、裏行何間、何屋何右衛門、右の通、町中立会、表口并裏行は表の溝の前石より間尺今度相改、相違無く御座候、以上　年号月日　何の町年寄・五人組

町が境界を確認して、町奉行所へ報告する書式になっています。このとき境界が画定していなかった部分はもちろん、ありがちな曖昧部分も町側で相

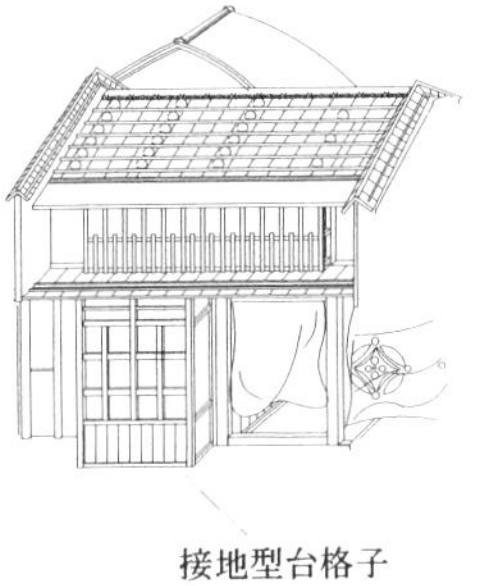

図23　表通りに突き出た台格子
（今井町本）

談して画定したのでしょう。そして文書提出を受けた所司代・町奉行所体制は、表通りに沿って短冊状の敷地が櫛比《しっぴ》する京都の町なみを確認できたのです。なお敷地奥に連なった土蔵群ですが、防火帯と評価できるほどの連続性はありません。

ところで井原西鶴は、元禄七年（一六九四）三月刊行『西鶴織留』（一〇六）に、伏見の質屋を次のように描写します。

……この質屋も分限に成て身のむかしをわすれ、いつとなく絹・紬を不断《普段》着にして、取葺屋ねの軒のひくきを作事して、瓦ぶきに白壁、京格子を付ければ、あれたる伏見には又もなく目に立て（「具足甲も質種」）……

分際をわきまえない伏見の質屋が、石置板葺（「取葺屋ね」）の厨子二階（「軒のひくき」）を、白壁の瓦葺に建直したというのです。厨子二階の表構えが空間的な要求から徐々に高くなる傾向は、京都でも同じです。しかし元禄七年はずいぶん早い時期ですし、瓦葺ができたというのも、瓦葺規制が影響する当時にあって訝しい内容です。読本であって行政記録ではない、あるいは伏見奉行の支配下のことだから京都には関係ないという見方もできますが、それでは都合がよすぎます。これを建築規制の観点から説明できるのか。この点をふくめて次章では京都の瓦葺規制と解除の時期、その後の普及過程を見ます。またウダツがなぜ現在の京都には見当たらないのか、この理由も考えましょう。

付記　修景された表蔵

本章では、江戸時代を通じて表蔵規制があったことを明らかにしました。富小路通り沿いの福長町も例外ではなく、元禄一二年（一六九九）以前「町儀式目」に「表蔵、惣格子仕間敷事」、「表土蔵并大形の屋根附看板付無用事」と定めています。ところが幕末も近い慶応元年（一八六五）、隣の中之町の町人が「詫状」を持って現れます（一〇七）。

……和久屋惣右衛門殿、藤太郎殿、両人所持之地屋敷、此度、私共へ買取致候所、右地面え、三条通中之町□屋太兵衛より地廻り土蔵取建たく、表に以、御町並家居に致、外より土蔵と相見候義は決して仕らず趣、御願申上候ところ、御町内先例これ無に付、御承知これ無く御もっともに存じ奉り候得共、段々御願申上候ところ、格別の思召を以、御聞届成下され、有り難く存知奉り候、然る上は、右の趣相違の儀御座候はば、如何様の御取斗成下され候共、其節一言の申し分け御座無く候……

〈意味〉

……(富小路通に面する福長町の)和久屋惣右衛門殿、藤太郎殿の町家地を買い取り、三条通に面する中之町の□屋太郎兵衛宅の屋敷地と合わせた上で、土蔵を建てたいと思いますが(富小路通からみると表蔵になるので)、町家にみえるように、土蔵にはみえないように手を加えることをお約束して、お許しをお願い申し上げました。これに対して(福長町には)先例がないとの理由で、ご承知いただけなかったのは、もっともなことです。しかし繰り返しお願いして、このたび格別のご配慮でお許しいただきました。この上は(外見を町家にみえるようにすることに)何かの相違がありましたら、一言も申し開きは致しませんので、どうにでもお取り計らい下さい……

中之町の町人は、自分の町家地の奥にあたる福長町の町家地を買い取り、ここに土蔵の新築を計画しました。ところが、その土蔵は福長町を走る富小路通から見ると表蔵になる。そこで町家にみえるようにするとして、福長町に建築許可を求めました。中之町の町人が買い取り、その町家地に合筆しても、福長町の建築規制を受けたのです。これは、買い取った町家地に福長町への軒役負担が変わらなかったのと同じですが、少しくわしくみましょう。

当時は明和四年(一七六七)の沽券改《こけんあらため》から一世紀が過ぎていました。沽券とは聞きなれない言葉ですが、沽券状の略です。現代の権利書にあたり、その重要性ゆえに体面に関わることを「沽券に関わる」とも言います。つまり江戸時代の町家地の売買は沽券状の売買でした。沽券状の信憑性は、江戸初期には町が保証しましたが、やがて二重、三重の質入が横行して混乱が起きました。そこで明和四年、町奉行所は従来の沽券状をすべて無効とし、新しい沽券

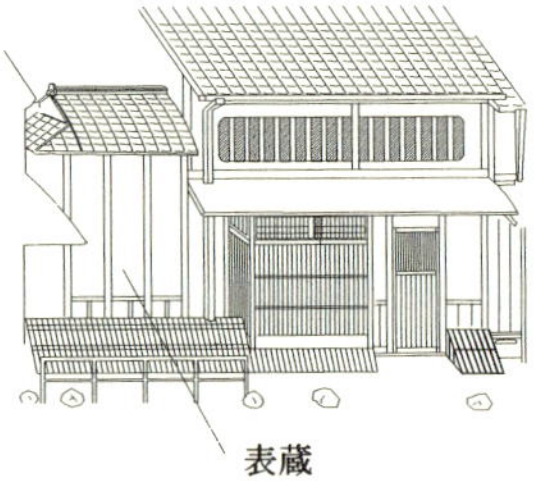

図24　修景した表蔵（『三条油小路町町並絵巻』東側）

状を発効させて加判、権利書的な性格を持たせました。町家地は町から独立した資産となったのです。ただし、町内の建築規制や軒役負担は変わらなかった点が、江戸時代の町なみを考える上で重要なのですが。

さて、話を戻しますと、福長町の町役人は「格別之思召」で中之町の町人に許可を与えました。代償は、今日でいう修景つまり修理景観、外観を町なみに合わせる意味です。同様の例は、ほかの町にも多かったらしく、『三条油小路町町並絵巻』（一〇八）には付柱で目立たなくした表蔵があります（図24）。その一方でこの例は、幕末の混乱期になっても相互規制が機能していたことも示しています。そしてまた、相互規制が柔軟に運用されていたことも明らかにします。町内の建築規制に、このような実態があったことは押えておくべきでしょう。

しかし明治維新が過ぎ、明治四年（一八七一）一二月七日の新政府の布達（一〇九）は次のように命じました。

……新建家あるいは建増致し候節、一々願出の上、免許を請け、また成就の節も同様届け出るべく法則に候ところ、以来、従前屋敷内に造営致候向は願出るに及ばず、三階・四階または石造・煉瓦石造にても勝手次第たるべく候……詳細図面をもって四隣の者へ熟談を遂げ、異存これ無く候はば、その旨、証印取置候上、造営取り掛かるべし、もし手数致さず、後日故障差起候節は、容赦無く取り毀し申し付く可き事……

新政府は三階建てや四階建て、石造や煉瓦造まで無申請の建築を許しました。木造真壁の厨子二階に揃える根拠は、失われたのです。これに飛びついたのは新興商人。早速建直した彼らの店舗から町なみの混乱が始まります。そのとき、かつて町なみの維持に腐心した長老たちは苦々しい思いだったに違いありません。次のわらべ歌も、そんな気分から生まれたのでしょう。

写真５　明治末期から大正初期の船鉾
（石井行昌撮影写真、京都府立総合資料館寄託）

……〇〇町の、〇〇町の角の〇〇という店は、船鉾みたいな家建てて、ねっからお客がコンチキチン、コンチキチンの家賃は、こ、こ、この月待ってくれ

〇〇の中には色々な町名と店名が入ったようです。気に入らない家はあちこちに立ったのでしょう。皮肉が効いて痛快ですが、船鉾（写真５）みたいな家とはどんな姿だったのでしょうか。

◉註

一　京町家作事組編『町家再生の技と知恵――京町家のしくみと改修のてびき』（学芸出版社　二〇〇二）
二　叢書『京都の史料』三　京都町式目集成　八七～九二頁（京都市歴史資料館　一九九九）
三　秋山國三『公同沿革史』上巻（一九四四）『近世京都町組発達誌』（法政大学出版　一九八〇）
四　西川幸治『日本都市史研究』（日本放送協会　一九七二）
五　叢書『京都の史料』三　京都町式目集成「解説」（京都市歴史資料館　一九九九）
六　早く建築規制に着目された谷直樹氏も「幕府による町並みへの整理と秩序化が強められ」「町共同体の内部で町定として成文化され、自治的に相互規制されていた」とされている（同「京の町並」林屋辰三郎・村重寧編『近世風俗図譜　第三巻　洛中洛外（一）』小学館　一九八三）
七　渡邉品『日本建築技術史の研究――大工道具の発達史』（中央公論美術出版　二〇〇四）
八　喜多村信節『嬉遊笑覧』（一）（岩波書店　二〇〇二）

九　『新修京都叢書』第一巻（臨川書店　一九六七）
一〇　新編日本古典文学全集六四『仮名草子かなめ石』（小学館　一九九九）。なお図10は万延元年（一八六〇）木村明啓『尚古造紙挿』（『日本随筆大成』第Ⅰ期　二　吉川弘文館　一九七五）より「延宝三年出版の年代記の写」とあるもので、その内容と筆致から『かなめ石』の挿図と判断した。
一一　『新修京都叢書』第八巻（臨川書店　一九六八）
一二　『新修京都叢書』第八巻。『都絵馬鑑』（京都府立総合資料館蔵）にも同じ構図がある。藤田元春氏もこけら葺とみなされている。（同『日本民家史』増補版　刀江書院　一九六七）
一三　『還魂紙料』（『日本随筆大成』第Ⅰ期　一二　吉川弘文館　一九七五）
一四　斉藤信訳　ケンペル『江戸参府旅行日記』東洋文庫三〇三（平凡社　一九七七）
一五　大英図書館『ドイツ人が見た元禄時代ケンペル展』（共通図録　一九九〇）
一六　『近世文学資料類従』古板地誌論　七（勉聖社　一九七九）
一七　『新撰京都叢書』第一〇巻（臨川書店　一九八五）
一八　新編日本古典文学全集　六七『井原西鶴集』二（小学館　一九九六）
一九　西鶴全集第四巻『男色大鑑　懐硯』（日本古典全集刊行会　一九三五）
二〇　『大系朝鮮通信使善隣と友好の記録』第四巻　辛巳正徳度（明石書店　一九九三）
二一　『京都町触集成』別巻二　一九六～一九七頁（岩波書店　一九八九）
二二　『京都町触集成』別巻二　二三六頁
二三　『京都町触集成』別巻二　二三六～二三七頁
二四　『御触書寛保集成』普請作事并上水道等之部　八三四頁
二五　小沢弘・丸山伸彦編『図説　江戸図屏風を読む』（河出書房新社　一九九三）
二六　浅井了意『むさしあぶみ』（『日本随筆大成』Ⅲ期　三　吉川弘文館　一九二九）
二七　『徳川禁令考』前聚第五帙　臨時町觸　四七一～四七二頁（吉川弘文館　一九三一）

二八　『御触書寛保集成』普請作事并上水道等之部　八三〇頁
二九　『御触書寛保集成』普請作事并上水道等之部　八三〇〜八三一頁
三〇　『徳川禁令考』前聚第五帙　臨時町觸　四九三〜四九六頁
三一　『御触書寛保集成』普請作事并上水道等之部　八三二頁
三二　喜多村信節『嬉遊笑覧』（一）（岩波書店　二〇〇二）
三三　『徳川禁令考』前聚第五帙　臨時町觸　四七三〜四七四頁
三四　『御触書寛保集成』倹約之部　五五一〜五五二頁（岩波書店　一九五八）
三五　『京都町触集成』別巻二　二八四頁
三六　「京都役所方覚書」（『京都町触集成』別巻一　一三七〜一三八頁　岩波書店　一九八八）
三七　拙稿「京都町奉行所による出来見分の実施形態（出来見分の役人構成を中心として）」日本建築学会計画系論文集　第五三一号　二〇〇〇・五
三八　『京都町触集成』別巻二　四一六頁
三九　叢書『京都の史料』三　京都町式目集成　九〜一二頁
四〇　叢書『京都の史料』三　京都町式目集成　九九〜一〇九頁
四一　叢書『京都の史料』三　京都町式目集成　一三五〜一三九頁
四二　叢書『京都の史料』三　京都町式目集成　四九〜五三頁
四三　叢書『京都の史料』三　京都町式目集成　八七〜九二頁
四四　叢書『京都の史料』三　京都町式目集成　二三六〜二三八頁
四五　叢書『京都の史料』三　京都町式目集成　二〇九〜二一七頁
四六　叢書『京都の史料』三　京都町式目集成　二五一〜二六九頁
四七　叢書『京都の史料』三　京都町式目集成　八一〜八六頁
四八　叢書『京都の史料』三　京都町式目集成　八七〜九二頁

四九　「町儀式目」『福長町文書』京都府立総合資料館蔵

五〇　叢書『京都の史料』三　京都町式目集成　二二九～二三〇頁

五一　叢書『京都の史料』三　京都町式目集成　九九～一〇九頁

五二　谷直樹編『大工頭建築指図集――中井家所蔵本』（思文閣出版　二〇〇三）

五三　近世京都の町家地生成の経緯は土本俊和氏の研究に詳しい。（同『中近世都市形態史論』中央公論美術出版　二〇〇三）

五四　大田南畝の問と田宮橘庵の答を記す『所以者何』より。後文の記述も同書から引用。（『続日本随筆大成』八　吉川弘文館　一九八〇）

五五　土本氏は建物先行型と表現されている。（同『中近世都市形態史論』）

五六　『京都町触集成』第一巻　三六四頁（岩波書店　一九八三）

五七　たとえば日向進「大火とまちづくり」（髙橋康夫・中川理編『京・まちづくり史』昭和堂　二〇〇三）

五八　新編日本古典文学全集　六八『井原西鶴集』三（小学館　一九九六）

五九　中村利則「京の町家考」（『京の町家』淡交社　一九九二）

六〇　『新修京都叢書』第一一巻（臨川書店　一九六八）

六一　中村昌生『京の町家』（河原書店　一九九四）

六二　日向進「三井家京都本店の建築について」（『近世京都の町・町家・町家大工』思文閣出版　一九九八）

六三　『徳川禁令考』前聚第四帙　家範身模　三六七頁（吉川弘文館　一九三二）

六四　『御触書寛保集成』普請作事并上水道等之部　八三八頁

六五　『御触書寛保集成』普請作事并上水道等之部　四七五頁

六六　丈四：日向進「大火とまちづくり」『京・まちづくり史』、丈五：中村利則「京の町家考」『京の町家』

六七　丹波材の流通には多くの研究があるが、本章は藤田影典（叔民）氏の研究（同『近世木材流通史の研究――丹波材流通の発展過程』大原新生社　一九七三、同『木の文化誌――京都の林業と林産物の流通の変遷』清文社　一九九三）に多くを拠った。

六八　池田俊彦「窓のデザイン」（日向進指導『日本の窓』淡交社　一九九七）

六九　叢書『京都の史料』三　京都町式目集成　一四〇～一四六頁
七〇　『玉川家文書』京都市歴史資料館架蔵史料
七一　増補『八坂神社文書』下巻一（臨川書店　一九九四復刻）
七二　『京都町触集成』第一巻　四九頁
七三　『柳亭筆記』（『日本随筆大成』第Ⅰ期　四　吉川弘文館　一九七五）
七四　新編日本古典文学全集　八〇『洒落本　滑稽本　人情本』（小学館　二〇〇四）
七五　新編日本古典文学全集　八〇『洒落本　滑稽本　人情本』
七六　『京都町触集成』別巻二　一九七頁
七七　『京都町触集成』別巻二　一九九頁
七八　叢書『京都の史料』三　京都町式目集成　八一～八六頁
七九　土本俊和「近世京都における祇園御旅所の成立と変容——領主的土地所有の解体と隣地境界線の生成」日本建築学会計画系論文集　第四五六号　一九九四・二
八〇　喜多村信節『嬉遊笑覧』（一）
八一　『史料　京都の歴史』第五巻　社会・文化（平凡社　一九八〇）
八二　『京都町触集成』別巻二　一七二頁
八三　『史料　京都の歴史』第五巻　社会・文化
八四　『史料　京都の歴史』第五巻　社会・文化
八五　『史料　京都の歴史』第五巻　社会・文化
八六　「京都役所方覚書」（『京都町触集成』別巻　一一二頁）
八七　『史料　京都の歴史』第五巻　社会・文化
八八　『京都町触集成』別巻二　二八四～二八五頁
八九　『新撰京都叢書』第一〇巻（臨川書店　一九八五）

九〇　「京都町極之事」（『史料　京都の歴史』第四巻　市街・生業　四七〇～四七一頁　平凡社　一九八一）
九一　「京都町極之事」（『史料　京都の歴史』第四巻　市街・生業　四七〇～四七一頁）
九二　『京都町触集成』別巻二　三四六頁
九三　『京都町触集成』別巻二　三五〇～三五一頁
九四　『京都町触集成』別巻二　三四八頁
九五　『京都町触集成』第一巻　一五五頁
九六　『新撰京都叢書』第一〇巻
九七　『翁草』歴史図書社　一九七〇
九八　『徳川禁令考』前聚第五帙　農家　二五六～二五七頁
九九　京都大学附属図書館蔵
一〇〇　日向進「三井家京都本店の建築について」『近世京都の町・町家・町家大工』
一〇一　髙橋康夫氏が紹介されている（同『京町家・千年のあゆみ――都にいきづく住まいの原型』学芸出版社　二〇〇一）
一〇二　森川曾文『祇園祭礼長刀鉾図』奈良県立美術館、白幡洋三郎『幕末・維新　彩色の京都』（京都新聞出版センター　二〇〇四）
一〇三　『近世風俗志（守貞謾稿）』（岩波書店　一九九六）、『類聚近世風俗志』（文潮社出版　一九二九）
一〇四　『京都町触集成』別巻二　二六九～二七〇頁
一〇五　『京都町触集成』別巻二　二六七頁
一〇六　『西鶴集』下（岩波書店　一九六〇）
一〇七　「中之町□屋太兵衛書状」（『福長町文書』京都府立総合資料館蔵）
一〇八　『近江屋文書』京都府立総合資料館蔵
一〇九　『京都府の資料』七巻　建設・交通・通信編　二二頁（京都府　一九七二）

第二章

桟瓦葺になった町なみからウダツが消える

――瓦葺の規制と解除

（石井行昌撮影写真、京都府立総合資料館寄託）

はじめに

本章では、京都で瓦葺が規制された時期と、解除された時期を特定します。それから普及した経緯をみます。またウダツ（梲、卯建、卯立、宇立）は防火のため、あるいは町人の自立の象徴とされますが、それならなぜ現在はほとんど見当たらないのか。その理由も考えてみましょう。

第一節　瓦葺の消滅

絵画史料にみる本瓦葺

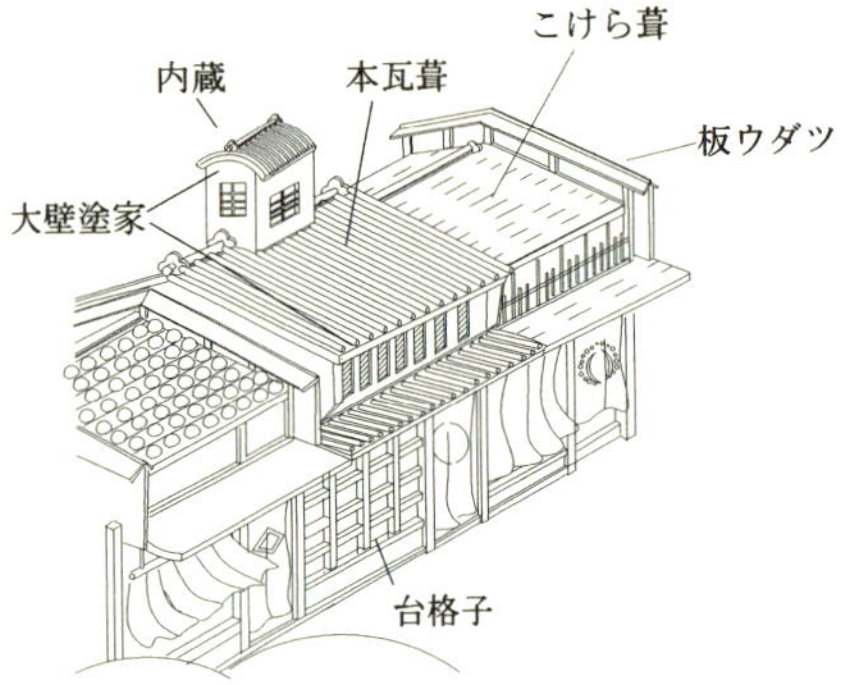

図1　本瓦葺の塗家（林原美術館本）

まず前章と同様に、京都の町なみの瓦葺を絵画史料にみてみましょう。

一七世紀中頃まで町なみの多層・多様化が進みましたが、その中に、本瓦葺が増加する傾向もありました。それは林原美術館本『洛中洛外図』屏風にみるように白亜の漆喰塗、それも外壁の柱や軒裏の垂木まで壁で塗りこむ塗家でした（図1）。

ところが、本瓦葺の塗家は、一七世紀末〜一八世紀初頭にみえなくなります。延宝四年（一六七六）奉納の八坂神社扁額（『祇園社并旅所之図』）[一]は繁華街の四条通り[二]を描くのに、こけら葺が並んでいます（図2）。一七世紀末の寂光院本『洛中洛外図』屏風でも、こけら葺と石置板葺、つまり板葺の町なみがあり、瓦は棟やウダツだけにあります（図3）。

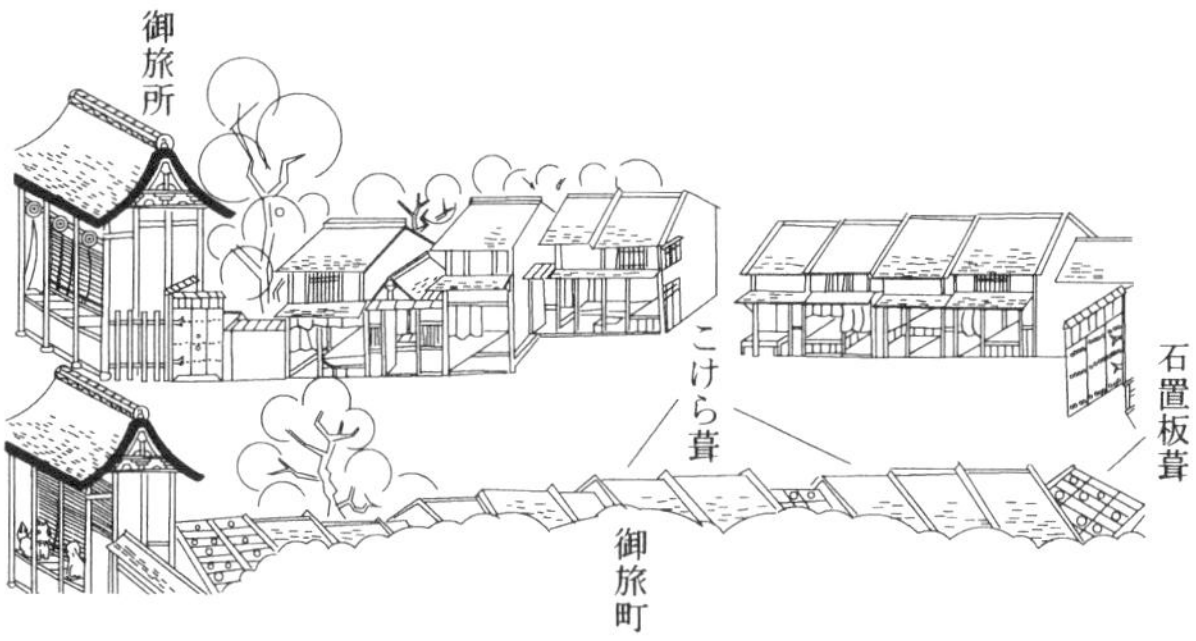

図２　板葺の四条通り（『祇園社并旅所之図』）

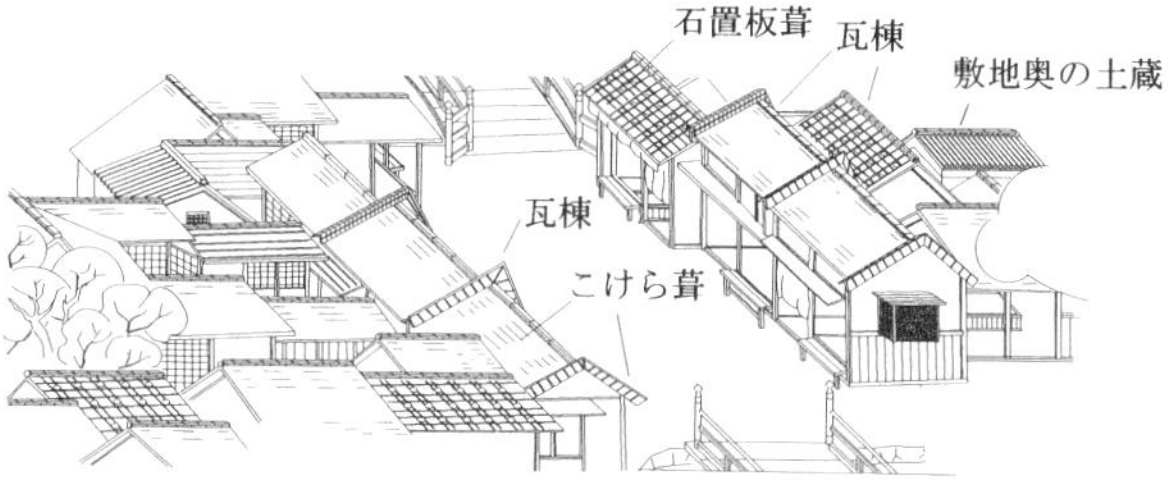

図３　17世紀末期の町なみ（寂光院本）

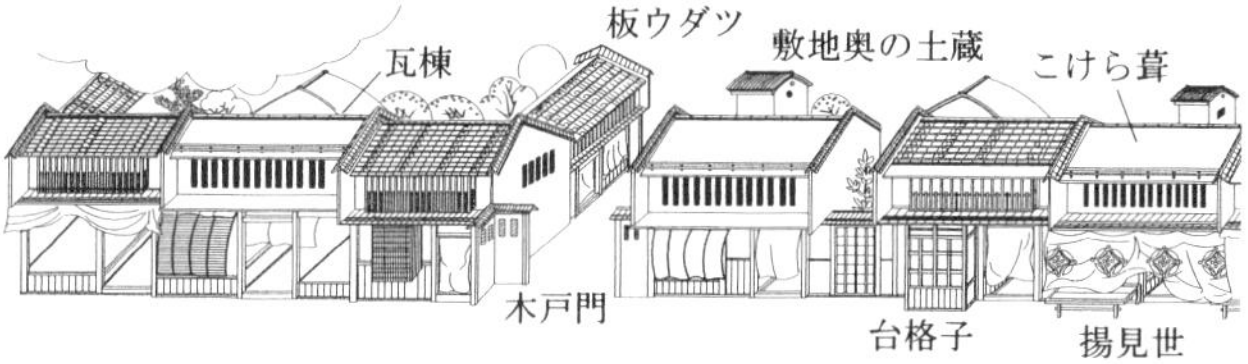

図４　18世紀初頭の町なみ（今井町本）

このような町なみは、一八世紀初頭の今井町本『洛中洛外図』屏風（喜多家蔵）でも変わりませんが、これこそ宝永大火後に所司代・町奉行所体制の建築規制が徹底された町なみでした（図４）。

公刊本の挿図

江戸前期の公刊本でも、万治二年（一六五九）『東海道名所記』（三）や延宝五年（一六七七）『出来斎京土産』（四）、貞享二年（一六八五）『西鶴諸国ばなし』（五）、同四年（一六八七）『男色大鑑』（六）が、こけら葺の町家を挿図に描きます。元禄三、四年（一六九〇、九一）に上洛したケンペルも「庶民の家は狭く、二階建で……木の薄板で葺いてある屋根」と記していて、彼が持ち帰った『諸国名所図会』（七）

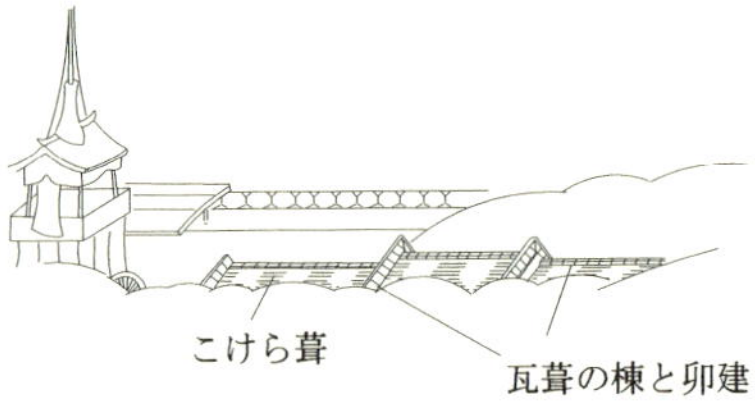

図5　『諸国名所図会』に描かれた「四条」の町なみ

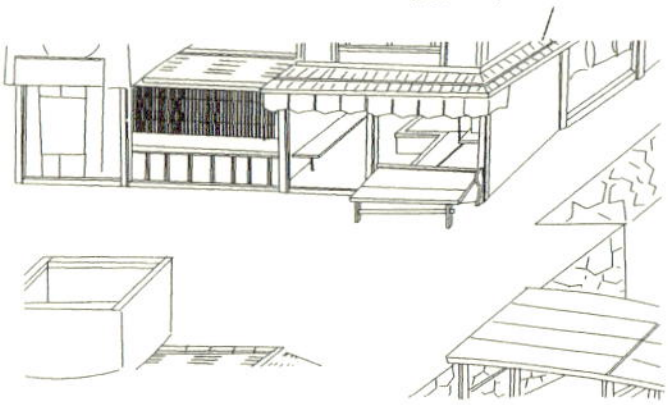

図6　桟瓦葺らしい庇を持つ町家
（『四条河原風俗図巻』）

にも、そんな四条通りの町なみがあります（図5）。

　どれを見ても当時の町なみは板葺が大勢のようですが、よく探すと、同じ頃の『四条河原風俗図巻』（黒川古文化研究所蔵）(八)には鼠色の庇を持つ町家があります。それも四条通りの鴨川東岸、よく目に付く場所にあります。色からして瓦葺ですが、どうも本瓦葺ではなく桟瓦葺のようです（図6）。また井原西鶴の天和二年（一六八二）刊行『好色一代男』より「人には見せぬ所」(九)には、本瓦葺らしい小屋が描かれています（図7）。

　しかし、このほかでは、大屋根や通庇といった表構えの構成要素に瓦葺を描く史料は見当たりません。せいぜい棟かウダツの小屋根だけです。一七世紀前半まで珍しくなかった本瓦葺が減少したことを示す史料ばかりなのです。江戸時代を代表する豪商の三井家（越後屋）が、宝永大火で燃えた京都本店を正徳二年（一七一二）に建て直したときも、標準をはるかに越える上等の仕様にしたにも関わらず、こけら葺にしています(一〇)。瓦葺は検討した様子もありません。

　正徳五年（一七一五）竹本座初演の人形浄瑠璃『大経師昔暦』（近松門左衛門作）(一一)にも次の一節があります。

　……咎なき咎に埋もれし茂兵衛は……目ばかり出す深頭巾、空き家の二階忍び出で、母屋《おもや》の屋根を四つ這ひの姿を人に咎められ、またこの上に盗人の名を埋まんこけら葺、昨日の雨の乾かぬに、今宵の霧の浅湿り、足の踏所も上滑り、そろりそろりと引窓の下を覗けば、常闇《とこやみ》になんのなんのしやうどは見えねども……

写真1　復原された石置板葺（福井県一乗谷朝倉氏遺跡）

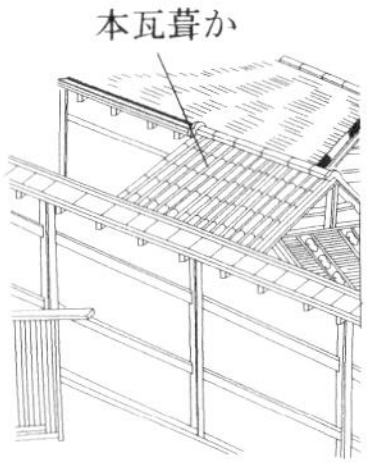

図7　「人には見せぬ所」
（『好色一代男』）

〈意味〉
……無実の罪を着せられた茂兵衛は……目だし頭巾をかぶって空き家の二階から忍び出て、大屋根を四つん這いになって「この姿を人に見られて、盗人の名まで残すのか」と思う。こけら葺は昨日の雨の湿りを残し、今晩の夜霧も降りた上を、足を滑らせながらそろそろ進み、引窓までたどり着いて下を覗くと、真っ暗で何も見えない……

宝永大火後の京都に、苔むしたこけら葺の屋なみを伝えます。薄いそぎ板を重ねて竹釘で打ちとめて葺くこけら葺は、いかにも燃えやすそうですが、苔が付くほど湿気を含むのなら、簡単には燃えないでしょう。乾燥した北風が吹く冬の怖さはあったでしょうが。

それはともかく、一七世紀後半から一八世紀初頭の絵画史料には、本瓦葺の減少が明らかでした。京都の町なみは、中世の板葺→近世の瓦葺という単純な発展経過をたどったのではありません。中世の石置板葺（写真1）→近世初頭に一部瓦葺（本瓦葺が多い）→江戸前期に再び板葺（こけら葺増加）、そんな経緯をたどったのです。この理由は何だったのか。次節で考えてみましょう。

なお禁裏御所の周辺で行われた発掘調査（一二）では、次のような報告がなされています。（以下、同書引用）

……寛文期の火災及び宝永大火に伴う廃棄土擴《はいきどこう》は、土砂中に多量の瓦が包

写真２　こけら葺（京都市左京区岡崎）

含される状況であった。また軒丸瓦、軒平瓦の出土量が極端に少ないのに比して、軒丸瓦は多く出土している。以上から宝永大火以前の公家屋敷の建築は、丸瓦や平瓦を全体に葺いた屋根ではなく、棟部分にのみ瓦を用いた桧皮葺や板葺の屋根……

公家屋敷が集まる地域では、御所と同じような檜皮葺が多かったのですが、棟には瓦がのっていたのです。その姿は一四世紀前半の『春日権現験記絵』（橘俊盛邸）など中世から多くの史料に描かれており、貴族屋敷に伝統的な姿でした。一方、町家の屋根は一七世紀後半から一八世紀に、石がごろごろ乗った石置板葺からこけら葺へ、大勢が移ります（棟やウダツは瓦葺）。貴族屋敷の檜皮葺に柔らかい線を見ていた京都の町人なので、同じように柔らかい姿のこけら葺（写真２）を歓迎したのかもしれません。

第二節　消滅の要因

江戸の瓦葺規制

前章では、江戸時代初期の京都では、江戸と同じ建築規制が影響を与えた可能性を指摘しました。その江戸では、瓦葺に関して次の建築規制が記録されています。

明暦三年（一六五七）二月（一三）

一、瓦葺家屋、向後国持大名が為すといえども、これを停止と為すべし、但し、土蔵は苦しからずの旨、これを仰せ出されると云々

土蔵以外の瓦葺は、大名でも規制されました。いわんや町人をや、です。この点、喜田川守貞は「江戸瓦焼の始」を正保二年（一六四五）とした上で、その一二年後の「明暦三年大火ありて後、府命して江戸市民の家に葺くべきを禁ぜらる」（一四）として、瓦葺規制の触書を紹介しています。そうすると、江戸の瓦葺規制は明暦三年（一六五七）になりますが、同年大火の実録（『むさしあぶみ』）（一五）は、棟の高さが揃った板葺がウダツを連ねる町なみを捜図に描くので（図８）、瓦葺規制は地域限定的にでも、もっと早くから出されていた可能性もあります。

図８　板葺の江戸（『むさしあぶみ』）

また喜多村信節《のぶよ》は、江戸の町家における瓦葺の出現を、慶長六年（一六〇一）一一月二日の江戸大火後に「みな板葺に作る所に滝山弥治兵衛といふ者、諸人に秀てた家を造らむとたくみ、街道おもて棟より半分瓦にて葺、うしろ半分をば板にて葺たり」（一六）と記し、一七世紀初頭とします。さらに六〇年後の寛文元年（一六六一）一一月には「わら屋、かや、瓦新規に作候儀、自今已後堅無用」として、草葺と瓦葺どちらも規制した触書を伝えます。先の明暦三年の瓦葺規制からは四年後ですが、同様の規制が繰り返されて江戸の町なみは板葺になっていったのでしょう。

これらの瓦葺規制は、京都では収集されていませんが、当時の京都も江戸と同じように板葺になるのですから（第一節）、同じ規制の影響を考えざるをえません。規制されたからこそ、富裕表現の一種であった本瓦葺が町なみから消えて板葺に、建築的に後退するの

です。そして宝永五年（一七〇八）の大火が瓦葺消滅の最終的な機会になりました。その中で棟やウダツに瓦が残ったのは、板葺屋根やウダツ小屋根（笠木）の頂点の接合部を雨水の流入や風の吹き上げから守るため、耐候性と重量を持つ瓦の使用が許されていたのでしょう。

瓦葺規制の理由

なぜ、瓦葺は規制されたのか。喜田川守貞は次のように推測しています（一七）。

……明暦三年大火ありて後、府命して、江戸市民の家に瓦葺を禁せらると也、当時、漸《ようやく》瓦葺多かりし也
追云、此時瓦を禁するは費《ついえ》を省《はぶ》くのみ、防火の是非を論ぜず……

明暦三年（一六五七）の瓦葺規制は、ただ倹約のためのもので、瓦の防火性能が高い点は考慮されなかったと断じます。もっとも、これは明暦大火から一七〇年後の記述であり、規制当時もこのように考えられていたかどうかはわかりません。ただ瓦葺規制は行過ぎで、都市防災の面から奨励すべきだったという江戸後期の認識はわかります。

また守貞は、次のようにも記しています。

……貞享中、川村端見なる者、南新堀に家居す、民家瓦葺禁止の時といえども、端見、地理に秀でて屢々《るる》功あり、国益として、此家のみ官より瓦葺を許されたり……

「川村端見」は河村瑞賢。明暦大火からの復興時、材木の寡占販売で巨利を得た彼は、東西廻り航路の整備や安治川の開削に功績をあげて旗本にも登用されています。その瑞賢が褒美として瓦葺を許されたというのです。功績のある者に褒美なのですから、普通の町人には贅沢として規制されていました。幕府に関係の深い者だけが許される。これに文句がいえないのが封建時代でした。四条通りの東岸にあった桟瓦葺の庇も（図6）、そんな例だっ

たのかもしれません。京都南郊の宇治でも、元禄一一年（一六九八）の宇治大火跡で、茶師頭目の宇治代官所や有力茶師邸宅にだけ本瓦葺が確認されています。瓦葺規制が機能する時代、普通の茶師や町家は、土蔵を除けば板葺か草葺でした（一八）。その中で瓦葺は、宇治代官や有力者の身分表現になっていたのです。

それでは、瓦葺規制を非防災的とする認識は、規制当時になかったのでしょうか。喜多村信節が伝えた先の寛文元年（一六六一）の触書は、草葺と瓦葺を規制していました。瓦葺は贅沢として規制したにしても、草葺は防火性能が低いから規制したはず。そうすると、残る板葺に防火性能をみていたのでしょうか。実は、この点に関する参考資料が一世紀もさかのぼる永禄四年（一五六一）の越後府中にありました（一九）。

一　府中板屋にさせべく候、もし、とかくの事言い候人て、作らぬにおいては、誰人被官に候共、追い立て、作るべき者を置くべき事

一　奥衆、ちきのい屋敷をばきちんまで待つべく候、ただし町屋敷に被官人居候はば、たとえ人帯刀者被官に候共、作れ得ぬにおいては追い立てべき事

一　町屋敷置かせ者人達誰々ふさき、板屋に作れ得えず候と、にっき毎の町に、幾たりと記し来すべき事

戦国大名の上杉謙信が、府内の住人に命じた内容です。読み下しに一部手を加えても意味不明の部分がありますが、その点は置いて、とにかく板葺にできない者は追放してできる者だけを置け、という内容です。

翌年の命令には武田信玄方の放火への用心を触れた内容があるので（「信州の者共、多く候間、焼き取等に火付候事もこれ有べく候」）、板葺に草葺より高い防火性能をみていたのは明らかです。ですから、先にあげた明暦三年の瓦葺規制や寛文元年の触書も、あながち都市防災の軽視とは断定できません。むしろ防火性能を考えたから草葺は規制したのであり、本瓦葺は城郭や寺院をまねた富裕表現だったので、贅沢として規制した。残った板葺（石置板葺とこけら葺）に防火性能をみていたからできたことだったのです。

ちなみに文化一〇年（一八一三）頃、北山久備は『勇魚鳥』（二〇）に古代平城京の瓦葺を「壮観の為に瓦葺にせらる」として、景観整備が目的と紹介しました。その上で「享保の頃、御府内の家々、瓦葺にすべきよし命ありしは、火災を防がん為なり、古今おのづから時勢の異なるによれるのみ」として、瓦葺に防火性能をみるようになったのは享保期から、としています。それ以前から瓦葺の防火性能は知られていたはずですが、そのため瓦葺にしたいという希望は、当時の町人からしても、あまりなかったようです。

瓦葺規制の実効性

元禄三年（一六九〇）八月の京都町奉行所の触書（「新家改」）（二一）には、次のように記されています。

一、寺社・在家修復ならびに内造作、土蔵、井戸屋形、湯殿、雪隠ならびに普請・建直、または見世棚（揚見世のこと）、
厨子作等の軽き作事、向後、隣家の者相対の上、申し来たるに及ばざる事
附、三間梁より広き家、修復ならびに庇の儀は申し来たるべく候、但し、葺変えばかりは断るに及ばず

寺や神社、そして「在家」すなわち既存の町家の建築許可申請に関わる内容です。したがって申請義務のない多くの地子赦免地、つまり洛中町々は関係ありません。洛外町々などが対象です。これらの町々に町家の内部改造や土蔵建築、そのほか軽微な建築を申請対象からはずすとし、申請対象を軽減するわけです。

ここで注目するのは「葺変えばかり」の申請義務を外す附文です。この附文から、それまで町家の屋根葺替えも申請対象であったことがわかるのです。当然、葺替材も自由ではなかったでしょう。その申請がこの新家改で不要になったわけですが、元禄五、六年（一六九二、九三）頃には、元に戻されました（「軽き義に事寄、猥《よこしま》成儀これ有るに付、軽き事迄も相届候様に申付候……品《しな》により見分の者差遣候事」）（二二）。したがって町家の屋根葺替えは町奉行所の確認を受け続け、瓦葺規制の実効性も確保され続けたのです。そうなると、申請を免除された地子赦免地の町々も、人目に付く

通庇や大屋根を自由にできたはずがありません。町なみを整える意味でも瓦葺は憚られたはずです。そのようにして、京都全体の瓦葺規制は徹底されていたのです。

もっとも、よく探すと、瓦葺規制の実効性を疑わせる例もあります。上位身分は瓦葺が許されたことを示す先の宇治の例がそうですし、農民でさえも瓦葺が許される場合がありました。正徳元年（一七一一）、京都南郊の綴喜郡多賀村（京都府井手町）の農民が京都代官所へ提出した申請書（一三）には、次のように記されています。

……居屋敷之内、右、門、ほいろ屋、共に柱共朽《くち》り申候に付、来春建直し申度存じ奉り候砌《みぎり》……門、ほいろ屋共に壱続きに仕、火用心も無、心元なく存じ奉り候に付、屋祢の義、欠畧瓦を以葺申度、存じ奉り候……

「ほいろ屋」は茶葉を乾燥する「ほいろ」を置く建物です。これを門と接合した上で、火の用心のため「畧瓦」すなわち簡略瓦＝桟瓦葺にしたいとの申請は、なかなか巧妙です。なぜなら、この申請が許されれば、桟瓦葺の長屋門を新築できます。瓦葺規制の時代にあって、屋敷構えの家格を格段に上げたことになるのです。「欠」けた瓦は贅沢ではないとのあざといアピールでしょう。それでも申請は、京都代官小堀仁左衛門から「勝手次第」と許されました。明らかな格上げ申請も、火の用心という理由なら（他にも手をうったでしょうが）、許されたのです。

そうすると京都でも、火の気のある小屋は土蔵同様に瓦葺を許された可能性がある。天和二年（一六八二）刊行『好色一代男』（一四）に見た小屋（図7）も、火の気ありとの理由で許されたものかもしれません。敷地奥は人の目も届きませんから。しかし表構えの瓦葺は、町なみを整える相互規制からしても容易には許されなかったはずです。

宝永大火後の桟瓦葺普及説

宝永大火（一七〇八）は、京都の瓦葺規制が徹底される機会でもありました（第一節）。しかし、この時期に桟瓦葺が普及した、とする説もあります。そのうち代表的な説を三つ紹介して、批判的に検討してみましょう。

一つめは、桟瓦の発明譚にまつわる説です。これによると、桟瓦を発明したのは近江国三井寺近郊の瓦師、西村半兵衛。延宝二年（一六七四）の業績といいます。西村家は、豊臣秀吉の伏見城築城にあわせて深草瓦窯に住み着いた初代瓦師に始まり、その初代から数えて一〇代目、西村五郎兵衛が三井寺近くに移り住んで西村半兵衛と改名しました。彼が江戸へ出向くなどして工夫を重ね、延宝二年に桟瓦葺を発明したといいます。このことは、天明五年（一七八五）に半兵衛の子孫が深草本家筋へ書き送った『西村家由緒書』（一二五）にあり、次の内容も記されています。

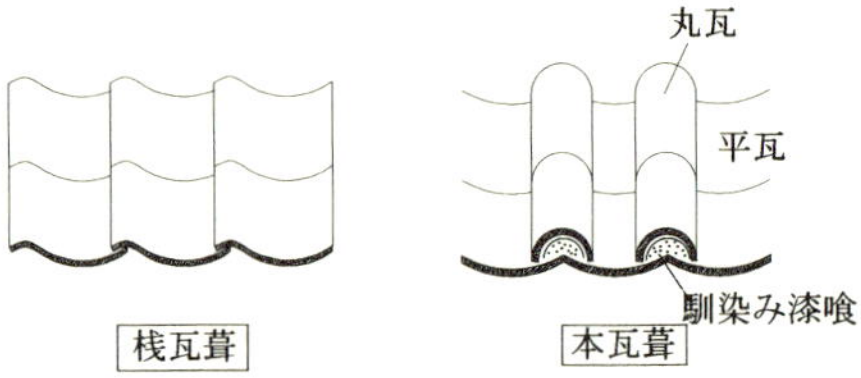

図9　本瓦葺（軒巴・唐草省略）と桟瓦葺

……瓦家の屋根、大分の重りなるゆえ、何とぞ軽くなるようにして、瓦のかさ子も多からんように、工《たく》み出さんとの念願ありけるに……早尾大明神へ祈誓をかえ、工夫せし所に、寛文十一辛亥年正月元朝の霊夢、ありがたく肝に銘じ、神力に任せ、心を尽して、二角切《ふたかけきり》闕継合《かきつぎあい》に鎬《しのぎ》を付るならば、雨水よく流るべしと、鍛錬すること年を経て、延寶二甲寅年四月八日、願望成就し、其瓦を三井寺万徳院の玄関を初めて葺きたる……

〈意味〉

……本瓦葺は重いから、軽くて重なりも小さくてすむ瓦の発明を願掛けしたところ、寛文一一年（一六六一）正月、瓦二枚を切り欠いて接合し、接合部の角を立てると雨水がよく流れる、とお告げがあった。そこで、さらに工夫を重ねて一三年後。延宝二年（一六七四）四月八日に桟瓦を発明し、園城寺三井寺の万徳院玄関に用いた……

文中の「二角」とは、丸瓦と平瓦です。接合して角を立てると、一枚の桟瓦になりますから（図9）。

今のところ、三井寺や万徳院に、伝承を裏付ける瓦銘などは発見されていません。しかし、半兵衛の実在は確認されており（一二六）、後継者も瓦銘に「日本ならべ瓦根元」と刻んでいます（二七）。少なくとも京都近郊では、延宝二年（一六七四）頃から桟瓦葺ができる素地があったのでしょう。そうすると、ちょうどこの頃の四条通り東岸に桟瓦葺の庇（図６）が現れてもよいことになります。しかし一般に普及した時期となると、喜多村信節が「思ふに回禄（大火）の度毎にしばしば家作り変るにや」（二八）、つまり大火が町家型式の変容の機会になると記していました。そうすると宝永大火はこの発明譚から三四年後。だからその頃には桟瓦葺が普及していた、と考えるのがこの説なのです（二九）。

しかし、絵画や公刊本といった史料には、大火直後の京都の町家に桟瓦葺が普及した形跡は見当たりません（第一節）。瓦葺規制もそれなりに徹底されており、それを幕府が解除したわけでもないのに、うやむやのまま用いることが許されたはずがありません。それなのに、発明譚に関わる宝永大火後普及説は瓦葺規制に触れず、規制解除も取り上げない。このあたりに説得力を欠いています。

四寸勾配の桟瓦葺根拠説

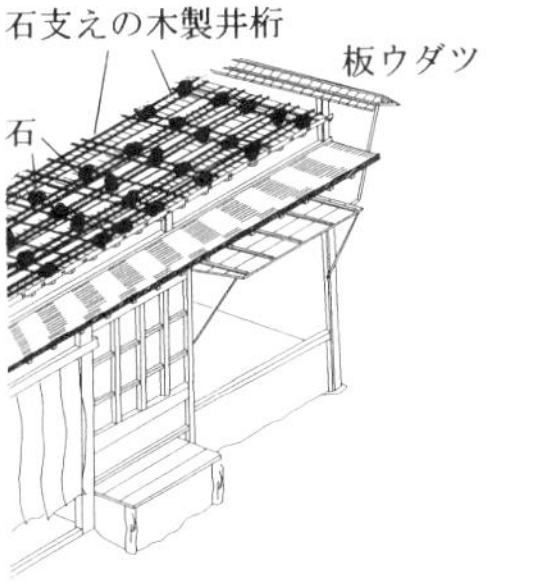

図10　石置板葺（『職人尽絵』）

二つめは、宝永大火後の町家の屋根に、四寸（水平に一〇、縦に四の割合がなす角度）程度の勾配《こうばい》を指摘して、桟瓦葺にこそ見合うとする説です。これは、現存する石置板葺やこけら葺が四寸より緩い勾配であることを根拠にしています。

しかし、石が転げ落ちる危険を持つ石置板葺にも三寸五分程度は指摘され（三〇）、四寸の復原例もあります（写真１）。長野県妻籠宿などに現存する石置板葺は、確かに四寸より緩い勾配が多いのですが、絵画史料にみる京都のそれは竹や木を井桁に組んで置石を支えています（図10）。当然、井桁で支えない石置板葺より強い勾配が、少なくとも四寸程度は可能であったと思われます。

それでは、こけら葺はどうでしょうか。各地寺院や町家には、古いこけら葺を残したまま、葺土を置いて桟瓦葺にする例が多くあります。つまり、桟瓦葺とこけら葺に共通の勾配をみることができます。また、享保期に所司代・町奉行所体制が瓦葺を奨励したとき、できない者に「下地」の用意だけでよいとします（後述）。その下地は何かというと、喜田川守貞が記しています（三一）。

……瓦葺の下は先《まず》屋根板ぶきにし、此上に土を置き、而后《じご》に瓦を葺く……

「土を置」く「屋根板ぶき」は土居葺《どいぶき》。土居葺はその名が示すように、桟瓦葺の葺土を置く屋根下地です。これも薄いそぎ板を竹釘で打ちとめるので、葺き上りの状態はこけら葺に似ています。もちろん葺厚や葺足は違いますが、土居葺＝こけら葺＝桟瓦葺に共通の勾配があったのです。よって四寸勾配＝桟瓦葺の関係は、絶対的ではありません。それに町家は長い年月の間に屋根を葺替えますが、そのとき屋根葺材料や勾配を変えることも珍しくありませんでした。現在は四寸勾配でも、建築当初もそうだったのか。屋根を解体して部材を確認しない限り、断定できないのです。

元禄期の伏見の瓦葺

三つめ。井原西鶴が元禄七年（一六九四）『西鶴織留』（三二）に記した内容に、桟瓦葺の普及をみる向きもあります。

……瓦ぶきに白壁、京格子を付ければ、あれたる伏見には又もなく目に立て……

「あれたる」伏見に「瓦ぶき」があるのだから、京都にないはずがない、という説です。しかし、これには、京都東町奉行（滝川丹後守具章）が出した「伏見中へ触れ知むるべき条々」（三三）を指摘したいと思います。「子五月」の年記がありますが、同奉行の在職は元禄九～一五年（一六九六～一七〇二）なので、元禄九年（丙子）の触書です。

一、萬事おごりいたすへからす、屋作、衣服、かねて御定の法式を守り、いよいよ倹約を成すべきの事
一、町中近在新に建候家は訴えて差図を受けるべく候、有来家普請の儀は勝手次第に候、委細は別紙書付出し候事
附けたり、町中に遊山所をこしらへ、人集すへからさる事

第一項では、「屋作」に「御定の法式」の徹底を命じています。第二項では、新たな建築に、建築許可の申請を命じます。この年の一月、伏見奉行が廃止された伏見は、この触書が京都町奉行から出されたように、その支配下に移っていました。伏見の町人は京都町奉行所への建築許可申請を行って、指導を受けるように命じられたのです。伏見は京都と同様に地子赦免地が多かった。ですから伏見町奉行の管轄時代は申請免除であった可能性があります。しかし京都町奉行は地子赦免地に一切触れず、一律に申請を命じています。これはそれまでの伏見奉行の建築行政に問題があったから、「御定の法式」を守らない建築があったからではないでしょうか。その典型例が西鶴が記した質屋と考えれば、明らかな違反建築が現れた理由を説明できます。右の触書は、このような既存不適格も含めて、既存の町家（有来家普請）に関わる建築行為を「勝手次第」とし、破却までは命じませんでした。しかし京都町奉行所の支配を受けることになったからには、もはや耳目を引く富裕表現は許されなくなったことでしょう。

第三節　瓦葺の規制解除

江戸の瓦葺規制を解除した触書

本節では、京都で瓦葺規制が解除された時期を考えてみましょう。それには史料が多い江戸の解除をみるのが早い。その江戸では、享保五年（一七二〇）四月に次のような触書が出ています（三四）。

……町中普請の儀、土蔵作り、或は、塗家ならびに瓦屋根に仕候事、只今迄は遠慮致し候様に相聞候、向後、右の類《たぐい》普請仕度《したき》と存候者は、勝手次第に為すべく候、畢竟《ひっきょう》出火の節、防にもなり、又は飛火の為にて候間、右の外にも然るべき儀候はば是又勝手次第仕るべき事……

〈意味〉

……町家建築について、土蔵造（土蔵のように壁を厚く塗る）や、塗家（土厚は土蔵造より薄いが、柱や垂木など木部は塗り籠む）、瓦葺は遠慮すべき対象とされていたようであるが、勝手次第にする、火事への防御となり、火の粉が飛んできたときのためでもある、他にも火事に有効なことがあれば勝手にしてよい……

それまで規制対象であった「瓦屋根」を「勝手次第」にしています。「土蔵作り」「塗家」とともに、規制解除したのです。この時期は、質素倹約を基調とする享保改革の始動期にあたるので、贅沢の規制として始まった瓦葺規制も、強化されてよいはずでした。しかし改革を進める八代将軍吉宗は、江戸の防火性能の向上も目指したのです。まず、従来の大名定火消に加えて町火消の整備を享保三年（一七一八）から始め、続いて町家にも土蔵なみに分厚く塗る土蔵造や、それより薄いが柱や梁の軸組を塗り籠む塗家を奨励、瓦葺は規制解除したのです（三五）。

さらに江戸では、享保八年（一七二三）一二月の「組合え相達候書付」（三六）に、次のように記されています。

一、瓦葺と仰せ出され候は、土蔵作りの事にてはこれなく候、屋根ばかり平瓦にても、さん瓦にても、ふせ候儀に候、もっとも下地塗り申さず、直に瓦置候様成ばかり取繕《とりつくろい》候儀は、堅くこれ有《あ》る間敷事《まじきこと》

但し、勝手に任せ土蔵作りに致され候段は勿論、然るべき事

〈意味〉

……瓦葺は土蔵造ではなく、平瓦を棒漆喰で押さえる形式も桟瓦葺も、とにかく瓦を伏せることである、瓦下に葺土を置かなかったり、土居葺に直接瓦を置いて検査だけ取り繕ってはならない、土蔵造での建直しは勝手にせよ……

この触書には、江戸の町々に瓦葺の普及を急がせる方針が表れています。喜田川守貞も『守貞謾稿』に『衣食住記』から「享保の中頃迄……表長屋の屋根は、厚さ五寸七寸のこけら葺、棟には瓦を置き……」という記述を引いて、享保期までこけら葺であった町なみを伝えた上で「享保中に至り、江戸市中、民屋に瓦葺を許免ありて今に至る、然れば江戸瓦葺となりしは百二三十年前のこと也」と引用して、享保期の瓦葺規制の解除を裏付けています。

そもそも瓦葺規制は遅くとも明暦三年（一六五七）に始まり、六三年間も町なみに影響を与えてきました。前例の踏襲が重視された江戸時代、全面的な解除には将軍の決断が必要だったはずです。そして吉宗は、享保元年（一七一六）に紀伊国主から将軍に転じた江戸で立て続けに大火を経験したので、瓦葺規制の解除を断行したのでしょう。それを考えれば、京都の瓦葺規制の解除も、享保五年四月をさかのぼることはありえません。

享保期の規制解除の反証

『京城勝覧』(三七)という京都案内書があります。同書は「序」に「宝永三年立春日」（一七〇六）の年記があるのですが、挿図には、革堂や二条城近辺に瓦葺町家が混じる町なみがあります（下河邊拾水画、図11）。当時は瓦葺規制が機能する時代のはずですから、その存在が問題になります。つまり、瓦葺規制はなかった証拠すなわち反証になりそうですね。しかし実は、現存する同書には「天明四甲辰夏年再刻」の付記があります。再刻する意味がありませんから。名所案内書の版木を再び刻むとき、挿図に昔の町なみを刻むとは思えません。再刻当時の町なみなのです。したがって天明四年（一七八四）当時は桟瓦葺の普及がまだ完了していない、そんな町なみを伝えているのです。

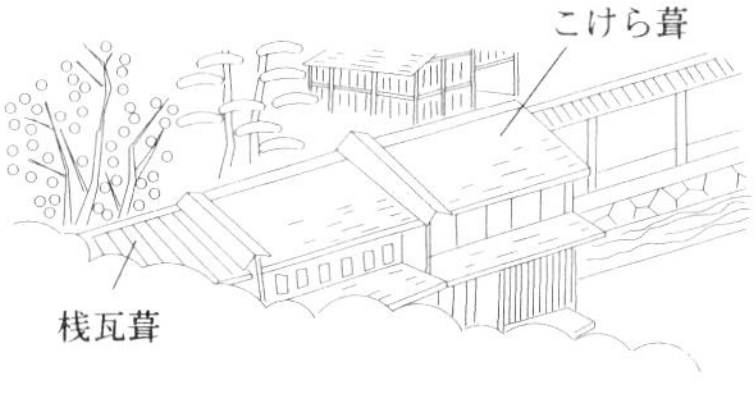

図11　天明四年頃の町なみ（『京城勝覧』）

江戸の命令と京都の奨励

『京城勝覧』以外の絵画史料にみるのは後にして、ここで『月堂見聞集』(三八)の記事を紹介しましょう。

享保一五年(一七三〇)三月一四日

縄手四条芝居小屋ならびに茶屋焼失に付、前年も富年程焼失、間もなくの内度々大火故、本宅を立候はゞ、芝居ならびに水茶屋迄、瓦葺に致すべく候由、仰せ渡され候、只今は假屋《かり》敷故、其義に及ばず候

同年八月一三日

西陣類焼の町家、瓦葺に致すべき由仰出され候、当分成がたき者は下地瓦葺の心得を致し、追て瓦葺に致すべしとの事

四条縄手の芝居小屋や茶屋が二年続けて火事を出したので、町奉行所が瓦葺での建直しを命じたのが三月。ただし「仮家」は瓦葺にしなくてよいとします。町奉行所は続いて八月に西陣の焼け跡にも瓦葺を命じますが、できない者は瓦葺の下地、つまり土居葺でよいとします。地域限定のようですが、瓦葺規制が解除されて奨励される状況があります。しかし、その一方で命じながら無理押ししない。何というか腰のひけた奨励です。

ところが、ちょうど同じ頃の江戸では、ずいぶん雰囲気の違う触書が出ています。

享保一四年(一七二九)一一月(三九)

一、麹町の儀、去る未年、土蔵造・塗家に申付、今度見分相廻し候処、茅葺、藁葺、杉皮葺等の小屋これ有り……右茅葺、藁葺小屋、杉皮葺の分は取拂はせ、跡普請の儀は土蔵造・塗家に申付、地主、地借へ過料《かりょう》申付候

火事を出した麹町が、土蔵造や塗家という防火性能の高い仕様での建直しを命じられたのに、その後の検査で茅葺などが摘発されました。そのため町人は、草葺の撤去と土蔵造・塗家での建直しのほか罰金も科されたのです。

建物全体を壁土で塗り込む塗家や、土蔵なみに分厚く覆う土蔵造は、どちらも瓦葺以上に経済的負担が大きいもの

ですが、それを命じて実効性を検査や罰金（「過料」）で確保する姿勢は、まさしく強制でした。

これに対して京都では、先の享保一五年の触書が仮家は対象外、できなければ土居葺というように、わざわざ抜け道を提示しています。なぜ所司代・町奉行所体制は、検査や罰金を科して瓦葺の普及を急がなかったのか。この点について江戸で瓦葺規制が解除された翌年、享保六年（一七二一）九月一二日の京都町奉行所の触書（四〇）をみてください。

一、洛中町続洛外、屋根葺替、其外、造作繕等の儀、只今迄、雑色・町代迄書付指出来候得共、向後相届及ばず候、勝手次第修復致すべく候

一、新規普請の儀は、前々庄屋、年寄、隣家の者、当人直に役所へ願出るべく事

右、洛中洛外へ触知むるべき者也

この触書が出されるまで、屋根の葺替えや軽微な修理は、洛外町々は雑色、洛中町々は町代が担当地域の申請を仲介していました。それを、触書の第一項は申請不要、屋根の葺替えは勝手次第としたのです。これまでの研究では、第二項が新規建築に申請者自身の申請を命じるので、第一項も、町奉行所に属する雑色や町代の負担軽減が指摘されてきました。しかし、それだけなら申請者自身による申請を義務付ければよい。それよりも屋根の葺替えを勝手次第とし、申請対象から外すとした点こそ重要です。板葺も瓦葺も勝手次第になったのです。もはや所司代・町奉行所体制に町家の屋根仕様を制御する意図はない、瓦葺規制は解除されたように読み取れるのです。

さらに早い規制解除

そうすると、この享保六年（一七二一）九月一二日の触書が京都の瓦葺規制を解除したようですが、そうでもありません。なぜなら、この触書より二〇日早い八月二二日、豪商の三井家が「大風に屋根破損」した伏見の「伏見宗秀様御居宅」の建直しを協議した大元方寄合で、板葺か瓦葺かを論じているのです（四一）。

……板屋ね、瓦ふきに致させ然るべき哉、格別値段の違もこれ有候間、今一応積させ、同右銀高に少し余計にいる分は瓦に致させ候様に致すべし……

当時の伏見は、再び伏見奉行（北条遠江守氏朝）の管轄に戻っていました。しかし所司代 - 町奉行所体制と密接な関係にあり、勝手な建築行政が許されたとは考えられません。そのような伏見の建築に、八月の時点で瓦葺規制の解除が認識されているのです。

また京都でも、洛外町続きの大徳寺門前で、享保五年（一七二〇）八月に板葺を桟瓦葺にする町人がいました(四二)。ですから京都の規制解除は享保五年八月以前のはず。そうすると、同年四月の将軍の決断から四ヶ月しか経過していません。したがって京都も江戸から大きく遅れず、享保五年の解除は間違いないでしょう。

ところが、その後の京都は江戸と違って、瓦葺は奨励対象で終始しました。その結果、強制が繰り返された江戸とは異なる町なみとなります（第三章）。ただし、所司代 - 町奉行所体制が瓦葺に関心がなかったはずはありません。なぜなら、彼らは江戸の老中から命令を受けて外様大名の京都常火消を廃止、譜代大名の禁裏御所方火消の兼役として大名火消を強化、町々から出動する町火消も強化するなど(四三)、京都の消防改革を断行中だったからです。

このような所司代 - 町奉行所体制が将軍が防火性能を認めた瓦葺を強制せず、奨励に終始したことには相応の理由があったに違いありません。そこで、それを考える材料として反対例、消防に関する強制例をみます。

京都の町なみに関わる強制

強制例は宝永大火（一七〇八）後に確認されます。所司代 - 町奉行所体制は火事後の京都の通りに、二間半あるいは三間への拡幅を命じました。老中から京都の道は狭すぎると指摘されていたのです。そして、このときは容赦なく断行したことが「今度あらたまる町幅三間に両方へ一尺五寸の溝石」（『音無川』）(四四)などと記録されています。

江戸時代は、新しい建築規制が出たとき、不適格となった既存建物は適用除外となるのが普通でした。しかし、このときは拡幅を免れませんでした（第一章）。所司代・町奉行所体制は、とことん徹底したのです。この強制は、瓦葺を強制せず奨励に終始した享保期の町奉行所の姿勢とは対照的です。この違いは、どこから生まれたのでしょうか。

理由は老中の命令の有無です。道路拡幅には老中の命令があったのです。元禄三年（一六九〇）一二月二六日、老中から拡幅の機会に備えよと命じられていたので（四五）、所司代・町奉行所体制は断行できたのです。命令がなければどうだったか。京都の行政を記録した『京都御役所向大概覚書』（四六）に、それをうかがう記録があります。

……正徳三巳年三月廿日、町方焼失跡、町割広小路仰付られるべきの旨、積絵図《つもりえず》相調《あいととのえ》、紀伊殿より江戸へ相伺われ候処、此度は前々の通、普請致し候様に仰越され候に付、勝手次第普請致すべきの旨申渡候、これにより、道幅も前々の通指置候事（「京都町道幅極之事」）……

宝永大火から五年。正徳三年（一七一三）三月に所司代松平紀伊守は、町割りの変更や通りの拡幅を、図面を付けて老中に伺いました。ところが老中の回答は「前々之通」でよいとのこと。そのため実施には至らなかったのです。この所司代は消防改革を主導した人物で、自身の消防活動が確認される最後の所司代でもあり（四七）、消防熱心でした。それでも老中の許可がなければ、京都の町なみに何もできなかった。破格の権限を持ち、幕府体制の中で独自色が指摘される所司代・町奉行所体制も（四八）、京都の町なみに関わる政策の執行には老中の許可を要したのです。

京都の規制解除の伝達経路

京都では、瓦葺規制の解除に関わる触書が見当たりません。ここまで述べたように、状況証拠から江戸と同年とみなせるだけです。また、奨励に終始する所司代・町奉行所体制に、瓦葺を強制する権限が与えられていなかったとすると、享保五年（一七二〇）四月の江戸での規制解除は、三条大橋などの高札場に掲示（四九）されたか、伝聞により多くの京都の町人の知るところとなったのでしょう。板葺より優れた耐久性や防火性能を持つ瓦葺は、すでに敷地奥の土蔵や火気使用の小屋に用いる者もいたはずですが、誰もが堂々と大屋根や通庇に採用できることになったのです。そして所司代・町奉行所体制も火事跡の町々に瓦葺を奨励しました。しかし強制する権限はありませんでしたから、瓦葺も含めてどんな屋根も勝手次第とする触書を出すにとどめた、と考えられます。

それでは、なぜ老中は京都に瓦葺を強制させなかったのか。おそらく、大火が繰り返される江戸と違い、京都の防火能力の向上はさほどの急務ではなかったのでしょう。あるいは無理に強制して、町人や朝廷との間に軋轢を生むのを避けたのかもしれません。

それでは、強制もされず、ただ勝手次第とされた京都の屋根が、どのように桟瓦葺で揃っていったのでしょうか。

第四節　史料にみる桟瓦葺の普及

京都の瓦焼に関わる触書

京都には、享保期をさかのぼる時期に、朝廷や徳川家の儀礼時に瓦焼を規制した触書があります。たとえば正徳二年（一七一二）一一月一四日の触書(五〇)に、次のように記されています。

……瓦ならびに茶碗焼の事、明十五日より構無の旨申渡さるべく候事……

この触書は、京都でさかんに瓦が焼かれる様子をうかがわせます。また、京都の瓦師、寺嶋吉左衛門を触頭とする瓦師仲間に、瓦師が勝手に新しい得意先を開拓することを、瓦師仲間で取り締まるように命じた触書(五一)もあります。

これらの触書に、町家への桟瓦葺の普及をみる向きもありますが、明暦三年（一六五七）から続く瓦葺規制の全面的な解除には将軍の決断が必要でした。それは享保五年（一七二〇）。それ以前の触書が対象にした京都の瓦焼は、寺社や町家の土蔵、棟やウダツの瓦（目板《めいた》瓦が主）、そのほか火の気のある小屋用と考えなければなりません。

山城国農村部の瓦葺報告

京都を囲む山城国農村部では、いつ頃に桟瓦葺が普及したのでしょうか。民家調査の報告からみてみましょう。

まず山城国南部。木津川や宇治川流域で洪水が頻発しましたが、陽光に恵まれた農業技術の先進地帯でした。

その中で、相楽郡北村（京都府加茂町）では、庇だけでなく大屋根まで瓦葺、いわゆる総瓦葺が宝暦九年（一七五九）（五二）に建築されています。綴喜郡寺田村（城陽市寺田）では、明和五年（一七六八）の瓦葺が確認されています（五三）。瓶原《みかのはら》の河原村（京都府加茂町）では天明元年（一七八一）の村法度（村の定め、町の町式目にあたる）に、一〇石以下という小規模農民の瓦庇を規制する内容があります（五四）。山間部でも、宇治田原の禅定寺村（京都府宇治田原町）で、文政二年（一八一九）に桟瓦葺が建築されています（五五）。

一方、山城国北部は山村が多く、南部に比べて瓦葺の普及は遅かったようです。その中で、京都に近い愛宕郡岩倉村（左京区岩倉）では、安永八年（一七七九）に瓦庇を持つ民家の建直しが申請されています（五六）。

これらをみるかぎり、山城国農村部では、一八世紀中頃から桟瓦葺が現れたようです。ただし、その後に農村部全域で桟瓦葺が順調に普及したわけではありません。たとえば岩倉村でも、総瓦葺が珍しくなくなるのは、藁葺や茅葺屋根を下ろして瓦葺の二階をのせる「葛屋《くずや》おろし」が進む昭和四〇年代だったのです。それまでの「瓦屋」（総瓦葺の家）は嫁入りが娘達の憧れとなるほど少なく、いわば富裕農民の家格表現でした。一八世紀中頃に始まった山城国農村部の桟瓦葺は、実際のところ庇に普及する程度。大屋根は草葺が大勢だったのです。

京都の桟瓦葺の普及経緯

それでは、京都はどうだったでしょう。先述の享保五年（一七二〇）の大徳寺門前の例（第三節）があるほか、安永五年（一七七六）に桟瓦葺の借家建築が紹介されています(五七)。このうち大徳寺の例は、農村部の一八世紀中頃より早い同世紀前半になります。そのため、まず京都で普及が始まって同心円的に山城国農村部へ普及した、という同心円的普及説もあるのです。

しかし、大徳寺門前といえば京都といっても洛中洛外町続きの北端。四条通り沿いのような繁華街の状況を確認しなければ、同心円的普及説は確立できません。そこで四条通りと周辺を描く絵画史料をみることにしましょう。

四条通りを描いた絵画史料

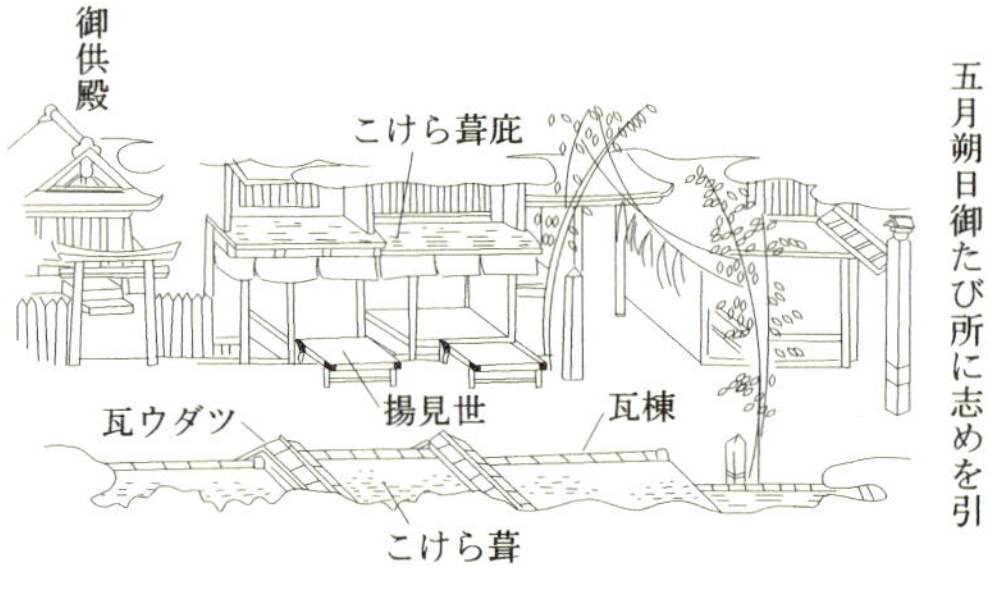

図12　四条通り沿いの町なみ（『山鉾由来記』）

第一節では、一七世紀末期までの絵画史料に、こけら葺が並ぶ四条通りをみました（図2、図5）。それから半世紀。宝暦七年（一七五七）刊行『祇園御霊会細記』(五八)に所収された『山鉾由来記』の挿図をみると、まだ二階表にムシコを開ける厨子二階が並んでいます。大屋根や通庇はこけら葺、棟やウダツだけ瓦葺、どちらも変わっていません（図12）。瓦葺規制の解除から三七年が過ぎているのに、まだ桟瓦葺の町なみにはなっていないのです。

それから二年後。宝暦九年（一七五九）に円山応挙が描いたという眼鏡絵（神戸市立博物館蔵）。眼鏡絵とは、レンズ越しに立体感を楽しむための一点透視図です。画題は四条通りや周辺の町なみですが、応挙は写実的な描写を特徴とする四条派の創始者(五九)ですから、当時の状況をよく伝えるとみてよいものです。

そんな眼鏡絵のうち『祇園祭山鉾図』（図13）(六〇)や『圓福寺祭図』（図14）(六一)をみると、こけら葺の屋根に瓦葺ウダツが連なる町なみがあります。農村部では桟瓦葺が現れる時期ですが、京都の中心部では、まだこけら葺が大勢でした。

図13　『祇園祭山鉾図』（伝応挙眼鏡絵）

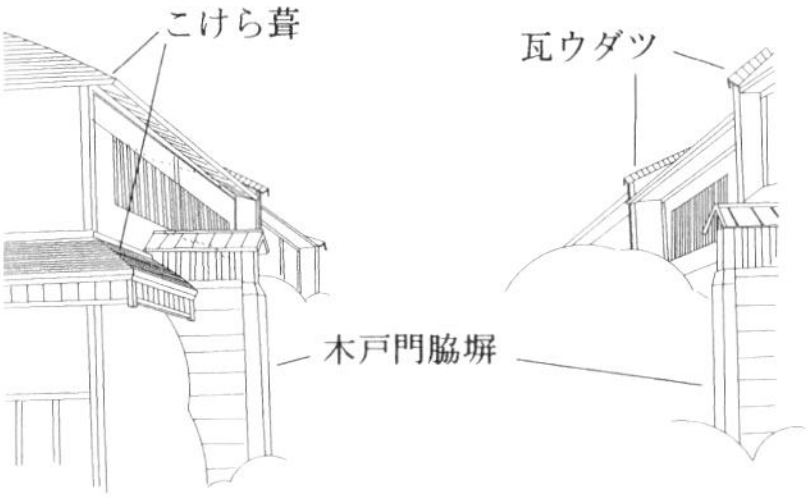

図14　『圓福寺祭図』（伝応挙眼鏡絵）

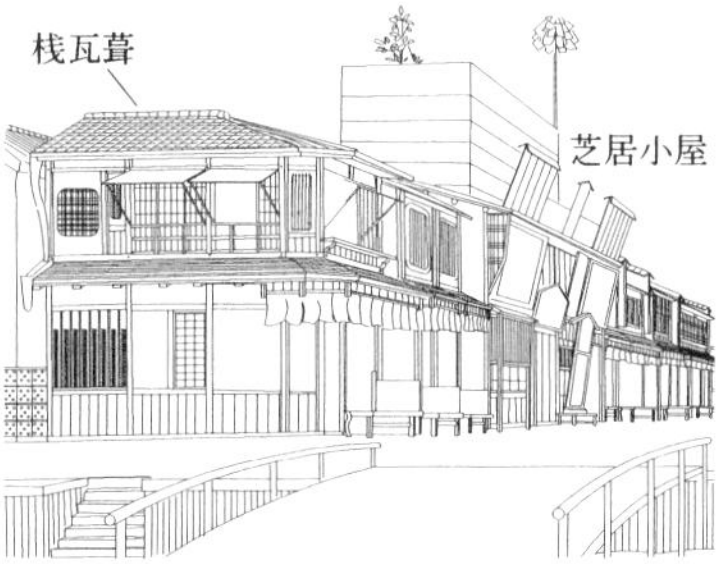

図15　『四条橋芝居』（伝応挙眼鏡絵）

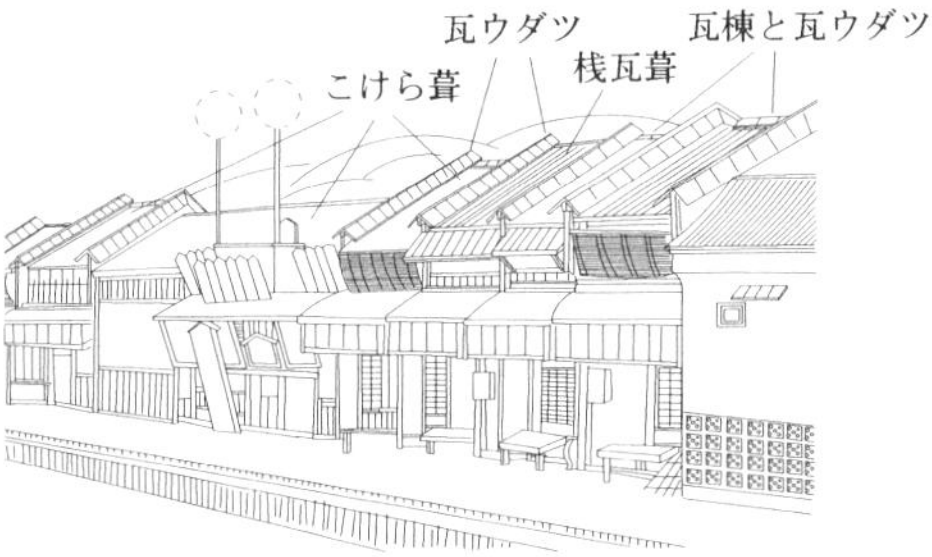

図16　『四条河原』（明和二年購入墨書付眼鏡絵）

　その中で、同年の正月歌舞伎興行中の芝居小屋を描く眼鏡絵『四条橋芝居』（図15）（六二）には、四条大橋の東詰に桟瓦葺の建物が一棟だけあります。これが一七世紀後半の桟瓦葺（図6）を受け継ぐものなのか。あるいは享保期の町奉行所の奨励時のものなのか、よくわかりません。しかし、周辺がこけら葺の状況では、桟瓦葺の萌芽とみるのが穏当でしょう。こけら葺の屋根と瓦葺のウダツが連なる四条通りの町なみに、桟瓦葺が現れ始めるのは一八世紀中頃でした。その時期は農村部の先進的な例と変わらず、同心円的普及説は怪しくなります。

　さらに六年後。明和二年（一七六五）購入と箱書きされた眼鏡絵『四条河原』（神戸市立博物館蔵、応挙ではない）（六三）をみると、まだ鴨川沿いには、こけら葺が多いのですが、桟瓦葺の増加傾向も確かに進んでいます（図16）。この傾向が四条通り沿いを完全に桟瓦葺にしたのはいつ頃だったのでしょうか。

『都名所図会』の問題

明和二年から一五年。安永九年（一七八〇）刊行『都名所図会』(六四)は、爆発的な人気を博した京都案内書です。町なみを描く挿図が多いのですが、そのうち『五条橋』図には、ウダツも大屋根も桟瓦葺らしい町家が広く面的に、類型的に描かれています（図17）。このため、この頃に桟瓦葺の普及が完了したとする見解もありますが、話はそれほど簡単ではありません。

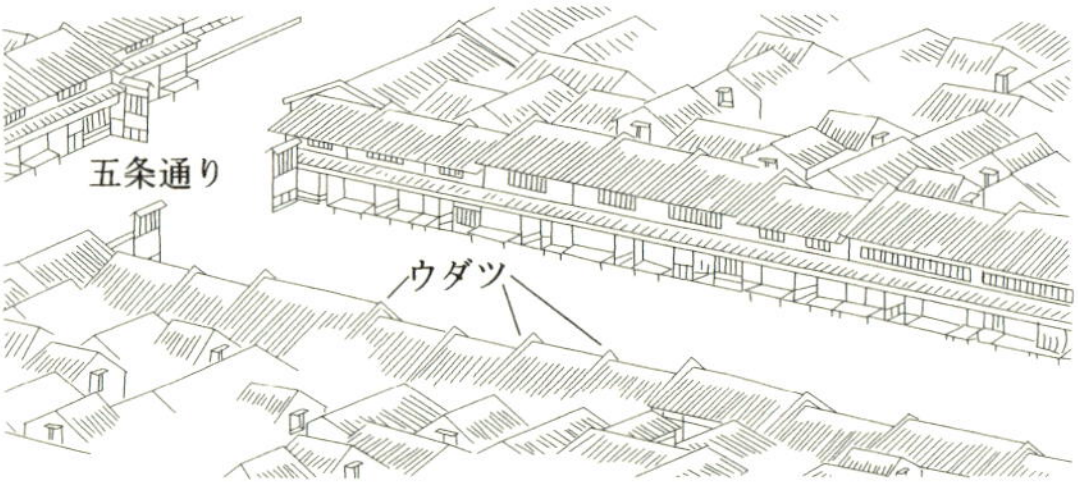

図17　『五条橋』（『都名所図会』）

図18　『祇園御祭礼』（『拾遺都名所図会』）

なぜなら『都名所図会』の作画と執筆は、安永二、三年頃（一七七三、一七七四）に開始されています。応挙がこけら葺の町なみを描いてから一四、五年しか経っていません。明和二年の箱書き付眼鏡絵からも、わずか八、九年です。この間、四条通り周辺に大火などは記録されません。だとすると、個々の葺替えや建直しの蓄積だけで、これほど町なみが変わったことになりますが、本当でしょうか。

そこで『都名所図会』の続編をみます。七年後の天明七年（一七八七）、同じ版元（吉野屋為八）、同じ画工（竹原春朝斎信繁）の『拾遺都名所図会』(六五)は、『祇園御祭礼』などの挿図に桟瓦葺の町なみを描きましたが、これらをよく観察するとウダツがありません（図18）。微妙な表現ですが、確かに違うのです。

わずか七年の間に、町なみからウダツだけが消滅したなんてことは考えられません。『都名所図会』と『拾遺都名所図会』のどちらかに問題があったはず。この点こそ、桟瓦葺の普及を考える上で要点になるのです。

ウダツにみる桟瓦葺の普及

『都名所図会』と『拾遺都名所図会』のどちらが正しい町なみを描くのか。

まず天明大火（一七八八）の直前、天明六年（一七八六）刊行『絵《え》本《ほん》此《この》手《て》柏《かしわ》』（六六）をみます。同書の挿図のうち『ぎおん会山ぼこ』では、ウダツをあげるこけら葺と、あげない桟瓦葺が入り混じります（図19）。『みこしあらい』では、桟瓦葺が普及した四条河原沿いの町なみにウダツがありません（図20）。桟瓦葺が普及する中、ウダツをあげるこけら葺もある。そんな町なみは、先にみた天明四年（一七八四）再刻『京城勝覧』の町なみ（図11）とも一致しています。

図19　『ぎおん会山ぼこ』（『絵本此手柏』）

図20　『みこしあらい』（『絵本此手柏』）

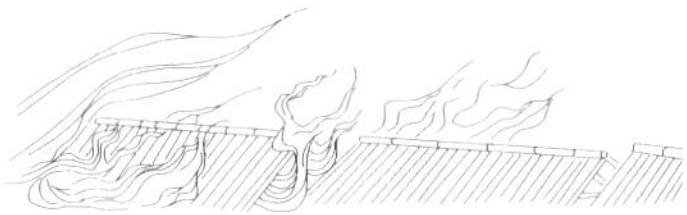
図21　桟瓦葺の町なみ（『万人千代之礎』）

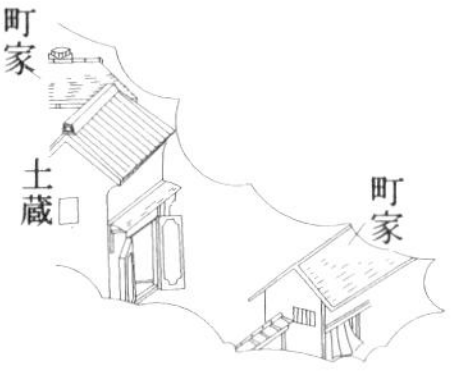

図22　大火時のこけら葺（『火用心花紅葉都噺』）

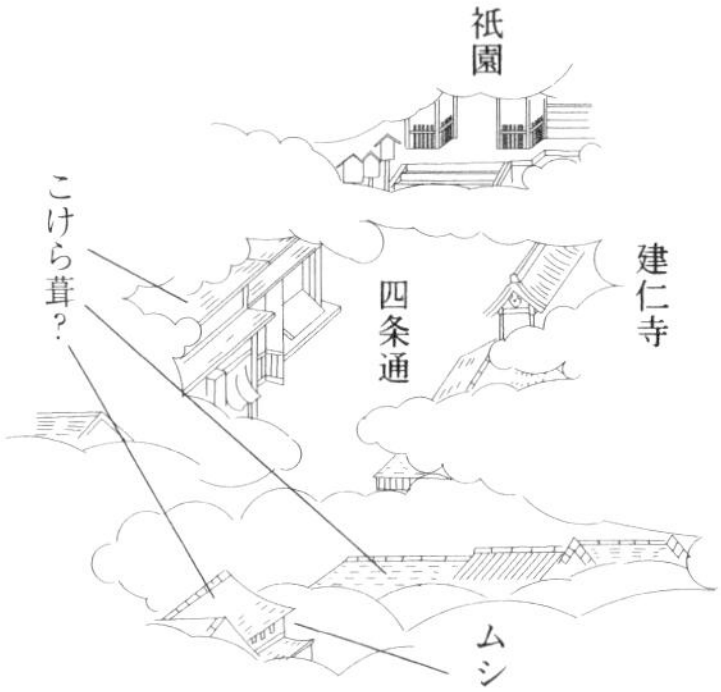

図23　大火後のこけら葺（『火用心花紅葉都噺』）

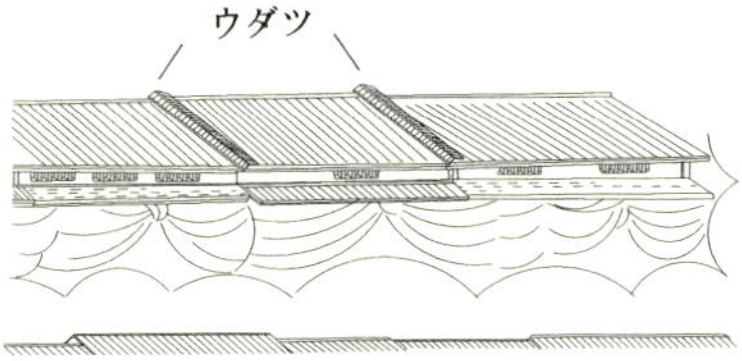

図24　桟瓦葺の中のウダツ（『年中行事大成』）

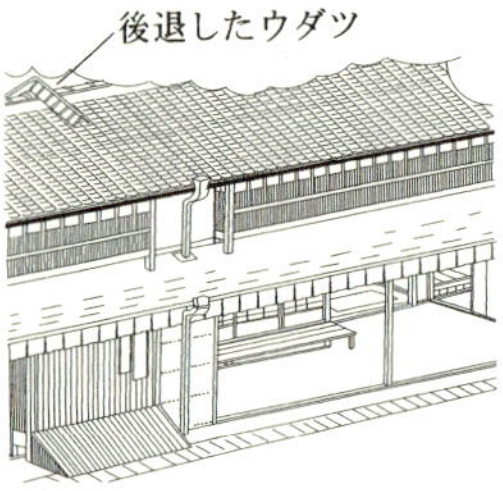

図26　軒先から後退したウダツ
（『祇園町北側井筒茶店』）

図25　油小路通り沿いの町なみ（『三条油小路町町並絵巻』）

続いて、天明八年（一七八八）の天明大火の実録『万人千代之礎』(六七)では、燃える桟瓦葺の町なみにウダツがありません（図21）。しかし、別の実録『火用心花紅葉都噺』(六八)では、大火の中にこけら葺があり（図22）、さらに大火後の町なみにも、こけら葺にウダツもある町なみを描きます（図23）。

さらに文化三年刊行『年中行事大成』より『京師稲荷祭礼之図』(六九)をみると、桟瓦葺の町なみにウダツは少なくなっています（図24）。文政三年（一八二〇）『三条油小路町町並絵巻』(七〇)でも、三九棟の町家すべてが桟瓦葺の中で、ウダツをあげるのは三棟だけです（図25）。つまり、桟瓦葺の普及とウダツの減少には、反比例的な関係が観察されるのです。そして幕末の元治元年（一八六四）刊行『花洛名勝図会』(七一)でも桟瓦葺の町なみにウダツはなく、軒先から大きく後退したウダツ状のものが『祇園町北側井筒茶店』図にひとつあるだけです（図26）。

なお、通庇の両端に壁をたてる袖ウダツは大屋根より高くあげるウダツの減少後に現れたようですが、『三条油小路町町並絵巻』でも一棟だけのように（図25左端）大勢にならず、後の大正期の隣棟間防火壁も同じ結果でした。

そのほかの史料

絵画以外の史料ではどうでしょう。天明六年（一七八六）一一月の触書[七二]は、五〇人の「山城国瓦師」と四人の「宇治、大山崎瓦師」を列挙して、次のように命じています。

……他国にて焼出候瓦、当表へ買取候に付、右瓦師共、渡世薄《とせいうすく》、御用勤かね候様相成由……向後、他所瓦買取申間敷……

……瓦値段ならびに葺師手間賃共、高値に致申さず様、且つ右瓦性合宜しからずを、瓦師共売渡候に付、他所瓦入り込み候儀もこれ在るべきやに付、以来、性合宜しからず瓦売り渡し候はば、吟味の上、沙汰いたすべし旨……

京都の瓦師仲間の保護のため、他国瓦の使用を禁じています。その上で、京都の瓦師にも、高価で粗悪な製品（「性合宜しからず」）の販売を規制しています。同様の触書は明和九年（一七七二）や宝暦元年（一七五一）にもありましたが、この天明六年の触書だけが「寺社にても右の趣相心得申すべく候」とし、あえて寺社に徹底を命じる点が違っています。これがかえって寺社以外、つまり町家への桟瓦葺の普及をうかがわせているのです。

また、天明大火（一七八八）翌月の町奉行所の触書[七三]は次のように命じています。

……類焼の向々より、加茂河原へ焼瓦其外種々の品、追々取捨候由……何によらずけっして取捨申間敷候
右の趣、類焼跡町々相触れるべき者也……

町々に、焼けた瓦の鴨川河原への投棄を禁じています。土蔵や小屋だけでなく、町家にも桟瓦葺が普及していたから、このような触書が必要になったのでしょう。禁裏御所周辺の発掘調査報告書[七四]にも次のようにあります。

（以下引用）

……天明大火に伴う廃棄土壙《はいきどこう》は、土砂をほとんど含まず、瓦類のみがぎっしり詰まる状況である。出土している瓦は桟瓦が大半を占め、丸瓦や平瓦は極端に少ない……

もともと檜皮葺志向の公家屋敷ですが、発掘結果は天明大火前に桟瓦葺の普及を伝えます。町家への普及が影響したのかもしれませんが、やはり貴族ですから町家にならうだけでなく、耐久性や防火性能を考えたのでしょう。

桟瓦葺の町なみのウダツの減少

このように桟瓦葺が普及した町なみでは、こけら葺の頃に比べて明らかにウダツが少なくなります。思えばそれは、江戸初期の本瓦葺の塗家にもみられた傾向でした（第一節）。それが瓦葺規制が影響して石置板葺やこけら葺、つまり板葺の時代になったときには、ほとんどの町家がウダツをあげるようになりました。そして桟瓦葺の時代になって、再びウダツは町なみの主役の座を降りたのです。

ここにきて、ようやく『都名所図会』と『拾遺都名所図会』のどちらが正しいかがわかります。桟瓦葺の町なみにウダツが連なる『都名所図会』は怪しく、ウダツが消えた『拾遺都名所図会』が正しいのです。

『都名所図会』の執筆・作画が始まった安永二、三年（一七七三、一七七四）頃、京都の町なみは、同図会中の『東九条・判官塚・下寺町・長講堂・太子堂』にみるような、ウダツを持たない桟瓦葺とウダツをあげるこけら葺（白抜屋根）が入り混る状況だったのでしょう（図27）。『都名所図会』は、四条通りと並んで繁華な五条通り沿いを描いた『五条橋図に、先進的な雰囲気を伝えるために、あえて桟瓦葺で整った町なみを描いたと推測されます。ところが実際に桟瓦葺の普及が進んだ天明期になってみると、ウダツが減少していた。そこで天明七年（一七八七）刊行『拾遺都名所図会』には、この傾向を反映させてウダツのない桟瓦葺を類型化したと思われます。

図27　『東九条・判官塚・下寺町・長講堂・太子堂』（『都名所図会』）

天明大火直後、こけら葺の町なみ

天明大火の実録『火用心花紅葉都噺』（七五）が、再建後の町なみにもこけら葺を描いた理由を確認しておきましょう（図23）。まず、大火翌月に町奉行所が「手軽キ仮や」（七六）でもいいとして、早急な復興を命じたことがあります。いわゆる「仮《かり》家《や》建《だ》て」命令です。そのため四条通り沿いに描かれたこけら葺は、仮家の可能性もありました。

しかし図にみる町家の表構えは、厨子二階にムシコを備えます。これだけしっかりしていると、当座をしのぐ仮屋とは思えません。瓦葺の下準備、土居葺のようにもみえます。おそらく復興時の瓦需要に生産が追いつかない中での土居葺だったのでしょう。この状況が反動となって、桟瓦葺が徹底された町なみを生み出したと想像されます。

このように四条通りや周辺を描いた絵画史料や、その他に桟瓦葺が普及する経緯をみると、どうやら宝暦期に萌芽が現れ、一八世紀後半の明和、安永、天明期に普及が進み、天明大火直前には完全ではないものの、かなり普及した状況があったようです。そして天明大火直後は、瓦の需要に生産が追いつかない状況が一時的にあったようですが、寛政元年（一七八九）頃から加速的に普及して文化・文政期（一八〇四～二九）には完了していたと考えられます。

大火と町なみの変容

従来の研究には、天明大火を瓦葺普及の機会とみる見解も多くありました。しかし明和、安永、天明期の四条通り沿いや付近に大火は記録されていません。その中で桟瓦葺の普及が進んでいた理由はこれまでの大火変容説では説明できません。

それよりも明和～天明期に町奉行所が繰り返した、京都の瓦師仲間を保護する触書こそ重要です。先の天明六年触書がその例で、これが必要になるほど京都に農村で焼かれた田舎瓦や他国瓦が流入して、価格低下を招いていたのです。これがあったので町人も農民も経済的に可能になった者から、桟瓦葺を採用していきました。

ですから京都から周辺農村部へ桟瓦葺が同心円的に波及したという同心円普及説は、普及の経緯を正しく説明するものではありません。享保期に瓦葺規制が解除され、屋根葺替えも申請対象からはずされたことで、桟瓦葺は町の相互監視の対象からもはずされました。農村部では分家が本家に遠慮してひかえることもあったようですが、基本的に経済力を持つ者が京都でも農村部でも同時多発的に採用を始めたのです。もちろんそれは相対的に京都に多く、そして徹底される状況があったのですが。

第五節　ウダツの増加と減少

ウダツの意味の変遷

それでは、桟瓦葺の普及とウダツの減少を考えてみましょう。京都の町家に関わるウダツは「防火壁」や「町人として自立を果たした証《あかし》」と説明される場合が多いですね。それでは、なぜ現在はほとんど見当たらないのでしょうか。

このウダツ。はるか古代、聖武天皇の紫香楽宮《しがらきのみや》にあった藤原豊成邸を石山寺へ移築した天平宝字六年（七六二）の記録（『正倉院文書』）では、建物の両妻壁の「梁」上で「棟」を支える束《つか》が「宇立」「宇太知」とされています。これらの束は屋根面より上に伸びていません（図28）（七七）。棟木《むなぎ》を支える垂直材をウダツと呼んでいたのです。

下って一六世紀。戦国時代のウダツは、地面から伸びて棟木や母屋《もや》を直接に支える通柱《とおしばしら》を指すようになった、とされています（七八）。当時の町家は多くが棟割長屋でしたが、その両端の妻壁や、住戸間の境界壁に通柱が入っていま

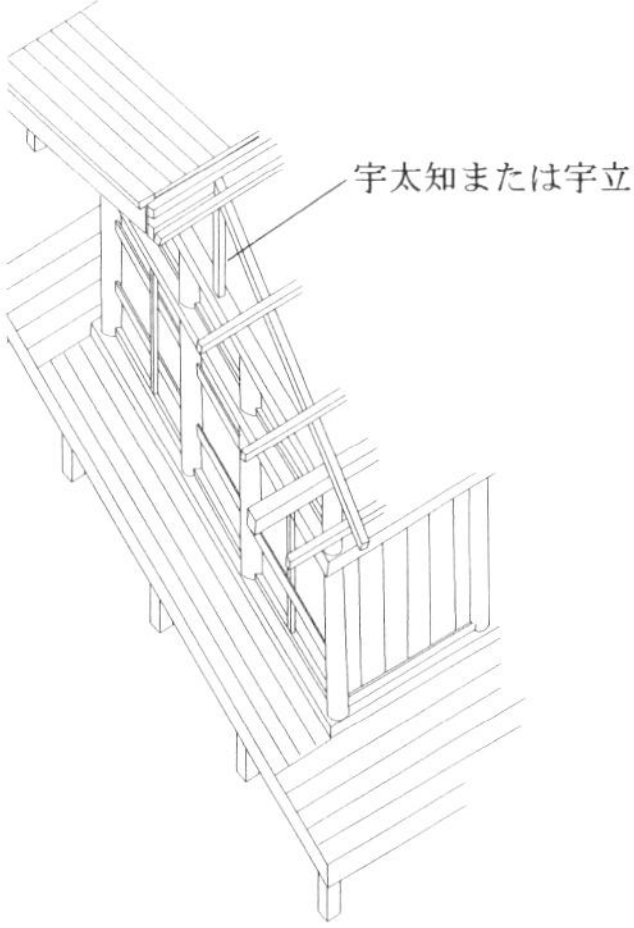

図28　藤原豊成板殿復原図
（関野克復原）

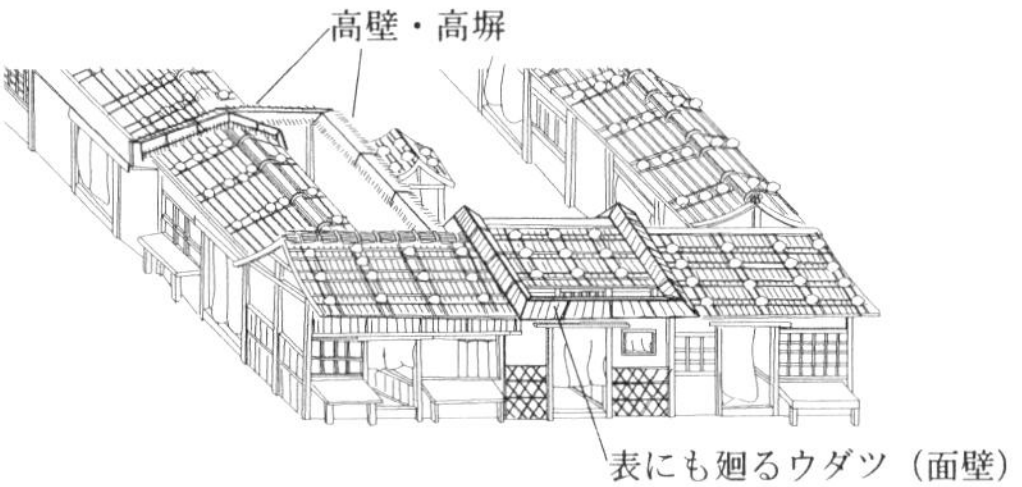

図29　ウダツを正面にも廻す町家（歴博甲本『洛中洛外図』屏風）

した。それらが地面から伸びて、棟木や母屋を直接支えたのです。そのため、かつて棟木を支える束の名称であったウダツという名称を受け継いだようです。

　それでは、この頃の『洛中洛外図』屏風（歴博甲本、同乙本、東博模本、上杉本）で大屋根より高くあがる壁は何と呼ばれたのでしょう。ウダツではないのでしょうか。この点、髙橋康夫氏らによれば「壁」や「塀」、「高塀《たかへ》」。表に廻るのは「面壁《おもてかべ》」と呼ばれていました（図29）（七九）。これらの名称が示すように、もともと建物の周りを囲む境界装置であった壁や塀が、密集が進む中で建物と一体化したとされているのです。

　それでは、その役割。まず防火壁としてはどうか。高く伸びる土壁は飛来する火の粉に対応できますが、これら中世のウダツは燃えやすい草葺の小屋根（笠木）が多く、それほど防火性能が求められるようにみえません。次に町人の自立の象徴という評価ですが、こちらも町なみの中でまばらなだけに、強く認識されていたとは思えません。屋根の高低差の処理という評価も、現在の少なさを説明できません。

　それよりも、板葺屋根の両端や建物の周囲に高くあがる点が重要です。谷直樹氏も指摘されるように、板葺屋根は強風が吹いたとき、軽い軒先やケラバが吹き上げられ吸い上げられます（八〇）。対応するには防風壁が必要であり、そのために屋根より高く持ち上げられたものなのです。

ウダツの増加理由

一六世紀末の『聚楽第図』屏風（三井文庫蔵）に聚楽第の大手門前の長者町をみると、本二階建てが並び、揃って石置板葺の屋根にウダツをあげています。前章では、中世からの二階建て増加を豊臣政権の二階建て政策が助長し、さらに町人が城郭などの建築技術を導入して、このような町なみが生まれたと判断しました（図30）。

それでは、なぜ、このようにウダツが増えたのでしょうか。まず土本俊和氏の説（八一）を紹介しましょう。土本氏は、豊臣政権が洛中町家の地子《ぢし》（年貢の代銭納）を赦免し、これに代わる軒役（棟長さを基準とする棟別賦課）を課したとき、それぞれの町家の棟長さを示す必要が生まれ、その台帳の代わりにウダツがあがった、そして町家の表構えの一部として町人が平等に（町並み）に軒役を負担することを建築的に表現した、とされました。ウダツは台帳代わり、ここからここまでうちの長さ、というわけです。

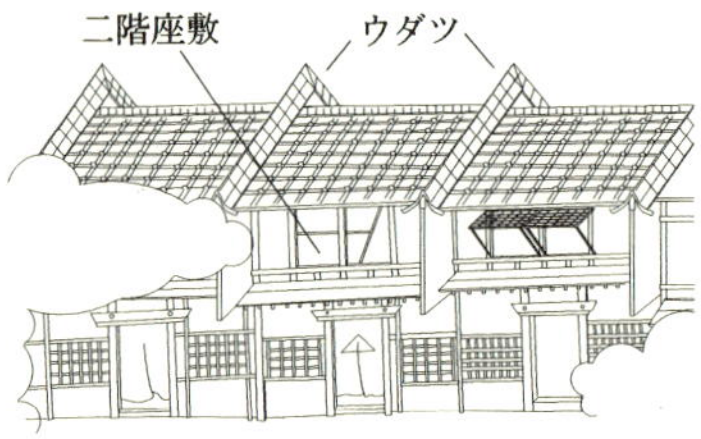

図30 『聚楽第図』屏風

しかし、長さを示すなら、屋根上が見やすいでしょうか。また軒役の徴収は町役人の役目だったはずですが、当時は町家の所有権まで保証した彼らが（八二）、よく見知った町内から軒役を徴収するとき台帳代わりの建築要素を必要としたでしょうか。

その町役人を京都支配機構の末端に取り込む所司代も、そんな要素を屋根上に探したとは思えませんし、設置も命じていません。それに本瓦葺でウダツをあげない塗家はどうなのか。ウダツがなく軒役負担の長さが曖昧だから必要以上に徴収を受ける、そんなことはなかったと思います。もしもそうなら、幕末までウダツが減ることもなかったはず。そうではなくて、ウダツにあった何か必然的な役割が桟瓦葺の普及によって失われ、ウダツは減少したはず。この点を考えなくてはなりません。

建築工法「側おこし」

ウダツの増加について、町家の建築工法との関わりを考えたいと思います。隣家の間の塀が建物と一体化したとされるウダツですが、その増加には、別の側面も考えられるのです。

豊臣政権の二階建て政策に関する伝承には、所司代の前田玄以が京極通り（現、寺町通り）沿いの町なみを「ひらや又ハ葛屋多く、きひ柱に大棚也」（八三）つまり平屋や藁葺、皮付部材を用いた長屋が多いと述べたとあります。そのように長屋が続く中で、誰かが二階建てにしようと考えたとき、その場所で長屋を切断する必要が生まれます。切断して宙に浮いた棟木や母屋を、新しい妻壁で支えるのです。

写真３　明治末期の現場風景（石井行昌撮影写真、京都府立総合資料館寄託）

そうしてできた両隣の妻壁の間に二階建てを建てるとき、どうするか。当然、隣家との間に、できるだけ隙間なく当家の妻壁を建てなければなりません。そうしないと内部が狭くなる。しかし、そこには隣家との間に施工空間を取りにくいという都市特有の事情が発生します。

そこで「側《かわ》おこし」が登場します。側おこしとは工法の一種で、まず妻壁用の通柱を地面に半間《はんげん》（三尺二寸五分、約一メートル）あるいは一間（六尺五寸、約二メートル）おきに置き並べます。そして、薄い貫（断面幅九ミリ、高さ一〇センチ程度）を何段も差し通します。この貫を柱

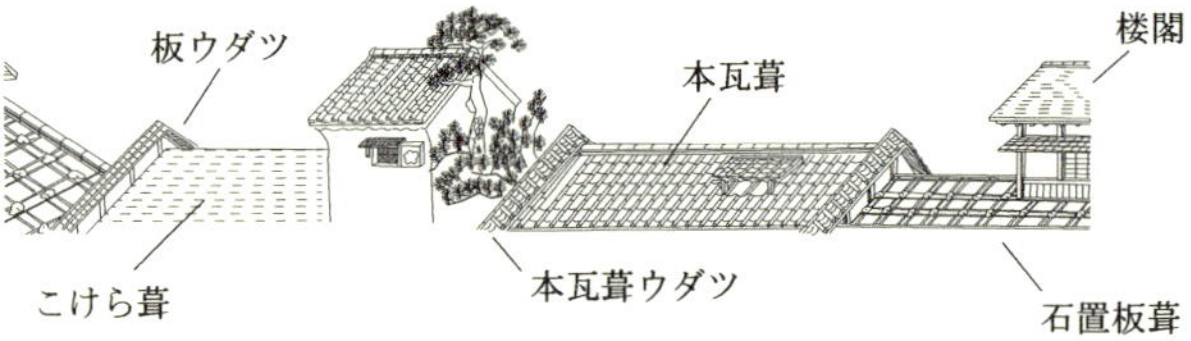

図31　清水宿坊光乗院献納扁額（『扁額規範』）

ごとに込栓でかしめ留めて妻壁の骨組を地面上に組みあげます。それを隣地にそってならべた柱根石の上に建起こすと、隣壁と隙間なく両妻壁が建てられます。これが側おこしという名称のゆえんで、地面に柱を掘り込む中世の平屋では難しかったのですが、技術が進歩して柱を根石に立てる近世町家では可能でした。側おこし後に、両妻壁の間に棟木や母屋、二階床梁を架け渡すのですが、多くの場合、壁下地の「竹小舞《たけこまい》」を取り付けてから、ときには荒壁（仕上でない土壁）を付けて起こすこともありました。ちなみに写真3は明治末頃の建築現場ですが、江戸時代と変わらない風景でしょう。妻壁全体に編んだ竹小舞は通柱に結び付けており、大壁のようです。

また、周囲が平屋の中で二階建てにするときこそ側おこしが都合よいのは、両妻壁の通柱を長くしておけばウダツになる点です（第四章）。町家が高くなれば、板葺の屋根に防風壁の必要は増すので都合がいい。それに平屋の屋根より高い二階建てのウダツには、その土壁に防火壁の役割も期待できるでしょう。おそらくウダツは、根石に柱をのせる独立住宅が増加したとき、板葺町家の標準型式となって増加したと思います。ですから重く燃え難い本瓦葺にした塗家は、防風壁も防火壁も不要なのでウダツをあげなかったのです。探せば寛文二年（一六六二）献納の扁額に本瓦葺のウダツをあげる町家がありますが（図31）、これは意匠的なもの。実際の町なみの中では少なかったと思われます。

ウダツと大黒柱

棟割長屋では、棟木や母屋を支える通柱列は、各住戸間の境界壁に隠れていました。ところが独立した二階建ての町家が増加したとき、構造を安定させるため、通り土間（走り庭）と床上の境に通柱を並べた新たな壁が必要になりました。

　この通柱列と、ウダツという名称の関係について、近年注目すべき見解が滝澤秀人氏らによって示されました（八四）。それによれば、床上と土間境に現れた通柱は、高く伸びて建物を支える姿が象徴的であったため、神格化されて大黒柱や小黒柱と呼ばれるようになったとされます。そのため、それまでウダツと呼ばれていたすべての通柱のうち、大黒柱となった床上と土間境の通柱列をのぞくもの、つまり両妻壁を支える通柱列だけがウダツと呼ばれるようになった、そのときちょうど塀が妻壁に一体化して小屋根（笠木）付になったものが名称を必要としたので、ウダツという名称があてられたというのです。それならウダツが消滅して大屋根のケラバ下に妻壁が隠れたとき、なぜ通柱にウダツの名称は残らなかったのか。そんな疑問もわきますが、そのときには大屋根上に現れた部分の名称として定着していたからかもしれません。いずれにしても最近の建築史研究の成果として注目されるので、紹介しておきます。

ウダツの減少に至るまで

　ここでもう一度、ウダツが減少を始めるまでの経緯を整理しておきます。

　一六世紀末から一七世紀前半の中頃まで、京都の町なみは多層・多様化しました。そこに現れた本瓦葺の塗家には、ウダツをあげない町家がありました（図1）。白亜の塗家という富裕表現の町家にウダツがないのですから、ウダツは富裕表現ではなかった。何より本瓦葺の重量と耐候性、防火性能がウダツを必要としませんでした。一方、板葺（石置板葺、こけら葺）は、風対策や防火性能の面でウダツに期待するところが大きかった。そして、側おこしという工法の影響もあって、両妻壁の通柱を伸ばして土壁、小屋根（笠木）をのせてウダツが増加したのです。

　ところが徳川政権の瓦葺規制（江戸では明暦三年）により、京都の町なみから本瓦葺が減少して、板葺で整います。その中で棟やウダツに瓦葺が残ったのは（第一節）、優れた耐候性や防火性能、重量が評価され、風雨の影響を受けやすい板葺の頂点つまり板材の接合部には許されたのでしょう。その後、江戸では享保期に瓦葺規制が解除され、続いて強制されますが、京都では奨励にとどまったため、こけら葺の屋根や、棟やウダツにだけ瓦がのる姿が残りました。その結果、江戸とは異なる町なみになったのです（第三章）。明和三〜四年（一七六六〜六七）頃、江戸から上洛した二鐘亭半山は、天明元年（一七八四）刊行『見た京物語』（八五）に当時の京都の町なみを記しています。

……町々隣境梲《うだち》といふものあり、一体土のよき所ゆえ、火災の節も是にて立切り、隣へは火移らず……

〈意味〉

……町々の町家は、隣家との間にとし、「梲」つまりウダツをあげている、京都は土がよいところなので、火災があってもこのウダツ壁でさえぎり、隣家には燃え移らないのだという……

瓦葺が強制された江戸では、ウダツはほぼ消滅していました。ですから半山は、板葺屋根に連なる京都のウダツが珍しかったのでしょう。そしてウダツに期待される防火壁の役割を、京都の者から聞いたようです。また、京都の壁土の防火性能が高いとする説は、早く貞享元年（一六八四）に刊行された『擁州府志』「土石部」（八六）にも、黒川道佑によって記されています。

……聚楽土、京師の良賤、屋壁、ことごとくこれを採り用ゆ、特に倉廩《そうりん》（土蔵）を塗るに宜しとす、土性稠密《ちゅうみつ》にして、火災に逢うといへども　火気をして内に入れず……

〈意味〉

……京都の町家は聚楽土を使う、特に土蔵によく、土質が稠密で火事でも屋内に火が入らない……

このような土壁に防火性能も期待されたウダツは、棟とともに瓦をのせられて町なみに連なりました。しかし大勢であったのは桟瓦葺が普及するまで。それからは明らかにウダツが減少していくのです。

現存するウダツのむくり

現在の京都でも、元治大火（一八六四）を免れた堀川以西や鞍馬辺りにウダツが残ります。特に瀬川家住宅（中京区上之下立売、写真4）のウダツは、むくり（起り、上面に凸状カーブ、写真5）のついた迫力ある姿をみせています。まさにウダツとはこういうもの、と思わせる威容です。

しかし板葺が多かった頃、むくりのあるウダツが多かったかどうか。たとえば一八世紀初頭の堀井家住宅（第一章写真3）のウダツは直線的な勾配《こうばい》。一八世紀中頃の応挙眼鏡絵も屋根のこけら葺にはむくりが多いのに、瓦がのったウダツは直線的な勾配（図13、図14）。一八世紀後半の建築という旧福井家住宅（滋賀県高島市）は桟瓦葺に板葺当時の直線的な勾配を残し、ウダツも同じく直線的（写真6）。宝暦一〇年（一七六〇）建築、一八世紀末改造の京都鞍馬の瀧澤家も杉皮葺の直線的勾配を残し、ウダツも同じ（写真7）。板葺大勢であった頃の町なみにむくりのあるウダツは探せないのです。ですから瀬川家のウダツが建築当初のものなら、むくりつきの

写真4　瀬川家住宅

写真5　むくりのついたウダツ

写真６　旧福井家住宅（高島町びれっじ２号店）

写真７　瀧澤家住宅

こけら葺に桟瓦を重ねはじめた江戸後期のデザインという可能性もありました。しかし瀬川家は、この本の初版発行後に行った放射性炭素年代測定で、一八世紀初頭の建築と判明したので（『京都の町家と火消衆』昭和堂　二〇一二参照）、むくりのついたウダツも当時からあったようです。

そして明治～大正期の写真史料（八七）に所々で確認されるウダツは、元治大火前はさらに多かったはず。本書「序」の写真２も明治末期の町なみですが、よく見ていただくと左側電信柱の脇にウダツがあります。しかし江戸後期の絵画史料には、ウダツはまったくといってよいほど描かれません。ウダツをあげる町家が僅少となり、大勢ではなくなったためでしょう。

防火性能も期待されず、自立の象徴とも見なされなくなったウダツは、桟瓦葺の普及と共に減少していったのです。なおウダツ消滅後の大屋根の下に通庇の両端に小壁がついて、袖ウダツと呼ばれる場合がありました（図25）。これは通庇を走る火に対応したようですが、京都ではあまり普及しなかったようです（第四節）。

町家の構造変化とウダツの減少

桟瓦葺が普及したとき、ウダツが減少した理由。それは次のように考えられます。ウダツをあげる板葺屋根は、棟木と母屋の両端を細く枘《ほぞ》加工して、妻壁を支える通柱に枘差《ほぞさし》をし、込栓でかしめ留めました（図32）（八八）。そうして板葺屋根の荷重を支えたのです。板葺屋根は軽く、棟木や母屋が受ける荷重も小さいものでしたから、それを通柱へ伝えるとき、枘加工した部分で荷重を受けても大丈夫だったのです。

ところが桟瓦葺は、屋根下地に葺土を置き、その上に重い桟瓦を重ねます。当時の桟瓦葺は、近代に発明された引掛け桟瓦葺と違い、葺土が必要でした。それに瓦の焼成温度も低く、水を含みやすいものでした。ですから桟瓦葺にした場合、その屋根荷重は格段に重くなったのです。享保五年（一七二〇）二月、江戸町奉行の大岡越前守が町々に瓦葺を打診したとき、町々の声を集めた「惣町中名主共」が次の文書を町奉行所へ提出したのもそのためです（八九）。

……度々類焼にて、板葺さえ及ばず町々多く御座候て、ようやく茅葺に仕候仕合に御座候えば、瓦葺に仕候義、仕りがたく存奉り候由、町人共申候……瓦葺に仕候えば、柱、棟木等も丈夫に建て申さず候ては、瓦も置かれ申さず候……

〈意味〉

……板葺も経済的に難しく、ようやく茅葺で建直したのに瓦葺は難しい、と町人は申します、瓦葺は（荷重が大きく、板葺の屋根構造では支えられないので）柱や棟木も丈夫にしなければ、瓦は置けないとも申します……

板葺の構造では、瓦葺の荷重を支えるのは難しいというのです。そうすると補強すればウダツを残す桟瓦葺も可能ということですが、もっと簡単に瓦葺の荷重を通柱に伝えられる構造がありました。

桟瓦葺や葺土の荷重を直接受けるのは棟木と母屋です。これらを通柱の側面に枘差した部分で荷重を受けるのが無理なのですから、差さずに通柱で下から支えればいい。通柱は両妻面や土間・床上境に立ちますし、梁上の小屋束も

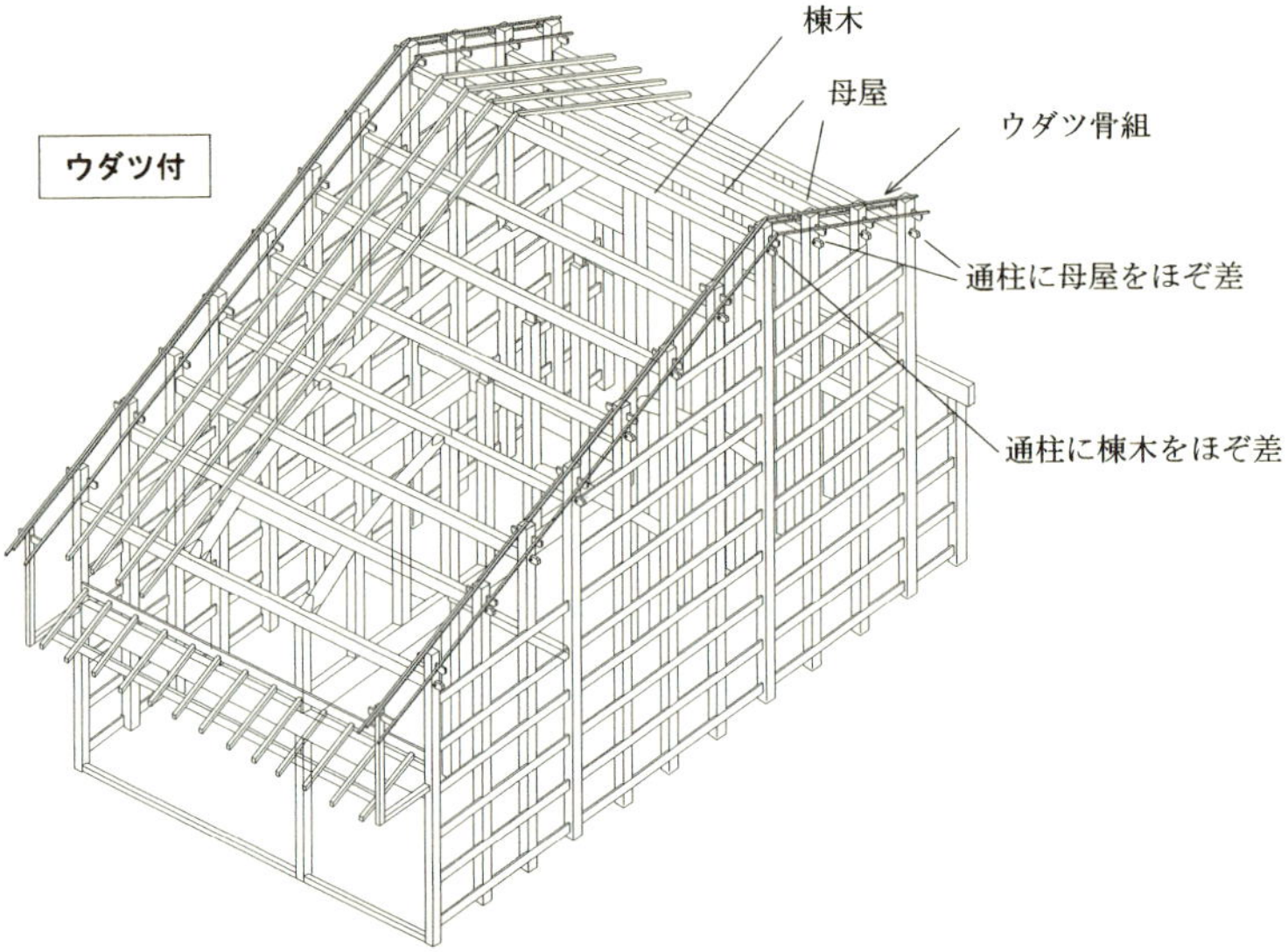

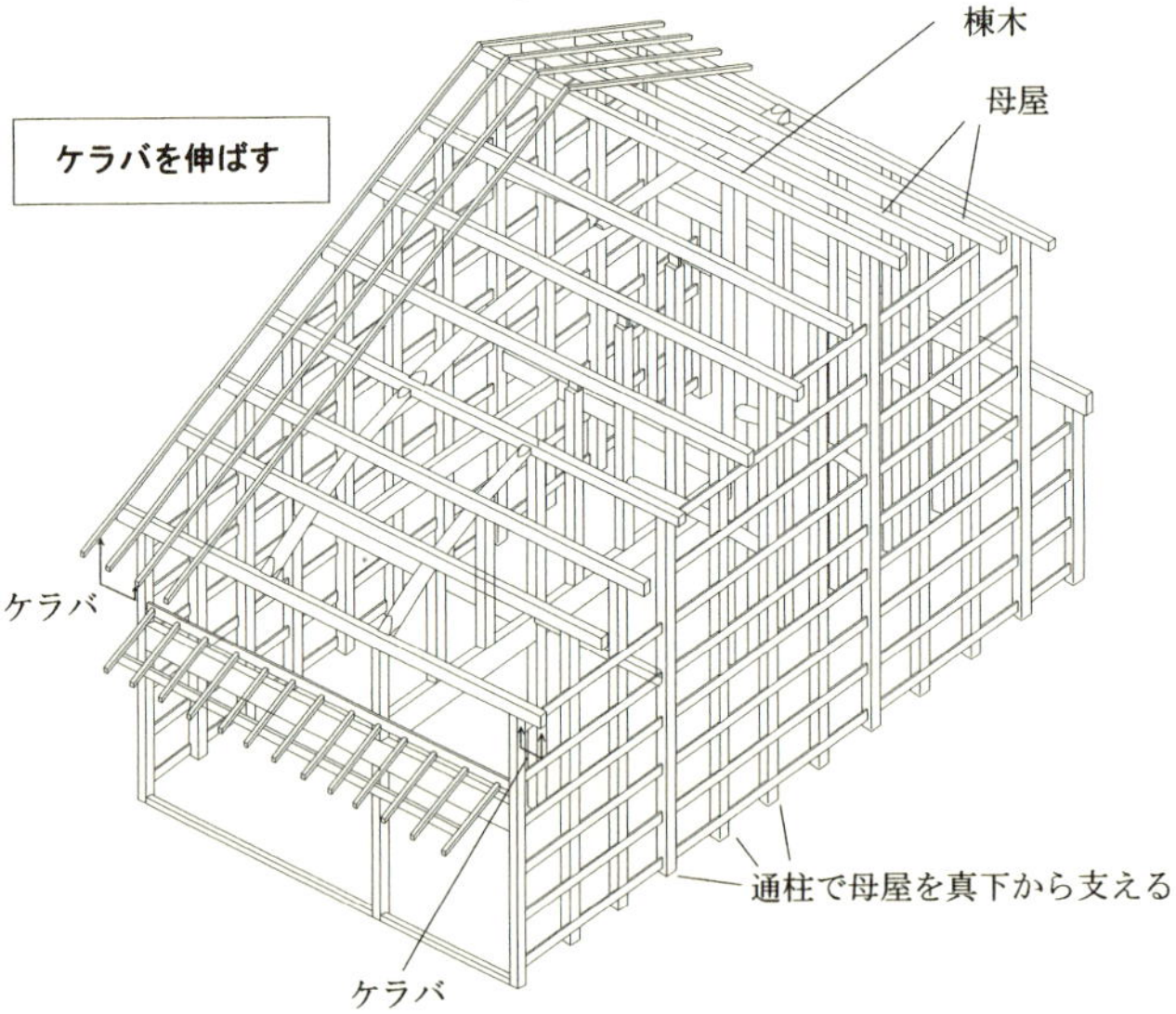

図32　町家の構造モデル

合わせて真下から棟木や母屋を支えれば、通柱や軸組を介して荷重は無理なく地盤に伝わります。

また、両妻壁から棟木や母屋を伸ばしてケラバ（妻壁から外に屋根が伸びた部分）にすれば、その瓦重量が風のあおり止めを不要とします。ウダツの小屋根を失った妻壁も、ケラバ下になって風雨から幾分でも保護されます。ウダツの土壁に求められていた防火性能も、桟瓦と下地の葺土に期待が移ります。つまり桟瓦葺はケラバを伸ばしたほうが都合よい。桟瓦葺に適当な構造を合理的に選択した結果、ウダツは減ったのです（写真８）。

写真８　明治末期、ケラバを伸ばしてウダツを持たない酒屋（石井行昌撮影写真、京都府立総合資料館寄託）

それでも、その後も僅かにウダツが残った理由は、防火性能への期待もさることながら建て主の思い入れを考えるほかありません。しかし多くの町人は、他国瓦の流入で価格が下がった桟瓦葺を採用したとき、ウダツに未練を残さず、あっさり切り捨てました。「営利行為は天理に適う、そのため倹約が必要」と説く石田梅岩の「心学」は町人哲学として知られていますが、ケラバを伸ばす構造の選択も、当時の京都の町人が持っていた、経済合理的な考え方が反映されていたのでしょう。

第六節　桟瓦葺の選択と町人の合理性

京都の桟瓦葺、大坂の本瓦葺

文政期（一八一八〜二九）、京都を訪れた喜田川守貞は次のように記しました（九〇）。

……京坂ともに皆必瓦葺也、然れども京坂大同小異あり、京師は勘畧瓦葺《かんりゃくがわらぶき》を専《もっぱら》とし、本葺を稀《まれ》とす、大坂はこれに反して本葺を専とし、勘畧瓦を稀とす、或は棟以前を本葺、以背を勘畧にするものあり、京師にあれども稀也……

〈意味〉

……京都と大坂はどこも瓦葺であるが、京都は「勘畧瓦」で本瓦葺は少ない、大坂は本瓦葺で勘畧瓦が少ない、大坂は表通り側だけの屋根を本瓦葺とし、背面側を勘畧瓦にする家もあるが、これは京都には少ない……

文中の「勘畧瓦」は桟瓦のことで、「並べ瓦」「並瓦」ともいいます。京都の町家はこれだというのです。そこで、文政三年（一八二〇）の三条油小路町を描いた『三条油小路町町並絵巻』(九一)をみると、確かに油小路通り沿いに桟瓦葺の町家が並んでいます（図25）。なぜ大坂では本瓦葺が志向されたのに、京都は桟瓦葺だったのでしょうか。

その前に、本瓦葺と桟瓦葺の違いを、もう一度確認しておきましょう（図9）。本瓦葺は古代から連綿と受け継がれ、今も寺社などに多くみられます。これは、まず下地（野地と土居葺）に葺土を置き、その上に平瓦を敷きならべます。そして、つき合わせた部分に馴染み漆喰を筋置きし、その上に丸瓦を伏せていき、平瓦と銅線で結び留めるのです。

これに対して桟瓦葺は、近代に発明された引っかけ桟瓦葺と違い、葺土を置くまでは本瓦葺と変わりません。違うのは瓦同士を部分的に重ねる点で、馴染み漆喰が必要なく、瓦の使用枚数も本瓦葺を一とした場合に桟瓦葺は〇・四二(九二)。半分以下ですみます。当然、柱や梁といった軸組構造の負担差になり、葺き手間や価格差にも反映されます。そのため黄檗山萬福寺（京都府宇治市）では、本山諸伽藍を本瓦葺とする一方で本山付属棟や周辺塔頭群の本殿・客殿は桟瓦葺としています(九三)。格差表現として使い分ける寺院もあったのです。

しかし町家は違います。同じ幕府直轄都市の京都と大坂に、町人身分に差があるはずはありません。それよりも大坂の町家だけが、正面は本瓦葺で背面は桟瓦葺というような不完全な姿が伝えられる点が重要です。性能的には桟瓦葺で足りるのですから、本瓦葺は必然的な採用ではありません。つまりは富裕表現なのです。

京都の町人の合理性

京都の瓦葺は、価格が低下したときに普及しました。それも本瓦葺より桟瓦葺のほうが安価ですから、これが普及して町なみの基本となります。そうなると町内の相互監視の対象となって維持されることになります。ちょうどウダツを切り捨てたときと同様に、本瓦葺に関心を示さず、安価で同じ性能を持つ桟瓦葺を取り入れたのです。これも京都の町人の合理性といってよいでしょう。このような合理性は老舗の家訓にも現れています。

文政七年　象彦『歳中行事記』(九四)

……町家は禄なきものにて己が商売の御蔭にて利得を得、今日の渡世をいたす身分なれば、格式とてもあらぬ者なり、諸事倹約を守り、相続無難の工夫を仕り、名跡を汚さぬようにいたすべし……身上不如意《ふにょい》の趣に成り行きと思われ候はば、厳しく逼塞《ひっそく》いたすが肝要なり……少しも早く家財遠慮なく売払い、なるたけ小躰に暮らして狭き借家を借り、人無きながらもほそぼそに今日商売取り続け仕候て、時節さえ待てば出精次第にて元の如くに立ち戻る……

〈意味〉

……年貢収入のない町人は、商売で生計を立てるのだから、格式を気にする必要はない。倹約し、相続できるように工夫しなければならない……どうしようもなければ商売を小さくし……財産を処分して小さな借家へ移り、人も雇わずになんとか商売を続けなければならない、そうすれば、やがて商売がまわりだす日もくるだろう……

売家は没落の象徴です。それをもいとわず商売の継続を説く家訓は凄まじい合理性です。このように考える町人なら、ウダツを切り捨てることも、豪壮な本瓦葺でなく桟瓦葺を選択することも、何のためらいもなかったでしょう。そして一度町なみが桟瓦葺で整うと、その軽やかな雰囲気を大事にする感覚が生まれる。そうなると江戸や大坂の重厚な本瓦葺に魅力を感じなくなっても不思議はありません。方広寺門前の洛東大仏餅所など京都にも本瓦葺の町家はありましたが、桟瓦葺を好むようになった京都の町人に望んで採用する空気は失われていたはずです。

屋根上の火消道具

板葺から桟瓦葺へ京都の町なみが変容したとき、屋根上に置かれていた火事道具もみえなくなります。これは江戸でも享保期までみられたもので、喜田川守貞は「享保の中頃迄……厚さ五寸七寸のこけら葺、棟には瓦を置き……井筒に天水桶を入れ、火敲《ひたたき》をそえ、屋根上に置」と記しています。この「天水」は京都でも寛文五年（一六六五）『京雀』などに屋根上の水甕や水桶として描かれていたのですが（図33）、桟瓦葺の町なみではみえなくなります。

この理由について、江戸の宝暦五年（一七五五）六月の触書（九五）に、「天水桶、水溜桶」は「瓦葺塗家の上」に「差置難い」とあります。瓦を葺いた屋根に、井筒の固定は難しいのです。江戸初期の『洛中洛外図』屏風をみると本瓦葺の上に天水があって不可能ではないようですが、実際のところ瓦上に固定するのは難しかったでしょう。

また京都では、地上に町内の消防用水の準備が、早く天和二年（一六八二）八月から命じられています（九六）。

……夜番のこと、両の木戸際に水溜ならびに手桶用意仕置、火之用心堅仕るべきこと……

町内両端の木戸門脇に、水溜と手桶が準備されていたのです。さらに後、消防改革が進む享保七年（一七二二）二月の触書（九七）になると、個数まで定められるようになります。

……壱町に水溜大桶壱つずつ、手桶六つずつ、あるいは十相添え、常々水を溜め置き申すべく候……

大きな水溜用の桶をひとつ置き、その上に手桶を六〜一〇個重ねる。そのような消防用水は、よく時代劇にも登場します。もっとも当時の京都はこけら葺が大勢でしたから、屋根上にも多くの天水があったはずです。これらと木戸門脇のものを合わせて、町内の消防用水にしていました。

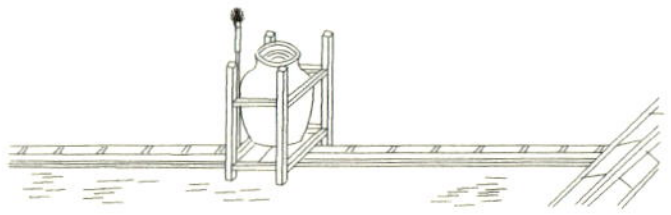

図33　屋根上の天水（『京雀』）

しかし桟瓦葺が普及すると、瓦葺に固定し難い天水は消えていき、木戸門脇の消防用水が「天水」になりました。それは、かつて屋根に置かれた消防用水の名称を受け継いだものだったのです。もっとも幕末の京都では「水」の字入の長方形の木製水槽を「天水」と呼び、張子（投げても壊れない）の手桶は別の場所に保管していたようですが。

おわりに

室生犀星は京都を「瓦の都」（『京洛日記』）と表現しました。また、戦前の庶民文化を伝えるのに努力された大村しげさんは、次のように記されました（九八）。

……京都の屋根は美しいということが、船岡山のてっぺんから見渡すと、ほんまによううわかる。いぶし銀のようにしっとりとした甍の波は、青い空、淡紫の山の色ともよう合うて、町が落ち着いて見えるのは、この瓦のおかげである。それに、雨が降り出すと、こんどはまた屋根がうるしのように黒う光って、それは、お月夜さんの屋根のかがやきとも似かようている……

かつての京都の桟瓦の海が目に映るようですが、歴史をさかのぼると中世には石置板葺。それが近世初頭にはこけら葺や本瓦葺と入り混じった後、再び板葺、それから桟瓦葺という移り変わりがありました。色々な町なみがあったわけですが、近代日本を代表する日本画家のひとり鏑木清方は次のように記しています（九九）。

……雫《しずく》がこけら葺の庇に落ちて、ひそやかに竹樋のなかば朽ちかけたなかを伝う、春雨の趣これに如《し》くはない、瓦屋根に注ぎ流るるのは、どちらかといえば急雨によく、夏の夕立など茅屋根では折角の力がぬけて面白くない……

日本人ならではの情感でこけら葺と瓦葺の特徴を捉えていますが、この両者の間で京都の町なみが移り変わるまでに、実に七〇年余りを要しました。その経緯は次のようにまとめられます。

●京都における瓦葺の規制は、江戸と同じ享保五年（一七二〇）四月、もしくは遅くとも八月前に解除された。井原西鶴が元禄期に記した伏見の瓦葺は、伏見奉行管轄時代の不適切な例であった可能性がある。

●京都町奉行所の享保六年（一七二一）九月の触書は、屋根仕様を勝手次第とした。強制するための権限を、江戸の老中から与えられなかったためである。桟瓦葺の普及は自然に任され、屋根はこけら葺、棟やウダツは瓦葺の構成が長く維持された。この結果、享保期から瓦葺が普及してウダツが消えた江戸とは異なる町なみになった。

●京都最大の繁華街である四条通辺りでは、宝暦期に桟瓦葺が普及する萌芽があり、それから明和、安永、天明期という一八世紀後半に普及が進み、天明大火（一七八八）前には相当普及していた。

●桟瓦葺の普及と大火との直接的な関係はうかがえない。それよりも生産力の向上や、京都の職人保護を必要とするほどの他国瓦の流入により価格が低下し、町人や農民でも採用を検討できるようになった影響が大きい。桟瓦葺の普及は、京都から同心円的に広がったというより、経済的に可能になった者の個々の採用であった。

●桟瓦葺が普及する一方、桟瓦や葺土の荷重を支える構造に変化する過程で、ウダツは減少していった。

京都が桟瓦葺の町なみになったのは一八世紀後半。江戸から半世紀以上遅れていました。その理由は、瓦葺の強制色を薄めた所司代‐町奉行所体制の建築行政にありました。このような建築行政は、京都の町家や町なみを考える上でも非常に重要です。次章ではこの点をふまえて、壁について考えてみます。

また江戸時代の京都では、桟瓦葺の普及とウダツの減少に相関関係がありました。ですから現在の町なみにウダツは少ないのです。したがって京都の町家の極相を「ウダツをあげる桟瓦葺の町家」とする通説は、否定されなければなりません。ウダツを持たず、ケラバを伸ばす桟瓦葺こそ構造的に進歩した姿であり、そして、それを採用したのは京都の町人の合理性でした。この点は壁を考えるときにも関係します。京都の町家は柱や垂木を壁に塗り籠めず、露出する真壁でした。これに対して江戸や大坂では、土蔵造や塗家といった重厚な壁が多かった。それは京都の桟瓦葺と江戸・大坂の本瓦葺の違いと同様に、まったく異なった印象の町なみを生み出したのです。

付記　消えた菖蒲飾り

絵画史料にみる京都の町家は、端午の節句（五月五日）に軒先へ幟をあげ、菖蒲や蓬《よもぎ》の葉を飾っていました（図34）。菖蒲は勝負に通じ、剣に似る葉形が武勇に通じるので、これを飾って元気な子に育てとの願いを込めたのです。

その菖蒲や蓬の葉は『日次日記』に「初五日、節序、端五……市中の家々、菖蒲、艾《よもぎ》ノ葉を檐間《えんかん》に挿す」とあるように、こけら葺の軒先に等間隔に差し込まれていたようです。

江戸初期の『江戸図』屏風をみても、本瓦葺とこけら葺の別に関わらず、大屋根にも通庇にも菖蒲が多く飾られています。これに対して京都では、どちらかというと通庇の軒先に飾られたようです。その違いはあるようですが、浅井了意が寛文二年（一六六二）の京畿大地震を記録した『かなめ石』（一〇〇）にも次のようにあります。

……五月五日は、家々の軒端に菖蒲ふく日也けれども、それまでもとりあはぬ家もあり……軒にあがりて、菖蒲をふくあひだに、又ゆり出しけるに、おそれまどひてどうど落ち、腰の骨うちそんじて、かた息になりつつ……半ば葺きちらして、打ちおきたる家もあり……

五月一日の大地震から三日後。旧暦五月四日に最大の余震が発生しました。これは不思議なことに「四日めに大ゆりあるなり、その日が大事ぞ」などと予想されていたようですが、それは偶然。とにかく端午の節句を翌日に控えた町人は菖蒲を「ふく」つまり葺き飾るべく、軒先に上っていたのです。そこに余震が襲ったので、転

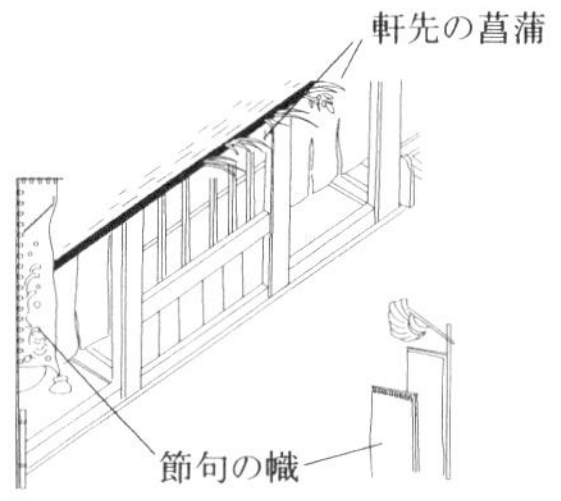

図34　軒先の菖蒲（『かなめ石』）

げ落ちて息も絶え絶えになる者もいた。それでも、地震でも何でも元気な子供に育てようとするあたり前の親心はよく伝わってきます。

ところが、このように重要な菖蒲飾りが、江戸時代も中頃から見えなくなります。こけら葺よりも菖蒲を挿し込みにくい桟瓦葺の普及が、多くの町家の軒先から菖蒲を消した可能性もありますが、やはりこれにも寛延三年（一七五〇）五月に町奉行所が出した触書（一〇一）の影響が大きかったでしょう。

……五月節句、表へ菖蒲、艾錺《よもぎかざり》事無用、門掃除無用……

軒先の菖蒲や蓬の葉飾りを規制したのです。

町人行事を規制する触書は、これ以前にも寛文一二年（一六七二）正月に「京都町中左義長御法度」（一〇二）というものがあります。町なかで大きく火を焚く「左義長」を規制したのです。今でも京都を出ると、各地で左義長が伝統行事になっていますが、京都では聞きません。江戸時代に所司代・町奉行所体制が関与して行われなくなったのです。これらを見れば、所司代・町奉行所体制の規制の実効性が、いかによく確保されていたかがわかります。

ところで、今、菖蒲飾りを復活させるとどうでしょう。緑と紫紺の美しい姿が軒先に連なったとき、これもまた艶やかな京都の彩りになると思いますが、皆さんはいかが思われますか。

◉註

一　『扁額規範』『新修京都叢書』第八巻（臨川書店　一九六八）

二　「四条小橋近辺の冥加銀、地子をめぐる文書」（『古文書つれづれ&明治の京都』京都府立総合資料館　二〇〇三）

三　『近世文学資料類従』古板地誌論七（勉聖社　一九七九）

四　『新撰京都叢書』第一〇巻（臨川書店　一九八五）

五　新編日本古典文学全集六七『井原西鶴集』二（小学館　一九九六）
六　西鶴全集第四巻『男色大鑑　懐硯』（日本古典全集刊行会　一九三五）
七　大英図書館蔵『諸国名所図会』より『祇園』図（平成二〜三年『ドイツ人が見た元禄時代ケンペル展』共通図録参照）
八　『京の歌舞伎展――四条河原芝居から南座まで』（京都府文化博物館　一九九一）
九　日本古典文学大系『西鶴集』上（岩波書店　一九六〇）
一〇　日向進「三井家京本店の建築について――江戸時代の大規模商家の普請（その一）」（『普請』第八号　京都伝統建築技術協会　一九八二・一）
一一　新編日本古典文学全集七五『近松門左衛門集』二
一二　京都市埋蔵文化財研究所調査報告　第二二冊『平安京左京北辺四坊』第二分冊（公家町）二〇〇四
一三　『御触書寛保集成』普請作事并上水道等之部　八三〇頁（岩波書店　一九五八）、この規制には火災時の瓦崩落の危険回避や身分制度徹底の目的も指摘されている（駒井鋼之助　雄山閣ＢＯＯＫＳ『かわら日本史』雄山閣　一九八一）。
一四　喜田川守貞『近世風俗志』（一）（岩波書店　一九九六）
一五　浅井了意『むさしあぶみ』（『日本随筆大成』Ⅲ期　三　吉川弘文館　一九二九）
一六　喜多村信節『嬉遊笑覧』（一）（岩波書店　二〇〇二）
一七　喜田川守貞『近世風俗志』（一）
一八　杉本宏「桟瓦考」（『考古学研究』第四六巻　第四号　通巻一八四号）
一九　新潟県『県史四‐二』二一一三号　永禄四年四月五日上杉政虎判物、佐々木銀弥『日本中世の都市と法』（吉川弘文館　一九九四）を参照。
二〇　『日本随筆大成』Ⅱ期　七（吉川弘文館　一九七四）
二一　『京都役所方覚書』（『京都町触集成』別巻　一三七〜一三八頁　岩波書店　一九八八）
二二　清文堂史料叢書第五刊『京都御役所向大概覚書』上巻　三五一〜三五二頁（清文堂　一九七三）、元禄五〜六年頃とする根拠は拙稿（「山城国南部における建築規制の転換」日本建築学会計画系論文集　第五三五号　二〇〇〇・五）を参照されたい。

二三　「乍恐書付以家建御訴訟申上候」（『松田家文書』京都府立総合資料館蔵）
二四　日本古典文学大系『西鶴集』上
二五　善福寺蔵『西村氏由緒覚書』、この史料には以下の研究がある。（太田博太郎「桟瓦葺について」『建築史研究』第一〇号　建築史協会、同『日本建築の特質』日本建築論集Ⅰ　岩波書店　一九八三。上田篤『町家・共同研究』鹿島出版会　一九七五。平井俊行「西村家の『由緒覚書』の考察と全文紹介――桟瓦の起源について」『京都府埋蔵文化財論集』第三集　創立一五周年記念誌　財団法人京都府埋蔵文化財調査研究センター　一九九六）
二六　平井俊行「西村家の『由緒覚書』の考察と全文紹介――桟瓦の起源について」
二七　中尾正治「八幡近郊と南山城地域で名を残した瓦師」（『京都考古』六九号　京都考古刊行会）
二八　喜多村信節『嬉遊笑覧』（一）
二九　中村利則「京の町家考」『京の町家』（淡交社　一九九二）。視点を変えて一七世紀以前のオランダにおける桟瓦葺発明の影響を指摘する向きもある（上原真人『歴史発掘』一一　瓦を読む　講談社　一九九七）。
三〇　石田潤一郎・山田幸一『物語ものの歴史　屋根のはなし』（鹿島出版会　一九九〇）。板葺の三寸勾配を変えずに桟瓦葺に改めた遺構（滋賀県長浜旧四居家住宅、大場修「近畿の町家と京町家――近世町家の在来形式と新興形式」『建築史学』第三八号　二〇〇三・三）や、杉皮葺の四寸八分勾配を変えずに桟瓦葺に改めた遺構（京都市左京区鞍馬『重要文化財滝澤家住宅修理工事報告書』京都府教育委員会　一九八五）の報告もあり、四寸勾配と桟瓦葺の関係を固定するのは難しい。福井県一乗谷朝倉氏遺跡でも石置板葺が四寸勾配で復原されている（『特別史跡一乗谷朝倉氏遺跡環境整備報告Ⅲ　町並立体復原事業』福井県立朝倉氏遺跡資料館　一九九六、写真1）。
三一　喜田川守貞『近世風俗志』（一）
三二　『西鶴集』下（岩波書店　一九六〇）
三三　『伏見叢書布達誌』京都府立総合資料館蔵
三四　『御触書寛保集成』普請作事并井戸水道等之部　八三六頁
三五　大石学『教養の日本史　吉宗と享保の改革』（東京堂出版　二〇〇一）

三六　『御触書寛保集成』普請作事并井戸水道等之部　八三八頁
三七　『京城勝覧』京都府立総合資料館蔵
三八　続日本随筆集別巻『近世風俗見聞集』Ⅰ・Ⅱ　月堂見聞集（図書刊行会　一九一三）
三九　『御触書寛保集成』普請作事并井戸水道等之部　八三八～八三九頁
四〇　『京都町触集成』第一巻　三五三頁（岩波書店　一九八三）
四一　『会日落着帳』八月二一日条、宗秀は伏見町奉行所への申請記録が残ることから伏見在住と判断した（『花伝書』）。また江戸時代初期の三井家（越後屋）当主は「江戸・京都・大坂は御公儀よりの御法度之外恐るゝ事なく」（享保七年）と遺言している（「宗竺遺書」）。以上『三井事業史』資料篇一（三井文庫　一九七三）
四二　『京都府の民家』調査報告　第六冊　昭和四四年度京都市内町家調査報告書（京都府教育委員会　一九七〇）より立木邸解説。永井規男「宝永・享保頃の大徳寺門前本家について」（日本建築学会近畿支部研究報告集　第三号　一九六三）
四三　享保七年「今度京都町中出火之節、町々ヨリ人足出之消留候様被仰付候、依之申触条々」『京都町触集成』第一巻　三六七頁
四四　『新修京都叢書』第一一巻（臨川書店　一九六八）
四五　「京都町極之事」『史料京都の歴史』第四巻　市街・生業　四七〇～四七一頁（平凡社　一九八一）
四六　「京都町極之事」『史料京都の歴史』第四巻　市街・生業　四七〇～四七一頁
四七　拙稿「京都所司代・京都町奉行所と御所の消防――江戸時代の京都の消防の研究（その三）」日本建築学会計画系論文集　第五九一号　二〇〇五・五
四八　『京都の歴史』六　伝統の定着（京都市　一九七三）
四九　「三条大橋制札之写」『長刀鉾町文書』京都史歴史資料館架蔵フィルム。触書にない幕府禁令が掲示されたことがわかる。
五〇　『京都町触集成』第一巻　一九八～一九九頁
五一　『京都町触集成』第一巻　一一〇頁
五二　杉本宏「桟瓦考」
五三　永井規男「京都府の民家総観」（『京都府の民家』調査報告　第七冊　京都府教育委員会　一九七五）

五四　中川等・谷直樹「住まいと生活」『加茂町史』第二巻（加茂町　一九九一）

五五　『宇治田原町史』第一巻　三七一頁　一九八〇

五六　拙稿「『岩倉村文書』普請願書と家建見分」日本建築学会計画系論文集　第五二四号　一九九九・一〇

五七　日向進「近世中期における京都町屋の建築構成」日本建築学会論文報告集　第三一八号　一九八二・八

五八　京都府立総合資料館蔵　奥附「宝暦七年丁丑年五月吉日」

五九　落款がなく応挙真筆か否か不明。制作年代の確証もないが、佐々木丞平『円山應擧研究』（中央公論美術出版　一九九六）と図録『特別展　円山応挙〈写生画〉創造への挑戦』（毎日新聞社・NHK　二〇〇三）解説を参照した。

六〇　佐々木丞平『円山應擧研究』

六一　神戸市立博物館所蔵

六二　『特別展　円山応挙〈写生画〉創造への挑戦』

六三　神戸市立博物館所蔵

六四　『新修京都叢書』第六巻（臨川書店　一九六七）、初刻版が掲載されている。

六五　『新修京都叢書』第七巻（臨川書店　一九六七）

六六　京都府立総合資料館蔵

六七　『新撰京都叢書』第一〇巻（臨川書店　一九八五）

六八　『新撰京都叢書』第一〇巻

六九　『年中行事大成』（臨川書店　二〇〇三）

七〇　『近江屋文書』京都府立総合資料館蔵

七一　京都府立総合資料館蔵。安政六年『花洛名勝図会』として完成するも、五年後の元治元年『東山名勝図会』として刊行された。

七二　『京都町触集成』第六巻　四一六〜四一八頁（岩波書店　一九八五）

七三　『京都町触集成』第六巻　四五九頁

七四　「公家町の瓦」（京都市埋蔵文化財研究所調査報告　第二二冊『平安京左京北辺四坊』）

七五　『新撰京都叢書』第一〇巻

七六　『京都町触集成』第六巻　四六二～四六三頁

七七　関野克氏復原『藤原豊成板殿復原図』（同「在信楽藤原豊成板殿復原考」日本建築学会論文集　第三号　一九三六）

七八　土本俊和『中近世都市形態史論』総論四「ウダツ」（中央公論美術出版　二〇〇三）

七九　髙橋康夫・吉田伸之・宮本雅明・伊藤毅『図集　日本都市史』（東京大学出版会、一九九三）。髙橋康夫「京の町と住まいの歴史」『京の町家考』（京都新聞社　一九九五）

八〇　谷直樹「京の町並み」（林屋辰三郎・村重寧編『近世風俗図譜　第三巻　洛中洛外（一）』小学館　一九八三）

八一　土本俊和『中近世都市形態史論』総論四「ウダツ」

八二　安国良一「近世六町と家屋敷売買」（岩井忠熊編『まちと暮らしの京都史——原始から近代まで』文理閣　一九九四）

八三　「京程図解抄・京都屋造之初」（『長刀鉾町文書』京都市歴史資料館架蔵フィルム）

八四　滝澤秀人・島崎広史・土本俊和・遠藤由樹「ウダツと大黒柱——切妻民家の中央柱列における棟持柱の建築的差異」日本建築学会計画系論文集　第六〇四号　二〇〇六・六

八五　『史料京都見聞紀』第二巻　紀行Ⅱ（法蔵館　一九九一）

八六　『新修京都叢書』第三巻（臨川書店　一九六八）

八七　白幡洋三郎『幕末・維新　彩色の京都』（京都新聞出版センター　二〇〇四）より「祇園石段下」「清水・子安の塔」など。

八八　瀧澤家住宅（左京区鞍馬）は宝暦一〇年の建築当初からウダツ付杉皮葺の厨子二階で、棟木や母屋はウダツ壁内の通柱に通枘込栓打、瀬川家には当初から桟瓦葺の可能性もあるものの、同様の構造が指摘されている。（中村孝『京洛古民家拾遺　洛中洛外の古民家を訪ねて』全京都建築労働組合　一九九二）

八九　『江戸町触集成』第四巻　八頁（塙書房　一九九五）

九〇　喜田川守貞『近世風俗志』（一）

九一　『近江屋文書』京都府立総合資料館蔵

九二　杉本宏「桟瓦考」

九三　ただし例外もあり、本文中にあげた萬福寺の場合、塔頭の天真院客殿は見事な本瓦葺になっている。理由は拙稿「天真院客殿の建築史的変遷――客殿・経蔵保存修理工事に伴う調査結果から」(『黄檗文華』第一二四号　黄檗山萬福寺文華殿・黄檗文華研究所　二〇〇三~〇四)を参照されたい。

九四　『老舗と家訓』五〇二頁(京都府　一九七〇)

九五　『御触書寛保集成』三九六~三九七頁

九六　『京都町触集成』別巻二　二八四頁(岩波書店　一九八九)

九七　『京都町触集成』第一巻　三六七~三六八頁

九八　大村しげ『静かな京』(講談社　一九七六)

九九　『鏑木清方随筆集』(岩波文庫　一九八七)

一〇〇　新編日本古典文学全集　六四『仮名草子かなめ石』(小学館　一九九九)

一〇一　『京都町触集成』別巻二　四四八頁

一〇二　『京都町触集成』別巻二　二五五頁

第三章

京都と江戸の町なみが違ったわけ

——江戸の土蔵造と京都の真壁

（石井行昌撮影写真、京都府立総合資料館寄託）

はじめに

本章では、町家の壁を取り上げます。

前章では、同じ幕府直轄都市である江戸と京都に、異なる瓦葺の普及経緯を明らかにしました。京都では瓦葺が強制されず、奨励にとどまったため、桟瓦葺の普及は一八世紀後半になりました。一方、江戸では一八世紀前半に強制が行われ、急速に普及しました。その結果、一八世紀中頃から後半には、板葺のままでウダツをあげる京都と、瓦葺でウダツが減った江戸という異なる町なみになったのです。

江戸のウダツも、『江戸図』屛風（国立歴史民俗博物館蔵）にみるように、一七世紀までは多かった。しかし瓦葺が強制されて減少し、一八世紀後半には二鐘亭半山が京都のウダツを珍しいと思うほどになっていました（一）。その中で大伝馬町には瓦葺屋根にウダツをあげる町家が並びましたが、江戸全体では大勢ではなかったのです。

なぜ、京都の瓦葺の普及は江戸から半世紀も遅れたのか。この点、前章では、所司代・町奉行所体制が幕府老中から強制権限を与えられず、そのため奨励にとどまり、桟瓦の価格が低下するまで普及しなかった、と指摘しました。

それでは、町家の壁はどうでしょう。こちらも町なみを構成する重要な要素です。江戸では瓦葺が強制されたとき、塗家と土蔵造という分厚い壁仕様も強制されました。塗家とは、柱や梁の軸組、垂木も塗り籠む大壁の建物をいいます。土蔵造はさらに厚く、土蔵のように塗り籠める建物で、開口部には壁土を塗った土戸を備えました。どちらも防火性能を重視した壁仕様ですが、土戸を閉めた土蔵造のほうが、塗家をしのぐ防火性能を期待されていました。

何度も壁土を塗り重ねる分、これらは真壁よりもはるかに高価です。真壁は京都の町家が中世から受け継いだ壁仕様で、柱より薄く壁土を塗り、軒桁や垂木を露出するものでした。ウダツには大壁もありましたが、桟瓦葺の普及に連れてウダツが減少すると、ケラバが伸びた両妻壁は大壁とならずに真壁、あるいは真壁の上に板張とし、妻壁の母屋まわりだけ大壁という姿になっていきます。もっともそれは一八世紀後半から一九世紀初頭の話ですが。
普通に考えれば、人口密度の高い都市では、防火性能の高い町家が望まれて当然です。その意味で塗家や土蔵造は、真壁よりも建築的に進んだ壁仕様とみて間違いありません。これに対して中世から変わらない京都の真壁は、建築的発展を押しとどめたものでしたが、それゆえに江戸や大坂とは違う軽やかな印象をあたえ続けたのです。
このような点を含めて、本章ではまず京都の壁仕様の変容を追います。特に大壁を用いた例に注目して、防火性能に意識があったのかどうかをみます。続いて、江戸で塗家や土蔵造が普及した経緯を確認します。そして同時期の京都はどうだったのか、なぜ普及しなかったのかを検討して、京都の町なみの特徴を考えます。

第一節　京都の大壁

古代から戦国時代

建物を壁土で塗り籠めて、防火性能を高める工夫は、古代から行われていました[二]。そのような建物の開口部に付ける土戸、つまり壁土を塗った扉も長保二年（一〇〇〇）から存在が指摘されています[三]。建物全体についても、藤原頼長が記した『台記』天養二年（一一四五）四月二日条に次の記述があります[四]。

……文庫……四方皆拵《こしらえ》の板をもって、其上石灰を塗り、その戸蠣《かき》灰で塗り、剥落《はくらく》せしまざるに為す也……

〈意味〉
……貴重な書籍類を納める文庫を建てる場合、周りの壁を板で作って、その上に石灰を塗る、その戸は蠣殻《かきがら》を焼いた灰を塗り、剥落しないようにする……

日本では太古の高床住居以来、木造の軸組構造が伝統的に用いられました。その板壁を壁土で塗り籠める「塗籠《ぬりごめ》」

にすることで防火性能が向上するという認識は、遅くとも平安時代には生まれていたのです。

中世の鎌倉時代には、貴族の藤原定家が日記『明月記』の文暦元年（一二三四）八月五日条(五)に、次のように記しています。

……烏丸西、油小路東、七条坊門南、八条坊門北、地を払って焼亡、土倉《どそう》員数を知らず……

この場合の土倉は、建物の土蔵を指すのではなく、土蔵を持つ高利貸の職種名です。借主から預かった質草（担保）を土蔵に入れたことから、その名があります。この記述から数多くの「土倉」があったことがわかりますが、一説によると、鎌倉時代から室町時代の京都には三〇〇以上もあったといいます。

それでは、その土倉が持った土蔵の姿はというと、延慶二年（一三〇九）『春日権現験記絵』より「唯識論遁火災事」図(六)に、火事跡にたたずむ土蔵があります（図1）。原図では白亜の漆喰塗で、土戸を備えますが、なぜ屋根まで漆喰塗なのか、建物内部に包まれていた土蔵（内蔵《うちぐら》）の屋根だけ焼け落ちたのか、それではなぜ壁は白亜のままなのか、諸説あって定まりません。しかし、この頃も分厚い塗籠に防火性能や防犯性能が評価されていたことはわかります。

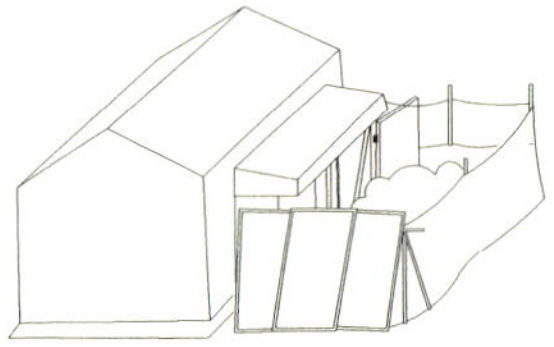
図1　焼け跡の土蔵
（『春日権現験記絵』）

一五世紀後半の応仁・文明の大乱後、一六世紀前半の歴博甲本『洛中洛外図』屏風（国立歴史民俗博物館蔵）では、平屋も二階建ても真壁です（図2）。天文法華の乱や、信長の上京焼討ちを経た一六世紀後半、歴博乙本『洛中洛外図』屏風（国立歴史民俗博物館蔵）では、妻壁に大壁がありますが、中世末期の上杉本『洛中洛外図』屏風（米沢市上杉博物館蔵）では、表構えも妻壁も、ほとんど真壁です（図3）。実際のところ、真壁大勢の中に大壁が混じっていたのでしょうが、土蔵が見当たりません。質屋や土倉が消えたわけでもないでしょうが、敷地奥にも井戸や共同便所は丹念に描くのに、土蔵の姿はありません。町家が囲む一町四方の街区の内側に共同利用地が多く、各町家の敷地

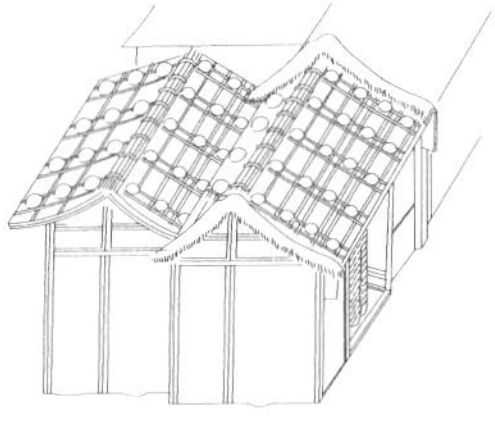

図３　真壁の妻側ウダツ壁
（上杉本『洛中洛外図』屏風）

図２　真壁の町なみ（歴博甲本『洛中洛外図』屏風）

境界が画定されなかった当時は、まだ建物に包まれた内蔵が多かったのでしょう。

近世初頭

一六世紀末の京都は、豊臣政権の京都改造で町なみが変容します。当時の『聚楽第図』（三井文庫蔵）をみると、聚楽第の大手門前に並ぶ本二階建ての町家が、表構えの柱や束《つか》、長押を露出する真壁です。ただしウダツは大壁のようです。また敷地奥では境界画定が進みだしたらしく、白亜漆喰塗の土蔵が複数あります。発掘調査でも、この頃から独立してたつ土蔵（庭蔵《にわぐら》）が確認されています。天下が安定して、それは数を増したでしょう（七）。壁土の塗籠が高い防火性能を持つとの認識は変わっていません。

江戸時代に入る一七世紀。町家の表構えは、中世末期と変わらず真壁が大勢ですが、舟木本（東京国立博物館蔵）では、五条新町通りの近くに、二階全面から垂木先まで塗り籠める塗家があります。同様の塗家は元和六年（一六二〇）頃の林原美術館本（林原美術館蔵）にもあります。大勢ではありませんが、それだけに目立っています。二階が塗籠なので、防火性能への期待もうかがえますが、通庇下の一階表は柱や台格子、揚見世が木部をみせています。どうも防火性能を求めたようには思えませんが、よく似た描写が同屏風の二条城に見出せます。なぜ町家にお城と同じ描写があるのか。

慶長七〜八年（一六〇二〜〇三）、上京と下京を分ける二条通に大手門を開いた新二条城は、その威容が京都の町人に強い印象を与えて多くの『洛中洛外図』屏風に描かれました。神泉苑の湧水を取り入れた堀端には石垣が廻りそびえ、その上に本瓦葺で白亜漆喰塗の城壁がのりました。そして土塗格子を並べた開口（連子窓）を持ち、本瓦葺だったのです。それはまさしく塗家の二階表と同じ姿でした。

新二条城に先立つ聚楽第も、内堀に同様の城壁を廻したようですし（『聚楽第図』屏風）、ひょっとすると織田信長が足利義昭のため造営した旧二条城（本能寺の変で焼失）にも、こんな城壁があったのかもしれません。それをみていた町人の中で城郭建築に関わる大工などを雇用できた富裕な者が、本瓦葺の塗家を採用したのではないでしょうか。多くの町家が板葺の中で、塗家は富裕表現だったと考えられるのです。

もっとも塗家はほとんどウダツをあげていません。本瓦葺なので瓦の荷重が防風壁を不要とし、塗籠の壁も防火壁を必要としなかった、だからウダツをあげなかったのでしょう。ウダツは富裕表現ではなかったのです。これに対して真壁で板葺の町家は、必ずといってよいほどウダツをあげました。板葺が防風壁のウダツを必要としたのです。また屋根より高い土壁に、火の粉をさえぎる防火壁の役割も期待されていたでしょう。

江戸前期

この当時の絵画史料では、塗家が見当たらなくなります。これは寛永一九年（一六四二）八月二〇日に「結構」な町家建築を規制した所司代触書の影響でしょう（八）。富裕表現の塗家はまさしく「結構」でしたから。

中には洛東の大仏餅所のように、何かの理由で本瓦葺と塗家を許され続けた町家もありましたが、京都全体では塗家は減少しました。表通りに目立っていた高い表蔵も、宝永大火（一七〇八）後に敷地奥へ曳かれて真壁の町なみに整ったのです。その後、江戸では、享保五年（一七二〇）四月触書（九）に次のように記されます。

……町中普請の儀、土蔵作り、或は、塗家ならびに瓦屋根に仕候事、只今迄は遠慮致し候様に相聞候、向後、右の類普請《ふしん》仕度《したき》と存候者は勝手次第に為すべく候

〈意味〉

……町家建築について、これまでは土蔵造や塗家、瓦葺を遠慮していたようだが、これから勝手次第に行ってよい……

この触書が出るまで、塗家や土蔵造は町人が遠慮すべき壁仕様でした。京都でも同じだったので、真壁が大勢だった。塗家は「結構」に過ぎるとして規制され、町人は「遠慮」していたのです。

しかしウダツには大壁が混じりました。当時の『洛中洛外図』屏風では、京都国立博物館本や富山勝興寺本のウダツは大壁ですが、高津古文化会館本では真壁です。堺市博物館本、大阪市立美術館本、出光美術館本、萬野美術館A本では、大壁と真壁のウダツが混在します。これらをみる限り、ウダツには大壁化があるが完了していない、そんな状況だったようです。この時代の絵画史料の中で際立って詳細な描写が指摘される『祇園祭礼図』（京都国立博物館蔵）でも、ウダツには大壁と真壁があります。どちらかといえば大壁のほうが多いようですが（図4）。

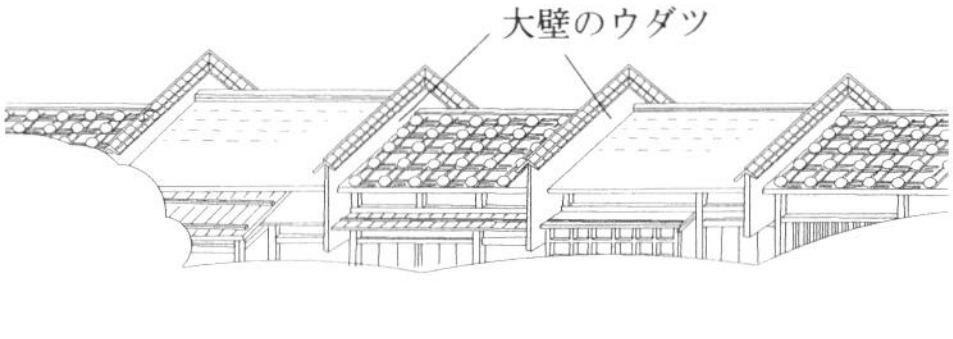

図4　大壁のウダツ（『祇園祭礼図』）

完了していないとはいえ、ウダツの大壁化には防火性能への期待があったのでしょう。黒川道佑も『擁州府志』（一〇）に京都の「聚楽土」は防火性能が高いと記しています（「……土性稠密にして火災に逢うといえども火気内に入らしめず……」）。飛来する火の粉を受け止め、大屋根に落とさない役割がウダツの土壁には期待されていたのです。

また寛文二年（一六六二）刊行『かなめ石』（一一）の挿図には、真壁の町家が並びます。著者の浅井了意は、寛文五年（一六六五）に「同じようなる家づくり」（『京雀』）（一二）と記して、京都の町家の類型化を伝えましたが、『かなめ石』の挿図をよくみると、ウダツには真壁も大壁もあります（図5）。ウダツの壁仕様は特に意識されなかったのでしょう。さらに宝永大火（一七〇八）後の今井町本『洛中洛外図』屏風（喜多家蔵）では大壁のウダツが大勢です（図6）。

このようにみてくると、江戸時代前期の京都の町家は、表構えは中世以来の真壁。しかし

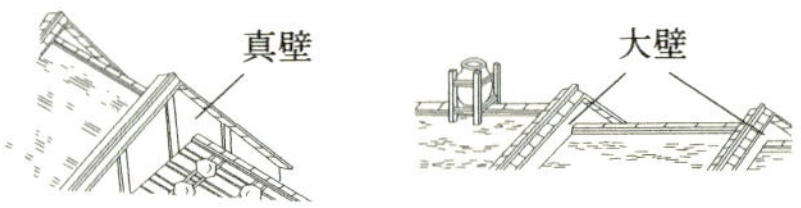

図５　大壁と真壁のウダツ（『かなめ石』）

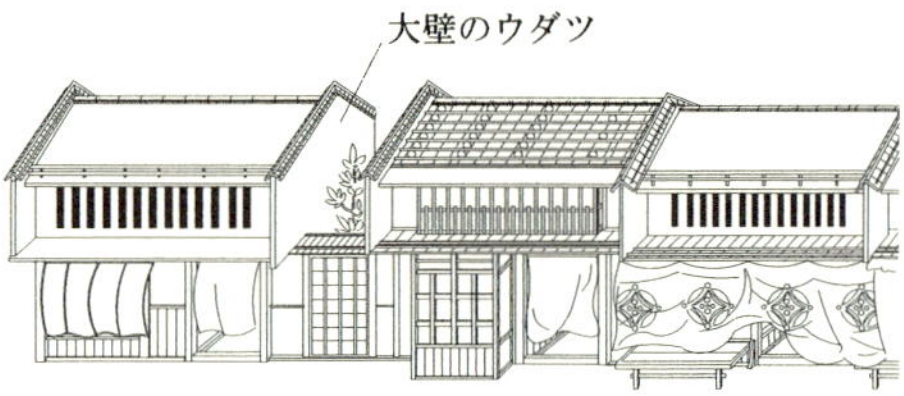

図６　大壁のウダツの町なみ
（今井町本『洛中洛外図』屏風）

ウダツには大壁も混在しました。大屋根より高くあがるウダツは本質的に防風壁ですが、火の粉を防ぐ程度の防火壁の役割も求められたはず。もっとも真壁のウダツもある中で、防火壁としての期待がどれほどであったのかはわかりません。

なお、当時のウダツは瓦葺の小屋根（笠木）を持つ場合もありました（第二章）。これには屋根頂点の板接合部を押える重量や耐候性が認められたためと推測されますが、あるいは防火性能を補強する目的もあったかもしれません。

江戸後期

写実的な描写で知られる四条派の開祖、円山応挙が描いたという眼鏡絵は、一点透視図の立体感をレンズ越しに楽しむものです。その眼鏡絵の中に、宝暦七年（一七五七）正月の四条通りを描いた『四条橋芝居』図（神戸市立博物館蔵）があります。それをみると、表構えは真壁ながらウダツは大壁で揃った町なみが描かれています（図7）。

また「明和二年購入」の墨書を持つ別の作者の眼鏡絵（神戸市立博物館蔵）でも、鴨川沿いに並ぶ町家は多くがこけら葺の屋根に瓦葺のウダツをあげます。そのウダツはやはり大壁で（図8）、中には白亜の漆喰塗もあります。これらこそ江戸から上洛した二鐘亭半山が「町々隣境梲《うだち》といふものあり、一体土のよき所ゆえ、火災の節も是にて立切り、隣へは火移らず」と記したウダツでした。「火災」を「立切」る防火性能を期待しての大壁だったのです。

ただし、もうこの一八世紀後半には桟瓦葺が普及を始めていて、ウダツは減少しつつありました（第二章）。天明六年（一七八七）刊行『絵本此手柏』（京都府立総合資料館蔵）では、四条河原沿いに表構えは真壁、屋根は桟瓦葺、通庇はこけら葺の町家が並びますが（図9）、ウダツは見当たりません。ところが別の挿図では、ウダツをあげるこけら葺と桟瓦葺が並ぶ（図10）。桟瓦葺が普及し、減少が進むウダツには大壁と真壁が混じっていたのです。その中で隣家に向く側を大壁とし、自分の家側は真壁という傾向も観察されるのですが、これははっきりしません。

図7　『四条橋芝居』図（伝応挙眼鏡絵）

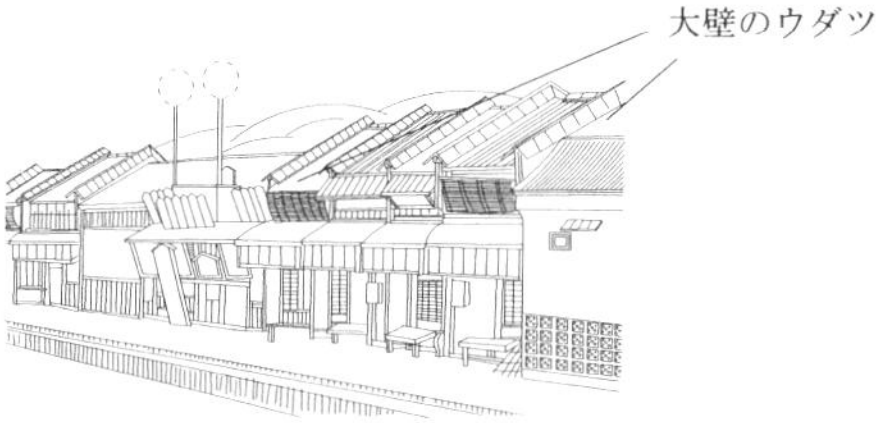

図8　明和二年購入墨書付眼鏡絵

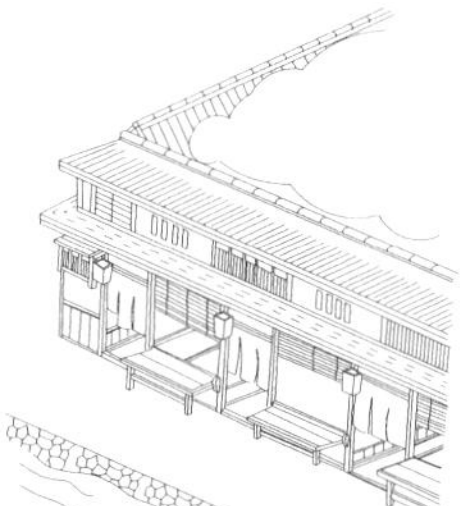

図9　『みこしあらい』（『絵本此手柏』）

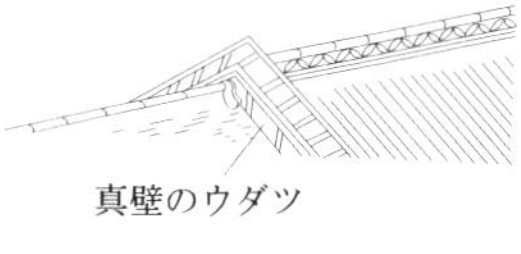

図10　『ぎおん山ぼこ』（『絵本此手柏』）

写真１　明治末期、ケラバ下が板張の町なみ
（石井行昌撮影写真、京都府立総合資料館寄託）

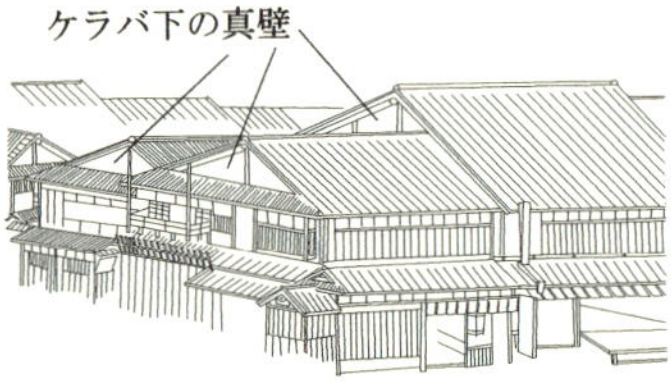

図11　『縄手通大和橋』
（『花洛名勝図会』）

ウダツが消えた後の妻壁

天明大火（一七八八）後の一九世紀初頭の町なみを、文化三年（一八〇六）刊行『諸国図会年中行事大成』（一三）や文政三年（一八二〇）『三条油小路町町並絵巻』（一四）にみると、桟瓦葺で揃う町家は表構えの真壁が変わりません。もっとも、これらにウダツが減少した妻壁の様子はわかりませんが、元治元年（一八六四）刊行『花洛名勝図会』では、『縄手通大和橋』図（一五）に、ケラバ下の妻壁が真壁の町家が多くあります（図11）。その一方で近年出現した『百足屋町町並図絵』（百足屋町蔵）（一六）では、この部分に大壁があります（図12）。一八世紀後半〜一九世紀中頃の京都は、表構えは真壁。ウダツが減少してケラバ下になった妻壁には真壁も大壁もある、そういう状況だったのでしょう。

さらに元治大火（一八六四）以降、明治期の写真史料（一七）をみると、表構えの真壁は変わらないものの、妻壁は真壁が見当たりません。部分的に大壁にするものや、板壁を被せ打ち棟木や母屋廻りだけ塗籠（漆喰塗）の町家が多い。このうち前者には防火性能への期待がうかがえますし、後者には妻壁を風雨から守るため、耐候性を高める工夫がみえます（写真1）。煉瓦造など外来の様式も現れた当時、伝統的な町家にも色々あったのでしょう。

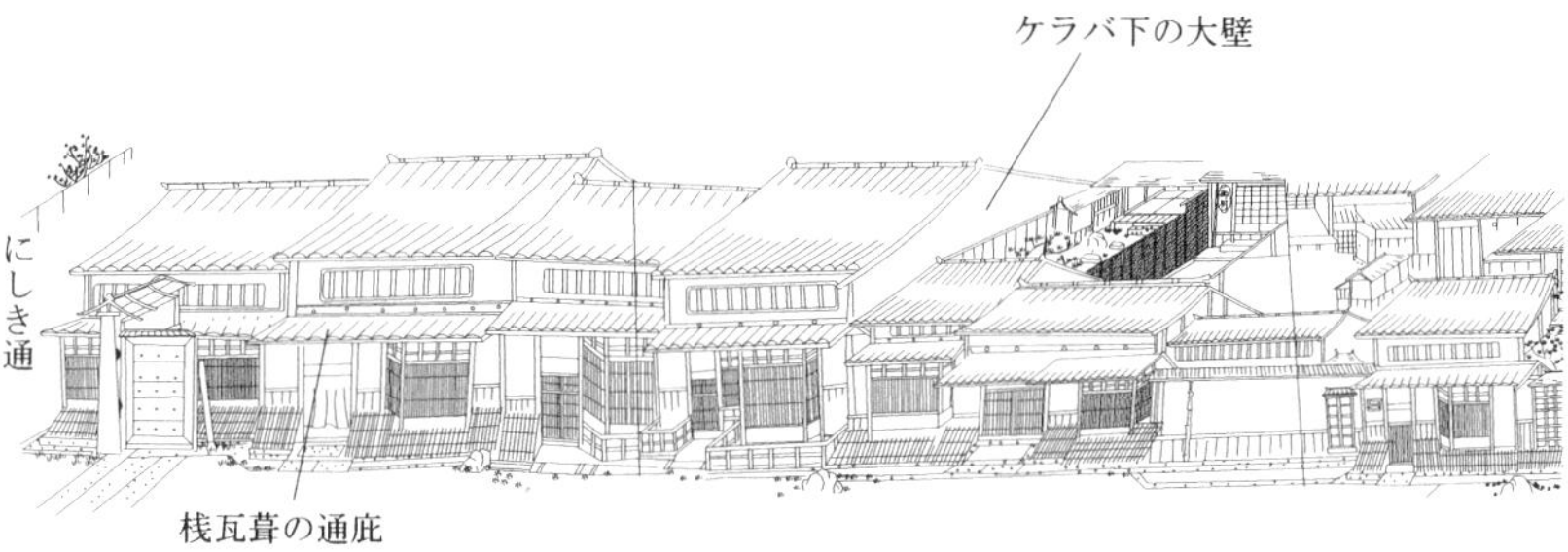

図12　桟瓦葺の町なみ（『百足屋町町並図絵』）

防火性能軽視への警鐘

話を江戸時代に戻します。大壁もあったウダツが消えた後、ケラバ下の妻壁に真壁が多く描かれる点について考えます。桟瓦葺の防火性能を頼みにして、壁土の塗籠を軽んじる雰囲気が生まれていたのではないか。この疑問に、国学者の橘守部の文政～天保期（一八一八～四三）刊行『待問雑記』（一八）が参考になります。

……屋宇《やね》は誰も誰も瓦をたのみて、壁ほどは心用いぬさまなれど、瓦はもと焼物なれば、信《たのみ》にはなりがたし、その下塗の土とても、葺合たる透間より雨露とほりて、降時は湿《うるお》ひ、旱時は乾き、冬は氷《こおり》もし解《とけ》もしていつとなく……

……四方に炎燃立る時は、何ほどの火の散積とかはしる、しか積りぬるまに瓦焦れて、忽ち裏板にとほりなん、その危うさをおもふべし、壁はたとひ薄くとも……竈所《かまど》の曲突《へっつい》にてもおもふべし、纔《わず》か二三寸にも過ざる土して塗たれど、昼夜おちず焚とたく火、表の板を焦す事あたはず……

〈意味〉

……皆、屋根は瓦葺に期待して、壁のようには気を使わないが、瓦は焼き物だから（劣化するので）信用できない、葺土も瓦の間から雨露が入りこみ、雨の時は湿気を帯び、乾燥時は乾き、冬は凍り、あるいは溶けていく……

……周囲が火事になった時には、どれほど火の粉が降り積もるのか知っているのか、瓦は焼け割れ、すぐにも裏板に燃え移る、その危険を考えるべきだ、

（それにひきかえ）壁は薄く塗っても……かまどのへっついを考えてみればいい、わずか二三寸の土塗でも、昼夜続けて火をたいても、土を通して表の板に燃え移ることはない……

写真２　漆喰塗のお竈《くど》さん（京都市右京区梅津林家住宅）

瓦葺の弱点を指摘する橘守部は、土壁の防火性能を再認識すべき、疑うなら「竈所《かまど》の曲突《へっつい》」をみよとの意見です。「竈所の曲突」とは、『守貞謾稿』に「竈を俗にヘツイと云う、又訛ってヘッツイと云……竈口、五口、七口、九口等あり」とあるように台所の火焚場です。京都では「お竈《くど》さん」と呼びます。ちなみに現存するものは耐火煉瓦に変えられ、煙突が付いた近代の型式がほとんどですが、江戸時代は壁土を塗り、上等なら漆喰塗。天端に瓦を張りました。京都近郊農村にはこのような型式がまだ残っています（写真2）。もっとも広い土間に勾玉形は、長方形で壁際に張り付く町家のものとは形が違いますが。

それはともかく、竈の耐火性を強調する橘守部は、町家も塗家や土蔵造にすべきと考えます。しかし京都の町人は、土蔵は数多く建てるのに、町家の真壁は変えませんでした。燃え難いほうがよいと思いますが、不思議です。

そこでこの点を考えるために、次節では江戸で塗家や土蔵造が増加した経緯をみて、京都を考える材料にします。

第二節　江戸の土蔵造と塗家

江戸の触書

江戸町奉行所の触書に壁仕様に関わる内容をみます。京都の町なみを考えるのに、なぜ江戸なのか。江戸も京都も幕府直轄都市です。そして一七世紀前半の歴博本『江戸図屛風』（国立歴史民俗博物館蔵）にみる江戸の町なみは、通庇の下に柱が並ぶ違いはあっても、同時期の『洛中洛外図』屛風にみる京都と変わらない。真壁が多く、屋根はこけら葺や石置板葺。妻側や隣棟間にはウダツがあがり、それには真壁と大壁が混在しました。櫓を重ねる豪壮な角屋敷が多い点に違いはありますが、基本的には京都の町なみと同じでした。そして、その後も江戸と京都で異なる防火政策が機能する一八世紀前半までは、共通の建築規制が働いた可能性がある。だから江戸の触書を確認するのです。

そのような江戸の触書の中で、明暦大火のあった明暦三年（一六五七）一月の触書（一九）が瓦葺を規制しました（「瓦葺家屋、向後、国持大名為すといえども、これを停止為すべし」）。このとき塗家や土蔵造も町人には「遠慮」すべき対象になったのです。そのことを読み取れるのが享保五年（一七二〇）四月の触書（二〇）でした。これは先にも提示しましたが、もう一度、確認しておきましょう。

……町中普請の儀、土蔵作り、あるいは塗家ならびに瓦屋根に仕候事、只今迄は遠慮致し候様に相聞候、向後右の類、普請仕度と存候者は勝手次第に為すべく候、畢竟出火の節、防にも成、又は飛火これなき爲にて候……

「瓦屋根」や「土蔵作り」「塗家」は、それまで町人には「遠慮」すべき対象だったことがわかります。それをこの触書は、防火性能の高さを認めて「勝手次第」、用いてよいとしたのです。

それでは、土蔵造や塗家はどのように認識されていたのか。喜田川守貞の『守貞謾稿』（二一）に拾ってみましょう。

●見世土蔵《みせどぞう》は、店を土蔵制にすること……

●見世蔵《みせくら》と云て、市廛《してん》を土蔵制にするは同前也（四面所々に折釘を設く……足代を造る備《そなえ》也）蓋、戸前を背に開き、表は全くを開き、或は戸袋を残して其余を開き見世とす、火災の時は土戸を以てこれを塞ぐ、土戸幅各一尺五六寸或は二尺、数けを並べ塞ぐ、平日は戸嚢《とぶくろ》に納め、或は便ある所にこれを置く……

●見世土蔵、瓦庇あり、瓦庇は庇裏をも土塗にするル也、又、庇深きは庇端に柱を載せる也、此柱も土塗にす……

●又、庇上多くは観音開の窓二三を開く也、稀には左右戸嚢を除き、中間廣く木格子にするものあり、二階を、座敷などに用うる土蔵也、火災の時は庇下の店と同じく土戸数ヶを並べ塞ぐ……

土蔵造は、土蔵のように壁土を厚く塗る店（「見世」「市廛」）の意味でした。火事のときは戸袋に入れておいた土戸を数枚並べて防ぎ、瓦葺の庇は軒裏も塗り籠めます。庇上の二階表構えの開口も、観音開きの土戸を付けます。木格子を入れる場合も戸袋に土戸を入れておき、緊急時は出し並べました。

また店蔵（「見世土蔵」「見世蔵」）は、表通りに面する建物だけを土蔵造にする型式です。ほかにも「江戸土蔵は瓦葺也、本葺も往々これ有」「土蔵店には箱棟多し」「瓦葺の端に鬼板……京坂に云う鬼瓦」とあり、本瓦葺に大きな箱棟、両端に鬼瓦を置く豪壮な姿を伝えています。

続いて塗家について守貞は次のように記しています。

●従来塗家と号《なづ》け、或は大壁と称えて屋外面全く塗篭めて、土蔵制に似たるものあり、巨戸にこれ有、土蔵造りよりは壁薄し……

●塗家に造るべき官命ありて、当時これを用、諸所に瓦葺、庇上を塗篭たるものありしが……

塗家は「大壁」とも称されました。土蔵造よりも壁土は薄いのですが、これも建物外部をすべて塗り籠んだのです。ただし、二項目は「庇上」、つまり通庇より上の二階部分を塗り籠むものを塗家とし、庇下には触れていません。一階部分を塗り籠まない建物も塗家とすると、一項目の規定と異なりますが、とにかく、いくども壁土で塗り籠め、防火性能を向上させるのが土蔵造や塗家でした。真壁より費用がかさんだのは言うまでもありません。

火除地の代替としての防火仕様

建築費用がかさむのに、塗家や土蔵造が江戸で普及したのはなぜでしょう。

先の享保五年（一七二〇）四月の触書は、これらを勝手次第としただけで強制していません。ところが翌享保六年（一七二一）一二月の触書[二二]は、まったく違います。この触書の文面は、出火元の「い組町々」に「火除地」（延焼を止める空地）用に町家地の収公を通告したことを記して始まり、これに町々が土蔵造にするから土地収公は御勘弁、と願い出たので許してやるというのです（「土蔵造仕罷旨申段、右町々より御願申上、願の通仰付……」）。収公には懲罰的意味もあったでしょうが、とにかく火事跡で途方にくれる町人は再建用地まで奪われてはたまらない。それに代替措置が土蔵造などと、いったい誰が教えたのでしょうか。当然、幕府側でしょうし、実際のところ土蔵造の強制だったのです。そして、この経緯を触れた触書も、ほかの町々へ土蔵造を誘導する意味を持っていました。

続いて、享保七年（一七二二）二月の触書[二三]は、日本橋北側一帯を「土蔵造致候町々」や「塗家に仰付られ」と記しますから、直接的に土蔵造や塗家を命じることもあったようです。しかし同年一二月の触書[二四]は、火除「御用地」として収公通告を受けた神田内堀道通り西側の町々が「土蔵」造を願い出たので、収公中止としています。幕府は、まず火事を出した町々に責任を問うように火除地として町家地の収公を通告し、従えばよし、いやなら土蔵造にしむけることで江戸の防火性能を急速に向上させようとしたのでしょう。

翌享保八年（一七二三）六月の触書[二五]は神田以南に「屋根土塗に仕るべく候、もっとも塗家や土蔵造致候は勝手次第」とします。同年一二月の触書（二六）も「勝手に任せ、土蔵作りに致され候段は勿論然るべし」などと、まるで土蔵造や塗家を奨励対象のように言いますが、本当のところは焼け跡の町人に土地を取り上げるぞと脅しつけ、驚かせた上で否応なく高価な土蔵造や塗家を選択させたのです。江戸の防火性能を高めるという目的はいいのですが、情け容赦のない御政道であることも違いありません。ですから町人は次のように嘆息します。

……表屋はどうぞ（土蔵）こうぞ普請しましょうが　裏屋の者は暮（蔵）しかねます……

表通りの大店は、その経済力で土蔵造も可能でしょうが、路地裏に住む者がそんなことをすれば、生活は成り立ちませんよ……。しかし、そんな路地裏の思いが、江戸城内に届くはずもありませんでした。

享保九年（一七二四）七月の触書（二七）は、「塗家や土蔵造」を約束した日本橋南側の町々が「打捨置」、つまり約束を果たさないままにしていたので、「三ヶ年の内」に実行しない場合は収公を通告します。その結果は享保一二年（一七二七）二月の触書（二八）が、近年の「河岸付町々」「塗家や土蔵造に罷成」と記しており、成果をあげています。

享保一四年（一七二九）一一月の触書（二九）も、瓦葺と土蔵造を命じられた麹町が「土蔵造、塗家」はおろか蛎殻《かきがら》葺（瓦葺の代替措置）も徹底しないと指弾、草葺は直ちに「取拂」、土地所有者は罰金処分（「地主地借へ過料」）、跡地には土蔵造か塗家の徹底を命じました（「跡普請の儀は土蔵造、塗家に申付」）。そして土蔵造や塗家を命じられた他の町々にも検査を予告（「先達て土蔵造、塗家、蠣殻葺に申付候町々へも見分相廻」）、従わなければ「麹町同前」としました。体面を大事にする時代に実名をあげられた「麹町」はさらしものです。期日を限って土蔵造や塗家を命じ、できなければ取り壊すと脅す（「三月中迄に塗家成兼候分は家作取拂、重て土蔵造、塗家に普請成候節、家作致すべく候、来四月見分の者相廻し、それまで右の通り普請出来申さず候は、残らず家作取拂はせ申すべく候」）。そうまでして江戸の防火性能を高めようとした結果は、それから一五年たった延享元年（一七四四）四月の触書（三〇）に読み取れます。

……町々店前縁、あるいは庇したミ、往還へ建出候所々これ有不埒に候、早速取拂申すべく候得共、近年多くは土蔵造りに付、取拂大造にこれ有、難儀致すべく候間、連々普請修復等の節、急度取拂……

町家から表通りに飛び出した部分の撤去を命じますが、近年は土蔵造が多くなって取り外すのは大変だから、建直しや修理の際に取り外せばよいとします。ですから、そこそこ土蔵造が普及した所もあったのでしょう。

そうなると今度は、維持修理が問題になります。延享三年（一七四六）三月の触書（三一）は次のように命じます。

……町奉行様、火事場へ御出成られ、所々御覧の所、土蔵造、塗家造、戸前土戸等もこれ無し、瓦葺、蠣《かき》から葺等も瓦損、蠣殻《かきがら》葺落これ有候を修復も致さず捨置……

土蔵造や塗家に土戸を設けず、瓦葺や蠣殻葺も修理しない状況をみた江戸町奉行は早急な修理を命じています。もしも町人が土蔵造の防火性能を認めて自主的に選択したのなら、維持修理も積極的に行ったでしょう。そうではなかったから維持修理は徹底されなかったのではないか。この点は京都の町なみを考える上で胸にとどめておく必要があります。

宝暦五年（一七五五）七月の触書（三二）には「上野仁王門前町屋」に「このたび、なお又、丈夫成塗家造」「裏屋其外少々物置等迄塗家」を命じ、「不丈夫成家造致し候者共は、早速追立」としています。町人がどう思おうと強制方針は変更なし。そういうことです。

このような強制方針の結果は、やはり喜田川守貞が『守貞謾稿』に記しています。

……近年は、大かた蛎殻葺《かきがらぶき》也と云しも享保十七年也……蛎殻屋根、宝暦中迄江戸端町には専ら有しと也……尚も火の用心に瓦葺となり、塗家造りに替れり云々……

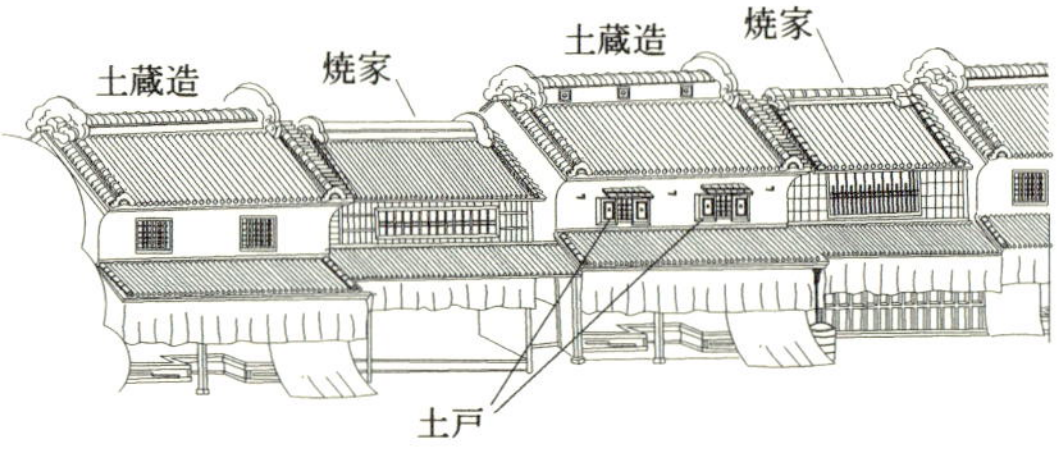

図13　焼家のある町なみ（『熙代勝覧』）

図14　『弁慶橋』（『江戸名所図会』）

享保六年から強制が始まった瓦葺について、まず瓦葺の代替とされた蛎殻葺が享保一七年（一七三二）頃に江戸で普及したが、宝暦期（一七五一～六三）には江戸の周縁部にだけ残り、中心部では瓦葺が塗家とともに増加したといいます。喜多村信節《のぶよ》も同じ経緯を『嬉遊笑覧』（三三）に記していますから、その通りだったのでしょう。明和三～四年（一七六六～六七）頃に江戸から上洛した二鐘亭半山が京都のウダツを珍しく思ったのも、すでに江戸では瓦葺が普及してウダツを必要とする板葺やウダツ自体が減じていたことを示しています。

ウダツをあげる板葺から蠣殻葺へ、さらに瓦葺へ変容した江戸の町なみは、壁仕様も真壁から土蔵造や塗家へ変わっていきました。江戸の三井家も、明和九年（一七七二）の「目黒行人坂火事」を機会に各店舗の壁仕様を改めていますが、このようにして、中世以来の板葺と真壁を残す京都の町なみとは異なっていったのです。

もっとも、文化三年（一八〇六）頃の江戸日本橋界隈を描いた『熙代勝覧《きだいしょうらん》』（ベルリン東洋美術館蔵）（三四）では、八七棟の町家の中に土蔵造は二五棟。実は下見板張が多くあります（図13）。下見板張は守貞が「焼家の外面は壁表へ下見板というをもって、これを包む」、「土蔵造り及び塗家に非ざるものを号《なづけ》て焼き家と云也」とした「焼家」です。塗家や土蔵造もあるにはありますが、徹底されていません。このような焼家が減って塗家や土蔵造が徹底されるのは、ちょうどこの文化三年、江戸を襲った「丙寅大火」後あたりからのようです。きっかけは同年五月の次の触書（三五）だったでしょう。

……此度類焼町々の内、蔵造（土蔵造）、瓦葺、家作致すべき場所にて、當前の小屋掛けは其通の事候得共、心得違、茅葺、藁葺にて本普請同様に家作致候者これ有べき哉、後々迄、茅葺、藁葺の侭《まま》差置候儀は成がたき事に候間、此段心得違これ無様致すべき候……

類焼した町々を一律に、瓦葺で土蔵造にすべき場所と定めています。仮小屋の建築は認めても、茅葺や藁葺での建直しは認めていません。同じ内容の触書は、明和四年（一七六七）、同九年（一七七二）にもありましたが、この文化三年から文政期に指摘される土蔵造の普及には（三六）、この触書が大きく影響したはずです。

その結果、天保五～六年（一八三四～三五）『江戸名所図会』（三七）では土蔵造が多くなっていますが、まだ『弁慶橋』図に焼家があるように徹底されない状況が残りました（図14）。そのためでしょうか、天保改革を進める老中水野越前守（忠邦）は、天保一三年（一八四二）四月二九日、江戸の町々（「壱番組より二十一番組迄、世話係名主共、番外新吉原町、品川十八ケ寺門前名主共」）へ、次のように命じています（三八）。

……町々家作の儀、土蔵造、塗家等に致すべき旨、前々より度々相觸置候處、年暦を経、忘却致候向もこれ有哉、近年塗家造等稀にてこけら葺多く、出火の節、消防の宜しからざるを為し候間、以来普請修復等の節、前々申渡置候土蔵造・塗家に致すべき候、然りながら一同には行届申間敷、まずは塗家等に相直し、造作専ら質素に致、往還は勿論、横道裏町共、猥《みだり》に張出し建物一切……

この頃には、再びこけら葺が増加していたようです。そこで土蔵造を命じるのですが、まずは塗家をと命じています。守貞はこの触書を「天保末の府命」と伝え、「以後火災ありて後、家宅を建る者、皆必らず瓦を用ひ塗家に造るべき官命あり」（『守貞謾稿』）と説明しています。その上で「これを用て諸所に瓦葺、庇上を塗篭たるもあり」と一定の影響を明らかにしています。

江戸の方針転換

しかし、三年後の弘化二年（一八四五）五月頃の触書（三九）になると、幕府の方針は大きく転換します。

……町々家作出火の節、消防の爲、土蔵造、塗家に申付べく處、一時に行届間敷間、先表通之分、右家作に相直候様、先達申渡置候處、其以来新規塗家相建、又は手入相直候もこれ有、當時場所柄、町々は過半塗家に相成候得共、多分は央《なかば》より上の方、見附《みつけ》の所のみ板塗に致し、下廻りは通例の家作建にて形容にのみ仕立、申渡の主意に相振候……

天保一三年四月の触書で半数以上が塗家になったが、多くは二階だけの塗籠で命令の趣旨とは違う、としています。二階だけの塗籠も塗家だったはずですが（本節冒頭）、付文にも「有餘有ものは分限に應しなるべく丈全の土蔵造、又は火災の助になるべき程の塗家」と記しており、「火災の助」になる塗家とは全面塗籠だったようです。

それでは「有餘」つまり余裕のない者はどうするのか。重要なのはこの点ですが、同じ触書が次のように記します。

……力に及ひかね候者は、表裏屋共、通例の家作に致し候共、右は勝手次第致すべし、是迄、形容而已《のみ》の塗家に致し候分は宥免を以、先ずそのまま差置、追って普請修復等の節、塗家又は通例の家作に相直候共、是又、勝手次第相心得、もっとも、梁間、棟高其外都《すべて》而作事の儀に付、前々触申渡置趣、違失なく相守、虚文の家作等致間敷候

右之通、町々不洩様得と申聞、此上、無理に取建候様なる儀これ無く、手廻り候もの共、実用の塗家造相増候様、支配名主共にて厚く世話致すべし……

「力に及ひかね候者」には「通例の家作」つまり土蔵造や塗家以外でもよいとしたのです。そして二階だけ塗り籠む形ばかりの塗家など「虚文の家作」もそのままでよいとします。その上さらに修理の際も、防火性能の高い仕様を「無理に取建候様なる儀これ無」としました。ここに八代将軍吉宗の享保六年（一七二一）から一二四年間続いた塗家や

土蔵造の強制方針は、大きく転換されました。町人の自由意志に任されたのです。

それでどうなったのか。やはり守貞が伝えてくれます。方針転換からわずか七、八年後の嘉永五、六年（一八五二～五三）頃（四〇）には「今は廃れて新造の宅も是を用いず」になりました。

町人にとって土蔵造や塗家は、最後まで必然的なものになりえなかった。苛烈な強制があったからこそ、江戸ではある程度普及して、真壁の京都とは異なる町なみになったのです。しかし、それらを集積させて江戸を完全な防火都市化する幕府の構想は、最後まで実現しませんでした。その後、特に明治期に関東一円から東北に土蔵造が広がっていったのは、土蔵造の豪壮な印象に憧れた人々の自主的な意匠選択でした。それらは戸別の防火強化にはなったとしても、都市的な防火性能を完成させることはなかったのです。

ちなみに、近代に入った明治五～一〇年（一八七二～七七）、銀座に二階建て煉瓦街が建設されましたが、断熱性の低い割に通気なし、住環境の劣悪さに入居者は少なかったといいます。明治一四年（一八八一）にいわゆる「東京防火令」が公布され、都心住居が煉瓦造・石造・土蔵造からの選択を義務付けられたときも土蔵造が一番人気でした。東京の都心が丸の内一帯の民間煉瓦街と霞ヶ関一帯など官庁煉瓦街の完成で面目を一新するのは、明治末のことです。

　壁土を分厚く塗る土蔵造や塗家は、真壁に比べて防火性能に優れただけでなく、断熱性にも優れていました。近代工業化住宅（工場の大量生産材料を用いた住宅）の出現以前、火事に強く、断熱された住環境を持つという意味で、近世町家の極相は江戸に多く後に関東か

写真３　土戸を備えた土蔵造（埼玉県川越市、牧田茂氏の著作『日本の民家』〔保育社〕より転載）

ら東北にも現れた土蔵造でした（写真3）。

しかし一方で、地震が起きた場合、本瓦葺に大棟をのせる土蔵造はトップヘビーで、分厚い土壁も重く、軸組の被害が大きくなります。これに対して京都の真壁は風通しがよく、桟瓦葺ともども、まだしも軽い。変形しても、壁が薄く柱や梁の軸組が顕わなため、太縄で引き起こして貫や軸組を修理し、壁を塗り直せば元通り。そのような利点はありました。それは軸組をほとんど釘で固定せず、込栓でかしめる（固める）、いわば籠《かご》のような建物だからできたことですが。

第三節　京都の真壁

京都の触書

京都の建築行政では、町家の壁仕様はどのように考えられていたのでしょうか。強制がなかったから土蔵造や塗家は増加しなかったはずですが、京都町奉行所の触書に確認してみましょう。

まず防火性能を意識した触書としては、享保九年（一七二四）正月のもの（四一）があります。

一、町中家〃ならびに表裏借や迄、竈、へっつい、いろり、惣じて火所相改、不慥《ふたしか》に候分はぬり直し可申候

一、二階のへっつい火所停止せしめ候

町家の火気使用部分の点検と補修を命じています。土壁の防火性能への認識があり、二階の火気使用施設も規制しています。しかし、町家内部に火の用心を徹底するこの内容では、町なみには影響をあたえません。しかしこのほかに壁仕様に関わる触書は江戸後期まで見当たらず、土蔵造や塗家の文言もない。このような京都を守貞は次のように記します。

……京坂は表の屋根と庇の間は垂木窓子をも全く塗篭《ぬりごめ》にす、唯庇上に幅木板を顕すのみ、庇下を塗篭る家、更にこれ無、又、家宅の外面、江戸の如く下見板を打たず全壁を顕し、雨の為の漆喰をする也、けだし腰板は用うる也……

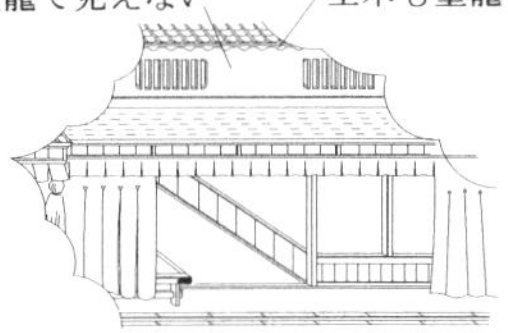

図15　大坂の塗家（『摂津名所図会』）

京都と大坂の町家は、通庇と二階表壁の境を走る前包《まえつつみ》（「幅木板」）を除き垂木から格子まで塗り籠める、しかし通庇下は塗らず、外壁も江戸の（焼家の）ように下見板を打たず、壁のまま漆喰塗にするが腰板は張る、としています。つまり通庇より上は塗籠の塗家というわけです。もっとも京都の町家は真壁ですから、この描写は該当しません。確かに大坂にはそのような町なみがありましたが（図15）、京都では通庇の上も真壁が大勢でした（第一節）。おそらく守貞は江戸と上方の風俗を比較する際に、京都の真壁を大坂の大壁と混同していたのでしょう。

それよりも京都については、天保一三年（一八四二）七月の京都町奉行所の触書（四二）こそ非常に重要です。

……町々家作の儀、土蔵造、塗家等に致すべきの旨、先年より度々相触置候処、年暦を経、忘却致候向もこれ有哉、近年塗家造等は稀にて、こけら葺多く、出火の節、消防の爲宜しからず候間、以来普請修復等の節、前々申渡置候通り、土蔵造、塗家に致すべく候、あわせて一時は行届申間敷候間、まず表通りの分、追〃土蔵、塗家等に相直し、裏家の義もこけら葺の分は瓦葺にいたし、是又往〃は塗家等に相直し、造作専ら質素にいたし、往還は勿論、横道裏町共、猥に張出し建足物一切致さずとて、形容に拘らず、今般厚き御主意の趣相守、末〃までも行届候様可致候……

ここまでが触書の前文です。「先年より度々相触」とありますが、京都では「土蔵造」や「塗家」を明記した触書として初見されるものです。その点だけでも重要ですが、実は江戸では三ヶ月前の四月二九日に同じ内容の触書が出されていました（第二節）。したがってこの土蔵造・塗家命令は、天保改革を断行する水野忠邦の都市政策として同じ幕府直轄都市の京都に伝達されたことがわかります。そしてもしも、この触書が徹底されていれば、京都にも江戸と同じ町なみが生まれたはずでした。しかし、そうならなかったのは京都町奉行所が次の一文を書き加えたからです。

勝手次第とされた防火仕様

……右の通、江戸表において仰渡され候間、承知仕るべく候、当地の儀は出火沙汰も無数候得共、土蔵造ならびに塗家等にいたし候儀は勝手次第に致すべく候、こけら葺の分は軒先、裏物置、小屋または端々の小屋、裏借屋に至迄、修復の度ごとに等閑に致さず、いづれも瓦葺にいたし、造作質素等の義、前書仰渡さるの趣堅相守、心得違これ無くいたし、いよいよ火之元念を入れ申すべく候……

まず、江戸で土蔵造や塗家が強制される状況を周知します。それと同時に京都には「勝手次第」として、強制していません。当時の町家に多かったこけら葺の通庇に、瓦葺を命じただけなのです。この点、京都の桟瓦葺命令として初見されるものですが、大屋根には広く普及し、通庇にも半分ほどに用いられていた桟瓦葺ですから、苛烈な強制にはなりません。新たな都市政策としては、土蔵造や塗家こそ徹底すべきものでしたが「勝手次第」でした。なので京都は、これ以前も、これ以降も、土蔵造や塗家は町人の勝手次第、真壁も規制違反ではなかったのです。江戸の壁仕様は京都に及びませんでした。

もしも京都で土蔵造や塗家が強制された場合、真っ先に反応するのは左官職仲間のはずです（写真4）。しかし、彼らが文政一〇年（一八二七）に申し合わせた『左官仲ヶ間定法書十九ヶ条』（四三）でも、所司代・町奉行所体制の建築行政に従う姿勢を記す一方で（「前〃従《より》御公儀様被為仰附候趣、委細承知可奉」）、土蔵造や塗家には触れていません。

幕末に江戸から上洛した石川明徳も、元治元年（一八六四）刊行『京都土産』（四四）に京都を次のように記しています。

……富家大商といへとも、塗家などにて大廈《たいか》高楼《こうろう》を構《かま》へ或は表へ土蔵を高大に立置く者などはこれ無く、江戸駿河町三井の店、室町通り二ヶ所これ有、竹屋町の店は仕入のみにて店商ひは致さず、其間口ようよう十間ばかり、冷泉町の店は店商ひは致すとも客も格別これ無く、間口弐拾間位にて何れも平常の家作、塗家等目立普請これ無……

〈意味〉

……豪商でも大きく高い塗家や表蔵をそびえさせる町家はなく、江戸駿河町にそのような表構えを見せる三井家も、京都の室町通り沿いや竹屋町、冷泉町の店では特別の賑わいを見せず、塗家にして目立つようなこともしない……

写真４　明治末期の左官職人
（石井行昌撮影写真、京都府立総合資料館寄託）

幕末の京都が真壁の町なみだったことを裏付けます。京都が土蔵造や塗家が普及した江戸と異なる町なみになったのは、所司代・町奉行所体制が強制しなかったのが理由でした。次節ではその背景を今少し検討してみましょう。

なお文化三年『年中行事大成』や文政三年『三条油小路町町並絵巻』など一九世紀の絵画史料をみると、大屋根は桟瓦葺で揃うのに、通庇にはこけら葺が多かった。大屋根よりも火事に関わりが少ないと判断されたのか、通庇はこけら葺のままにおく傾向があったのかもしれません。しかし先にあげた天保一三年七月の京都町奉行所の触書は、こけら葺の「軒先」を放置せず、機会を見つけて瓦葺にせよと命じました。その後、京都の町家の通庇には桟瓦葺が徹底されていき、元治大火（一八六四）直前の『花洛名勝図会』では『祇園町北側井筒茶店』図にこけら葺の通庇があるものの（第二章図26）、他は桟瓦葺になっています。このほか『百足屋町町並図絵』に並ぶ町家の通庇も桟瓦葺で揃っており（図12）、この図会も幕末近い京都の町なみを描くとみてよさそうです。

第四節　京都所司代 - 京都町奉行所の建築行政

壁仕様と都市文化論

京都と江戸の町なみは、幕府の防火政策の徹底する度合いが違ったので異なるものになりました。江戸では、土蔵造や塗家の分厚い土壁は軒先や軒裏も廻され、それに見合った大棟や鬼瓦、本瓦葺をのせて重厚な印象を生み出しました。これに焼家が混じったわけです。これに対して京都は、ほとんどの町家が薄い真壁で、軸組や垂木も塗り籠めませんでした。桟瓦葺の軒先に並ぶ垂木や真壁が、軽やかな印象を保ち続けたのです。

この違いを都市文化の面から説明する向きもあります。江戸では富の象徴として土蔵造がもてはやされた、しかし京都では中世以来の洗練された真壁が好まれた、それはちょうど市川団十郎に代表される江戸歌舞伎の荒事の格式美と、坂田藤十郎に代表される上方歌舞伎の和事の情緒美の違いである、などとするものです。

しかし、都市文化を反映するのなら、また様式美であれば強制がなくなっても衰退しないはずです。都市文化が町なみと関係あるのなら、むしろ都市環境を形成する町なみから都市文化が生まれるのではないでしょうか。荒事の格式美を豪壮な意匠好みと結び付けることはできても、土蔵造や塗家の発生・増加にまで結びつけることはできません。それは強制の結果であって、都市文化が土蔵造や塗家を生んだわけではないのです。

もちろん一度土蔵造の町なみが整うと、その重厚な印象を誇りにする感情も生まれます。それへの憧れが生まれて、関東一円から東北にも富裕表現として広がったのでしょう。防火性能や断熱性も求められたでしょうが、重厚で豪壮な土蔵造の町なみへの憧れが原動力だったはず。こちらは都市文化の伝播と評価してよいのかもしれません。

費用問題と町なみ規制

京都では強制がなかったわけですが、防火性能や豪壮さは意識されなかったのでしょうか。昭和の戦争後、アメリカ軍の航空写真でも、無差別に爆撃された全国六六都市をみると、がれきが取り除かれた跡にコンクリート造のほかは土蔵だけが点々と残ります。土壁の防火性能は生半可なものではありませんでした。この性能を知ればこそ、江戸時代の京都の町人も敷地奥に土蔵を建て並べました。そして火事の際は大事な物を押し込み、土戸を閉めて隙間に壁土を詰めたのです。

ところが、京都の町家には土蔵造や塗家が普及しなかった。この点、所司代・町奉行所体制が天保一三年（一八四二）七月の触書で、江戸での強制を周知しながら京都では「勝手次第」とした背景を、もう少し考えてみましょう。実は同様の例が過去にもあったからです。それは享保五年（一七二〇）。江戸で瓦葺規制が解除され、ほぼ同時に京都でも解除された翌年、享保六年（一七二一）九月の触書(四五)に読みとれます。

……洛中町続洛外屋根葺替、其外造作繕等の儀、只今迄、雑色・町代迄、書付指出来候得共、向後相届けるに及ばず候、勝手次第修復致すべく候……

当時、江戸では瓦葺が強制されていましたが、京都では強制せずに屋根葺替を勝手次第としたのです。これにより瓦葺は自由になりましたが、防火性能が問題になったはずのこけら葺も規制しませんでした。この点、防火都市化を急ぐ江戸の防火政策とは大きく異なります。京都には防火都市化を急ぐ姿勢が見当たらないのです。

もちろん当時の所司代・町奉行所体制が京都の防火性能に無頓着だったはずはありません。二年後の享保七年、老中の意向を受けたとはいえ京都の消防制度改革を断行する同体制が、防火性能の高い瓦葺や土蔵造、塗家に関心がなかったはずはないのです。しかし瓦葺は強制しない。ここに壁仕様の場合と似た経緯がみて取れます。

もっとも所司代‐町奉行所体制が強制した例もありました。宝永五年（一七〇八）の町々へ向けた通りの拡幅命令です（第一章）。その実効性は町奉行所役人の検査で確保されましたが、背景には元禄三年（一六九〇）の老中の命令がありました。ですから宝永大火を機会に断行できたのです。そうすると、瓦葺のときと同様に（第二章）土蔵造や塗家にも老中の命令が見当たりません。ですから、これらも強制権限を得られなかったことになります。それに瓦葺はまだしも奨励されましたが、土蔵造や塗家は天保一三年（一八四二）まで奨励の形跡すら見当たりません。防火性能が確かとされて江戸では強制されるのに、京都では奨励もされなかった。この理由は、次のように考えられます。

京都の町人は、瓦葺規制が解除された享保期には、ウダツや棟、敷地奥の火気使用小屋には見慣れたはずの瓦葺を、すぐには大屋根や通庇へ広げませんでした。他国瓦の流入などで瓦価格が低下したとき、ようやく受け入れ、それもまず大屋根に、続いて通庇に広げました。火事の頻度と瓦の費用対効果を天秤にかけて合理的に選択したのでしょう。これに対して土蔵造や塗家は、左官手間が真壁の数倍に及ぶため、非常に高価でした。また瓦葺と違って価格が下がる要素もありません。これを奨励して軋轢を生むよりも、所司代‐町奉行所体制は瓦葺の普及を優先し、奨励したのではないでしょうか。そして土蔵造や塗家は奨励もされないまま、京都に普及しなかったのです。

それでは、町人の側からみるとどうでしょう。もしも採用の障害が経済面だけなら、三井家などの豪商には採用の可能性もあったはずです。それに三井家は、江戸や大坂の店舗に土蔵造や塗家を採用しています。しかし京都の店舗には採用しなかった。これには、建直しをしても厨子二階のムシコを変えなかったように（第一章）、町内の相互規制の影響をみるべきです。重厚な土蔵造や塗家が出現すれば、真壁で桟瓦葺の軽やかな町なみに大きな影響が予想される。当然、低層・均質化した町なみの維持を定める考え方、たとえば「昔よりの町なみ違い候事、仕間敷候」（四六）というような京都の町々の共通認識に関わります。相互規制の実効性は、町奉行所与力の神沢杜口貞幹が寛政三年（一七九一）『翁草』に「かねて家を造り直さんと思ひし者も、故なきに家居きらきら敷建直さんは、さすがに世の聞えいかがと堪え居たる」と記したように（四七）確かであり、極端に目新しい外観は憚られた時代でした。

それに土蔵造は、多くの町々が定める「表蔵」規制（第一章）に抵触した可能性もあります。相互規制が町なみの維持に効果をあげる京都では、表通りに目立つ土蔵造や塗家は、幕府側の根拠地である二条城や御所群を取り囲む幕府役人屋敷の長屋、一部の店舗を除けば目にしないものでした。それこそ石川明徳が記す「目立普請」（第三節）だったから、豪商の三井家も採用を憚って「何れも平常の家作、塗家等目立普請に無之」としていたのでしょう。

もちろん土蔵造や塗家の普及に町の相互規制が障害になる状況を、所司代・町奉行所体制は知っていたはずです。そこで天保一三年（一八四二）、江戸で強制する触書が出たとき、それを根拠にあげて京都でも土蔵造や塗家は勝手次第、相互規制の適用をはずすべきことを周知したのではないでしょうか。そうすると、この触書は京都では一回きりの、防火性能の高い壁仕様の奨励だったことになります。享保五年（一七二〇）の土蔵造と塗家の規制解除から一二二年後のことでした。しかし明治維新までの四半世紀、普及することはなかったのです。

おわりに

本章の結果をまとめてみましょう。

- 江戸初期の京都の町なみには、二階を壁土で塗籠にする塗家が存在した。しかし、その一階が真壁であるように、防火性能を意識したものではなく、城郭建築の要素を取り入れた意匠的選択、富裕表現であった。
- それ以外の多くの町家は、一、二階ともに表構えは真壁が多かった。しかし、それらの町家があげるウダツには、真壁と大壁が入り混じった。
- 一七世紀中頃、所司代の結構な建築の規制が、塗家を減少させた。しかし、それ以外の板葺で真壁の町家は、ウダツと棟だけの瓦葺と、ウダツの大壁も許された。一八世紀初頭の宝永大火後、この型式が大勢になった。
- 享保五年（一七二〇）四月、将軍の命令で瓦葺規制が解除された江戸では、土蔵造や塗家も遠慮の対象からはずされ、翌年から強制が始まった。一方、京都では、塗家や土蔵造は強制されず、勝手次第であった。そのため表構えは真壁、妻側や隣棟間のウダツは真壁と大壁が入り混じる状態が続いた。
●一八世紀中頃~後半、京都に桟瓦葺が普及すると、ウダツは減少した。ケラバ下の妻壁は、真壁と大壁があった。
●壁仕様に関わる京都町奉行所の関与は、天保一三年(一八四二)七月の触書で土蔵造や塗家が江戸で強制される状況を周知しただけ、それを町人間の相互規制の対象ではないと知らしめたことで奨励したとみなせる程度であった。
●元治大火(一八六四)後、妻壁に板張をして母屋廻りだけ塗り籠める型式や、隅柱以外を塗り籠める大壁も現れた。
京都と江戸の町なみが異なったのは、規制解除された瓦葺や土蔵造・塗家が江戸では強制され、京都では強制されなかったためと考えられます。最後に、同じ幕府直轄都市でこのように違った理由を考えてみましょう。

所司代の役割と京都の位置付け

八代将軍吉宗と幕府老中は、風が強い市街地の二割に五〇万人の町人が密集し、大火が多い江戸に防火性能の向上を急ぎました。なにせ将軍のお膝元ですから。しかし京都は、天皇御座所という重要な幕府直轄都市でも、江戸と同じ程度の防火性能の向上を必要としなかったようです。なので元禄期に命じた通りの拡幅が宝永大火後に実行された京都の所司代-町奉行所体制に、防火性能の高い仕様を強制する権限を与えなかったのでしょう。

ただし、その京都で、享保七年(一七二二)以降の消防制度改革における所司代の役割変化は見逃せません。それまでの所司代は、自ら消防の指揮をとる場合がありました。消防は戦時の軍役に匹敵する武士の義務だったのです。ところが消防改革後は消防指揮を町奉行に任せ、所司代は報告を受ける立場になりました。よほどの大火でも所司代は天皇の身辺警護にのみ動きました。御所に延焼の危険が及べば早々に避難を決め、警護に専念しました。天明八年(一七八八)に天明大火が京都を襲った際、所司代が江戸出府中で天皇の避難警護に混乱が生じ、朝廷側の内部に不敬との不満が噴出したのも、天皇警護が所司代の重要な役割と認識されていたからこそです。

そうすると、京都の防火性能を無理に向上させなくても、天皇の警護準備さえ担保しておけばよいとの考え方も可能です。そもそも京都は朝廷や寺社、それに武家が入り混じり、遊女でさえどのような権門につながるかわからない、扱いの難しい土地柄でした。また町人も、天皇御座所の禁裏御所の前を通るときは頭を下げるのに、二条城大手門前を通るときは知らん振り。幕府には小面憎い連中だったでしょう。それどころか気に入らない幕府役人には、その気持ちを明確にしました。たとえば在任中に蓄財に務めた東町奉行赤井越前守（忠晶）が天明二年（一七八二）に江戸へ栄転する際、京都の町人は行列の道筋に放火して廻り、嫌がらせをしました。天明七年（一七八七）の飢饉のときは、東町奉行丸毛和泉守（政良）の無策へのあてつけに町々をあげて禁裏御所へお千度参りを繰り返し、町奉行の心身症を悪化させて罷免に追い込みました。そこまでされても所司代・町奉行所体制は、表裏色々、町人に頼る部分がありましたから、必要以上の軋轢は避けました。このような京都特有の事情を知る老中も、経済負担を伴う防火仕様を強制して不満をかうよりも、所司代に天皇の避難警護を徹底させたのではないでしょうか。町人の新たな負担になる政策は、極力避けていたのでしょう。

土蔵造と塗家の防火性能

土蔵造や塗家の信頼性が、京都の町人の間で問題になった可能性もあります。

多くの土蔵の脇に壁土が用意されていたのは、火事のとき、土戸の隙間にも壁土を詰めて完全密閉しなければ火が入り込んだからです。天明大火時、分厚い御所の築地塀の内部骨組が土壁を破る火を噴いたとの伝説もありますが、壁越しに猛烈な輻射熱をくらって二六〇度以上になった軸組が無炎着火して可燃ガスを発したところに、細い割れ目から引火したのでしょう。風の強い日であれば、木造都市の火事は薪の山に火を放つようなもの。数棟の火事でも火が寄り集まって旋風現象を引き起こし、巨大な火柱となって手の打ちようがなくなりました。

ところが当時の町人は、いらいら消防車を待つような現在と違い、町内や近隣から火事場へ急行して水汲みを手伝い、選ばれた者は火中に突っ込んで行きました。町人の消防には、忌避行為をことさら指摘する向きもありますが、京都の大名火消がどれほど活躍し、町奉行所が町人の負担で消防組織を手に入れても、規模と出動速度は京都全体に十全ではありませんでした。多くの場合、その到着より早く近隣の町人が消し止めていたのです。そんな町人の消防は別の機会に紹介するとして、町人はわずかな隙間でも火が入り込む実態を承知していたはずです。

そうすると、せっかく高価な土蔵造や塗家を建てても、土蔵と違って大きな開口が多く、短兵急な密閉は難しい、つまり高価な割に防火性能に問題あり、費用対効果の面で疑問と判断していたかもしれません。先述の相互規制の影響こそ大きかったと思いますが、塗家や土蔵造は京都の町人の合理的な選択から漏れた可能性もあるのです。

京都近郊農村の桟瓦葺塗家

京都周辺に広がる近郊農村の民家は、一階が板壁や真壁、上部は茅葺や藁葺の葛家《くずや》型式が多かった。しかし一八世紀中頃から、大屋根も四周の庇も桟瓦葺にする総瓦葺が増加しました。それらは厨子二階の四周を大壁の塗家にしており、京都の町家の二階表にみる真壁とは違っていました。なぜ、このような違いが生まれたのでしょうか。

農村部のうち、幕府直轄領地や朝廷関係領地は、京都代官所が年貢収納などの民政を支配し、建築許可の申請も取り扱いました。また旗本領地や寺社領地、一部の朝廷関係領地は、領主が置いた在地領主の地頭が取り扱いました。彼らは所司代・町奉行所体制の監督を受けましたから、町家の二階に真壁を許す建築行政は知っていたはずです。

しかし享保改革時に幕府勘定所機構が整備されたとき、全国代官衆への支配も強化されました。全国の幕府直轄領地で代官衆が不正を繰り返したので、中央支配が強化されたのです。この影響が山城国にも及んだことが、享保一九年（一七三四）の勘定所「京都代官事務之儀に付達書」に読み取れます（四八）。

……京都町奉行支配、御代官小堀仁右衛門・鈴木小右衛門御代官所、公事訴訟《くじそしょう》ならびに自分へ懸り候儀は、只今迄の通、京都町奉行へ相達し御取箇、在方御普請・夫食《ぶじき》・種貸・其外、地方《ちがた》へ附候御用向は、向後町奉行へ相達するに及ばず、御勘定所へ両人より直にも相達、御勘定奉行取計申すべき事……

京都代官所に対して、公事訴訟を除く民政上の事がらは江戸の勘定奉行との取り扱いを命じたのです。もちろん代官所が所司代・町奉行所体制との結びつきを弱めることはありません。しかし幕府勘定所との連絡経路が通ると、防火性能の高い瓦葺や塗家の強制方針も直接に伝達されたのかもしれません。そうすると農民が茅葺や藁葺の民家を桟瓦葺に変えたいと申請してきたとき、享保期の防火仕様として瓦葺とセットであった塗家も合わせて指導した可能性もあります。この点を裏付ける史料は得られていませんが、一つの可能性として述べておきます。

付記　町なみの色

京都の町なみの色。かつては格子や柱の紅殻《べんがら》色がよく取り上げられました。
たとえば明治生まれの白鳥省吾は「西陣の織屋」という詩に、次のように記しています。

京名物の紅がら格子の奥で　機《はた》織る音の濃《こま》やかにする
旅人に覗い知ることの出来ぬ紅から格子の織屋が　何千軒となく続いている
其処には　昔から伝はっている夢がある
暗い部屋で目ざめるやうな織物を造る　勤労な織匠たちがいる
真夏の京都の一隅に　風通しの悪いくらい家々から

「京名物の紅がら格子」は、細い千本格子に紅殻を塗り、赤く着色したものをいいます。紅殻は酸化第二鉄を原料として水に溶けない性質を持ち、防腐や防虫効果がありました。そのため太古から棺おけなどに塗られ、風雪にさらされる三徳山三仏寺投入堂（鳥取県）は全面紅殻塗でした。また創建法隆寺（若草伽藍）の壁画の彩色に用いられていたことも判明しています。

同じように赤い塗料に硫化水銀を主成分とする朱《しゅ》もあって彩度の高いピンク系でしたが、採掘量が限られる高級塗料。これに対して紅殻は全国各地で生産され、庶民住宅にも塗られました。格子に限らず外観に露出する木部はすべて紅殻塗の場合も多かったのです。岡山県高梁の吹屋ふるさと村は、代表的なところでしょう。

かつて日本海側の山間部には多くの「べんがら小屋」がありました。その近くでは必ず酸化第二鉄を含む紅殻石が採掘されて、これをべんがら小屋の水車を動力にした杵で粉砕したのです。粉砕した紅殻は泥土の状態で壺に集められ、団子にこねられ、竹の棚の上に置かれて乾燥されました。そして紅色の団子の状態で各地に出荷されました。それは建物の塗料としてだけでなく、瓦の着色材料にも用いられたのです。

町家に塗る場合、まず擂鉢で擂りつぶしてから水に寝かせました。使用時には菜種油を混ぜ込み、煤玉をかき混ぜて色目を整え、木部に滲みこませるように塗りました。調合の具合で違いはありましたが、塗ったばかりでも、あまり彩度の高くない暗褐色。それを年月が沈深の趣きに変えていきました。この光沢のない色合いを美しいと感じる心理は、日本人の内面に組み込まれた遺伝子から発現するのではないでしょうか。

近年では町家修復でも紅殻は洗いがかけられ、落とされてしまう場合が多い。そして輸入のエコ塗料が油っぽく塗られてしまい、紅殻が塗り直されることは少なくなりました。探せばまだ多く残るのですが、省みられることはほとんどない。それでも町家建築の華やかなりし頃の色合いであったことは覚えておきたいものです。

壁の色にも触れておきましょう。明治二九年（一八九六）『京都繁昌記』には次のように記されています（四九）。

……大抵、人家矮小にして、壁塗るに紅殻を以てす、其色沢々として銅の如し、何の世に之を剏《はじ》めしかを知らず……

京都の町家は小さく、壁を紅殻で塗るとします。もちろんすべてが赤壁であったわけではないので、真壁に露出した木部の紅殻を指す記述かもしれません。しかし一八世紀中頃の円山応挙の眼鏡絵（『四条芝居』）をみると、確かに四条通り沿いの芝居茶屋などに赤壁が複数あります。現在では祇園一力茶屋が往時を彷彿とさせる程度ですが、江戸時代は多かったのでしょう。現在の京都でも、曼殊院大書院や小書院、島原角屋や祇園新橋政の屋などに赤壁が現存していて、往事の趣きを伝えています。

この赤壁には二種類知られています（五〇）。聚楽第跡（東西……堀川〜西大路通、南北……丸太町〜今出川通）産のいわゆる聚楽土と、大坂四天王寺周辺の大坂土です。ともに古い土壌のローム質土で火山灰混じりの風成土とされますが、マンガン質が多い聚楽土が落ち着いた赤なのに対し、大坂土壁は発色が好い。ただ錆を生じやすいのは鉄分が多いためです。残念ながら、かなり前から両産地とも宅地化が進み、採掘が難しくなって深草大亀谷（京都市伏見区）の土に代えられました。ただしこちらは水成土。風成土とは趣きや色目が異なります。そのため色素が調合されて用いられるのですが、どうも発色が鮮やかになる傾向があるのは調合上の問題かもしれません。

ちなみに文政三年『三条油小路町町並絵巻』（京都府立総合資料館蔵）をみると、四六軒中八軒の青壁があります。このような青壁は元治大火後に姿を消したとされますが（五一）、向日市寺戸の須田家住宅（京都府指定文化財）の解体修理が行われたとき、明治一八年（一八八五）増築の奥座敷に青壁がありました。材料の発色か、色素の調合か、よくわかりませんでしたが、鮮やかな色に驚かされたのを覚えています（現在は壁下に塗り籠め）。このような青壁のほかにも浅黄土や黄土の壁があった江戸時代の京都の町なみは結構多彩であったことでしょう。

◉註

一　『見た京物語』（『史料京都見聞記』第二巻　紀行Ⅱ　法蔵館　一九九一）

二　富山博「正倉建築の構造と変遷」（日本建築学会論文報告集　第二一六号　一九七四・二）、山田幸一『壁』（法政大学出版局　一九八一）

三　髙橋康夫『物語ものの建築史　建具のはなし』（鹿島出版会　一九八五）

四　山田幸一『物語ものの建築史　日本壁のはなし』（鹿島出版会　一九八五）。ほかに川崎操「頼長の文倉」（『図書館雑誌』三五 - 一　一九四一）。太田静六「文倉と防火対策」（日本建築学会論文報告集　第六三号　一九五九）

五　『明月記』文暦元年八月五日条（訓注『明月記』第六巻　松江今井書店　二〇〇二）

六　『春日権現験記絵』より「唯識論遁火災事」（『新修日本絵巻物全集』第一六巻　角川書店　一九七八）

七　山本雅和「中世京都のクラについて」（京都市埋蔵文化財研究所研究紀要　二〇〇二・三）

八　『京都町触集成』別巻二　一九六～一九七頁（岩波書店　一九八九）

九　『御触書寛保集成』普請作事并井戸水道等之部　八三六頁（岩波書店　一九五八）

一〇　『新修京都叢書』第三巻（臨川書店　一九六八）

一一　新編日本古典文学全集　六四『仮名草紙かなめ石』（小学館　一九九九）

一二　『新修京都叢書』第一巻（臨川書店　一九六七）

一三　『諸国図会年中行事大成』（臨川書店　二〇〇三）

一四　『近江屋吉左衛門文書』京都府立総合資料館

一五　京都府立総合資料館蔵

一六　百足屋町蔵、木村万平編著『職・住・祭　共存のまち　百足屋町史』巻一（南観音山の百足屋町史刊行会　二〇〇五）掲載

一七　白幡洋三郎『幕末・維新　彩色の京都』（京都新聞出版センター　二〇〇四）など参照

一八　『続日本随筆大成』五（吉川弘文館　一九八〇）

一九　『御触書寛保集成』普請作事并上水道等之部　八三〇頁

二〇　『御触書寛保集成』八三六頁
二一　『近世風俗志』（一）（岩波書店　一九九六、本文中の守貞に関わる内容はすべて本書引用）。
二二　『江戸町触集成』第四巻　九二頁　塙書店　一九九五
二三　『江戸町触集成』第四巻　九六頁
二四　『江戸町触集成』第四巻　一三九〜一四〇頁
二五　『江戸町触集成』第四巻　一六八頁
二六　『御触書寛保集成』八三七〜八三八頁
二七　『江戸町触集成』第四巻　二〇〇〜二〇二頁
二八　『江戸町触集成』第四巻　二七一〜二七二頁
二九　『御触書寛保集成』八三八〜八三九頁
三〇　『江戸町触集成』第五巻　一五三〜一五四頁（塙書店　一九九六）
三一　『江戸町触集成』第五巻　一九九〜二〇〇頁
三二　『御触書宝暦集成』三九七頁（岩波書店　一九三五）
三三　喜多村信節『嬉遊笑覧』（一）（岩波書店　二〇〇二）
三四　浅野秀剛・吉田伸之編『大江戸日本橋絵巻――「熙代勝覧」の世界』（講談社　二〇〇三）参照。
三五　『江戸町触集成』第一一巻　一七三一〜七四頁（塙書房　一九九九）
三六　内藤昌『江戸図屏風別冊　江戸の都市と建築』（毎日新聞社　一九七二）。玉井哲雄『江戸　失われた都市空間を読む』（平凡社　一九八六）。波多野純「江戸の町家」（村井益男編『日本の名城集成　江戸城』小学館　一九八六）
三七　『新訂江戸名所図会』より『今川橋』『尾張町』など（筑摩書房　一九九七）。
三八　『徳川禁令考』前聚第五帙　巻四七　諸法度　四五六〜四五七頁（吉川弘文館　一九三一）
三九　『徳川禁令考』前聚第五帙　巻四七　諸法度　四五七〜四五八頁
四〇　『近世風俗志』（一）、「天保三年」から「僅カ二十余年」、「享保中」は「百二三十年前」との記述から算出した。

四一　『京都町触集成』第一巻　四二八頁（岩波書店　一九八三）

四二　『京都町触集成』第十一巻　二一八〜二一九頁（岩波書店　一九八六）

四三　『左官仲ヶ間関係文書』京都府立総合資料館蔵

四四　『京都土産』（『史料京都見聞記』第五巻　見聞雑記Ⅱ　法蔵館　一九九二）

四五　『京都町触集成』第一巻　三五三頁（岩波書店　一九八三）

四六　叢書『京都の史料』三　京都町式目集成　八七〜九二頁（京都市歴史資料館　一九九九）

四七　『翁草』（歴史図書社　一九七〇）

四八　『徳川禁令考』前聚第六帙　巻五九　四六三〜四七三頁（吉川弘文館　一九三二）

四九　『新撰京都叢書』第一〇巻（臨川書店　一九八五）

五〇　山田幸一『日本の壁』（駸々堂出版　一九八二）。近年では以下の研究があり、本書も参照した。（廣川美子・寺田博一・浅田浩嗣「伝統的建築物の土壁の色彩——聚楽土壁と大坂土壁」、石田志朗・廣川美子・阪口明弘・高橋絵里「伝統的建築物の壁土の地質学的考察——聚楽土と大坂土」、ともに日本建築学会近畿支部研究報告集　第四六号　環境系　日本建築学会近畿支部　二〇〇六）

五一　毎日新聞社京都支局編　『京都民家譜』（日本資料刊行会　一九七七）

第四章

京都の町家と梁間規制

——町家の構造と民家の梁間規制

（土村清二撮影写真）

はじめに

梁間と桁行

本章では、京都の町家の構造と梁間規制の関係を考えます。梁間規制とは、徳川幕府や各藩が武家や寺社、そして民家の建築規模を制限した建築規制です。この場合の建築規模は、長辺方向に軒桁を架ける桁行方向と、短辺方向に梁を架ける梁間方向で表します（図1）。ですから梁間規制はその名の通り、梁間の長さに数値枠を設定するものです。具体的な数値は、二間半（約五メートル）とする藩もありますが、普通は三間（約五・九メートル）です。

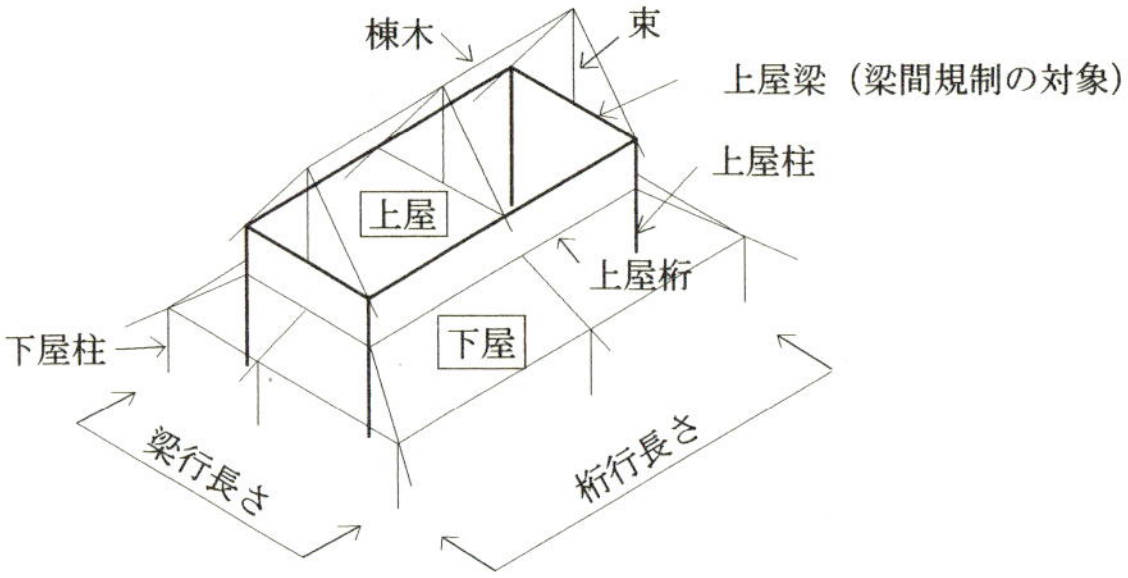

図1　民家の梁行と桁行

この梁間規制。大きな建築を贅沢として規制した贅沢禁止令いわゆる奢侈《しゃし》禁令とみる評価が最も多い。また大きな天災の時期と一致するので、建築資材の需要抑制（一）ともされます。ただ、多くの事がらが絡み合い紡がれるのが歴史ですから、焦点が違えば評価が違うのはあたり前。それに建築規模を制限するなら桁行も制限すべきなのに、なぜ梁間だけなのか。そんな素朴な疑問もありますが、本書が取り上げるのは町家と梁間規制との関係がはっきりしない点です。これまでの研究ではこの点が曖昧に残されているので、切り込んでみようと思うのです。

町家と梁間規制

昭和三〇年代後半から四〇年代、日本全国に開発の嵐が吹き荒れる中で、伝統的な民家や町家は急速に減少していきました。

松原通西洞院東へ入町北側
東本願寺下光円寺
建直居宅 梁行五間半 桁行三間半

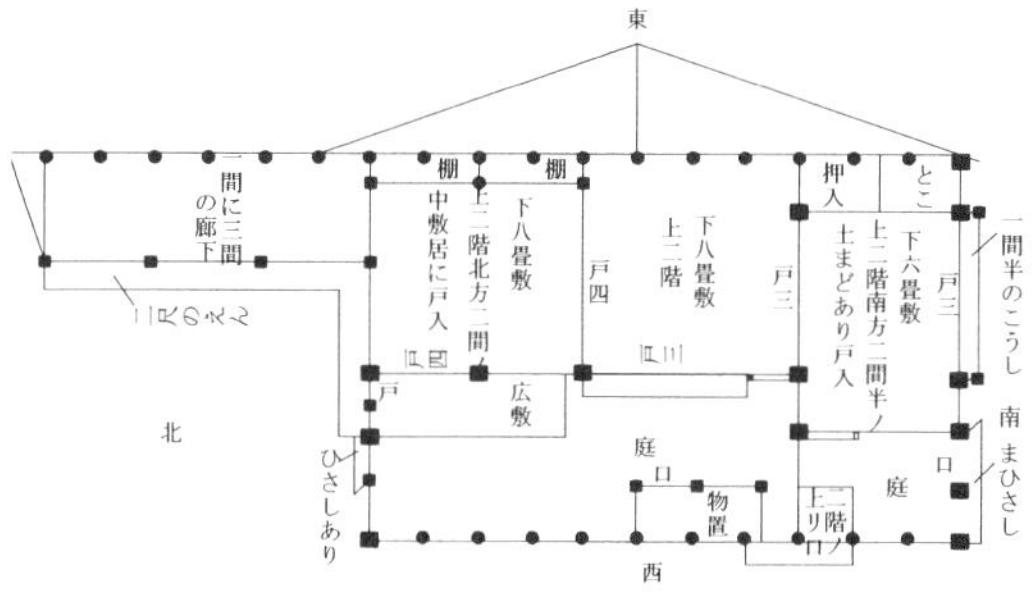

右の通、往持願被申候細工仕候哉、奉伺候、以上
元禄元年 辰十一月十日 組頭 田辺次兵衛
年寄 上田八兵衛
室町通大黒町大工 吉兵衛

図2 「東本願寺下光圓寺建直居宅図」申請書（冒頭部分『近江屋吉兵衛家文書』）

そこで民家型式の分析や記録保存、分布範囲の解明のため、各地で緊急調査が進められました。近畿圏で民家調査を進められた永井規男氏は、京都府下の梁間規制に次のような指摘をなされています（二）。

（以下、要約）

●江戸時代の梁間規制は、梁行方向の建築規模を制限するのではない、屋根を構成する大屋根と下屋根のうち、大屋根すなわち上屋を支える上屋梁《じょうやばり》の長さを制限するものであった。

●梁間規制の対象は、新規に建築される民家が対象であった、そのため、梁間規制が出される前から三間を超える上屋梁を持っていた民家は、その後の建直しでも、その長さの梁を用いることを許された。

さらに永井氏は、京都の町家に「主屋の梁行間数には制限がなかったようで、小さい例で三間半、普通には四間半～六間半が多く、七間以上の例は少ない」（三）とされました。梁間規制との関わりはみえないのです。日向進氏が「京都町家の構成を正確に知ることのできるものとしてもっとも古い」（四）とされた元禄元年（一六八八）の町家の建築許可申請書（「東本願寺下光圓寺建直居宅図」）（五）にも建築規模は「梁行五間半、桁行三間半」と記され、申請図でも梁行方向の五・五間全体に大きな切妻屋根を架けます。三間にこだわる風はありません（図2）。ほかの史料や遺構をみても、京都の町家に梁間規制の影響はみえないし、他の都市でも同じようです。

町家と梁間規制に関わる通説

京都の町家に梁間規制の影響がないのはなぜか。この点二つの通説をみましょう。

まず町人が負担する「軒役」（棟別賦課）との関係を指摘する説です。間口三間が一軒役として設定されたので、奥行にあたる梁行を三間に制限すると全体は一八帖になってしまう。それでは余りに狭いので、京都の町家に梁間規制はなかったとするもの、いわば黙認説です。

しかし武家屋敷には、梁間規制に従った規模の建物を複数つないで全体面積を確保する例があります。そして京都の町家にも、店舗棟と居住棟を廊下でつなぐ「おもて造り」がありますし、それにより武家屋敷のような解決もできたはずです。全体面積の問題が規制対象からはずす理由になったとは考えられません。

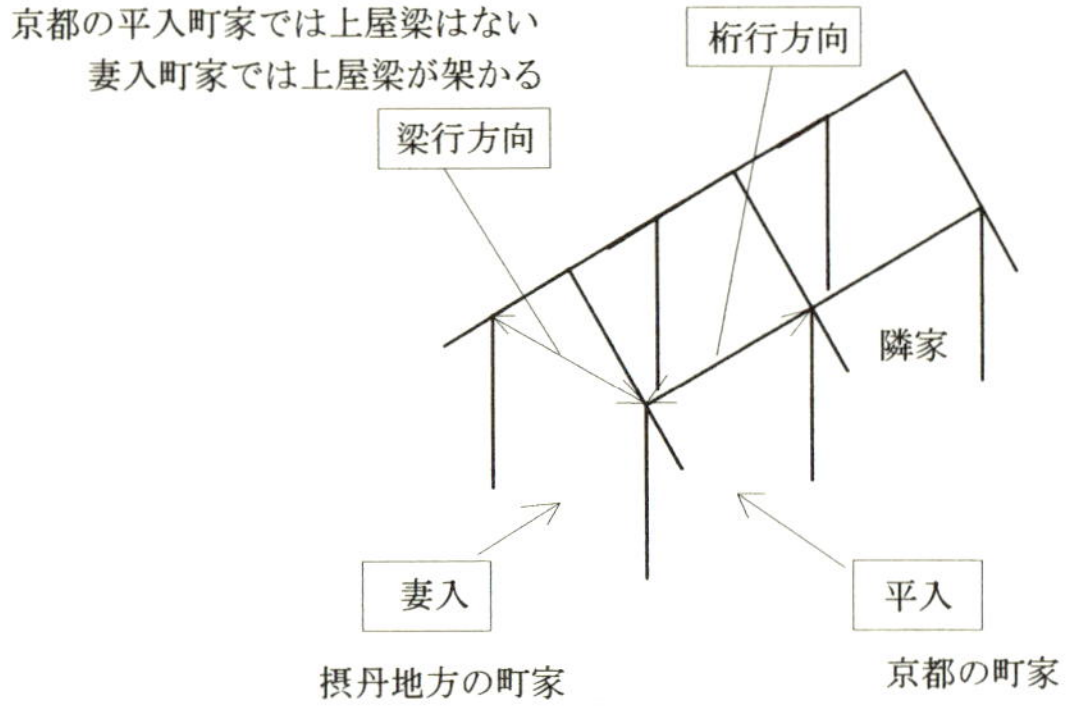

図3　平入と妻入

続いて、幕府の年貢増徴策に関係をみる説。幕府は農民の建築に農地減少を危惧して建築規模を制限したのだから、関係ない都市の町家は対象から除いたというものです。しかし摂丹地方（大坂・兵庫北部）に多い妻入（図3）の町家をみると（図3）、この型式はもともと農民の妻入民家（摂丹型民家）が宿場に集まって町場化する過程で現れたようですが、梁間規制をうかがわせるものがあります。一方、京都近郊農村には京都の町家と同じ平入の「町家型民家」というものがあって梁間規制の影響がみえない。それに都市と農村との境界にも微妙な変動がありました。

その上、町家だけ対象から除く建築規制が出たとしても、山城国の農民が易々と受け入れたとは考えにくい。なぜならこんな例があります。山城国南部の農民は、一七世紀後半から、建築許可申請を京都代官所や領主地頭へ行っていました。ところが一八世紀前半に京都町奉行所への申請を命じられ、申請に伴う負担が増えました。そのため農民は、元の申請先へ戻されたいとの訴えをあらゆる経路で四〇年間も繰り返し、ついに戻されたのです(六)。

全国的に暴力闘争が激化する中で一滴の血も流さずに目的を達成した点は、農民闘争史上、画期的な事件でした。このように納得いかない負担は、撤回されるまで徹底的に訴え続けるのが山城国南部の農民。そんな彼らが梁間規制を課せられたとき、町家だけは特別といわれて簡単に納得したとは思えません。それよりも何か梁間規制を受け入れざるをえない理由があったはずです。

本章はこの点を明らかにして、梁間規制に新たな評価を行うことを目的にしますが、とにかくややこしやの話ですから、まずは見通しを示しましょう。それを論証する方向で本章を進めたいと思います。

上屋梁を持たない通柱構造

町家に梁間規制の影響がみえない理由。これを考えるため、ひとつの工法を再度取り上げます(第二章)。多くの町家が集まり、早くから都市化した京都では、建築する場合に隣家との間に施工空間が取りにくいという問題が付きまといました。このため伝統的に「側《かわ》おこし」という工法が用いられています。

まず最初に、京都の町家は切妻屋根で、平入が普通です。妻壁は隣家に面する両側通りに立てます。この妻壁を建築する際に、いきなり側通りに柱を立てず、まず地面に半間毎に通柱を置き並べます。そして、これら通柱に薄い貫を何段も差し通し、込栓《こみせん》でかしめ留めます。ときには柱に土壁の下地(竹小舞)を掻き入れたり荒壁を付けてから、両側通りに建起こして妻壁にします。すると隣家との間に大きな隙間を取らずにすみます。それから棟木や母屋を架け渡して軸組をします。最近では耐震性のため通柱を二間(四メートル)に広げ、その間に胴差《どうざし》と称する横架材を入れて、筋違《すじがい》で固める方法が用いられます。建物を箱のように考えて面や角を固めるわけですが、これを建起こすと変

写真1　通り庭吹抜（火袋）の妻壁と繋ぎ梁

形による影響が大きい。一方、通柱に貫の構成は、いわば綱ですから大きな変形にも追随できます。さらに建物として完成後に地震か何かで傾いても、太縄で引き起こし→貫や軸組を修理・交換→込栓打直し→壁を塗直しで元通り。こちらは籠を考えてもらうとよいでしょう。もっともそれは、軸組をほとんど釘で固定しないからこそ可能であったことですが。それはともかく、側おこしの結果、妻壁には通柱が並び、棟木や母屋を直接支えます（写真1）。妻壁に上屋梁がないのです。

民家や妻入町家のように上屋梁を架けた場合、上屋梁の上に束を並べて棟木や母屋を支える部分が上屋《じょうや》部分になります（図1）。一方、上屋梁より下は、構造上は上屋部分と分離される下屋《げや》になります。しかし平入町家のように妻壁に上屋梁がなければ、上屋と下屋は分離されない。そこで思い起されるのが、「梁間規制の対象は上屋梁」とされた永井氏の指摘です。つまり上屋梁を持たない構造を持つ平入町家は梁間規制の対象外、上屋梁を持つ民家や妻入町家は規制対象と考えられるのです。

これが現時点の見通しです。この見通しを検証するため、まず梁間規制の概観から始めます。続いて、京都近郊農村の民家が梁間規制を克服した例を紹介します。そして、なぜそれができたのか、京都の町家との関係はあるのかどうかを検討します。その上で江戸時代の梁間規制に新たな評価を試みたいと思います。

第一節　家作禁令《かさくきんれい》と梁間規制

家作禁令とこれまでの評価

町家や民家に影響をあたえた梁間規制を探すため、江戸時代前期の家作禁令を対象別に並べてみます。なにぶん徳川政権の建築規制はこの頃に集中し、かいつまんで並べても五頁になります。さあっと目を通してみてください。

【一七世紀中ごろ】

①農民に対する家作禁令

寛永一九年（一六四二）五月二四日『郷村諸法度』（七）

不似合家作、自今已後仕間《つかまつるまじき》敷事

寛永一九年八月一〇日『郷村諸法度』（八）

百姓家作、不應其身儀、仕間敷事

寛永二〇年（一六四三）三月『在々御仕置之儀に付御書付』（九）

庄屋惣百姓共、自今以後、不應其身家作仕るべからず、但し町屋の儀は地頭・代官の指図を請け作事《さくじ》すべし

寛永二〇年八月二六日『郷村御触』（一〇）

百姓屋作、不應其身、自今以後仕間敷事

②町人に対する家作禁令

慶安二年（一六四九）二月一五日『町觸』（一一）

一、町人作事に金銀の箔、付間敷事

一、三階仕間敷事

③京都の御触書

寛永一九年八月二〇日京都所司代の御触書（一二）

町人作事、自今以後、結構に仕まじき事

④旗本武士に対する家作禁令

寛永八年（一六三一）一一月一五日『衣類ならびに家作振舞等之覚』（一三）

家造作ならびに振舞、已下何事よらす、其分際に不相應過分の儀停止也、但し、常々振舞は已前より定の如くたるべき事

寛永一七年（一六四〇）正月一三日『番頭組頭諸役人へ仰出さる』（一四）

屋作ならびに諸道具以下妻子衣類等至迄、分際に従い結構致され間敷事

寛永二〇年正月『家作間数之事』（一五）

壱萬石以下の面々、たとえ番頭為すといえども、座敷《ざしき》貮間半梁に過へからす、但し、臺所《だいどころ》は三間梁苦しからず候、家を作直候の時は、右の間数を用うるべき事

【一七世紀後半】

①農民に対する家作禁令

寛文六年（一六六六）一一月一一日『関東御領知下《ママ》知状』（一六）

村中の者、不應其身家作いたすべからす……

寛文八年（一六六八）三月『農民江被仰渡の條々』（一七）

庄屋百姓共に自今以後不應其身家作るべからず、但し、道筋町屋人宿仕候所は格別と為すべき事

②町人に対する家作禁令

明暦三年（一六五七）三月『普請作事の定』（一八）

町中作事仕候砌《みぎり》、地形築《ぢぎょうつき》候とも、両頬《りょうつら》高下これ無様に申合、並能《なみよく》地形築可申候、街道隣町の映《うつ》りよきように築

申すべく候、むさと[redacted]まゝ《わがままカ》に築中間敷事

明暦三年四月『普請作事の定』（一九）

作事仕候とも、長屋は申すにおよばず、裏店居間の分も、三間梁より大きに作申間敷事

寛文八年三月二〇日『家作幷嫁娶葬祭其外町觸』（二〇）

町人家作軽少に致し、長押、杉戸、付書院、櫛形、彫物、組物無用、床縁、栈框塗候事ならびに唐紙張付停止の事、附けたり、遊山船金銀の紋、座敷の内繪書申間敷事

③京都の御触書

寛文八年三月二五日京都町奉行所の御触書（二一）

町人の屋作ならびに衣類諸事相守、倹約成程軽仕るべき事

同日の京都町奉行所の御触書（二二）

町人の屋作軽少、長押、付書院、櫛形、彫物、組物無用、床縁、栈框、塗り候事、ならびに唐紙張付停止の事、附けたり、遊山舟金銀之紋、座敷の内絵書申ましき事

④旗本武士に対する家作禁令

寛文八年（一六六八）三月三日『振廻弁當幷家作等の覚』（二三）

壱萬石以下の面々は、たとえ番頭為すといえども座敷貳間半梁にこれ過ぎるべからず、但し、臺所は三間梁苦しからず、有来家を作直し候の時分、右の間数これを用うるべき事

寛文八年三月七日『家作の定』（二四）

長押作之事、杉戸之事、付書院之事、結構なる木にて、ぬくひ板之事、彫物、透かし、組物の事ならびに何方にも櫛形の類、床縁其外栈框等、塗り物の事、附けたり、唐紙張付候事、けやき門の事、右の外無用と為すべき候、以上

⑤寺社に対する禁令

寛文八年に京都所司代（牧野佐渡守）が上方大工衆へ、大工組を支配する中井主水（京都幕府御大工）を通じて命じた内容が徹底されなかった（「寺社方の面々不案内の故か、少々の違背のやからこれ有に付、今度改申触候」）ため、寛文一〇年に京都町奉行所が中井家へ再令を命じたもの（二五）

梁行京間三間を限へし、但し、桁行は心次第たるへし、仏壇つのや京間三間四方を限へし、四方しころ庇京間一間半を限へし、右寺社方堂社、客殿、方丈庫裏、其外何にても、此定より梁間ひろく作へからす、修復の義は格別、右御定より上の梁間は、建直しに仕候儀も御停止の事

【一七世紀末期】

③京都の御触書

元禄三年（一六九〇）八月京都町奉行所の御触書「新家改」（二六）

一新地の寺社ならびに新家建候義、前々の如く御制禁の事

一神社仏閣寺院如前々三間梁、双方壱間半のしころ庇、角《つの》や仏壇は三間四方に限へし、此分新規建直共申来事

一寺社在家修復并内造作、土蔵、井戸屋形、湯殿、雪隠并普請新規建直、または見世棚《みせだな》隔子作《厨子造カ》等の軽き作事、向後隣家町の者相対の上、申来におよばざる事

附けたり、三間梁より広き家修復ならびに庇の儀は申し来るべく候、但、葺替ばかりは申来に及ばざる事

一地子赦免の町屋は古来の通、申し来たるに及ばず、但、寺社・道場は前々の如く申し来たるべき事

一在家は三間梁、壱間半の庇の作事、屋敷の内建直建継は申し来たるに及ばず、但し、他屋敷ならびに田畑へ新規に建出し候儀これ有に於いては申し来たるべき事、

附けたり、洛外において新規に借家建候義は申し来たるべき事

④旗本武士に対する家作禁令

元禄一二年（一六九九）一二月『家作諸道具祝儀振舞等の事』（二七）

一新規に屋作仕面々、三千石より千石迄は貳間半梁に過ぎるべからず、但し、有来作事は其通為すべし、彫物・組

物ならびに床縁・桟框等、塗候儀無用となすべき事
一千石以下は弐間梁に過ぎるべからず、但し、有来作事は共通為すべし、長押作り・杉戸・書院・床・彫物・組物ならびに床縁・桟框等塗候儀、唐紙張付無用と為すべき事
一家作の儀、前々も相達候いよいよ軽く、向後居屋敷下屋敷共に一通り軽相見候ても、手の込たる作事無用

一七世紀中頃から末にかけて、多くの建築規制が収集されています。この時期、京都では多様・多層の町なみが低層・均質化へ方向を変えていましたが（第一章）、全国でもこれらの規制が影響を与えたはずです。

ところで右記の建築規制は、寛永一九年（一六四二）と寛文八年（一六六八）に集中しています。このうち寛永一八〜一九年は全国に大飢饉が蔓延し、大きな被害がありました。また寛文八年も諸国がひでりで水不足が起き、翌寛文九年に全国的な飢饉になります。このような家作禁令と天災との時期の一致が贅沢禁止令という評価や建築資材の需要抑制という評価を生む理由です（本章　はじめに）。

しかし、そうであるなら、なぜ解除されなかったのでしょうか。たとえば京都では、朝廷や幕府要人に不幸があると町家建築に停止命令が出ました。喪に服す意味ですが、喪が明ければ解除されました。天災や飢饉が理由の建築規制なら、それがおさまれば解除されていい。ところが梁間規制は幕府の定法となり、長く影響を与え続けました。これらは一時的事由にもとづく措置ではなく、明確な目的を持った建築行政だったのです。それを庶民が抵抗しにくい天災を捉えて命じたとみるべきでしょう。天災があったから規制ではなく、規制のため天災を理由にした。そこに隠された目的を考える必要があります。

梁間規制に関わる問題

梁間規制にしぼってみると、旗本屋敷には寛永一九年（一六四二）と寛文八年（一六六八）、元禄一二年（一六九九）

にも明確に命じられています。このうち寛文八年の命令については、後世に喜多村信節《のぶよ》が記しています（二八）。

……大名衆、御旗本ならびに寺社方誂られ候共、三間梁より大なる家は、今度御法度仰付られ候間、自今已後、請負仕間敷旨、町中棟梁、大工ならびに普請受負仕町人共に、急度申し渡すべき事……

旗本のほか大名や寺社にも、梁間三間規制が命じられたこと、その建築を請け負う町人や大工にも徹底されたことを記しています。これで梁間三間規制に裏付けが取れますが、それ以外の町人の町家にはどうだったでしょうか。

町家にもあった梁間規制

江戸では明暦三年（一六五七）に「三間梁より大きに作申間敷事」とあり（一七世紀後半②）、町家の梁間三間規制が確認されます。これに対して京都では明確な梁間規制が確認できません。寛永一九年（一六四二）に「結構」な家作が規制されただけです。ただし、いかにも抽象的な「結構」に具体的な内容があったことが同年の四条菊屋町の町式目（『四条菊屋町内證式目覚』）（二九）に読み取れます。

……地ぎやうつき申候時に、両隣何《いづれ》も町中へ断相対仕、何もがてんなられ候はば、地ぎやうつきつき有るべく候、さりながら、いずれも町なみ見合仕るべく候、御蔵立候時三かいは無用と為すべく候、右に御公儀様より御触廻《おふれまわり》にて御座候、二かいにても其上に座敷を作り、何方《いづれのかた》を見申様に作る事堅く仕《つかまつる》間敷事《まじきこと》……

周辺に合わせた建築や三階蔵や蔵座敷、あるいは二階座敷を所司代（御公儀）が規制したのです。そして江戸でも、これに似た命令を明暦三年（一六五七）に確認できます（一七世紀後半②）。江戸と京都に共通の規制が確認されるのです。その明暦三年に江戸では梁間三間規制もあるのですから、京都でも同じ梁間規制が影響をあたえた可能性はあります。

見当たらない民家の梁間規制

それでは農民の民家はどうでしょうか。梁間三間規制の影響がよく指摘されるのは農民の民家ですが、明確な梁間規制を見出せません。「不應其身」（一七世紀中ごろ①）つまり身分不相応の家作が規制されているだけです。

民家に関する先行研究は梁間三間規制を自明とします。確かに遺構が語る実態はそうですが、それを命じた規制は明らかにされていません。寛文一〇年（一六七〇）に京都など畿内の大工組を支配する中井家が、幕府老中に対して次の問い合わせをしたことが川上貢氏や谷直樹氏によって指摘されるのみです（三〇）。

……庄や百姓家は、三間はりにては穀物穫候時分難儀《なんぎ》仕候様に承及候……

中井家は、庄屋の民家に梁間三間規制を命じた場合、収穫時に「難儀」であることを聞かされているとして、どうしましょうと老中に問い合わせたのです。これを受けた老中は次のように回答しています。

……百姓に不似合結構仕へからすと先年仰せられ候書付これ在り候、今以其通然るべき事……

農民の家作は従来通り。「不似合結構」とした「先年」の「書付」のままで変わらない、という内容です。梁間三間規制を徹底しますか、との問いかけに、「結構」禁止のままでよい、では回答になっていません。しかし中井家と老中のやりとりはこれで終っています。ですから、この前後を通じて民家には梁間規制の明文規定がなかったことになります。この点、川上貢氏（三一）と谷直樹氏（三二）は、次のように考えられました。引用すると長くなるので私なりに要約しますと、寛文八年の寺社の梁間三間規制（「梁行京間三間を限へし、但桁行は心次第たるへし」）が、一時的に中井家をとおして農民にも準用された、しかし農民側の不満が強く、寛文一〇年の老中の回答により撤廃された、ということです。

寛文八年（一六六八）に民家の梁間規制は始まったものの、農民の反発と老中の決断で寛文一〇年（一六七〇）に廃止と判断された両氏は、元禄三年（一六九〇）八月に町奉行所が出した触書（「新家改」一七世紀末期③）が、「在家」(三三)つまり既存の民家に「三間梁、壱間半之庇」までの建築を申請不要としたことを指摘されました。この触書によって三間を超える梁が町奉行所への申請を義務付けられた、それにより三間を超える梁間が敬遠されて実質的な梁間規制になった、と考えられたのです。

農民の申請は、支配を受ける京都代官所や領主が置く地頭に行うのが普通でしたし、それも代官所の手代や地頭配下の農村巡回時に行えばよかった。ですから京都の町奉行所へ出向く申請は確かに負担になったはずです。また「新家改」は、農民の民家だけでなく町家にも関係があります。なぜなら、京都の町々の七四パーセント(三四)にあたる地子赦免地の町家に、町奉行所への申請を従来通り不要、とするためです（「地子赦免の町屋は古来の通申し来たるに及ばず」）。ですから、申請義務のない町家は梁間規制を免れていた、との解釈も生まれるのです。

触書「新家改」は梁間規制か

しかし、「新家改」を梁間規制とみることには問題があります。町奉行所は新しく規制を加えるとき、これは昔からの規制であるなどと詭弁を弄して批判を避ける傾向がありましたが、それでも規制内容だけは明確にしました。ですから梁間規制なら、それをはっきり書くはずです。江戸の明暦三年（一六五七）四月の触書が「三間梁より大きに作申間敷事」としたように、また藩領でも亀山藩（譜代大名）が享保六年（一七二一）『七十五箇条御法度書』に「新規に建候家は梁間可限三間と限るべし」、篠山藩（譜代大名）が享保一四年（一七二九）『御條目』に「新造の家梁間二間半庇一間、桁行六間に過ぐべからず」、彦根藩（譜代大名）が「身分に過ぎ候屋作仕らず、もっとも三間梁を過ぎず」としたように、三間を超える梁間を明確に規制したはずです(三五)。これらに比べれば「新家改」は三間を超える梁に申請を命じただけ。明らかに表現が弱いのです。

また「新家改」が出た元禄三年（一六九〇）以前から、梁間三間規制があった可能性を示唆する史料もあります。京都北郊、愛宕郡《おたぎぐん》八瀬村の農民が、元禄一四年（一七〇一）に町奉行所へ提出した建築許可申請書（三六）に「梁三間、桁五間半之古家」とあるのです。偶然に三間であった可能性もありますが、京都府北部などに分布する民家（北山型）の基本構造は、まず棟木を支える柱があって、その両側に一間、二間と広げるので、梁間は二間、四間となります。梁間三間は不自然な規模であり、何か人為的な影響を、つまり建築規制の影響を受けて現れたと考えられるのです。それが「新家改」が影響した「三間」梁なら、一一年で古家にはならないでしょう。ですから八瀬村の三間も、「新家改」以前に存在した梁間三間規制に影響を受けた可能性があるのです。

　また、愛宕郡の岩倉村にも興味深い史料があります。安永九年（一七八〇）『家数員数帳』（三七）は、村内農民の家族構成や上屋規模を代官所へ報告した史料です。これをみると、当時の村内八五パーセントの民家が梁間二間半です。二間半は三間よりさらに中途半端。不自然な数値ですし、三間より格下としての規制数値としか考えられません。ここに梁間二間半規制の存在がうかがえます。もっとも安永九年前後の『家数員数帳』をみると、当時の岩倉村では、二間半の梁間を三間に広げながら建直す動きがありました。そのため、二間半から三間へ規制数値が変わった可能性もあるのです。

　このように京都近郊農村の民家には、元禄三年（一六九〇）八月の「新家改」をさかのぼる梁間三間規制や、梁間二間半規制の存在までうかがわせる史料があります。これはいったい、どういうことなのでしょうか。

梁間規制に関わる新しい解釈

山城国南部の農民は、貞享期（一六八四～八七）まで、どこにも建築許可申請を行っていなかったといいます（三八）。そして大工も、この地域では貞享三年（一六八六）まで申請を行っていませんでした（三九）。大工の申請は、まず建築主が代官所や地頭の許可を得てから、所属する大工組を通じて中井家に建築の同意を求めるものでした（第六章）。

しかし建築主の農民が申請しないのですから、大工も行っていなかったのでしょう。それでも貞享期といえば、幕府が農民に身分不相応の建築を規制した寛永期から四〇年近く経過しています。この間、「不應其身」という抽象的な規制だけで農民の建築をみていたのか。そうではないでしょう。八瀬村の例のように、早くから梁間三間規制があった可能性があります。そこで『寛保御触書集成』より、幕府が全国各地の幕府直轄領地を支配する代官衆に命じた「御代官え被仰部」をみましょう。

……在々所々風俗正しからず……屋作り衣服食物之類、其分際《ぶんざい》に過て結構を好み……御代官中常々御仕置《おしおき》之事に心をもちいられす、怠慢致される所の由、相聞候、自今以後、其支配の村々大小百姓共、前々よりの制法を相慎しみ守り、各其職業を励し、風俗相改り候様に、急度其沙汰有へき事……

正徳三年（一七一三）四月一三日の「條々」(四〇)からの抜粋です。幕府は代官衆に対して、農民の乱れた風紀や風俗の取り締まりを命じています。その実態を示す例として「結構」な「屋作り」を記しますから、幕府直轄領地の民家建築は代官所の管轄とわかります。特に山城国の場合、京都代官所の管轄は幕府直轄領地（天領、御蔵入）に限らず朝廷関係領地や旗本、医者、学者領地にも及びました。及ばないのは地頭（領主独自の代官）を置く大名や旗本、公家や寺社領地（私領）ですが、これらも代官所領地と入り組む状態（相給）が多く、幕政の影響下にありました。その中で農民は、それぞれの領地支配者から身分不相応の家作を規制されていたのです(四一)。

そうすると、次は身分不相応の中身が問題です。そのままでは抽象的に過ぎる。代官所や地頭が建築行政を担うといっても、農村を巡回する代官所の手代や地頭の配下が小人数で行うのが実態でした。身分不相応を規制するにも、何がそうで何が違うのか。明文規定がなければ根拠を示せません。梁間規制も何か規準があってこそ、農民も受け入れたはず。そこで、そのような家作禁令を探してみると、思いのほか近くにありました。

農民が身分不相応を規制された寛永期、旗本屋敷が、二間半や三間の梁間規制を命じられているのです（一七世紀中ごろ④「壱萬石以下の面々……座敷《ざしき》貳間半梁に過へからす……臺所は三間梁苦しからず」)。士農工商の四民制度が息づく江戸時代。農民より上位身分の旗本屋敷に梁間三間や二間半規制が命じられたとき、下位身分の農民にこれ以上の梁間が許されたとは思えません。つまり旗本屋敷への「貳間半梁」や「三間梁」規制が、農民の民家にも準用、あるいは参考にされた可能性があります。

ここで旗本屋敷の規制が民家へも及んだ例を紹介しておきましょう。寛文八年（一六六八）、長押や付書院などの要素が町家と旗本屋敷で同時に規制されました（一七世紀後半②③④）。農民には同様の規制は確認できませんが、下って天保一四年（一八四三）四月二八日、『町在家作之儀に付御触書』(四二)には、ほぼ同じ内容に「町中は勿論、国々在所共家作の儀に付ては先年より度々相触置候」とあります。「在所」の「家作」つまり民家の建築も対象だったのです。旗本屋敷の規制は町家や民家へも適用されました。ですから民家の身分不相応を規制する代官所や地頭の建築行政では、旗本屋敷の規制が根拠あるいは参考にされた可能性があるのです。

村請制と梁間規制

それにしても、なぜ山城国では民家の梁間規制を明記する家作禁令が収集されないのか。

まず、誰が梁間規制の実効性を確保したのか、という点を考えましょう。実は、代官所の手代や地頭の配下は、年貢収納時など定期的にしか農村を巡回しませんでした。そのため日常の問題は、庄屋や年寄（役職名）ら村役人が支配者の民政を代行し、補完しました。「村請制」といいます。これを担う村役人は豊臣政権の刀狩で帰農した旧土豪層、かつての領主が多かった。江戸初期〜中期は、彼らが村役人を世襲する場合が多かったのです(四三)。

そんな村役人ですから、住まいはかつて武士の屋形。三間を超える梁もあったでしょう。梁間規制が命じられた寛永期も、それ以前から存在していたこれらは影響を受けません。建直す場合も、年貢収穫時に集積保管庫の役割を持つ、つまり「村請制」に不可欠との理由で三間を超える梁間空間を再び建てたと考えられます(四四)。村役人の村請制に頼る代官所や地頭も、それを認めざるをえません。ただし普通の農民が新規に行う民家建築には、彼ら村役人が梁間規制を徹底します。村内の付き合いの中で実効性を確保するのですから逃れることはできません。ちょうど京都の町なみにおける町役人と町人の関係とみてよいでしょう（第一章）。

なお岩倉村の二間半の理由はよくわかりません。建直しが集中した時期や事情といった農村別の理由が、時々の代官所や地頭の判断に影響して普通は三間まで、何か問題があれば格下の二間半にわかれたのかもしれません。もっとも旗本屋敷の梁間規制には明記されているので、どちらを命じられても仕方ないところですが。

さて、右記の状況は旗本屋敷に梁間規制が課せられた寛永二〇年（一六四三）頃に始まります。それから二五年が過ぎた寛文八年（一六六八）には、この状況が定着していました。そこに中井家が梁間三間規制を試みたとき、実効性は建築を請負う大工が担います。民家建築は村内の協力（合力《ごうりき》）に負う所が大きいとされますが、三間を超える梁を用いる大規模民家には大工も関わったはずです。そして、そんな民家を持つのは村役人層です。普通農民の民家は梁間規制の影響を受けて既に四半世紀、梁間規制は徹底されています。それらの規模拡大には、農業技術が向上して余剰生産物を売却し、代価を蓄積する一八世紀中頃以降を待たねばなりません。中井家が問題にしたのは、梁間三間を超える村役人の民家、寛文八年の問合せにいう「庄や百姓家」でした。それを三間梁にするように大工を通じて命じたとすると、村役人層は従来の村請制で果たしてきた役割を盾に、年貢収穫時に困る（「三間はりにては穀物穫候時分難儀」）との苦情を噴出させます。年貢収納にこだわる幕府の最も痛いところを突く反撃に出たのです。そして苦情は、村請制に依存する代官所や地頭から中井家に寄せられ、それを「承及」んだ中井家は無理強いを躊躇して老中へ問い合わせた。しかし老中の元には、既に配下にあたる京都代官から農民の苦情が届いていたのではないでしょうか。それなのに中井家へ梁間規制の徹底を許すと、村請制に依存する従来の民政にも重大な影響が懸念されます。ですから老中は、「不似合結構」を規制した「先年」の「書付」のまま、何も変えるところはないと回答したのでしょう。それを受けて中井家も、村役人の住まいへの梁間三間規制の徹底を断念したのです。

このように考えれば、農民に対する梁間規制が収集されない理由も、村役人層だけが三間を超える梁を踏襲できた理由も説明できます。そうすると、町奉行所が元禄三年（一六九〇）に「新家改」を発したのは、代官所や地頭の建築行政に規制運用上の問題をみた可能性があります。そのため、三間を超える梁の許可権限を代官所や地頭から切り離し、個々の根拠を直接農民に質して厳正な運用を試みたと考えられるのです（四五）。

京都の町家と梁間規制の問題

農民の民家に寛永期から梁間規制が影響を与えていたとすると、京都の町家にはどうか。先述のように、江戸では明暦三年（一六五七）四月の『普請作事の定』に梁間三間規制が明らかです（一七世紀後半②）。同じものが京都にも影響を与えた可能性がありますが、実際の遺構や史料には確認できません。

この点について『普請作事の定』から九年後。幕府は寛文八年（一六六八）三月『農民江被仰渡の條々』で「道筋町屋、人宿仕候所は格別と為すべし」と定めました（一七世紀後半①）。街道宿場の町家や旅籠は、身分不相応を規制する民家とは別の扱いを受けたのです。この規定が町家の梁間規制を免除した可能性もありますが、あくまで周囲を農村に囲まれた街道宿場が対象です。京都のような大都市にもあてはまるかというと、確証はありません。それに京都は、御土居内側の洛中町々と御土居外側の洛外町々が面的につながった洛中洛外町続きが都市域でした。しかし一方で御土居内側に多くの洛中農村も存在し、町家が集まる洛中町々とはっきり区画されていたわけでありません。その状態で農村であることを根拠にした建築規制は先述のように困難です。農民も我慢しません。

そこで注目されるのが洛中農村（西之京村）の遺構です。同村で庄屋を務めた瀬川家の住宅（京都市上京区上ノ下立売）は、農民の民家ですがウダツや「むしこ」を備えた町家風民家です。ウダツが見事な「むくり」を描くあたり（第二章　写真４・写真５）「幕末期までは下らない」頃の建築（四六）とされるのですが、注目するのは、平入の内部平面が梁行方向（奥行）の七間半を一つの屋根に取り込む点です。梁行は七間半、梁間三間規制の影響はみえません。そうすると、京都の町家風に建替えた時点で梁間三間規制を克服した可能性が生まれます（後に江戸前期の町家と判明、『京都の町家と火消衆』昭和堂　二〇一一参照）。ここに、京都の町家と梁間規制の関係を考える要点が予想されるのです。

次節では、同じように梁間規制を克服した民家を取り上げて、理由を検討してみましょう。

第二節　民家の梁間規制克服

町奉行所の完成検査を受けた民家

林家住宅を取り上げます。同住宅が立つ京都市右京区梅津北町は、江戸時代は東梅津村と称され、臨済宗長福寺の境内東側に広がっていました。環濠に囲まれ、入り組む街路は中世以来。長福寺の寺内的性格を持ちましたが、その一方で保津川東畔に面し、保津川水運がもたらす丹波材木の筏浜として嵯峨村や桂村とともに「三浜」と称されました。三浜の材木屋が「三ヶ所村材木屋」として、京都の「一五ヶ所材木屋」へ販売する権限を掌握していたのです(四七)。林家も「勝之丞」として長福寺役人や庄屋を務める一方「立入伊兵衛」として材木商を営み、東梅津村を代表する家格を備えました。そして天保一一年（一八四〇）、家格を余すところなく示す立派な住まいを建てたのです。

この建築時期は、「天保十一年六月二八日」に勝之丞が町奉行所へ提出した建築許可申請書の控えが残ること、棟木に「天保十一庚子歳九月廿一日、林勝之丞、倅定之助」、「棟梁廣田是之丞」とある「上棟棟札」が残ること、この二点に特定されます。また建築時に大工が描いた下図面の「板絵」も残っています。建築時期の特定が難しいのが普通の民家では珍しい例です。

材木商ならではの太い木柄や目の通った良材の軸組。三和土《たたき》の土間、七口のお竈《くど》さん（第三章　写真2）。屋敷構えの土蔵や小屋なども驚くほど保存度がよいものです。京都近郊にこの時期の民家は珍しくありませんが、これほど多くの史料を残し、建築当初の姿を残すものは極めて稀であり、その意味で京都近郊農村の重要な民家遺構なのです。

写真２　林家住宅現状正面（南側）

その林家住宅を本章で取り上げる理由は、この三間を超える梁行空間を持つ町家風民家が町奉行所の竣工検査を受けている点です。その構造が規制違反でないことを史料に確認できる点が重要なのです。

まず、天保一一年（一八四〇）六月二八日の年記を持つ町奉行所宛の建築許可申請書（四八）をみましょう。

……右絵図墨引の通、私所持屋敷地に居宅其外土蔵小屋等建来候所、右居宅大破候付、取払、此度梁六間、桁行六間、四方共夫々庇を付、南西打廻縁を張、便所取付、内間朱引の通仕切、居宅建直……瓦屋根葺に仕……朱引に記奉願上候、もっとも御制禁の作事仕らず、隣家境目水吐等差障《さしさわり》の儀御座なく候間、願の通御赦免なられ候はば有難く願奉候……

旧宅が「大破」したので建直しを願い出たことがわかります。その旧宅は、申請書に付された刎図《はねず》（申請図上に一部糊張した紙片）に平面が描かれています（図４）。

「梁三間」の平面に切妻屋根をかけ、これに「弐間」が付いて片流屋根がのります。梁間三間の建物に二間の建物が取り付く構成は、梁間三間規制の影響をみて間違いありません。南妻壁に「入口」をあける妻入で、内部は片側土間です。床上の間取りは不明ですが、天明六年（一七八六）の同家史料をみると一列に三室が並んでいます。

この妻入片土間、一列三室割の構成は、一見すると京都の町家に似ていますが、それは平入。こちらは妻入。屋根方向が違います（図３）。実は、この平面は「摂丹型民家」に典型的な間取りです。摂丹型とは、摂津地方から丹波地方を中心に、山城国中部まで広く分布する民家型式です。東梅津村は「京都府下民家分布図」（四九）で摂丹型分布域内

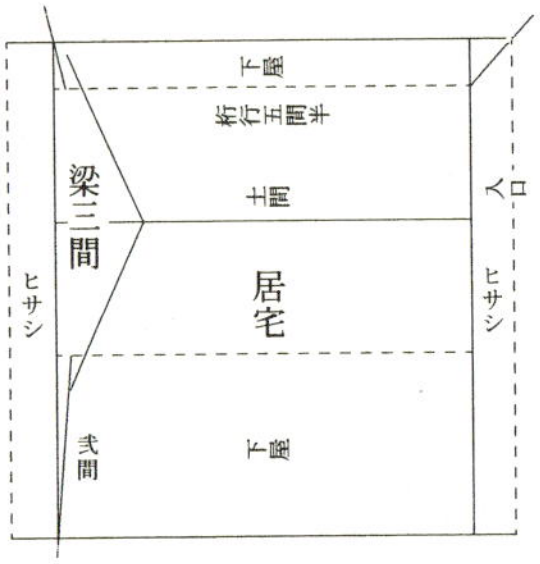

図4　「勝之丞」天保一一年の建築許可申請書（例図）

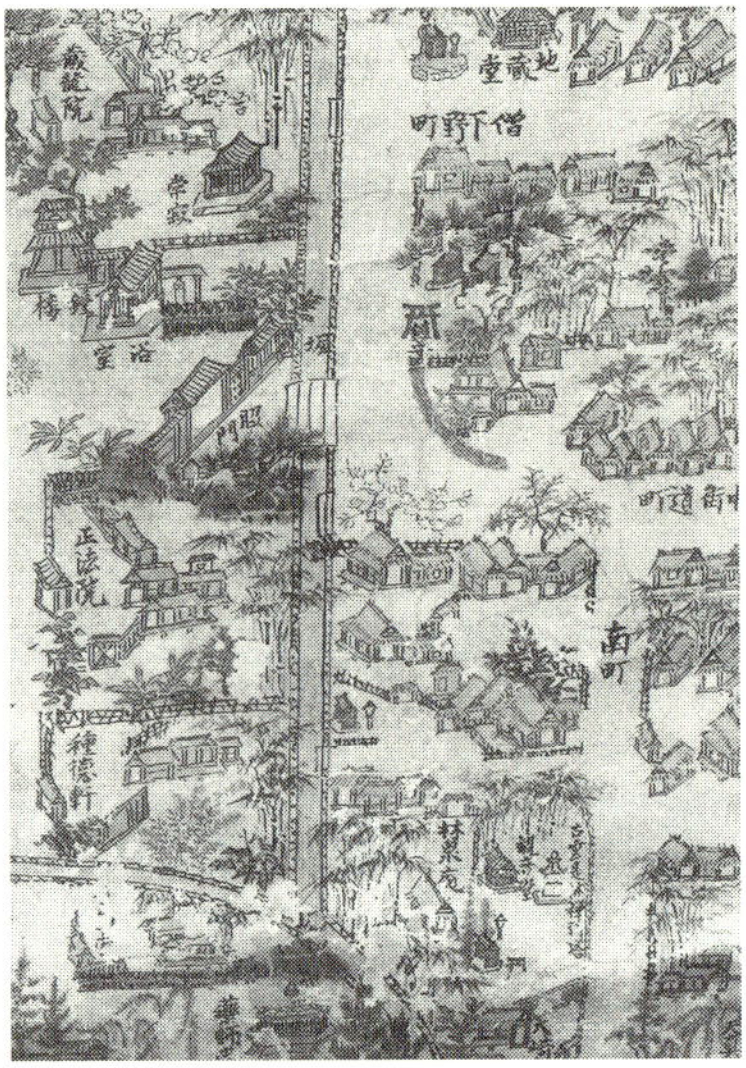

写真3　『山城国葛野郡東梅津村大梅山長福禅寺門前境内捴方彊之図』

にありますし、同村に残る推定一七世紀『山城国葛野郡東梅津村大梅山長福禅寺門前境内捴方彊之図』（五〇）でも妻入民家が並びますから（写真3）、旧宅は摂丹型とみて間違いありません。そして、ほぼ確実に梁間三間規制の影響を受けていました。

一方、建直す申請建物は申請書の差図《さしず》（図5）に描かれます。旧宅と同様、南通に入口を開け、内部も片土間ですが、床上は複列化しています。そのうち南側の通りに面する二室は「トコ、タナ」を備える続き座敷ですが、この部分の続き座敷や床上の複列化は一九世紀摂丹型に典型的な間取りとされています。やはり平面は摂丹型なのです。

ところが屋根は違います。平入化しているのです。妻入から平入になることで、梁行方向は奥行に変わりました。それは「梁六間」。三間を超えます。ここで旧宅に影響を与えた梁間三間規制との関係が問題になるわけですが、規制に違反していなかった。申請が通ったことが何よりの証拠ですし、嘉永三年（一八五〇）九月二日にも町奉行所の竣工検査を受けたことが、申請書に付された次の紙片に読み取れます。

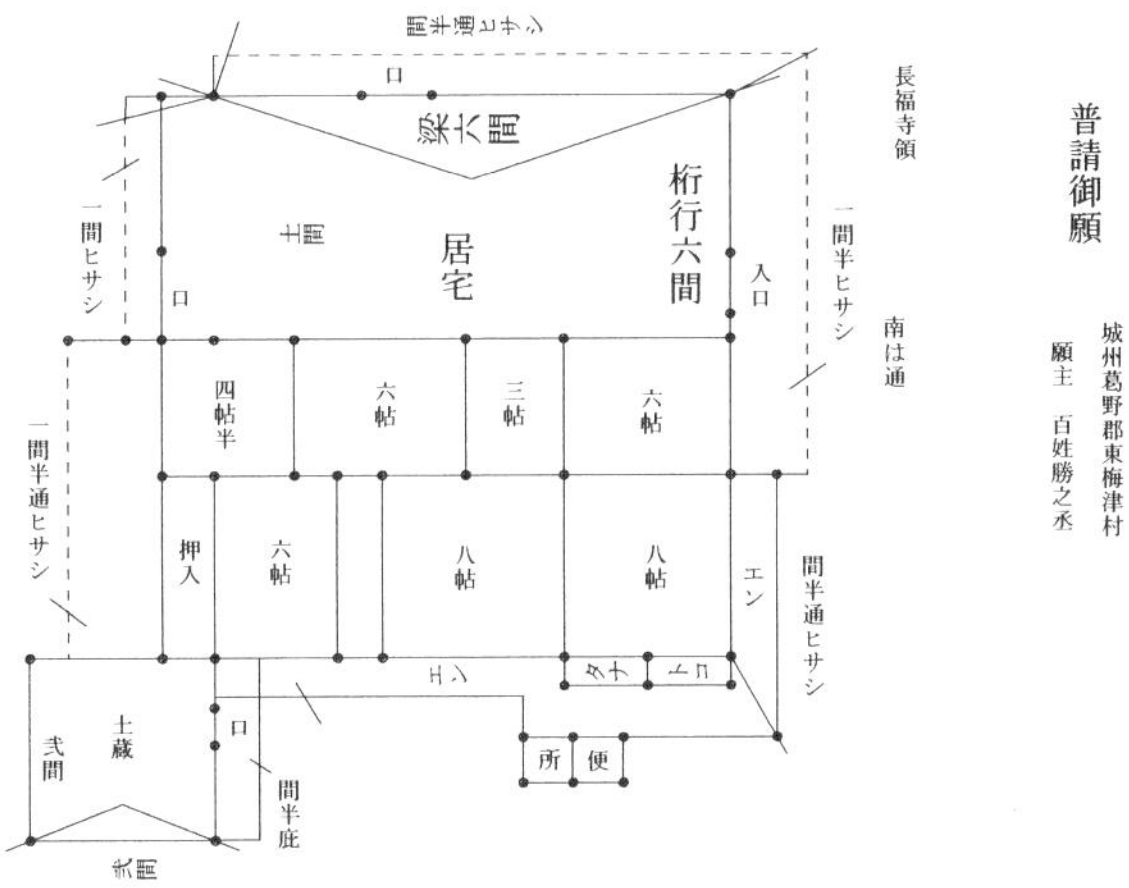

図5　「勝之丞」天保一一年の建築許可申請書（差図）

……嘉永三戌年九月二日、出来《でき》見分《けんぶん》相済……

……嘉永三戌年九月二日、御触定には御座なく候得共、御通掛の対《つい》手《で》に出来見分相済申候……

「出来見分」とは竣工検査のことです。普通なら「出来」たことを申請して受ける検査ですが、これは竣工から一〇年後。事前連絡のない、巡回中の町奉行所役人がいきなり立ち寄る抜打ち検査でした。そのため林家当主は触書にない検査と不満を漏らしますが（「御触定には御座なく候」）、抜打ち検査（「不時ニ見分」）を定める触書も実はありました（五一）。それはともかく、警察裁判権を持つ町奉行所の検査は、町奉行所の与力や同心、この地域を担当する方内上雑色と下雑色、牢屋番兼捕吏の中座や記録係の筆者、ときには大工組を支配する中井家役人が同行しました。無許可建築を摘発すると、その破却や再申請、さらには同村庄屋に役儀罷免を命じるなど、なおざりにできるものではありませんでした（五二）。

　それでも林家には、検査結果に特別の記録がありません。無事検査を終えたようです。そうすると保存度が非常によい林家住宅は、その構造を、町奉行所の確認を受けたものとみなせます。そのようにみて論を進めましょう。

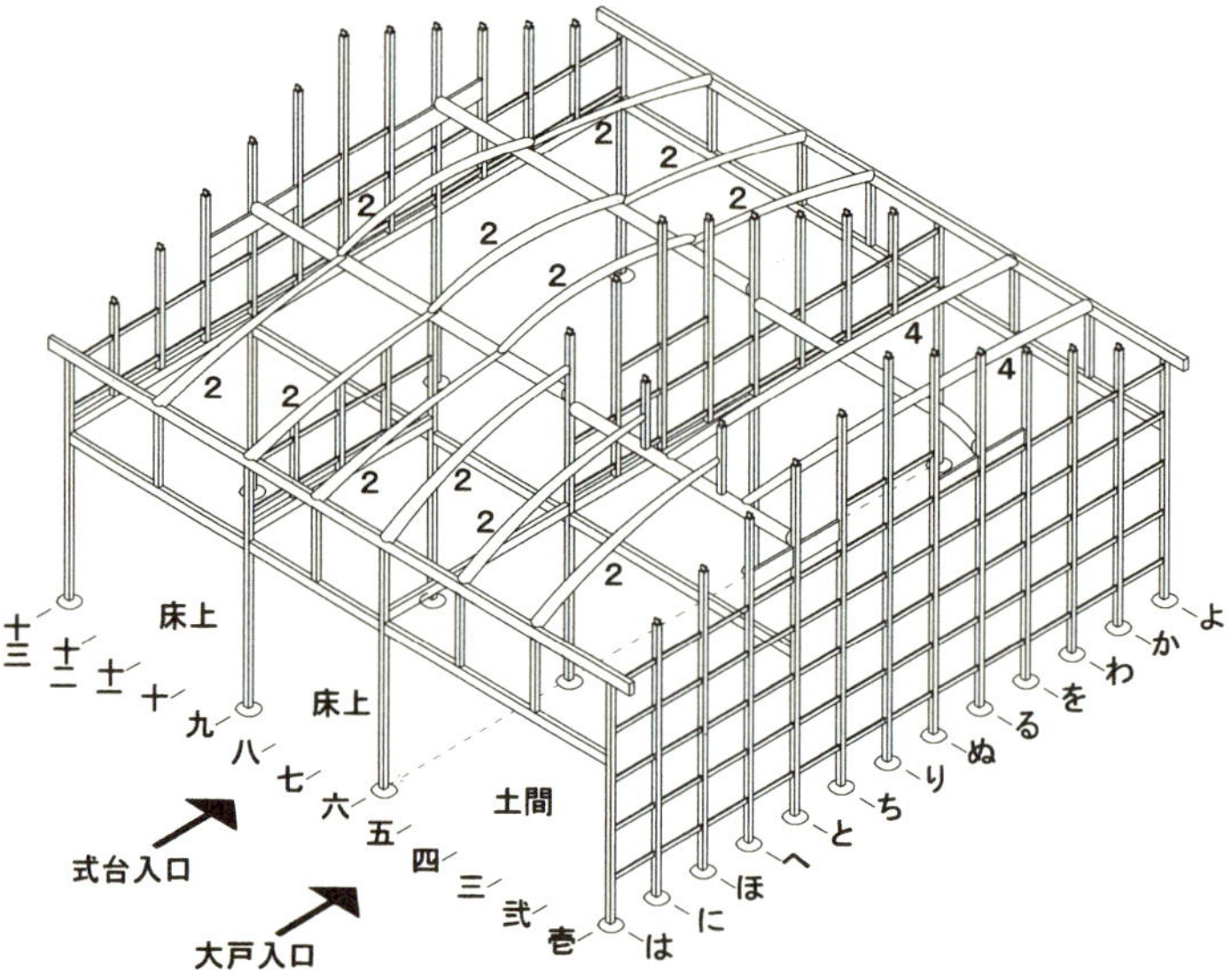

図６　林家住宅の梁構成（図中数字は梁の間数、梁上束・母屋・棟木省略）

林家住宅の構成と京都の町家

林家の構造をみます。特に、梁間規制に関わる梁の構成を重点的にみることにします（図６）。

まず「と通」「る通」の桁行材が、両妻壁の間に架け渡されています。この桁行材に向かって、梁行方向に多くの二間梁を架けています。そして、これらの梁に小屋束を立て、和小屋として屋根を支える構成が、床張部分の天井裏にあります。これに対して、土間吹抜上の「弐三の間の通と〜よ間」と「四五の間の通と〜よ間」には、三間を超える四間梁が架け渡され、梁上の小屋束に貫が縦横に差し通されています（図６では梁上束や差貫省略）。

両妻壁では、土間側の「壱通」では半間ごとに通柱が立ちます。一方、床上側の「十三通」では、一階は二間ごとに通柱が立ちますが、二階では通柱の間をうめて半間ごとに柱が立ちます。どちらの妻壁も、棟木や母屋を直接に通柱や二階柱で支えています。上屋梁はありません。構造的に上屋梁を入れたいところには、わざわざ柱を切り欠き、長さ一間の受け材をはめ込んで、「と通」「る通」の桁行材を受け止めています。

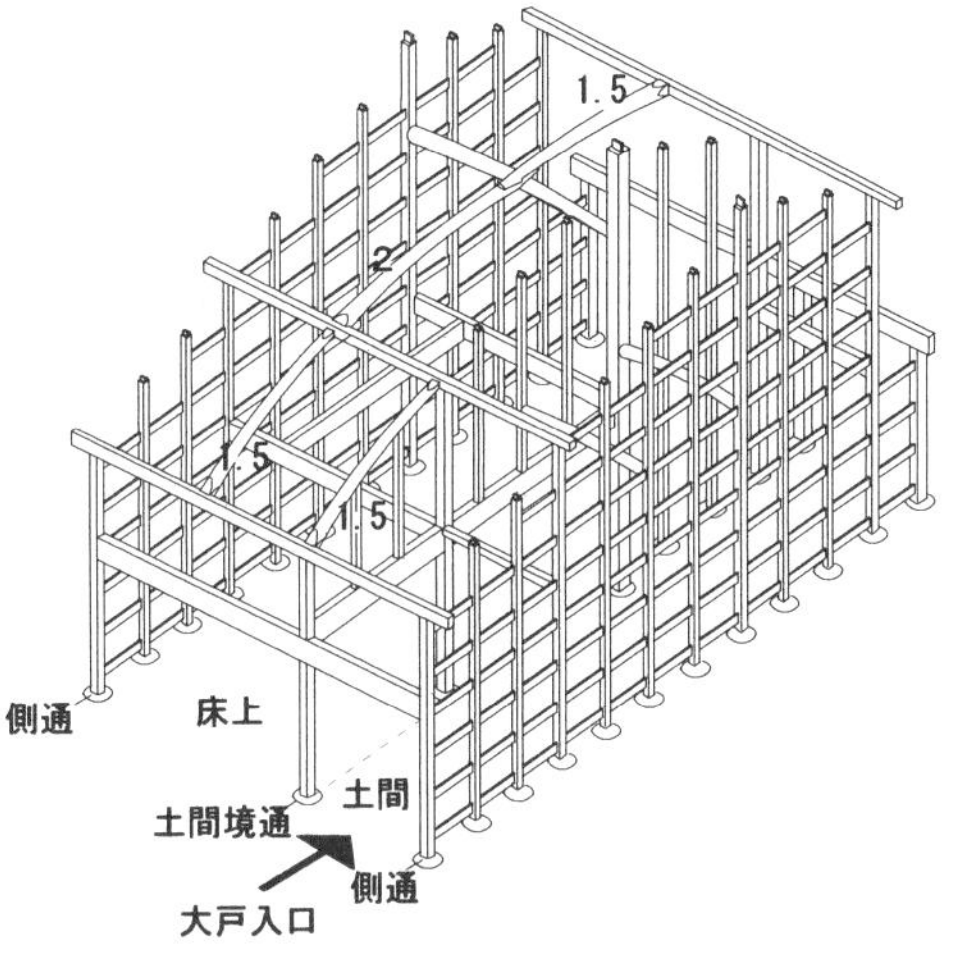

図7　京都の町家の構造モデル（図中数字は梁間数、梁上束・母屋・棟木省略）

さて問題は、二本もの四間梁を使う点です。誰の目にも付く土間の吹抜にあるのですから、検査時に見えなかったはずはありません。それでも検査を通ったのですから、この部分の四間梁は梁間規制の対象にならなかったことになります。この点をふまえた上で、この梁構成を、同じく梁間規制の影響がみえない町家モデルと比較してみましょう（図7）。

　このモデルは間口三間、奥行（梁行）五間半の小規模町家を想定しています。梁構成は、通柱を並べた両妻壁の間に桁行材（地棟）を入れ、軒桁から伸びる一間半の登り梁を架けます。両妻壁には、半間ごとに通柱が並びます。上屋梁は架けず、桁行材は通柱で受けています。これらは京都の町家によく指摘される構成（五三）です。

　先行研究の中には「両妻壁に建ち並ぶ柱を始め土間境の柱などをみな棟木や母屋、桁までの通し柱とし、梁は土間上部の吹き抜けに限る」（五四）などと、通り庭（土間）の吹抜（火袋《ひぶくろ》）にだけ「梁」を指摘する向きもありますが、切妻平入が普通の町家では、火袋の梁は妻壁と土間境の通柱を桁行方向に結ぶ「繋ぎ梁」です（写真1）。これとは別に、梁行方向の登り梁も、その下面に使用人への戒めが記されたとの伝承もあるように、多くの場合に架けられました。モデルのような梁構成はけっして珍しくありません。

　この町家モデルと林家住宅の梁構成（図6）を比較すると、町家モデルの桁行材（地棟）は一本ですが、町家でも桁行が長くなると二本入れるので、そうなると林家住宅と一致します。そしてどちらも、梁間規制の対象となる上屋梁が、両妻壁に存在しません。ここでもう一度、梁間規制の対象は上屋梁と指摘した先行研究を思い起こすと（本章はじめに）、林家住宅は妻壁に上屋梁を持たない構成を、つまり京都の町家と近似した梁構成を持つことで梁間三間規制を克服した可能性があります。そして吹抜上部の四間梁は規制対象外ということになるのです。

林家住宅の平入化の評価

民家研究の草分け的存在、藤田元春氏（旧制第三高等学校教授）は摂丹型について、元来は妻入であったのが「上位の階層から」「江戸時代中期を遡る平入」とされました（五五）。近年では大場修氏が、近世中期の「摂丹地方における農家や町家に共通する平入化は、在来の軸組を前提にした在来形式の枠組みの中での変化」であり、丹波篠山や園部に残る「妻入町家の架構形式を踏襲」する中で「中央指向の一断面」とされています（五六）。大場氏は全国の調査報告から民家型式を分析されていますから、この指摘は多くの摂丹型にあてはまるのでしょう。

しかし林家住宅は、平面に一九世紀摂丹型をみても、屋根の平入化や梁構成には、摂丹型分布地域の妻入町家との関係はみえません。それよりも、厨子二階にムシコを開ける表構えや（写真2）、土間吹抜の束にだけ縦横に貫を差し通して京都の町家に言う準棟纂冪《じゅんとうさんぺき》（五七）風にする構成は、京都の町家にこそ似ています。その貫は吹抜け以外の小屋裏の束にはなく、意匠的なものなのです。そして妻壁に上屋梁を持たない構成も京都の町家に通じる。このような関係こそ重くみるべきです。

洛外外縁に位置した東梅津村は、京都と同様に町奉行所が建築行政を扱いました。そこに住む農民は、妻壁に通柱を並べた町家が梁間規制を受けない事実を見聞きしていたでしょう。この型式を取り入れれば、農民の民家でも梁間三間規制を克服できる。京都の町家への憧れもあって町家型民家を建てたと考えられるのです。

梁間規制克服の類例

東梅津村では、三間を超える梁行空間への建直し例が他にもあります。林家の建直しの八年前、天保三年（一八三二）の申請書にみる内容は、梁間二間×桁行三間半の上屋に三方下屋付の妻入民家（藁葺）を建直して、間口三間×奥行（梁行）四間の平入民家（瓦葺）にするものでした。林家の建直しより前に梁間三間の克服例があったのです。

その一方で、林家の建直しから一五年後、安政二年（一八五五）の申請書に妻入民家（藁葺）のまま建直す例もあります。梁間も三間以下のまま。妻壁には上屋梁を持つ構成を踏襲しており、梁間規制の影響を受けています。東梅津村に伝統的な妻入を採用した理由は、おそらく経済面、費用面でしょう。林家のように梁間三間規制を克服した建直しは、必ず屋根を平入化して、藁葺より高価な総瓦葺にしています。妻壁に柱を並べ、上屋梁を入れない構成も同じだったようです。この構成には、町家に経験を持つ大工や瓦職人の雇用、瓦の購入が必要であり、資本蓄積を果たした農民のみ可能でした。一方、妻入に多い藁葺は、藁や縄の持ち寄りなど近隣農民の合力《こうりき》（相互扶助）が期待できるものでした。それを期待する農民は、藁葺で梁間規制を受ける構成を変えなかったのです。したがって、平入化は資本蓄積を果たした農民のものでした。

もっとも林家の場合、こうして得られた梁行六間の広い厨子二階の内部を、居室化せず物置のままに置きました。このことから、平入化と梁間規制の克服は空間的な必要というよりも、経済力や村内地位の表徴、つまり富裕表現の意味で京都の町家に近い外観を求めたものと考えるのが穏当のようです。

第三節　妻壁の上屋梁と側おこし

豊臣政権の二階建て政策と町家の構成

ここでは、京都の町家が、梁間規制の対象から除かれた経緯を考えます。すでに述べた内容と重なる部分もありますが、再確認する意味もあって、このまま論を進めます。

中世にさかのぼって始めましょう。一六世紀の京都は、一一年間続いた「応仁・文明の乱」で焦土化しました。それから半世紀後、大永六年（一五二六）に駿河から帰洛した連歌師宗長は「京を見わたし侍れば、上下の家、昔の十か一もなし」と慨嘆しました。平安京は失われたのです。「内裏は五月の麦の中、あさましと申にもあまり有へし」と描写された風景は、当時の歴博甲本『洛中洛外図』屏風（旧町田本、東京国立歴史博物館蔵）に描かれています。その後も、天文法華の乱や信長の上京焼討ちなどがありました。しかし、その都度、町人たちが主体的に町なみの復興を繰り返したのです。

そして豊臣政権の頃、町なみ景観を意識した命令が出たことを長刀鉾町に残る「京程図解抄并京都屋造之初」（五八）が伝えます。このうち「京都屋造之初」によれば、豊臣政権の京都所司代と五奉行を兼任した前田玄以が、京極通り（現在の寺町通り）の町人を集めて町なみを次のように評し、命じたといいます。

……上下（南北）屋並取続きて見ゆれとも、平屋又は葛屋多く、きひ柱に多くは大棚（長屋）也、殿下様伏見より御成筋なれば見苦敷覚しめさるる、奥はいかにもあれ、先ず表は二階造にして角柱に作るへし、屋並高下のなきやう仕候てしかるへし、若借銭なとに及候は此方へ申来るへし、いかやうにも訴訟申て下行あるやふに相計へき……

京極通りは南北に軒先が連なるが、平屋または草葺屋根や未製材の柱を用いた長屋が多いのは、伏見城から上洛される関白秀吉殿下様にお見苦しいので、敷地奥は後回しでよいから、とにかく表構えを製材した角柱の二階建てで軒先をそろえよ、借金が必要な場合は申し出よ、なんとか取り計らうから、と命じたのです。命令を受けた町人が実行し、上京と下京の町人も競って二階建てに建替えたので（「上下京一同に富も貧もまけし劣しと造立にけり」）、気をよくした秀吉が「一間口につきて米壱石」の配給を行なったとも記しています。

文中の「伏見」が伏見城なら、その完成は文禄三年（一五九五）ですが、同年に破却された聚楽第（天正一五年完成、一五八七）を描く『聚楽第図』屏風（三井文庫蔵）には、大手門前の長者町に、すでにウダツ付板葺の本二階建てが軒を連ねます。「京程図解抄」に「年暦久遠なれば、微細に旧観を察する事能はず」とあるように、後世の手による「京都屋造之初」は若干不確かのようですが、二階建て政策自体は宣教師ジョアン・ロドリーゲスが「全市民が二階づきの家の正面を杉の貴重な木材で作るように命じられ」「すぐに実行した」、同じくルイス・フロイスが「平屋の家が一軒として存在するを許さず、すべての家屋が二階建とされるように命じた」と記していて確かなようです。それはどうやら、御土居築造や天正地割といった京都改造が断行された天正一九年（一五九一）頃だったのでしょう。

しかし、その後の舟木本『洛中洛外図』屏風など絵画史料にみる京都は、二階建てと平屋が相半ばします。宣教師が記すほどの強制はなく、奨励だったようですが、この時期に増加した二階建てが町人の空間的需要からではなく支配者の景観政策で生まれた点は重要です。その点を念頭に置いて、二階建てへの建直しを考えます。

二階建て政策以前の京都には、平屋で皮付丸太の長屋が多かったという。それを角材を用いた二階建てに建直す場合、何が問題になるでしょうか。二階建ての長屋も不可能ではありませんが、多くの場合、一斉に建替えは難しかったでしょう。ですから個々の町人が経済力を背景に実行する、つまり独立住宅が増加します。そうすると、隣家との間に施工空間が取りにくい。この事情に適した工法として「側《かわ》おこし」があります。

側おこしは先述のように（本章　はじめに）、並べた通柱に貫を通して栓打し、竹小舞を掻き入れて、両側通に建起こす、そうしてから両妻壁の間に桁行材を渡す、そうすることで隣家との間に施工空間がない場合も敷地いっぱいに

写真４　桟瓦葺では数少ないウダツ
（土村清二撮影写真）

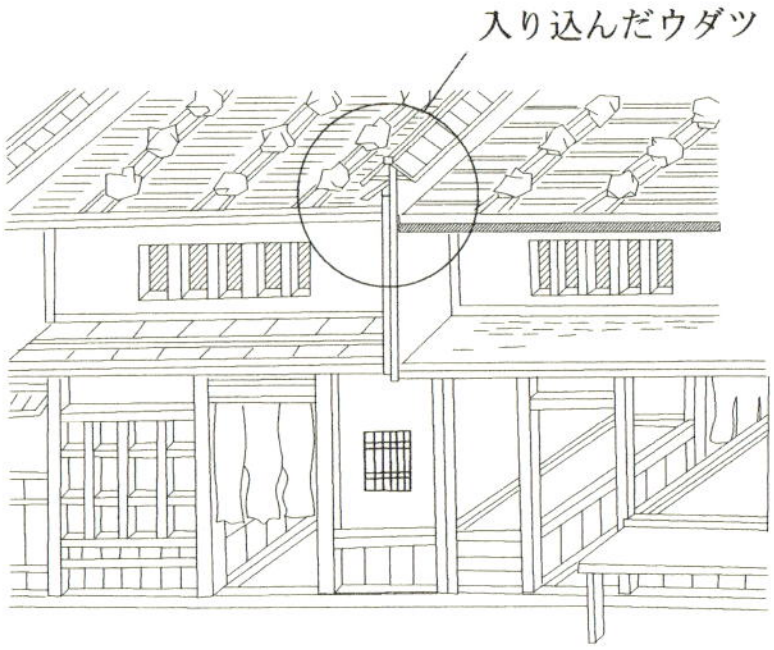

図８　『かなめ石』挿図（部分、右町家のウダツの左下に左町家のウダツがある）

町家を建て込める、そういう工法です。また、当時の板葺屋根は、置かれた石を見ればわかるように風対策が必要でした。特に切妻屋根の両端は吹き上げや吸い上げへの対策が必要でしたが、二階建ては必要性がさらに増します。そこで妻壁を屋根よりも高くあげて防風壁とし、小屋根（笠木）を付けてウダツにする。側おこしのとき妻壁に並べた通柱を長くしておけば、簡単にできることでした。

　ですから、この後の板葺町家は、ほとんどウダツをあげて描かれる。なかでも、浅井了以が寛文二年（一六六二）の京畿大地震を記録した『かなめ石』[五九]の挿図（図８）をみると、右側町家のウダツの小屋根の下に、左側町家のウダツの小屋根が小さく入り込んでいます。片流屋根を小さく添える姿は、右側町家よりも後に妻壁を建起こしたためと推測されます。側おこしで両妻壁に通柱を並べ、その頂点に小屋根をかける構成の定着が、この姿を生んだのです。そのため後に桟瓦葺が普及すると、風への配慮が不要となってウダツが減少するのですが（第二章　写真４）、ここではとにかく側おこしが妻壁に通柱を並べ、結果的に上屋梁を持たない構成を生んだ可能性を指摘しておきます。

　なお京都の町家に関する工法には、側おこしのほか「蓮台《れんだい》組」[六〇]があります。表構えや土間・床上境の軸組を両妻壁に先行させるもので、隣家との間に施工空間が確保できる場合に

写真５　現在の側おこし風景
（住環境文化研究所設計・監理）

図９　側おこし風景（『甲子兵燹図』）

用いられます。しかし元治大火（一八六四）を描く『甲子《かっし》兵燹《へいせん》図』（六一）では、焼け跡で二人の大工が、通柱に貫と竹小舞を入れた妻壁を建て起こす様子が描かれています（図９）。周囲が広く開き、復興を急ぐ中での側おこしは、これが当時の町家大工に習熟された工法であったことを示しています。そしてこの工法は、都市の中で隙間無く建て込める有効性ゆえに、現在も受け継がれているのです（写真５）。

また、妻壁にならぶ通柱を、半間ではなく一間ごとに建て、そこに窓を開ける構成もあります。この構成にも側おこしが用いられたようですが、一八世紀までの町家図面（六二）では、一階は半間ごとの柱が普通ですから、一間ごとに通柱を立てる構成は江戸後期の技術的進歩から生まれたようです。

そして、この構成が林家住宅の床上側妻壁にあります（図６）。したがって林家住宅は、京都のような都市にこそ適当な工法が生み出す構成を、摂丹型に習熟するはずの梅津大工（六三）が農村に出現させたものなのです。本当に側おこしを行ったかどうかはわかりませんが、周辺に空地が広がる場所に、側おこしの結果と同じように両妻壁に柱を並べる構成が生まれた不自然さ。これこそ農民が梁間規制を克服するために、京都の町家から上屋梁を持たない構成を導入した結果と考えられるのです。

梁間規制の再評価

それでは、民家の梁間規制に新しい評価を試みましょう。

従来は贅沢禁止令や建築部材の使用制限が強調されてきた梁間規制ですが、ここでは町家の低層・均質化命令と絡めて考えてみます。

民家の梁間規制は、代官所や地頭が、寛永二〇年（一六四三）に旗本屋敷に命じられた規制を、支配地の農民に課して始まった可能性が大きい（第一節）。それはよいのですが、桁行方向には制限が見当たらない。探せば、篠山藩の享保一四年『御條目』に「桁行六間」の規制がありますが（第一節）、「新家改」などの触書をみても、桁行を制限する内容は見当たらない。ですから梁間規制は、梁間方向に規制が集中する点こそ考えなければなりません。

同じ頃、京都の町家には、妻壁に上屋梁を持たない構成が確立していました。ですから上屋梁を対象にした梁間規制が影響をあたえだしたとき、京都の町家は対象になりませんでした。梁間規制は、町家には関係がなかったのです。しかし、まったく放置されたわけでもない。寛永一九年（一六四二）、所司代は町家建築の「結構」を規制しました。多層・多様化した町なみを一転、低層・均質化に向わせたのです。同年の町式目には、所司代の触書が二階座敷を規制したという意味が読み取れた（第一章）。また、町中の遊女施設の規制もあって、表通りに面して厨子二階、ムシコの表構えが並びました。ただし、土蔵や居住棟が伸張した敷地奥には低層・均質化が徹底されず、本二階建てが建て込まれることもありました。それが表屋造りです。

そうすると寛永一九～二〇年は、農村の民家には梁間規制が、都市の町家には低層・均質化が命じられたことになります。この時期的一致を念頭におきながら、民家に桁行方向の制限がなかった点と、町家に敷地奥の規制が及ばなかった点、この二点に注目するとどうでしょう。

町家の低層・均質化は、町なみの整理・統制に目的がありました。豊臣政権時代の二階建て命令以降、自由放埒であった町なみを、低層・均質化させたのです。続いて民家の梁間規制は上屋の梁長さを制限するのですから、その上の小屋組を整えさせて結果的に屋根高さを揃えさせる。帰農武士の屋形と零細農民の小規模民家が入り混じる農村を、梁間三間に規制して上屋高さを整えさせたと考えられるのです。つまり当時の幕府には、徳川政権の武威に従う統一的な景観形成に目的があった可能性があるのです。

もちろん梁間規制の目的は統一的景観形成命令だけでなく、農民の建築行為を規制する意味もあったでしょうし、建築資材の需要抑制の意味もあったでしょう。それに村請制に頼る現実から村役人層には徹底されませんでしたし（第一節）、町家も後年に軒高がせり上がっていきました。景観形成の意味合いは、厳密には受け継がれませんでした。おそらく農村でも都市でも、景観を整える目的がそれなりに成果をあげた後は、贅沢禁止の意味合いに隠れていったのではないでしょうか。

江戸の町家の梁間規制

なお明暦大火後の江戸の梁間三間規制は（第一節）、宝永大火後の京都の状況（六四）が参考になります。

……古家こぼち売ば、新敷時の価に倍せり、田舎よりも家をこぼち門を崩、山林の竹木材、馬車につみ出す……さるにより近き田舎は大きに富貴せり、売家あれば所により家により、五軒の価にてと唱ふ……

復興を急ぐ町なみに農村から民家部材が流入するのです。たとえば明暦大火前を描く歴博本『江戸図』屏風（六五）の町家は、同時期の京都と変わりませんが、品川宿辺りに上屋梁を持つであろう草葺が多くあります。また『瀬田図風俗図屏風』（プライスコレクション）は一七世紀の近江国瀬田唐橋辺りを描きますが、板葺の町なみに、軒先に板庇を付けた藁葺の建物が混じります（六六）。都市が復興を急ぐとき、周辺農村から民家の部材が流入して町家に転用される素地は充分にあったのです。それにには上屋梁があったでしょうから、これを規制した可能性があります。

他方、上屋梁を持たない町家の梁間三間規制に無理があるのは、彦根藩の例を見ればわかります。同藩は「身分に過ぎ候屋作仕らず、もっとも三間梁を過ぎず」と定めました。町家の梁間規制です。ところが天明期（一七八一〜八八）の伝馬町「売券留状」には「町家の儀、梁間何間たりとも三間と書き、残りは付下しと註し申すべく候事」とあります。梁間（奥行）はすべて形式的に三間と書き、残りは「付下し」と記すように命じたのです(六七)。代表的な譜代藩でさえ梁間三間規制を領内町家に徹底できなかったのは、字義通りでは現実離れした内容であったためです。ですから京都でも、天保一四年（一八四二）五月に町人の贅沢な建築要素を規制したとき(六八)、「町人共の家作に手広に候共、華麗奢侈にもこれ無、物好の儀もこれ無分は、取毀申付候に及ばず」とします。「手広」つまり広い建築とは、梁行方向が三間を超える町家も意味したかもしれません。そうであっても、それはもう規制対象ではなかったのです。

おわりに

本章では、梁間規制を概観した上で、東梅津村の民家が京都の町家に近似した構成に建直した例を取り上げて、農民が梁間規制を克服した根拠と京都の町家との関係を検討しました。その結果をまとめます。

- 寛永期に「結構」を規制された京都の町家が梁間規制を免れた要因は、両妻壁に上屋梁を持たない構成に理由があった。この構成は、隣家間に施工空間が取れないため、側おこしが採用されたことに関係がうかがえる。
- 同じ寛永期に「不應其身」を規制された農村の民家は、上屋構造を分離する構成に旗本屋敷の梁間規制が準用された可能性がある。ただし村請制の必要から、村役人層は三間を超える梁の踏襲を許されていた。
- 民家の梁間規制は、内部にかかる梁長さに関係はなく、両妻壁の上屋梁を対象にした。そのため資本蓄積に成功した農民は、京都の町家にならって両妻壁に上屋梁を持たない構成を導入することで、梁間規制を克服できた。
- 町家の低層・均質化が敷地奥の伸張部分に及ばないこと、民家の桁行規制が少なく梁間規制に集中することは、当時の幕府に、都市や農村に整った景観を形成させる目的があった可能性を示唆している。

奢侈禁令や材木需要の制限も否定しませんが、本章では梁間規制が、徳川政権の武威に従う統一的な景観を都市と農村のどちらにも形成させようとした可能性を指摘します。その結果、浅井了意が『京雀』に「同じやうなる家つくり」（六九）と表現したように、京都に低層・均質化した町なみが定着した、だから寛文一〇年（一六七〇）、中井家が梁間規制の運用を老中へ問い合わせたとき、内容は農村の民家に集中していたと考えられます。この時点で京都の町なみについては、幕府の目的はおおよそ果たされていたのです。

付記　洛中の竣工検査

洛中での町奉行所の建築検査は、ほとんど報告されていません。そこで洛中北部の大徳寺境内（京都市北区紫野）にあった絞油業の大和屋が、文政七年（一八二四）と文政一三年（一八三〇）に受けた検査を紹介しましょう（七〇）。

山城国の絞油仲間惣代も務めた大和屋当主は文政七年八月に、大破した居宅の建直しを決意しました。その建築用地は大徳寺領地。町奉行所への申請を免除される地子赦免地ではありません。そのため大和屋は、まず大徳寺役人（地頭）に建築許可申請書を提出し、その許可を得て九月に月番の東町奉行所へ申請書を提出しました。

提出時に大和屋は、町奉行所役人の担当「御掛」である目付新家方与力と公事方同心、町奉行所に詰める半官半民の雑色と下雑色、そして町奉行所に同行した大徳寺役人に「御礼」の金銭を渡します。これが何の御礼なのか。大和屋は「出来見分これ無く相済申候様、度々御願」と記します。町奉行所の竣工検査（「出来見分」）を望まない大和屋は、その免除を申請時に頼み込んだのです。それが受け入れられた御礼でした。この建直しは、当時の触書に照らせば検査対象ではなかったのですが、林家が受けた通りがかりの検査も避けたかったのでしょう。

避けたい竣工検査とは、どんなものだったのでしょうか。文政一三年の例をみます。同年七月、京都に大地震が発生しました。翌月、大和屋は所持する畑地に借家を建築する申請書を大徳寺役人へ、九月には町奉行所へ提出しますが、検査の免除は試みていません。年貢収納に財政基盤を置く幕府は農地開発を容易に許さず、許しても必ず検査を行いました。大和屋の申請も畑地の開発を伴いましたから、免れることはできなかったのです。

申請は、九月四日に西町奉行所へ行った現地確認申請（「地面願」）に始まります。担当は目付新家方与力と闕所方同心でした。検査を免れる希望がない大和屋は、町奉行所役人には御礼せず、同行の大徳寺役人を饗応しています。町奉行所役人に御礼をしなかった理由は、一〇月三日、現地確認（「地所御見分」）のときに判明します。現地を訪れたのは「御掛り」の西町奉行所の目付新家方与力と新家方同心、「御立合」の東町奉行所の証文方与力、そのほか雑色と下雑色二人、大徳寺役人二人、大工組を支配する中井家棟梁と棹取（距離を測る間棹を持つ者）、捕吏の中座、民間の記録係の筆者、それに供廻りでした。大和屋は「御掛り」与力への御礼「一両一歩別包」を初めとして、全員に御礼を渡します。この負担が予想されていたので、申請時は御礼をしなかったのでしょう。

一二月一八日には「杭木御打渡」の役人が訪れます。町奉行所が開発を許す範囲を示すため、杭を打ち込んだのです。このときの町奉行所役人も「地所御見分」時と同じ。中井家の棟梁や棹取、筆者、中座、大徳寺役人、供廻りも加わっています。大和屋はこれらに御礼を渡すだけでなく、隣人にも御礼と酒肴代を渡して開発に理解を求めています。

その後、宅地造成を終えた大和屋は、翌天保二年（一八三一）二月に大徳寺役人へ、続いて町奉行所へ建築許可申請書を提出します。その内容は、借家一棟と塗家四棟の建築でしたが、塗家の用途に借家が記されていません。この申請は月番の東町奉行所へ行われ、「御掛り」の目付新家方与力と新家方同心、雑色と下雑色、同行の大徳寺役人、筆者に御礼が記されます。申請は滞りなく許され、その後に建築が始まりました。そして天保三年（一八三二）六月に完成。ただちに町奉行所役人の竣工検査を受けます。このときは東町奉行所から「御掛り」の証文方与力と新家方下役同心、西町奉行所から「立合」として目付新家方与力と証文方同心、闕所方同心が訪れ、雑色と筆者、大徳寺役人、中座も同行しますが、中井家棟梁や供廻りはいません。竣工検査こそ、申請通りの建築を確認するのに大工職の同行が必要なはずですが、同行しませんでした。この点、大和屋は一連の建築について次のように書き残しています。

……文政十三年寅九月分礼物〆天保三年辰六月二日出来の外、入用銀五拾貫目仕候、もっとも寅年大地震後、作事方手間賃半分御増請に相成、諸式悉高相成、甚困入候次第、何分地震は土蔵、仕事場、灰小屋に至迄、大損の仕候故、仕方なく、右普請仕候事、以上……

「地震」で絞油関係の建物を失ったので、建築手間が五割増になり物価も高騰する中であったが、絞油施設を復興するため仕方なく畑地を開発して建築を行った、というのです。しかし、これは借家開発だったはずです。その目的はどこに行ったのでしょうか。ここで思い起こすのが、幕府が農地開発を簡単に許さなかった点です。そのため大和屋は工場再建にあたり、震災で不足する借家建築を目的に記して、開発許可を引き出したのです。本当の目的を町奉行所がどの時点で容認したのか。おそらく用途不明の塗家を申請した時点でしょう。このとき大和屋は「内々御願」のためとして金額を記さない「別包」や「礼物張込」を記録しています。含むところのある申請だったので竣工検査も形式的。中井家も同行しなかったと考えられます。

ちなみに建築主が町奉行所役人らに支払う御礼については、天明七年（一七八七）一二月の町奉行所の触書が記しています。

……見分先において、無益のもの指出、失却《しつきやく》これ無きよう致すべく候、勿論近頃、相触候通、茶たはこの外、差出し間敷、ならびに少々たりとも挨拶ケ間敷義等、堅致間敷候……

「茶たはこ」以外の「差出」を規制しています。大和屋が御礼を「茶たはこ代」と記すのは、このためです。それ自体は贈賄ではありませんでした。それでも「別包」や「礼物張込」を含む建築主の負担は、本来の建築費用以外に相当な額になりました。震災後の物価高騰の中で生業を復興するための建築なのに、申請の各段階で負担を求め続ける。そんな町奉行所は、平時はさらに要求したかもしれません。うまく「礼物」を使うしたたかな町人でも、なるべく検査を免れたいと考えるのは当然でした。ですから、地子赦免地の町人が町奉行所への建築許可申請を免除され、検査も受ける必要がないとされていたのは、大変な特権にみえたでしょう。突然に検査を受けた林勝之丞も、そんな気持ちだったのではないでしょうか。

◉註

一　金行信輔『江戸の都市政策と建築に関する研究』（東京大学学位論文　一九九九・三）
二　永井規男「京都府民家の総観」（『京都府の民家』調査報告　第七冊　昭和四八年度京都府民家緊急調査報告　京都府教育委員会　一九七五）
三　『京都府の民家　調査報告　第六冊　昭和四四年度京都市内町屋調査報告書』（京都府教育委員会　一九七〇）
四　日向進『京都の町・町家・町家大工』（思文閣出版　一九九八）
五　『近江屋吉兵衛家文書』京都市歴史資料館架蔵フィルム
六　拙稿「京都町奉行所の明和四年一二月の触書――江戸時代の山城国農村部における建築規制（その二）」（日本建築学会計画系論文集　第五三九号　二〇〇一・一）
七　『徳川禁令考』第五峡　巻四三　農家　二三三三～二三三七頁（吉川弘文館　一九三二）
八　『徳川禁令考』第五帙　巻四三　農家　二三三三～二三三七頁
九　『徳川禁令考』第五帙　巻四三　農家　二三三八頁
一〇　『徳川禁令考』第五帙　巻四三　農家　二四〇頁
一一　『徳川禁令考』第五帙　巻四七　臨時町觸　四七二頁
一二　『京都町触集成』別巻二　一九六～一九七頁（岩波書店　一九八九）
一三　『徳川禁令考』第四帙　巻三六　家範身模　三六〇頁（吉川弘文館　一九三一）
一四　『徳川禁令考』第四帙　巻三六　家範身模　三六二頁

一五　『徳川禁令考』第四帙　巻三六　家範身模　三六三～三六四頁
一六　『徳川禁令考』第五帙　巻四三　農家　二五三頁
一七　『徳川禁令考』第五帙　巻四三　農家　二五六頁
一八　『徳川禁令考』第五帙　巻四七　道路家屋　四九三頁
一九　『徳川禁令考』第五帙　巻四七　道路家屋　四九四頁
二〇　『徳川禁令考』第五帙　巻四七　臨時町觸　四七三頁
二一　『京都町触集成』別巻二　二三六頁
二二　『京都町触集成』別巻二　二三六頁
二三　『徳川禁令考』第四帙　巻三六　家範身模　三六八～三六九頁
二四　『徳川禁令考』第四帙　巻三六　家範身模　三六六～三六七頁
二五　『京都町触集成』別巻二　二四八頁
二六　「京都役所方覚　中」（『京都町触集成』別巻一　一三七～一三八頁　岩波書店　一九八八）
二七　『徳川禁令考』第四帙　巻三六　家範身模　三七一～三七二頁
二八　喜多村信節『嬉遊笑覧』（岩波書店　二〇〇二）
二九　『叢書　京都の史料三　京都町式目集成』二五一～二五五頁（京都市歴史資料館　一九九九）
三〇　『長香寺寄託中井家文書』（京都市歴史資料館蔵）
三一　川上貢「摂州在方大農家普請と福井大工組大工」（日本建築学会論文報告集　第二七七号　一九七九・三）
三二　谷直樹『中井家六ヵ国大工支配の成立・展開に関する研究』（私家版　一九八三）、同『中井家大工支配の研究』（思文閣出版　一九九二）
三三　『古町記録書抜』に「度々洛の戦ひに町人も離散いたし在家もここかしこに僅に残り」とある。（『翁草』巻一　歴史図書社　一九七〇）
三四　土本俊和「一七世紀後半京都における周辺域の形態」（大河直躬先生退官記念論文集刊行会編『建築史の鉱脈――大河直躬先

生退官記念論文集』中央公論美術出版　一九九五）

三五　藤田元春『日本民家史』（刀江書店　一九六七）参照。亀山藩条目は『丹波誌』総論　巻一　一九二五（京都府立総合資料館蔵）、彦根藩規則は西川幸治『日本都市研究』（日本放送出版協会　一九七二）より『近江坂田郡志』を参照した。

三六　『玉川桂一家文書』（京都市歴史資料館架蔵フィルム）。本申請は元禄四、五年（一六九一、九二）頃に「新家改」に関わる「猥成儀」の横行を見た京都町奉行所が「建直し建継庇迄も相届候様に申付」（「新家改之事」（『京都御役所向大概覚書』上巻　清文堂史料叢書　第五刊　清文堂　一九七三）と申請対象を元に戻したことを受けて、庇の建継ぎを申請するもの。京都町奉行所宛の建築許可申請例として早い。

三七　『橋本家文書』（京都市歴史資料館架蔵フィルム）、拙稿「『岩倉村文書』にみる岩倉型民家」（日本建築学会計画系論文集　第五五一号　二〇〇二・一）参照

三八　綴喜郡薪村庄屋文書『吉川三郎家文書』より「百姓家作藁葺地木ヲ以建来候故、貞享年中迄者何方へも御願不申上候」（『精華町史』史料篇　精華町　一九八九）

三九　中井主水「中渡覚」（『貝戸家文書』、谷直樹氏が『中井家大工支配の研究』に紹介された）

四〇　『御触書寛保集成』六八八～六八九頁　岩波書店　一九五八

四一　谷直樹氏も江戸時代初期の家作禁令の周知徹底は幕府の民政ルートつまり代官や地頭経由とされている。（同『中井家大工支配の研究』）

四二　『徳川禁令考』第五帙　巻四三　農家　二九〇頁

四三　村役人は経済的負担や社会的責任の大きさから江戸時代後期には忌避されるようになり、村内農民が交代で務める「輪番制」も広がるようになる。

四四　三間を超える梁を持つ農民に永井規男氏は「初期本百姓の家柄」を指摘されている。（『京都府の民家』調査報告　第七冊）

四五　安永七年に愛宕郡岩倉村で九棟の建直しが京都代官所へ申請された折、村内唯一の梁間四間が梁間三間に縮小申請する。ほかの八棟が梁間二間半を三間に拡大する中で、全体規模を変えずに瓦庇を用いる経済力も持ちながらの梁間の縮小は、類焼を招いた失火責任が推測される。少なくとも三間を超える梁の踏襲が許されない場合があったことは確かで、このような判断を、

四六　警察裁判権を持つ町奉行所が担うと周知したのが「新家改」であろう。
四七　『京都府の民家』調査報告　第六冊
四八　『京都の歴史』五　桃山の展開（京都市　一九七二）
四九　『林家文書』所収。同文書は京都市歴史資料館に架蔵フィルム有。また『史料　京都の歴史』第一四巻　右京区（平凡社　一九九四）に目録有。本論執筆では林家のご好意で原文書を参照させていただいた。
五〇　前掲『京都府の民家』調査報告　第七冊
五一　林家より複写図を戴いた（原本は個人蔵）。同じ構図と筆致の長福寺蔵『大梅山長福禅寺全盛古大図』には伊藤毅氏の研究（同「長福寺境内の構成――『大梅山長福禅寺全盛古大図』を中心に」石井進編『東京大学文学部布施基金学術叢書一　長福寺文書の研究』山川出版社　一九九二）があり、一六世紀景観を一七世紀に復元的に描写したものと指摘されている。
五二　『林家文書』。拙稿「京都町奉行所の『不時ニ見分』について――東梅津村の事例を中心に」（平成一三年度日本建築学会近畿支部研究報告集　第四一号　計画系　二〇〇一・六）参照
五三　拙稿「山城国南部における農民の申請先について――久世郡上津屋村の居宅普請」（平成一二年度日本建築学会近畿支部研究報告集　第四〇号　計画系　二〇〇〇・六）参照
五四　畑智弥・土本俊和「京都の町屋における軸組と小屋組」（日本建築学会計画系論文集　第五一三号　一九九八・一一）
五五　大場修「近畿の町家と京町家――近世町家の在来形式と新興形式」（『建築史学』第三八号　二〇〇二・三）
五六　藤田元春『日本民家史』増補版（刀江書院　一九六七）
五七　大場修「平入指向の町家形成――近世町家の在来形式と新興形式前編」（『建築史学』第三七号　二〇〇一・九）、同『近世近代町家建築史論』（中央公論美術出版　二〇〇四）。なお筆者は妻入民家の錣葺や妻庇に三間梁の表徴をみており、その検討を今後の課題とする。
五八　京都の町家にみる土間吹抜（火袋）梁上小屋束に貫を差通す構成を指す大工用語（中村昌生『京の町家』河原書店　一九九四）。普通、小屋裏小屋束に貫を通さないので、必然性からではなく意匠的要求に基づくものとされている。
五八　『長刀鉾文書』（『史料　京都の歴史』四　市街・生業　平凡社　一九八一）。解釈は土本俊和氏の研究を参照した（同『中近世

都市形態史論』中央公論美術出版　二〇〇三）
五九　新編日本古典文学全集六四『仮名草子かなめ石』（小学館　一九九九）
六〇　京町家作事組編『町家再生の技と知恵――京町家のしくみと改修のてびき』（学芸出版社　二〇〇二）
六一　多くの流布本有。本章では『兵燹図』（中村太古舎　二〇〇三）を参照した。
六二　『近江屋吉兵衛家文書』京都市歴史資料館架蔵フィルム
六三　棟札の「棟梁廣田是之烝賢房」に関して林家先代当主林忠治氏からの聞き取り。なお林家住宅の保存と梅津の環境保全に取り組まれている現当主の林泰彦様ならびに林小夜子様、大西賢市梅津自治連合会会長にも様々な御教示をいただいた。
六四　『音無川』（『新撰京都叢書』第一〇巻　臨川書店　一九八五）
六五　小沢弘・丸山伸彦編『図説　江戸図屛風をよむ』（河出書房新社　一九九三）
六六　『プライスコレクション――若冲と江戸絵画』二〇〇六～二〇〇七　共通図録
六七　西川幸治『日本都市研究』（日本放送出版協会　一九七二）
六八　『京都町触集成』第十一巻　二九三～二九四頁（岩波書店　一九八六）
六九　『新修京都叢書』第一巻（臨川書店　一九六七）
七〇　『大和屋文書』京都府立総合資料館蔵

第五章

ムシコと町家の表構え

――名称の変遷と表構えの変容

（石井行昌撮影写真、京都府立総合資料館寄託）

はじめに

本章では、ムシコの意味の変遷と、町家の表構えの変容を考えます。ムシコは、町家の二階表に土塗格子を並べた開口（以下、土塗格子の開口）の「むしこ窓」として（写真1）、永井規男氏（一）や新谷昭夫氏（二）らが京都の町なみを特徴付ける役割を指摘されています。もっとも京都近郊農村でもよくみかけるものなのですが。

この「むしこ窓」を平成四年（一九九二）『京ことば辞典』（三）にひくと、太い土塗格子の開口を図示しながら、「虫《むし》籠《こ》窓——虫籠《むしかご》のように目のこまかい格子のついた窓」と説明します。太い土塗格子を、虫かごの細い竪子《たてご》とみるのです。京都市交通局の平成一四年（二〇〇二）版「京町家マップまちなか編」（四）も、土塗格子の開口を「虫籠窓——明治期までの古い町家の多くは二階部分が低く、その二階の表構えに設けられた窓で、縦格子が土で塗り込められており、それが虫籠のように見えることから称されました」と説明します。ずいぶん太い竪子の虫かごですが、この点すでに昭和三〇年頃から疑問は記されていて、たとえば清水一氏は「虫籠ならむしろ一階の窓にはめこんだ千本格子のほうがその感じだが、立子を壁で塗りくるんだあの窓を、なぜむしこと呼ぶのだろう」（五）とされています。確かに一階のいわゆる千本格子《せんぼんこうし》こそ、細い竪子を並べて虫かごのようです。

江戸時代の史料では、正徳三年（一七一三）『和漢三才図会』（六）に次の記述があります。

写真１　土塗格子開口を持つ町家（京都市内）

……繁密にて虫籠の如くなる者、これを虫籠格子と謂……

「虫籠格子」は「虫籠」、かごのように竪子が「繁密」なものを指すのです。虫かごは確かに竹籤《たけひご》や硝子の竪子を細かく並べる形式が多い（写真2）。清水一氏が言われるように、千本格子に近いのです。文政一三年（一八三〇）『嬉遊笑覧』（七）も、「虫籠窓」は「細かに子を打たる窓なるべし、今も出格子を虫籠と呼《よぶ》ものあり」と説明しています。とても土塗格子の開口を説明するとは思えません。

近代になって、昭和三年（一九二八）『言泉』（八）にも「むしこ――蟲籠格子、蟲籠のごとく、組子を繁くこまかく取り附けたる組格子」、「むしこまど――蟲籠格子を取附けたる窓、むしこ」とあります。昭和三〇年（一九五五）『広辞苑』第一版（九）にも「虫籠――むしかご、虫籠格子（虫籠のように細かい格子）の略、虫籠窓（格子を細かくした窓）の略」とあります。これらの説明は、江戸時代の『和漢三才図会』や『嬉遊笑覧』の説明をそのまま踏襲しています。それなのに現在の市販の京都研究本は、土塗格子の開口にこれらの説明を付しているのです。

写真2　虫かご

この点、さすがに『建築大辞典』（一〇）は違います。ムシコを「四寸角の材を六つ割にしたものを心にして縄を巻付けたものを竪子として土塗」とし、土塗格子の開口を説明しています。しかし、このような例は少数です。これは一体どうしたことでしょうか。

考えられるのが、本来は細い竪子を並べた虫かご状の物に付いた「虫籠」「虫籠格子」という名称が、土塗格子に付会されて「むしこ窓」になった、そのため説明と形状と不一致を招いたという可能性です。

たとえば日向進氏（一一）は、豪商の三井越後家の史料（「格子戸仕様図」）から、格子戸建具に組み込まれた竪子に「虫子」「通り虫子」の名称を抽出されました。そして『和漢三才図会』や『嬉遊笑覧』の説明も根拠にして、江戸中期の「むしこ」は「格子を細かく、密に組んだ、眼の細かい格子」とされました。また土塗格子の開口にも、三井越後屋の「室町冷泉町本店惣指図」から「鼠土ぬり窓」「鼠土窓」という名称を、大工文書『近江屋吉兵衛文書』からは「ぬりマト」、「土ぬり窓」、「むし子鼠壁」の名称を抽出されました。このうち「ぬりマト」は、昭和五二年（一九七七）『京都民家譜』（一二）に「屋根と庇との間が短く、従ってむしこ（塗窓）」と紹介されたものと同じですが、土塗格子に江戸時代の名称を明らかにされた点はきわめて重要でした。

さらに日向氏は、徳川政権が都市の防火性能向上のため「塗籠造《ぬりごめづくり》」を奨励したことが、木製格子の「虫籠」「虫籠格子」を減少させ、「塗籠造」の二階表に土塗格子の開口が増加、その名称を「ぬり窓」から「塗り虫子」、さらに「むしこ窓」に変えたという経緯を推測されました。しかし、この見解に対して中村利則氏（一三）は、京都の町家の二階表は真壁が普通だから、そこに開く土塗格子の開口にも防火性能は期待されていない、と批判されました。中村昌生氏（一四）も「防火のためというより、デザイン」とされ、数寄屋建築の「下地窓に通じる」との感想を述べられています。

また髙橋康夫氏（一五）は、「虫籠窓」「虫籠格子」は「組子の太い、間隔のあらい格子をはめた窓（出窓）」であり、その略語が「虫籠」、さらに一八世紀末に略記されて「虫子」。一方、土塗格子の開口を意味する「塗窓」は、「塗り虫子」に、さらに「虫籠窓（出窓）」を意味する「虫子」が「塗窓」の意味も併せ持つようになった、しかし昭和の戦争後に「出窓」が減少したので、「虫子」は「塗窓」だけを意味するようになった、とされています。

これらの先行研究をみると、まず木格子の「虫籠」「虫籠窓」が存在し、これが「塗窓」という土塗格子の開口の名称を、その名称に取り込んだとされる点まで共通しています。そこから、現在の「むしこ窓」に変わる経緯が違うだけです。

そこで本章では、新たな史料を時系列にそってみます。そうすると、名称の変化は先行研究が指摘したよりも複雑であること、ただし、その変化は建築関係者の間で進み、江戸時代から近代の辞典類には反映されず、江戸時代前期の説明が踏襲されたこと、そのため近代に説明と形状の不一致を招いたこと、そんな変遷の経緯がみえてきます。そして、それは町家の表構えの変容と、ひいては町なみの変容と関わってくることになるのです。

なお江戸時代の史料は、ひとつの文中でも、同じ名称を色々な漢字で表現することがありました。木製出格子に関わる「虫籠」や「虫籠格子」はよいとして、土塗格子の開口に関する漢字表記は「虫籠」「虫子」「蒸子」などあって定まりません。そこで本章では、史料引用のほかはムシコと記すことにします。

第一節　ムシコを記す史料

一七世紀後半～一八世紀初頭

①俳諧（傍点は筆者記入、以下の史料も共通）

寛文七年（一六六七）　蛛《くも》の巣や二階椿の虫籠窓

この俳諧は、文政一三年（一八三〇）『嬉遊笑覧』の著者喜多村信節が、俳諧集『續山井』から紹介したものです。喜多村は「蛛の巣」に例えられる「虫籠窓」を、「細かに子を打たる窓なるべし」つまり細い格子を並べた窓と説明しています。普通、虫かごが細かい竪子を並べることを考えると、やはり「虫籠窓」は細い竪子を並べた出格子です。また「二階椿」は「虫籠窓」が二階表構えに付くことを示しますが、「椿」は天保一三年（一八四二）『用捨箱』（一六）に紹介された二つの俳句より紅色の象徴とわかります。

享保一四年（一七二九）刻　頬紅《ほおべに》も額《ひたい》も椿盛りにて　豆花

延享二年（一七四五）刻　誰惚なまし椿頬べに　善角

紅殻か朱か、どちらかわかりませんが、二階表に細かい竪子を並べた赤い木格子、それが「虫籠窓」です。そして近代の辞典類に至るまで、皆このように「虫籠窓」を説明します。しかしこの俳諧や喜多村の説明を踏襲する辞典類を除けば、「虫籠窓」を記す史料は見当りません。「虫籠窓」は一般的な名称であったのか。慎重な検討が必要です。

②宝永三年（一七〇六）竹本座初演、近松門左衛門作『緋縮緬卯月紅葉《ひぢりめんうつきもみじ》』（一七）

●……そっと二階の障子を明け、覗けば、夫もかきくれて、互いに声も立てばこそ……

●……出ければ、いつかは釘を放しけん、虫籠をはづし、帯結ひさげ、伝うて下りんその用意、夫は長持引き出だし、心を砕く二階には消ゆるばかりに、蜘蛛の糸にかかれる身の命……

●……夜番は物に心を付け、けはしく門を叩きたて、これ、起きた起きた、二階の虫籠をはづいて、上から帯が下げてある、長持も出してある、盗人さうなとわめくにぞ……

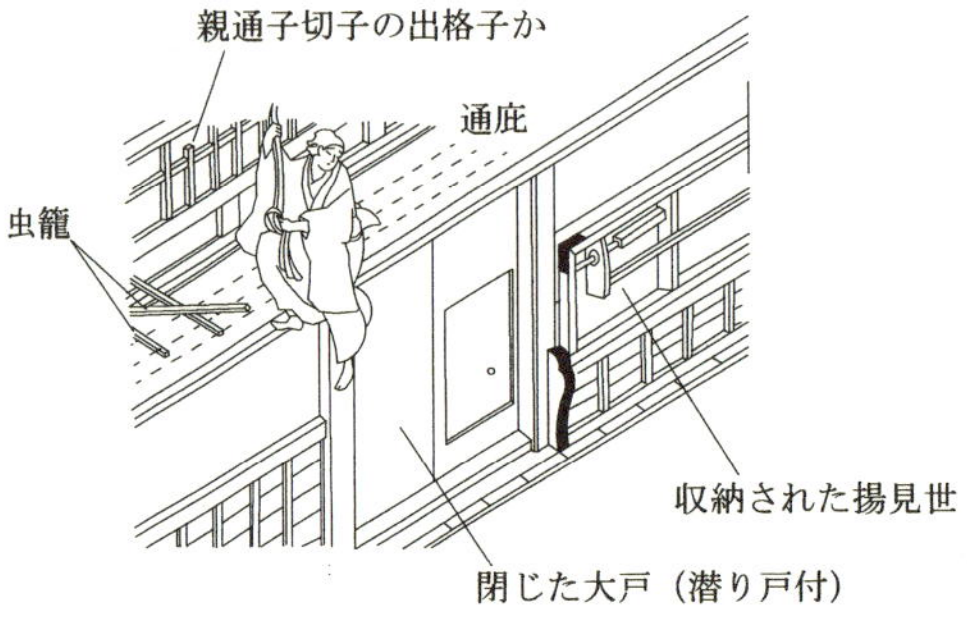

図1　外された「虫籠」（『緋縮緬卯月紅葉』）

最初の二項は、町家二階から表通りへ脱出する妻を、通りに立つ夫が受け止める場面、最後は逃走後の場面です。

内容から、町家の二階表に「障子」があり、障子の外側に「覗く」ことができる間隔で「虫籠」が釘打ちされているのがわかります。妻も「虫籠」を外して外へ出ますし、挿絵にも、外された「虫籠」が通庇に転がっています（図1）。つまり「虫籠」は間違いなく竪子の名称です。そしてさらに挿絵を観察すると、「虫籠」を釘打するものは、結んだ「帯」が垂れ下がるような出格子です。横子も入っていますが、竪子主体に見えます。

③宝永四年（一七〇七）竹本座初演、近松門左衛門作『堀川波鼓』（一八）

……源右衛門、虫籠より手を出だし、軒に立てたる鑓《やり》おっ取り、上がり口より差し下ろしに、上がらば突かんと言ふま丶に、真っ下しにぞ突きかけたる……

二階に陣取った「源右衛門」が、「虫籠より」手を出して引き入れた「鑓」を、階下に向って振るう場面です。槍を引き入れるのですから、竪子の間隔は、握りこぶしより広い。現在から見れば、細かいものではありません。ただし手を出すのは「虫籠より」であって、「虫籠の間より」ではないので、この「虫籠」は『和漢三才図会』が「繁密にて虫籠如なる」とした「虫籠格子」です。そして軒先に立てかけた槍に手が届くのだから、出格子と考えてよいでしょう。竪子の間隔が細かいものから広いもの、とにかく竪子（虫籠）主体の出格子が「虫籠格子」でした。

このように一七世紀後半から一八世紀初頭の「虫籠」は、竪子主体の「虫籠格子」（出格子）の意味と、竪子そのものの意味を併せ持ったのです。そうすると、①の「虫籠窓」はどういう名称なのか。出格子を意味する「虫籠」と、開閉装置や開口を意味する「窓」を組み合わせたもの、出格子付の窓ということになります。しかし「虫籠格子」は、外部から見たとき虫かごのような出格子だから、そう呼ばれたはずです。開閉装置の窓を壁から持ち出す出窓では、虫かごに見えません。そうすると「虫籠窓」は、二階に見える「虫籠」を俳諧に詠むにあたり、終わり五文字に合わせて「窓」を付けた可能性が大きい。つまり「虫籠窓」は、慣用句でなく俳諧用の造語です。そう考えれば、この俳諧以外に用例が見当らない理由がわかります。

一八世紀中頃〜一九世紀中頃

④寛延三年（一七五〇）「うろこ形屋五兵衛宅絵図」（『近江屋吉兵衛家文書』）（一九）

大工文書の町家平面図。一階の出格子と平格子の書き込みに「かうし」とあり、木格子を推測させます。ほかに「此上むし子」とありますが、二階平面図がなく、形状がわかりません。そこで、次の⑤と合わせて検討しましょう。

⑤宝暦二年（一七五二）「万屋伝右衛門宅絵図」（『近江屋吉兵衛家文書』）

これも④と同じ大工文書の町家平面図。「弐階五畳敷」の座敷に、表通りに面して出格子を示す線があって「壱間半むし子」と書き込まれています。同じ二階の別室には、「惣ぬ里まト、壱間二十三本中子、ふとさ二寸六七分、あき二寸弐分ばかり」とあり、土塗の「中子」を並べる「惣ぬ里まト」は、土塗格子の開口であるのが明らかです。それでは「むし子」とは何か。

二年前の④には、出格子や平格子を示す線が「かうし」とありました。ところが⑤は、出格子の線が「むし子」です。この点、②「虫籠」の釘打ちを思い出します。同じ出格子状でも、竪子の釘打ちが「虫籠」「虫籠格子」なら、「かうし」つまり格子は格子戸（建具）のはめ込み式と考えられます。格子戸は取り外せるので、一階にも用いられたのでしょう。ですから⑤の二階には、竪子釘打ちの出格子である「むし子」があった。そのように考えられます。

ところでこの頃、町家の表構えは変容しつつありました。それは一階に顕著で、中世末期から伝統的な姿、つまり台格子や揚見世による開放性を失う町家が現れたのです。代わりに格子戸を建て込んで閉鎖的にするもの、いわゆる仕舞屋《しもたや》化（お店はもう終《しま》いました、というような店構え）が進んでいました。この状況の中で建築関係者は、釘打の出格子をムシコ、格子戸建具のはめ込み式を出格子や平格子、そう呼び分けていたようです。

⑥寛政二年（一七九〇）『注文帳』（『近江屋吉兵衛家文書』）

A：「小田原屋角兵衛宅」　むしこ弐拾五匁　四桁付、三尺五寸斗戸五枚

B：「五条塩竃町町中借屋家」　むし子鼠壁　松弐間　六ツトリ

C：「津之国屋六兵衛宅」　二階むしこ
　一、三匁　松弐間四トリ　三本、一、六匁六分　杉明かり障子　三枚
　一、八匁六分　大工手間弐人、一、壱匁　大木挽、　〆拾九匁二分

D：「紀伊国屋升兵衛宅」　むしこ　廿四匁　松弐間　六トリ　四本

天明大火（一七八八）直後、京都の町家大工が受けた注文覚書からの抜粋です。

まずB「むし子鼠壁」は、日向進氏が土塗格子の開口とされたものです（本章　はじめに）。「松弐間　六ツトリ」は、土塗格子の芯木を、長さ二間（約四メートル）の松から六本刻み出すという意味でしょう。そうするとDの「松弐間六トリ　四本」も、土塗格子の開口であることになります。A「二階むしこ」は、「四桁付」の意味が不明ですが、「二五匁」という額は「二四匁」のDと変わりません。したがってこれも土塗格子の開口でしょう。一九・二匁のC「むしこ」も、出格子と見るには拾い出しの項目が少ないですから、やはり土塗格子の開口と思われます。

このように大火後に注文のあった町家は、すべて土塗格子の開口。出格子はありませんでした。焼けた建物の表構えを踏襲した可能性もありますが、材料枯渇の中で再建を急いだとき、出格子よりも土塗格子の開口のほうが手間が少なく安かったのです。ちなみに、文化二年（一八〇五）の借家見積書（『真町文書』）にも、一階表は「店（見世）」、二階表は「むし子大津かべ惣中ぬり」とあり、明らかに土塗格子の開口です。

⑦文政八年（一八二五）「山崎屋太兵衛宅普請見積り控書」（『近江屋吉兵衛家文書』）

これも町家の見積書。「戸建具」の拾い出し項目の中に、まず「大戸壱枚、金車敷金付」とあり、続いて「惣檜むし子、堺戸弐枚、力子入」とあります。この見積り順から、「堺戸」は大戸と二重の装置と思われます（二〇）。さらに「むし子」の詳細が「檜堺戸、八分子かうし、壱枚、トメ四通」とも記されます。「むし子」は「八分子」すなわち二・四センチ角の竪子です。この竪子を並べて「四通」の「力子」つまり貫で「トメ」、差し貫いたのが堺戸（通り庭を区切る境戸）という建具でした。この「むし子」が格子戸建具の部材名称である点は、これまでの出格子や土塗格子の開口とは違います。しかし同様の例は、日向進氏が寛政元年（一七八九）の格子戸建具に指摘されています（本章　はじめに）。それは見付三・三センチ、厚九ミリの板状竪子（「虫子」）を四本の「ぬき」で通す構成でした。確かに格子戸建具の部材名称が「むし子」です。

ところが、この山崎屋の見積書は、「堺戸」を「むし子弐枚之所三枚に相成候」「むし子弐枚」とも記します。つまり、堺戸そのもの、建具一枚の意味でも「むし子」です。建具の意味でも、部材名称の意味でも「むし子」なのです。これはちょうど虫籠が、出格子の意味と、部材名称の意味を両方持っていた②や③に通じます。そしてさらに見積書は「二かい、むし子障子四枚」とも記しますが、これはまた別の意味です。次項でみましょう。

⑧天保七年（一八三六）「小田原屋善兵衛宅表木寄書」（『近江屋吉兵衛家文書』）

「木寄書」は木工事の部材表です。「戸建具」の項もあって、次の建具が記されています。

A：入口大戸壱枚、惣檜六分杉板、くくり金車付、引戸敷下ニ金車付
B：壱間半格子、八分子七分アキ、中敷付惣檜、しゃうじ付
C：鬼子堺戸間中三枚　D：雨戸九枚檜かまち杉板　E：二階雨戸七枚
F：同裏側三枚　G：むし子弐枚　H：出格子障子八枚

C「鬼子堺戸」（二二）は、材料の値段を記録する「材木書式控」に「九拾匁、八分子堺戸三枚」とあり、一枚三〇匁の高価な建具です。そして「八分子」は⑦「堺戸」と同じ径の竪子ですが、ここでは「むしこ」と記していません。

続いてG「むし子」。「書式控」に「七匁、むし子障子弐枚」とあり、一枚三・五匁の「むしこ障子」です。これは、一枚三〇匁の「堺戸」に比べてずいぶん安い。同じ障子のH「出格子障子」が「書式控」に「七十弐匁、二階出格子内六枚」とあって一枚八匁。これに比べても、「むし子障子」は半分以下の値段でしかありません。

このほか「書式控」には、A「入口大戸」が一枚七〇匁、B「壱間半格子」は半間幅の格子戸が一枚一〇〇匁とあります。特に「格子戸」は「八分子之所、六分子に相成候故、少し上り候」とあり、細い「子」を用いるほど高価になったことがわかります。そうすると最も安いG「むし子」「むし子障子」は、簡単な桟組の明かり障子ぐらい。そう考えざるをえません。また「木寄書」には「桁上迄むし子束十弐本、杉三間丸太、末四寸五分」とありますし、「書式控」にも「むし子壱匁五分、杉六ツとり三本」とあります。土塗格子は「普通は四寸角の材を六つ割にしたものを

心にして縄を巻付けたものを竪子として土を塗る」（二二）とされますから、「むし子束」は土塗格子の芯、「むし子障子」は土塗格子の開口の内側の障子、そして「むし子」は土塗格子の開口と考えられます。したがって⑦「二かい、むし子障子四枚」も、土塗格子の開口の内側の障子と見てよいでしょう。ただし⑦は、建具本体の意味や、その竪子の意味でも「むし子」を用いていました。ですから文政八年（一八二五）当時の大工は、格子戸建具とその竪子部材、土塗格子の開口の両方に、ムシコの名称を用いていたことになります。異なるものを同じ名称で呼ぶ奇妙さ。ムシコを考えるとき、この点を念頭に置く必要があります。

ちなみに、先にあげた『近江屋吉兵衛家文書』にある「松屋町借屋普請帳」をみると、「杉むし子堺戸四枚」つまり格子戸建具の竪子を「むし子」としますが、土塗格子の芯も「むし子束五本」とします。これも格子戸建具と土塗格子の開口の両方に「むし子」を用いるのです。年記は「酉四月」としかありませんが、⑦に筆致や書式が近似します。それに天保七年の⑧以降の史料は、すべて土塗格子の開口だけを「むし子」と記しています。ですからそれ以前の「酉四月」は⑦と同時期、おそらく文政八年（乙酉、一八二五）の史料と推測されます（二三）。

もう一度⑧に戻ります。⑧は土塗格子だけに「むしこ」を記します。堺戸には記しません。格子戸建具や建具部材の意味では記していないのです。

また⑧は、Ｈ「出格子障子」として、「出格子」という名称を明記します。出格子は宝暦二年（一七五二）の⑤にみたように、格子戸はめ込み式の出格子に用いられていました。これに対して竪子釘打ち式は虫籠、虫籠格子だった。ところが八四年後の⑧では、「木寄書」の拾い出しに「表側出格子用」として「はしら弐本」「格子横手二丁」「中敷壱丁」「上ノ桁壱丁」「子三拾弐本、檜弐間、二寸ニ八分切とり」「地板弐枚」「戸袋板六枚」とあります。明らかに「子」を釘打する形式です。この建物には珍しい立面図（縦《たて》地《ち》割《わり》）もあり、これを見ても竪子釘打ち式。格子戸建具のはめ込みではありません（図２）。それがここでは「出格子」です。虫籠格子ではないのです。

繰り返します。竪子釘打ちの出格子は、①②③で「虫籠」「虫籠格子」、④⑤で「むし子」つまりムシコでした。し

図２　天保七年二条小田原屋表側

かし⑧では「出格子」です。格子戸はめ込み式と竪子釘打の別に関わらず、「出格子」になっていたのです。この点に関して、喜多村信節が『嬉遊笑覧』に「今も窓の出格子を虫籠と呼《よぶ》ものあり」とし、出格子の意味の「虫籠」「虫籠格子」の減少を伝えたのは⑧から六年前の文政一三年（一八三〇）です。一九世紀前半の大工が用いる名称では、出格子の「虫籠」「虫籠格子」は減少したのです。ところが、この変化は辞典類に反映されなかった。出格子の意味が受け継がれていたのです。

⑨天保八年（一八三七）『戸屋庄兵衛普請見積』（『最上屋喜八家文書』）(二四)

建具職の『見積書』です。「堺戸四枚九拾目」とありますが、「むしこ」の記入はありません。建具や建具部材のムシコは見当たらないのです。しかし「むし子明かり障子、惣杉、一間半四尺斗六枚、代十六匁八分」とあって、一枚二匁八分です。この安い「むし子明かり障子」は、⑦⑧と同様に、土塗格子の開口の内側の明かり障子なのでしょう。ですからムシコは土塗格子の開口の意味で用いられています。

一九世紀後半～幕末

⑩文久元年（一八六一）四月一九日　町奉行所の触書(二五)より

……右之外、御道筋二階むしこ、内より板張、火の見板囲ひ……

同年一〇月、皇女和宮は江戸の将軍家茂へ降嫁することになりました。それに先立ち、町奉行所が沿道の町々に命じた触書の一部です。二階の「むしこ」から行列を覗き下ろさないように、内側からの板張りを命じています。一九世紀前半に出格子の意味の虫籠が減っていたことを考えても、この「むしこ」は土塗格子の開口とみてよいでしょう。

⑪文久三年（一八六三）「今上天皇御幸之袚控」（『千吉西村家文書』）（一二六）

この年、孝明天皇自ら攘夷祈願のため、上下両賀茂神社と石清水八幡宮に行幸し、将軍家茂と後見職の慶喜が随行する前代未聞の行列が京都を進みました。当然、町奉行所が町々へ命じた用意や注意は微に入り細にわたり。それを三条衣棚町の法衣商、「千吉」当主の千切屋吉右衛門が記録したものです。それによると、三月二一日、「町家表両側、見世、孫庇《まごびさ》し、駒寄《こまよせ》取払」「二階窓塞《ふさ》ぎ、塞ぎがたき所は取除、表格子むしこ〆切」という命令が出ています。「二階窓」や「表格子」とは別に、「むしこ」が記されているのです。

ところが、四月一〇日の命令には「御行列雑人拝見の儀は、男十二才以上は土間に罷在、女并小児は床上拝見苦しからず候事、格子之内、其外二階にては拝見相成ず候間、二階窓并表格子之類、内より〆切達、堅く人上ケ間敷候」とあります。「二階窓」と「表格子」は三月二一日の命令と同じですが、「むしこ」が見当たらない。「むしこ」は「之類」にまとめられているようです。そうすると「表格子」は出格子や平格子ですから、「むしこ」は土塗格子の開口の意味です。それが「表格子之類」なのですから、土塗格子の開口は格子の一種、太い格子として扱われています。二階の窓ではありません。

⑫元治元年（一八六四）『戸屋半兵衛建具積書』（『最上屋喜八家文書』）

元治大火直後の建直しに関わる、建具職の見積書です。そのうち「猿戸」に次の二種類があります。

●高サ六尺巾四尺、惣桧、敷金、金車付、板むし子鋲打ち、手間代金四両
●同猿戸、角子内すかし、仕様同断、代金四両三歩也

最初のほうに記される大きさは入口大戸と同じなので、「金車」付の「猿戸」は屋内の土間境の建具のようです。それが二種類。「板むし子鋲打ち」つまり厚みのない竪子に貫を通して「鋲打ち」のものと、小角材を縦横方形に組んだ格子組の「角子内すかし」が比べられたのですが、後者に×消があり、板むし子の猿戸になったようです。それはともかく、この時期はまだ、格子戸建具の部材（竪子）を「むし子」とする建具職がいたことがわかります。ちなみに『近江屋吉兵衛文書』にも、『戸屋万助建具見積書』に「猿戸、惣檜木蒸子《むしこ》猿戸壱枚、但金車付、代六拾目」とあり、ここにも「猿戸」の竪子を「むしこ」「蒸子」と記す建具職がいますが、残念なことに年記がありません。

⑬元治二年（慶応元、一八六五）の建築史料（『最上屋喜八家文書』）

これは⑫と一連の工事に関わる史料です。まず左官職の見積書（『御左官方五郎兵衛積り書』）に「御庇之上むし古《こ》……切返し塗仕者也」「御建物五間半六間荒壁裏返し、むし古荒附迄」とあります。左官職が関わる「むし古」は、土塗格子の開口とみて間違いありません。土塗格子の開口の内側の明り障子には、建具職が『御建具之通』に「二階むし子障子五枚」と記しますし、大工も『枡屋喜左衛門建具仕切帳』に「二階むしこ障子五枚弐分弐朱」としますから、ムシコは土塗格子の開口の意味ですが、前年の⑫に見る建具部材（竪子）の意味も共存していました。

なお大工が「五枚弐分弐朱」と記す「むしこ障子」は、銀換算で一枚七・五匁程度。⑧の三・五匁や⑨の二匁八分に比べて倍以上の値段ですが、格子戸（「表連ん子戸」）も二三〇匁、格子内障子（「表連ん子障子」）も一一・五匁。⑧の格子戸一〇〇匁や出格子内側の障子八匁よりも高くなっています。大火後の物価高騰の影響なのでしょう。

明治維新後、昭和の戦争前

⑭明治五年（一八七二）建築史料（『千吉西村家文書』）

大工の見積書『西村吉左衛門様御本宅積書』。「虫子束《づか》、同弐間丸太弐本」とあるのは、土塗格子の芯木です。

なお建具職の『建具値段書』には「寄付境戸、中間中斗り、八分子、明き八分」とあり、「八分子」の「境戸」があるのですが、⑦のように「むしこ」とは記しません。出格子に関わる「格子窓」「中敷」「連ん子」「出格子」もありますが、「虫籠」「虫籠格子」ではありません。辞典類が伝え続ける木製出格子の意味の虫籠や虫籠格子は、一九世紀前半の建築関係者の間では消滅していたようなのです。

⑮明治一二年（一八七九）『建具値段書』（『千吉西村家文書』）

建具職の見積書。「壱寸壱分子、アキ壱寸五六分、入口境戸」や「八分子、明キ八分、寄付境戸」「巾壱間出格子」の記入はありますが、ムシコは記していません。格子戸建具の部材名称のムシコも消滅しているようです。

⑯昭和三年（一九二八）「郊外の民家」（藤田元春『京ところどころ』）（二七）

……昔の郊外は静かな田園であり、市中だといっても、今の世のやうにケバケバしくはなかった。瓦葺の白木造りなどというのは少くて、黒味勝ちのベンガラ塗が風をなし、二階の作り方もひくゝ、厚い土壁の連子窓、いはゆるむしこ造といふ形式で、庇はすべて奥ふかく、軒下に一寸した出格子があり……

旧制三高教授の藤田元春氏は、草創期の民家研究者です。少年期を回想された随筆ですが、同氏は明治一一年（一八七八）のお生まれなので、明治一六年（一八八三）以降のことでしょう。「二階の作り方もひくゝ」は厨子二階。二階表は「土壁」で「連子窓」すなわち土塗格子の開口。この形式を藤田氏は「むしこ造」とされています。注目されるのは「虫籠」などの漢字を用いられず、また「虫籠窓」や虫かごに関わる説明にも一切触れられていない点です。

⑰昭和一一年（一九三六）高谷伸『京洛雑話』（二八）

……京都の中央は四条烏丸になったが、往古は三條室町で江戸時代には老舗商賈が軒を並べて、古い暖簾を掛けつらね、上げ店駒寄せ張り出しの中に結界を置いて算盤をはじき、二階の表側はむしこと称する格子のある壁のようなものでしきられていた……

二階表に「むしこと称する格子のある壁のようなもの」を指摘されています。したがって、この「むしこ」も土塗格子の開口です。そして高谷氏も藤田氏と同様に「虫籠」などの漢字を用いられていません。つまり昭和の戦争前の土塗格子の開口は「むしこ」でした。辞典類に記される「虫籠」「虫籠格子」「虫籠窓」の漢字表記や説明は、建築関係者だけでなく、市民も使っていなかったようです。もちろん江戸時代の『和漢三才図会』や『嬉遊笑覧』の説明も、取り上げられた形跡はありません。

戦後

⑱昭和四六年（一九七一）依田義賢『京のおんな』（二九）

……室町三条、このあたりの中京の町屋……たいてい、二・三間の格子に、れんじ窓があり、古い形の店は、昼は格子戸を戸袋の方へ片寄せてはね上げっておいた取り付けの床机《あげみせ》をおろし軒の暖簾を中だるみにつるし、門《かど》暖簾を掛けています。いずれにも屋号の印が染め抜かれて、屋根の上は聚楽の土壁を小判型の短冊に切り抜いてならんだむしこの低い二階の表……

清水一氏が疑問を示されてから（本章　はじめに）一五年後。土塗格子の開口が「むしこ」です。「むしこ窓」ではありません。

ムシコの意味の変遷

史料	年記	西暦	名称	意味
①	寛文7	1667	虫籠窓	出格子と窓
②	宝永3	1706	虫籠	出格子に釘打ちする竪子
③	宝永4	1707	虫籠	出格子
④	寛延3	1750	むし子	竪子釘打ちの出格子と推測
⑤	宝暦2	1752	むし子	竪子釘打ちの出格子と推測、土塗格子開口は塗窓、「かうし」は取り外し可能な格子建具と推測
★	寛政元	1789	虫子	格子戸の竪子名称
⑥	寛政2	1790	むしこ むし子鼠壁	土塗格子の開口
★	寛政3	1791	塗り虫子	土塗格子の開口
⑦	文政8	1825	むし子	格子戸竪子名称、格子戸名称、土塗格子開口
⑧	天保7	1836	むし子	土塗格子の開口、出格子は竪子釘打ちでも「出格子」、格子戸関係に「むしこ」なし
⑨	天保8	1837	むし子	土塗格子の開口、格子戸関係になし
⑩	文久元	1861	むしこ	土塗格子の開口、格子戸関係になし
⑪	文久3	1863	むしこ	土塗格子の開口（格子之類とされる）
⑫	元治元	1864	むし子	格子戸竪子名称
⑬	元治2	1865	むし古等	土塗格子の開口
⑭	明治5	1842	虫子	土塗格子の開口
⑮	明治12	1879		建具職見積書に「むしこ」なし
⑯	昭和3	1928	むしこ造	土塗格子の開口、連子窓とも
⑰	昭和11	1936	むしこ	格子のある壁のようなもの
⑱	昭和46	1971	むしこ	土塗格子の開口
⑲	昭和52	1977	むしこ	土塗格子の開口

（注）★印は日向進氏の著作『近世京都の町・町家・町家大工』（思文閣出版　1998）を参照した。

⑲昭和五二年（一九七七）『京都民家譜』（『京郊民家譜』としての初刊は昭和六年（一九三一））（三〇）

……中京の家並……屋根と庇との間が短かく従ってむしこ（塗窓）の幅が狭いのが第二の特徴である……

土塗格子の開口が「むしこ」とありますが、民家調査をふまえた書籍らしく、古語の「塗窓」も紹介されています。

本節の内容をまとめたのが前頁の表です。

第二節　ムシコの変遷と要因

本節では、前節の観察結果をもう一度詳しくみます（文中の丸数字は、前節で記入した数字にあたります）。

虫籠窓の姿

江戸前期、「虫籠窓」①はどのようなものだったのか。それはまず、竪子を意味する「虫籠」②を釘打した出格子の「虫籠」③でした。それに俳諧の終わり五文字に合わせて「窓」を付した造語だったようです。ですから、虫籠窓の用例はほかに見当たりません。一般的な名称ではありませんでした。

虫籠格子は格子か

では「虫籠格子」は格子でしょうか。寛文六年（一六六六）『訓蒙図彙《くんもうずい》』（三二）によれば、竪子（「櫺《れん》」）を並べたものは「櫺子《れんじ》」（連子）です。縦横の格子組が「隔子也、格子」です。そうすると「虫籠格子」も縦横組の格子になるはずですが、虫かごは普通、細かく竪子を並べる形式です（写真2）。それに「連子」にも「出連子」のような名称はありません。ですから竪子主体でも僅かに横子が入った出格子は「虫籠格子」だったのでしょう。その竪子の間隔は、

②の挿絵では「虫籠」間隔が広い（図1）。③でも、槍を引き込めるほどでした。ですから、今からみれば、なんだ虫かごじゃないやとなりそうですが、一階の太い台格子や二階の土塗格子（当時は塗窓の中子）と比べれば、やはり細いのです。②が帯にぶら下がる妻を「蜘蛛の糸にかかれる身の命」と例えたのも、間隔が広くみえる虫籠格子を繁密な「蜘蛛」の巣になぞらえたためですし、①俳諧の「蛛の巣」も「二階椿の虫籠窓」の比喩なのです。

間隔の広い虫籠格子

江戸初頭の絵画史料では、町家の二階表に格子の多様化が進んでいました。しかし寛永一九年の「結構」な建築や周辺の眺望、遊女施設が規制されて後は、住吉具慶筆『洛中洛外図』屏風（三二）にみるように、二階表は三つの型式にまとまります。一つは土塗格子の開口。一つはそこそこの間隔で竪子を並べる出格子状の虫籠格子（横子は少ない、②③）。最後は壁のまま。いずれも閉鎖的な姿です。

寛文元年大火や寛文二年（一六六二）京畿大地震から復興した町なみは、寛文五年（一六六五）に浅井了意が『京雀』（三三）に「おなじようなる家つくり」と記すほど、低層・均質化が進みました。同じ浅井了意による『かなめ石』挿図にみる町なみは、二階表に土塗格子の開口が並びますが（第四章　図8）、その中に虫籠格子もあったので、寛文七年（一六六七）の俳諧①に「蛛の巣や二階椿の虫籠窓」と詠まれたのでしょう。もっとも、これは寛永一八年（一八四一）に京都の遊郭街を集めた朱雀野の西新屋敷（通称、島原）の風景かもしれません。紅殻《べんがら》塗も鮮やかな虫籠格子を女郎蜘蛛の巣、あるいは遊女を絡め取る鬼蜘蛛の巣とみたのかもしれないのです。この点は、延宝五年（一六七七）に井原西鶴が「髭ののびたるきりぎりすなく、めぐりくる夕《ゆうべ》悲しき籠《ろう》くたし」と詠んだことにうかがえます（三四）。年老いたコオロギが、一生虫かごから出られぬまま悲しく「籠くたし」。その「籠くたし」は「籠腐し」、獄死を例えています。「籠」には人を押し込む牢屋の意味もあったのです。

虫籠格子の増加と二階表の居室化

宝永大火（一七〇八）を経た正徳元年（一七一一）。今井町本『洛中洛外図』屏風にみる町なみは、二階表の出格子が土塗格子の開口と相半ばしています。その竪子は細く、間隔も狭くなっています（図3）。これぞまさしく、二年後の正徳三年（一七一三）『和漢三才図会』が「繁密にて虫籠の如くなる」と説明した「虫籠格子」そのものです。

京都の先進的な加工技術が、虫籠格子の姿を繊細かつ繁密なものに変えたのでしょう。そしてこのような虫籠格子を必要とする室内も、壁や土塗格子の開口を開けた頃より居室化が進んでいたはずです。寛永期の所司代の規制で一度は後退した二階の居室利用が再び需要の高まりをみせて、大火を機会に虫籠格子を増加させたと思われます。

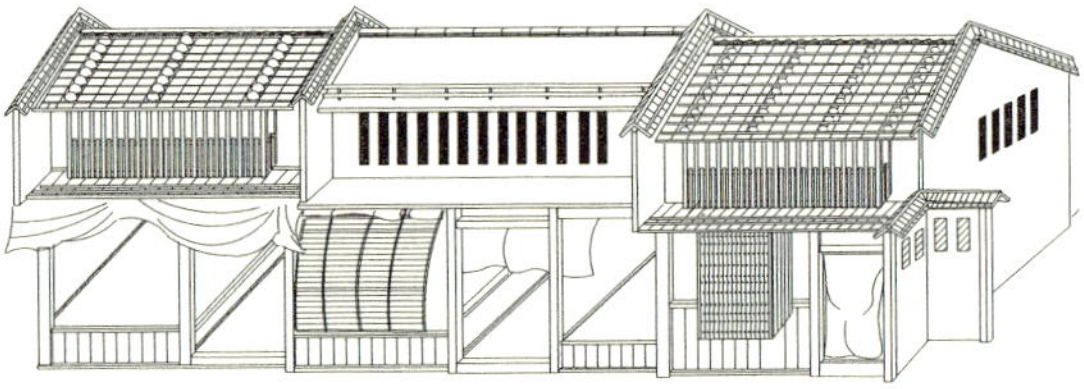

図３　増加した虫籠格子（今井町本）

虫籠格子と格子戸

宝暦二年（一七五二）の⑤「むし子」も、竪子釘打ちの出格子、竪子の細かい出格子です。といっても、その姿はどのようなものであったのか。その後、二度の大火を経た京都中心部では、当時のものは探せません。

ただし、復原された例が洛北山間部の鞍馬（京都市左京区）にあります。鞍馬は、江戸時代は山中の街道宿場でしたが、古来「舟なき港」と称された物資集散地で、鞍馬寺への参詣客が集まる門前に町家が並びました。ここに現存する瀧澤家住宅は、宝暦一〇年（一七六〇）の祈祷札を残す建物で（昭和五〇年国重要文化財指定）、昭和五九〜六〇（一九八四〜八五）年に全解体修理が行われ、建築当初はさらに低い厨子二階、二階表は壁と判明しました（三五）。一八世紀末に二階表を居室化したとき、大屋根を一寸七分（五・二センチ）あげ、竪子釘打の虫籠格子を設けて現在の姿になったのです。居室化が閉鎖的であった二階表を出格子状の虫籠格子に変える。それは半世紀前の宝永大火後（一七〇八）の京都に顕著な変容でしたが、現在の瀧澤家住宅には、往時を彷彿とさせる虫籠格子が復原されています（写真3）。

写真3　復原された出格子
（虫籠格子、京都市左京区鞍馬の瀧澤家、重文）

話を戻します。⑤に先だつ寛延三年（一七五〇）④の「かうし」は、格子建具のはめ込み式とみなされます。この点、先に仕舞屋《しもたや》化との関係を指摘しました（前節）。仕舞屋とは、格子を建て込み、閉鎖した店舗を思わせる構えの町家を意味します。江戸前期の京都では、町家の一階表は揚見世をおろし、蔀戸《しとみ》をあげ、大ぶりの台格子越しに開放的な店構えが多かった（第四章　図8）。それが格子戸建具のはめ込み式に変わって、仕舞屋化が進んだのです。

ちなみに蔀戸は、中世以来の、板戸を外側にはね上げて軒先に吊る形式が廃れていきました。代わって、板戸を刷上げて内部天井裏に収納する刷上戸形式や、軒下に折り上げて収納する折上戸形式、つまり開放時に目立たない工夫がされました。これは一六世紀末の慶長期『職人尽絵図』から確認される傾向で、一九世紀前半には喜多村信節《のぶよ》が「しとみ戸とて、戸を横さまにして、上下へやり《遣》戸にしたるものあり」（三六）とし、刷上戸が普通と伝えています。もっとも喜田川守貞は古義に詳しく、「蔀戸は外へ刎上げ」、刷上戸は「せり上げ」、揚見世は「上げえん」、折上戸は「二枚は蝶番を付け、折て内へ刎上る」と本来の名称を伝えますが（三七）、これは考証家ならではの博学。当時の大工は「桧壱間半みせ（揚見世）上戸（刷上戸）なし」「同幅みせ、上戸付」（『近江屋吉兵衛家文書』）などと記しており、喜多村がいうような刷上戸形式の蔀戸を用いています。もっとも名称は「上戸」としていますが。

町人の理想、仕舞屋

もう少し仕舞屋化について。開放的であった一階表は、京都の技術的先進性を示す細い格子、いわゆる「京格子」によって閉鎖的に変わって行きます。といっても板を打ち付けたり、板戸を立て込んだ閉店状態ではありません。別名「格子作《こうしづく》り」というように、格子戸建具を立て込むものでした。

この仕舞屋化の理由を、井原西鶴の著作にみましょう。元手と労力を要しない商売、貸金や貸家業を町人の理想的な仕事と考える西鶴は、貞享三年（一六八六）『本朝二十不孝』（三八）に次のように記しています。

……奥深に、豊かなる住居、見るさへうらやまし、何を世渡りとも知れがたし……この金銀儲けにくい世の中に、仕舞屋《しもたや》殿《どの》の八五郎といわれぬ……

資本を蓄積して、生産風景を露わにせずに済む町人だけが採用できる仕舞屋。それに成功者の証しをみているのです。閉鎖的な構えには治安上の目的も想像されますが、西鶴は他にも「格子作りの奇麗なる門口に丸三つ蔦の暖簾かけて、五人口を親かかりの様に緩《ゆる》りと暮らしぬ」、元禄五年（一六九二）『世間胸算用』にも「万事の商売うちばにかまへ、表向は格子作りに、しまふた屋と見せて内証を奥深ふ」（三九）と記しています。最後の作品集『西鶴織留』（四〇）の次の内容も参考になるでしょう。

……我相果ての跡にて、何によらず商《あきな》い事やむべし、此銀無くなる事、十箇年は保つまじ、十貫目より家質《かじち》より外に、何方へも借す事なかれ、と手代共にそれぞれ銀子とらせ、家が繁昌の最中に、斯く仕舞うて渡されける……子の代に金銀の置所無き、楽《たの》し屋《や》とぞ成ける……

〈意味〉

……私が死んだら、全ての商売は止めよ、でなければ一〇年もせず財産は消えるから、銀一〇貫（約八〇〇〇万円）以上の借家を営むほかは、金融業もするなど（子供たちに）命じられました、そして店の者には退職金を渡して、まだ家業が繁昌するのに閉店して譲られました……子供の代には、入金の置き所に困るほどになりました……

非生産的な仕舞屋に、ひたすら収益だけが流れ込む、そんな構図を町人の理想とするのです。その表構えが仕舞屋でした。もちろん、先進的な加工技術を要する京格子は、洗練された建築様式として憧れもされたでしょう。成功者の証となる最新建築様式は、内部が暗く、風通しも悪くなるのに、町なみの相当部分を変容させる魅力があったのです。ただし、京都の町なみは、町人間の相互規制で維持されていました。ですから仕舞屋化も急には進みません。だから元禄三年（一六九〇）に上洛したケンペルも「何かを売ったり、あるいは作ったりしていない家はほとんど見当たらない」（四一）と観察しましたし、正徳期の絵画史料にも仕舞屋化はみえないのです（図3）。

たとえば清和院町が「昔よりの町なみに違い候事仕間敷候」（四二）と定めたのは寛文一三年（延宝元年、一六七三）。大事なのは一階が開放的、二階は閉鎖的という従来の町なみでした。だから福長町も元禄一二年（一六九九）以前に「惣格子仕間敷事」と定めましたし、饅頭屋町も、享保四年（一七一九）『町内規定二十ヶ条』に「家作り格子路次《ろじ》、古来より無用の事」（四四）と定めたのです。同様の考え方はほかの町にも多かったらしく、町奉行所与力（神沢貞幹）も天明元年（一七八一）『翁草』（四五）に、次のように記しています。

……洛火以後、都の普請も凡鄙《とひ》の家居に似て、結構なるは稀なり、其中に兼て家を造り直さんと思ひし者も、故なきに家居きらきら敷建直さんは、流石《さすが》世の聞こえいかがと堪え居たる……

宝永大火（一七〇八）以降も「結構」な町家は増えずに低層・均質化した町なみが維持された理由として、町人の相互規制を指摘しています。しかし、その中でも実は仕舞屋化が進んでいました。寛延三年（一七五〇）④の「かうし」、

写真４　明治末期、仕舞屋化した町家、揚見世が開放的であった頃の店構えを伝える
（石井行昌撮影写真、京都府立総合資料館寄託）

つまり一階の出格子と平格子の存在こそ、開放的であった店構えが仕舞屋化していくのを示す例なのです（写真４）。

町奉行所の仕舞屋化への態度

ところで町奉行所は仕舞屋化を問題にしません。元文二年（一七三七）五月の触書（四六）には、次のようにあります。

……拝見人、家内に男女相分け罷在、不作法これ無様、急度相慎、御車御通の節平伏仕るべく候、もっとも二階にて拝見の儀堅停止せしめ候事、
但、格子の内より拝見の儀、女は苦しからず候、男は停止せしめ候事
……

法皇「御葬送」の行列を、一階にいる女性に「格子の内」から拝見を許します。町奉行所は仕舞屋化に関心がなく、それが進行する現実に合わせた触書です。冷泉町が寛政九年（一七九七）『定』に「格子の儀は、幅壱間迄は金百疋（一万二千円程度）、壱間余より金二百疋」（四七）と定めたのも、すでに一階表に格子を建て込む仕舞屋化が定着し、金銭的代償で許されていたことを示しています。ただし④にみたように一八世紀中頃は、格子戸建具をはめ込む平格子や出格子が格子。竪子釘打の出格子である虫籠、虫籠格子とは分けられていました。土塗格子の開口はまだ「塗窓」であって、ムシコとは呼ばれていなかったようです。

ところで一階表の仕舞屋化は、取りはずしが効くはめ込み式の格子戸建具によって進みました。後代に「祭りの日や宵山の夕暮に中京の家々が表格子をからりと拂って……」と描写されたのも、そのためです。それがよく千本格子

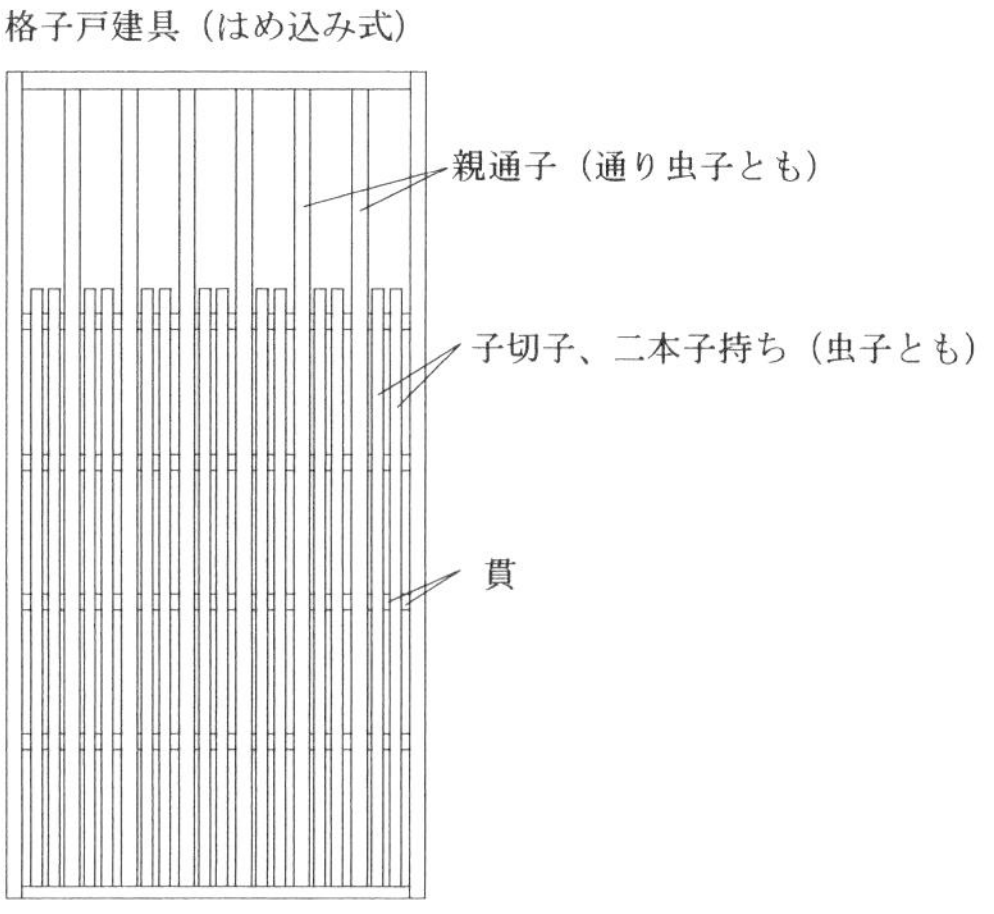

図4　親通子切子

と言われたのは、細い親通子《おやとおしこ》切子《きりこ》の竪子を並べるためで（図4）、子の数で二本子持ち、三本子持ちがあります。この形式が多い中京の繊維業者（いわゆる糸へん商売）の町家では糸屋格子、あるいは閉鎖的な印象から仕舞屋格子。また竪子を面取りして細目格子。職種が違えば同じような姿でも小間物屋格子や御茶屋格子などことさらの呼びわけのようで、確定的な名称は見当たりません。そのため、ただ格子戸建具として論を進めます。

なお、造り付けの台格子を受け継いだ米屋格子（木地荒格子）や酒屋格子（色付荒格子）、米屋格子（丸太半割）、炭屋格子などもあります。そのうち炭屋格子が炭の飛散に配慮した形状をみせるなど、それぞれ職業別の事情を反映した形状であったようですが、京都全体でみれば仕舞屋化の主体となることは少なく、開放的な店構えの一角をなす場合もあったようです。これらの区別は、多くの関連書がありますので、そちらに譲ります。

虫籠格子の消滅経緯

再び話を戻します。宝暦二年（一七五二）⑤以降、出格子の意味の虫籠や虫籠格子は確認できません。『嬉遊笑覧』が「今も出格子を虫籠と呼《よぶ》ものあり」とした文政一三年（一八三〇）頃までは使われたようですが、天保七年（一八三六）の⑧が竪子釘打を「出格子」とした後も、出格子に関わる虫籠や虫籠格子は見当たりません。

その一方で、文政八年（一八二五）⑦に、格子戸建具の竪子の「虫子」が現れます。また、その「虫子」は建具本体の意味でも用いられています。竪子の意味でも、建具本体の意味でも用いられる虫子。この点、②③が虫籠を部材と出格子本体の両方に用いることに共通点を指摘しました（第一節）。この出格子に関わる意味の虫籠が消滅するのと同じ頃、建具に関わる虫子が現れるのは偶然ではないでしょう。少し複雑ですが、次のように考えられます。

一七世紀の虫籠や虫籠格子は、竪子を釘打する出格子を指しました。そして虫籠は、竪子の意味でもありました。一方、格子は、本来は部材を縦横に格子組するものでした。しかし、虫籠という竪子を細かく並べた虫籠格子が現れた結果、細い竪子をならべたものにも格子という名称が付くようになりました。

一八世紀後半〜一九世紀には、格子戸はめ込み式の出格子が現れ、増加します。この型式は、竪子釘打の虫籠格子と区別する必要から、出格子と呼ばれました。格子戸という建具を、はめ込むことから付いた名称です。その格子戸は、細い竪子、つまり格子を組み込むので、格子戸でした。しかし虫籠と格子は棒材という点で共通して同じ意味を持っていたので、格子戸自体が虫子、竪子の格子も虫子と呼ばれる場合もあったのです。その混用状態を示す例が「堺戸」にあり、文政八年（一八二五）⑦では「惣檜むし子」の「堺戸」が、天保七年（一八三六）⑧では「檜堺戸、八分子かうし」とあります。また、文久三年（一八六三）⑪では、「むしこ」が「格子之類」に含められています。

しかし全体の方向としては、「むしこ」が「格子」に吸収されるように進みました。

まず、一九世紀前半に、竪子釘打ちの虫籠格子という名称が、出格子という名称に吸収されます。竪子を釘打する型式が消滅したわけではありませんが、もともと格子は台格子のように、部材を釘打して固定するものの名称でもあったので、同じように釘打するものを呼び分ける必要は少なかったのでしょう。その結果、辞典類に踏襲される意味、つまり出格子の意味の虫籠や虫籠格子は出格子に、その細い竪子の虫籠は格子に、それぞれ吸収されて名称が消えました。現在でも、辞典類が虫籠や虫籠格子、虫籠窓に説明するのは、実は江戸時代の出格子に関わる意味なのですが、建築関係者の間では、それは一九世紀前半に消滅していたのです。

続いて、格子戸建具そのものを指す虫子が格子戸に、そこに組み込む竪子部材の虫子が格子に、吸収されていきました。建具に関わる虫子と格子は、一八世紀後半〜一九世紀に格子戸はめ込み式の出格子が現れた頃から混用されていたものなので、当然のなりゆきでした。元治元年（一八六四）⑫に確認後、建具や建具部材の「虫子」を「格子戸」や「格子」と区別する例は見当たらなくなります。元治大火（一八六四）後の復興の中で吸収は終ったのでしょう。もっとも、これらはすべて建築要素を呼び分ける必要がある職人や建築主の間、建築関係者による現場絡みの話だったようです。なので辞典類には反映されず、その説明は変わらなかったのです。

土塗格子の開口のムシコ隆盛

土塗格子の開口のムシコは、寛政二年（一七九〇）大工の⑥『注文帳』に現れます。もっとも、この注文帳に出格子を意味する虫籠や虫籠格子がなく、土塗格子の開口だけなのは、大火後に防火仕様が普及したからではありません。柱より薄い真壁に小穴を並べても、消防上の利点はありません。それよりも大火後に復興建築が集中し、材料が枯渇して価格が高騰する中で、竪子釘打の「虫籠格子」や格子建具をはめ込む形式の出格子が敬遠され、安い土塗格子の開口が増えたと考えられます。もちろんそれは一時的な現象であり、部材供給が安定すると、再び二階表の出格子や平格子が増加しました。それは二階の居室利用が進む中で必然的な傾向だったのです。

ただし、天明大火後に土塗格子の開口が多数を占めた時点で、従来の塗窓とは違う「むしこ」「むしこ鼠壁」や「塗り虫子」という名称が⑥に現れました。これには、虫籠や虫籠格子という名称が出格子に関わる意味を減じたのと同じ頃に、建具に関わる虫子が生まれたことと同じ理由が考えられます。つまり、土塗格子の芯にある細い竪子にも憑依して「むしこ」、それに土塗して「塗り虫子」になったのです。建具に組み込む細い格子と、太い土塗格子という二つの対象に、同じ音読みのムシコが付くのは奇妙ですが、土塗を取れば、両者は細い竪子という共通点があります。その結果、文政八年（一八二五）⑦に、土塗格子の開口と建具のどちらにもムシコが存在し、「松屋町借屋普請帳」にも類例があるのです。

その後、建具に関わるムシコが格子に吸収されると、土塗格子の開口の「塗り虫子」は「塗り」を省略して「虫子」になります。名称を独占したのです。このような経緯で現れた土塗格子の開口のムシコには、そのものずばりの漢字表記がありませんでした。音読みはムシコでも、「虫子」のほかに⑫「蒸子」や⑬「むし古」など、多様でした。文書中の気まぐれな書き変えの可能性もありますが、それを許したのは、元来が憑依した名称なので必然的な漢字表記が固着しなかったからでしょう。そのムシコが、土塗格子の意味と土塗格子の開口全体の意味を併せ持ったのは、かつての虫籠と虫籠格子や、格子と格子戸の関係と同じです。部材と本体を同じ名称にする奇妙な関係も、これだけ揃うと、京都の建具が持つ性格とみなければなりません。

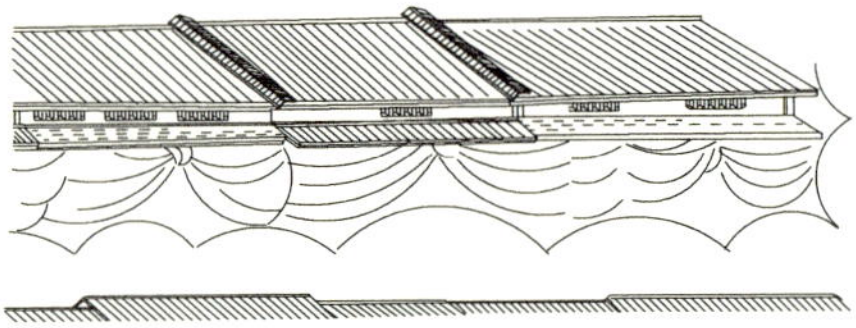
図５　土塗格子開口がならぶ町なみ（『年中行事大成』）

仕舞屋化した町なみ

天明大火後の二階表に増加した土塗格子の開口は、文化三年（一八〇六）刊行『年中行事大成』（四八）（図５）や、文政三年（一八二〇）『三条油小路町町並絵巻』（四九）（図６）に確認できます。しかし、やがては出格子も再び増加します。

たとえば宝暦七年（一七五七）五月刊行『祇園御霊会細記』（五〇）に『山鉾由来記』の挿図をみると、祇園八坂神社西門前、四条通りに面する町家は土塗格子の開口です（図７）。ところが、元治大火（一八六四）直前の『花洛名勝図会』（五一）より『祇園社西門』図では、同じ場所の町家が二階表を出格子にしています（図８）。同じ頃、森川曾文の『祇園祭礼長刀鉾図』（五二）や『春燈斎図鐫《ずせん》』所収「六月七日祇園会山鉾之図」（五三）でも、大通りの二階表には出格子や平格子が普通です。その理由は、土塗格子の開口に比べて室内の居室機能が高い点が一番ですが、史料をみると格子戸を外して緋毛氈《ひもうせん》を掛けた見物姿が描かれています。一時的でも大開口を開けられる、これも出格子が広まった理由だったでしょう。

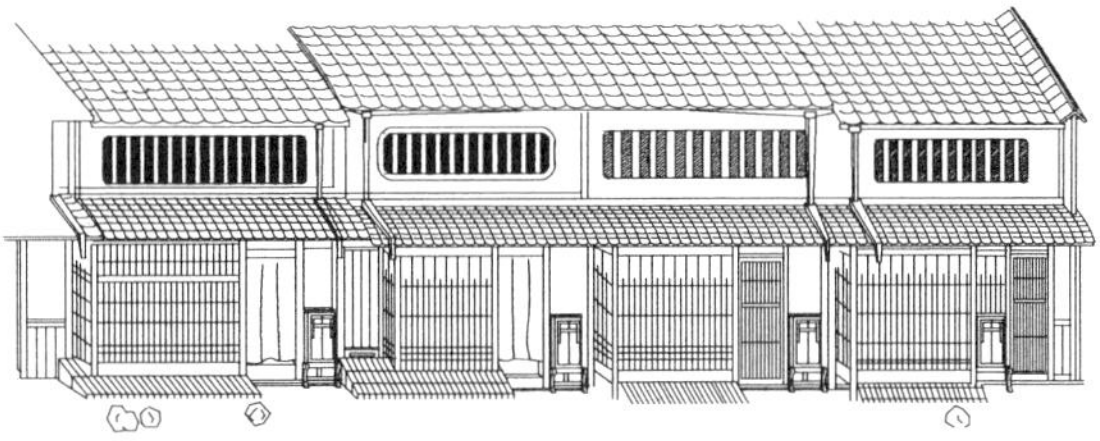

図６　仕舞屋がならぶ町なみ（『三条油小路町町並絵巻』）

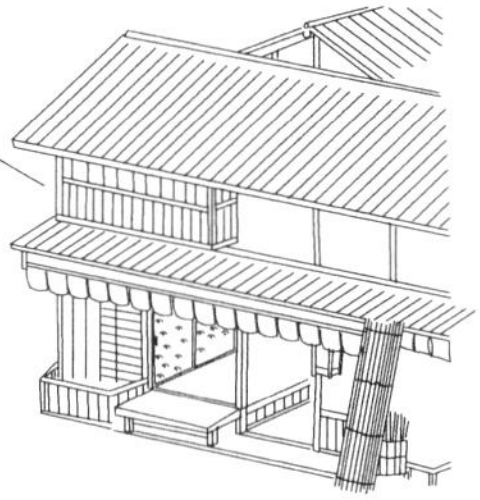

図８　元治大火直前（『花洛名勝図会』）

図７　宝暦七年の祇園石段下（『山鉾由来記』）

しかし大通りから一筋入ると、土塗格子の開口の大勢は変わりませんでした。そのような通りでも出格子や平格子は少しずつ増えたのですが、二階表の出格子化、平格子化は京都全体にあてはまらなかったのです。

それでは一階表はどうでしょう。仕舞屋化、仕舞屋化と繰り返してきましたが、明治期の写真史料をみると、繁華な大通りには開放的な店構えが続きます。一筋入った通りでも、対面販売する店舗は皆そうでした。

それでも天保一〇年（一八三九）に木内啓胤が「総而京都に而は表の格子を建るなれば、渡世のさま、いとわかりがたし」(五四)と記したのは、仕舞屋化が完了した地域もあったことを示します。これには神沢杜口が「此変に過たるは幸ひにて、数千両の金を抛ち、思ひの儘《まま》に結構を尽す有り」(五五)としたように、仕舞屋化の障害であった町人の相互規制が天明大火後に弛緩したことが考えられます。この大火が二階表の出格子を減少させ、土塗格子の開口を増加させたのは建築費用の関係だったでしょう。

そうすると一階表も、昔ながらの揚見世や上戸のほうが安価だったはず。加工手間のかかる格子戸の仕舞屋化は高価でしたから。しかし、大火前にも仕舞屋化が進む状況は

写真５　明治末期、一階店構えが開放的な町家
（石井行昌撮影写真、京都府立総合資料館寄託）

ありましたし、我慢していた町人も大火後に限られた予算を一階表に集中して実現したのではないでしょうか。元治元年（一八六四）にも石川明徳が「南北通り之室町、新町等、往来少き所は皆戸を閉、或は長布簾にて、内の見へざる様にいたし」、「皆同じ様家作にて戸を〆切り居る」（五六）として、仕舞屋化した町なみを伝えています。ただし、それは「往来少き所」でした。大通り沿いは「三条四条等の東西の通り、ならびに寺町新町等往来繁き所は、皆江戸の如く見せを張り」として、開放的な「見せ」構えを伝えています。ちなみに写真５は、寺町通りの二条あたりの風景です。

なお享保六年（一七二一）五月の町奉行所の触書（五七）は、町ごとの境界装置にあたる装置すなわち木戸門の閉鎖時間を午後一〇時とするように命じました。その一方で、洛中では東西方向の「下立売、三条、四条、五条、松原、七条」の各通り、南北方向の「寺町、川原町（現在の河原町）、東洞院、烏丸、油小路、大宮」の各通りに、木戸門は終夜開放のままでよいと命じました。これらの通りは等間隔に走らないので、交通量が考慮されたようです。中には仕舞屋化が進んだ油小路通りもありますが、一階表は開放的、二階は出格子や平格子という町なみは、これらの通りにこそあったはずです。それが一筋入ると、一階表は仕舞屋、二階は土塗格子の開口の町家が軒先を連ね、藩邸や諸役人屋敷の黒塀（大塀造《だいべいづく》り）と入り混じっていたのです。

ムシコの変遷に関する町人の認識

ムシコの意味する対象の変遷を、町人はどの程度認識していたのでしょうか。この点も石川明徳が記しています。

……町家二階窓格子は皆塗格子にて明き間少し。右は、近ごろ御上洛前迄は、京都所司代通行下座触れの節、二階窓より窺《うかがい》見候者これ有時は厳敷譴責《きびしくけんせき》を蒙り、町家の難渋になる事故に、皆塗格子にして明く所少く、容易に顔を出す事ならざるためなりとぞ、それを見習ひ、外通行はなき処迄二階は皆塗格子なり……

石川は江戸から上洛した武士です。当時の江戸は土蔵造や塗家がある程度普及していたので、真壁に開く「二階窓格子」が「塗格子」であることに興味を持ったようです。ムシコとは記しませんが、石川に問われた京都者は、建築関係者の間で進む名称の変化を知らずに「塗格子」と教えたのでしょうか。おそらくムシコという名称は知らなかったのでしょう。町奉行所の触書でも、享保一六年（一七三一）に「二階窓〆置」(五八)、寛延二年（一七四九）に「二階窓并出格子之類内より〆置」(五九)、文久三年（一八六三）に「二階窓并出格子之類、内より〆切」(六〇)とあるのに、ムシコとは記されません。わずかに文久元年（一八六一）⑩の触書に「二階むしこ」(六一)とあるだけで、それも直後の⑪にみるように「格子の類」に含めてしまう程度の認識でした。ですから土塗格子の開口の名称は、町奉行所役人には「格子の類」、普通の町人には「塗格子」程度だったのです。

本節でみたムシコに関わる意味合いの変化は、建築関係者の間で進みました。しかし、普請道楽でもない普通の町人がそのような変遷に注意を払うことはなかったでしょう。ですから江戸後期には考証家が扱い、明治期以降には珍しい名称として研究者が紹介する対象になったのです。

第三節　ムシコへの認識の広がり

京都市民とムシコ

江戸後期の京都の人口は四〇万人程度。それが明治維新から東京遷都を経た明治二〇年（一八八七）には三〇万人程度に減少します。しかし大正一〇年（一九二一）頃には盛り返し、さらに七〇万人まで増加しました。当然、都市住宅も増加しますが、江戸時代の建築規制が失われて多くが二階に充分な高さをもつ本二階建てでした（六二）。そうして目立った店舗が「〇〇通りの〇〇という家は、船鉾みたいな家たてて、ねっからお客がこんちきちん」（六三）と囃し立てられたのもこの頃です。〇〇の店舗名称が各地に色々あるのも、それだけ町なみの変容を伝えます。

町家の表構えでも、土塗格子の開口は「左官職だけでも五工程」「一本に要する左官手間費用が一人」「乾燥日時がかかる」という施工・費用面の問題や通風・採光が悪い住環境上の問題から、採用されなくなっていきます（六四）。もっとも手間の問題は昭和の戦争後の話であって、近代初頭は後者こそ大きな理由でした。それに土塗格子の開口がまったく再生産されなかったわけでもありません。しかし明治中頃から大正三年（一九一四）まで続いた好景気の中で、本二階建ての二階表にムシコの再生産が少なく大きなガラス窓が付いたのは、内部の住環境を考えれば当然の結果でした。

それに法規制の面でも、大正八年（一九一九）に「都市計画法・市街地建築物法」が公布、翌九年に京都など六都市に施行されました。これに詳細な防火規定が定められていて、後に「簡易防火建築」として「木造モルタル塗」の定着につながり、真壁に格子戸の構成は不適格になりました。とはいえ関東大震災のような大災害がなかった京都では、伝統的な町なみが大勢を占め続けました。土塗格子の開口が大きく減ったわけではありません。ですから江戸時代の変遷を経たムシコという名称も、建築関係者には知られていたはずです。

しかし昭和初期に⑰藤田元春氏や⑱高谷伸氏が「むしこ」と紹介されたのは、その名称が当時の市民にほとんど知られていなかったからでしょう。このとき両氏が平仮名書きで「むしこ」とされたのも、納得できる漢字表記や、その根拠を知り得なかったからのはず。虫籠や虫籠窓とされず、虫かごに関わる説明もされなかったのは、それが江戸時代の説明を踏襲する辞典類（本章　はじめに）から得た知識ではなく、建築関係者からの聞き取りであったためと思われます。

また建築関係者も、ムシコに関わる名称の変遷までは知る由もありません。北村伝兵衛氏は検棹《けんざお》一本（高さ関係をすべて記す基準棹）で町家一軒を建てることができた伝説的な町家大工でしたが、それでも「蒸物用のセイロの底に渡された小角材の形状に類似しているので、蒸子《むしこ》」を適当とされました。蒸子は江戸時代の⑫関連に類例がありますが、やはりあて字にすぎません。まして「二階窓」や「塗格子」で足りる市民がムシコという名称に関心を持つはずもない。それは建築関係者が慣用的に使い、一部の研究者が関心を持つ程度の名称だったのです。

戦時下のムシコ切り欠き

写真６　土塗格子を切り欠いたムシコ

時代はうつり、市民が否応なくムシコを認識するときがやってきました。

昭和一二年（一九三七）七月に勃発した盧溝橋事件以降、日本は日華事変に突入しました。昭和一六年（一九四一）一二月の真珠湾攻撃に始まる太平洋戦争に四年先立ちます。長い昭和の戦争の始まりでした。そのときムシコにも大きな変化が現れます。

現在の土塗格子の開口を見ると、一部の土塗格子を欠いた例が多くあります（写真６）。お住まいの方に理由をうかがうと、空襲時に避難するため、焼夷弾をほうり捨てるため、色々ですが、戦時下の避難口を確保するという目的はほぼ共通しています。『京都府行政文書』（六五）には、これを義務付ける命令は見当たらないのですが、米軍の空襲が激化する昭和一九年（一九四四）より三年早く、それも真珠湾攻撃前月に日本帝国議会で防空法が改定されたとき、「地方長官」は「木造建築物の所有者に対し、期限を附して、其建築物の防火改修」を懲役規定付で命じる義務が定められました（六六）。そして命令に付された「防火建築規則」には、改定前の状況が次のように記されています。

……幅員四米以上の道路に面する場合は、消防活動容易なりとの見地より、木造家屋外周部を防火構造となすことを要せざる……

「消防活動」が「容易」な「木造家屋」は、防火構造を義務化される対象から外されていたのです。この趣旨からすると、町家の二階表に伝統的な土塗格子の開口や出格子は「消防活動」にとって明らかな阻害要因です。それに京都では、昭和一二年（一九三七）以降、警察と町組織共同の防空演習が活発に行われていました。防空指導も行われる中で、避難の阻害要因には取り外しが指導された可能性があります。そのとき京都市民は、撤去対象のムシコという名称を知ったでしょう。もちろん表構えのそれを打ち欠くことに、ためらった市民も多かったと思います。それに現在のわれわれは、映像や記録写真によって戦争末期の無差別爆撃の凄まじさを、原爆の徹底的な殺戮を知識として知っていますから、その程度の措置に意味はなかったと判断できます。しかし大村しげさんは著書『静かな京』（六七）に、当時の市民が置かれた状況を記されています。

……寺町通りでは、戦争中に火たたきやら、バケツを持って、防空演習をし、御池近くの疎開になった家を、お町内の人といっしょに潰しに行ったところです。わたしの娘時代は、そんな暗い明け暮れでした……

昭和一九年（一九四四）にサイパン島守備隊が玉砕。そこを飛び立った「空の要塞」B29は全国六六都市を次々に焦土化していきました。その中で「京都大空襲」の噂は真実味を帯び、多くの市民に差し迫った恐怖となっていたのです。実際に京都を標的にした空襲も数度あり、多くの命が失われた中で、延焼防止を目的に二〇代の娘までが町家を引き倒しに行く。そのとき多くの市民も、ムシコというものを打ち欠く決心をしたのでしょう。

第四節　「虫籠窓」の定着

出格子の説明を付会した虫籠窓の登場

古い町家にお住まいの方に土塗格子の開口の名称をうかがうと、普通は「むしこ」。「むしこ窓」「虫籠窓」という回答は非常に少ない。そして、それは採光・通気口の格子といった認識です。窓ではありません。昭和三六年（一九六一）に京都研究の第一人者であられた田中緑紅氏が「二階の虫格子」（六八）とされたのも、窓に付属する格子とみておられたからでしょう。

ところが翌昭和三七年（一九六二）に清水一氏は、「土地の人」から「むしこ窓」は「ふつうは虫籠の窓」と説明されています（本章　はじめに）。同じ頃、柴田実氏も「京の民家といえば、まず目に浮かぶ紅殻格子に、むしこ窓」（六九）とされています。昭和三〇年代中頃、多くの京都市民が「虫籠窓」の名称を認めていたのです。これはなぜか。

昭和二五年（一九五〇）、京都市は「京都国際文化観光都市建設法」を制定し、積極的な観光開発を行政方針に位置づけました。この当時、全国六六の大都市や中都市は、米軍の空襲で江戸時代から受け継いだ町家や町なみを失っていましたし、復興された町なみでも、必然性を失っていた伝統的要素は再生産されませんでした。その結果、京都の町家や町なみは希少性を帯び、社寺仏閣とともに戦前を偲び郷愁を誘う観光資源になり始めていたのです。

そのとき土塗格子の開口を説明する機会が増えました。そこで戦時下に耳にしたムシコという名称を辞典類に調べると、それには江戸時代の『和漢三才図会』や『嬉遊笑覧』の説明、つまり出格子や部材を意味した「虫籠」「虫籠格子」の説明と、「虫籠窓」を記す寛文期の俳諧が記されていました。ここに細い竪子を釘打ちする出格子のための説明と、それを意味する「虫籠窓」という名称を、土塗格子の開口に付会する機会が生まれたのです。

もちろん依田義賢氏が昭和四六年（一九七一）に「聚楽の土壁を小判型の短冊に切り抜いてならんだむしこの低い

二階の表」⑱と記されたように、「むしこ」とされる方も多くありました。今でも、長く京都に住まわれる方はほとんどそうです。しかし昭和四四年度（一九六九）『京都市内町家調査報告書』（七〇）に「どの家屋にも共通する要素として、門口・揚げ見世・出格子・通り庇・むしこ窓があげられる」として、町家の表構えを構成する要素に「むしこ窓」が明記されると、その名称は建築史研究者や行政関係者の間で決定的になりました。また一般的にも川端康成氏が小説『古都』（七一）に記されたことなどが、名称の普及につながったと思われます。

……中京の町屋は、明治維新前の「鉄砲焼き」「どんどん焼き」で、多く焼けうせた……だから、そのあたりに、べんがら格子、二階のむしこ窓の、古い京風の店がのこっているにしろ、じつは百年とは経っていないのである……

このほかにも、本来は物置のための採光・通風用の土塗格子の開口を、恣意的に京都独特の窓形式として捉えようとする動きもあったようです。そのとき、「虫籠窓」はきわめて適当な名称だったでしょう。俳諧用の造語である可能性には、注意は払われなかったのです。しかし京都市左京区岩倉など近郊農村地帯では、今でも厨子二階の藁置場に本来のムシコがあります。藁はバクテリア醗酵で発熱するので常時換気を必要とする。そこでムシコが選択されました。窓ではありません。採光できる通気口なのです。

おわりに

京都の町家について、ムシコという名称の変遷を検討した結果をまとめます。

●江戸前期の「虫籠」「虫籠格子」は二階表の出格子や竪子部材を意味した。この用例や当時の俳諧の「虫籠窓」の名称は辞典の類に紹介され、近代の辞典類に受け継がれた。しかし建築関係者の間では、出格子としての虫籠や虫籠格子の名称は一九世紀前半に減少し、幕末を待たずに消滅していった。

●天明大火後、格子戸建具や組み込む竪子に、「虫籠」と同音の「虫子」「むし子」「蒸子」「むし古」が用いられた。しかし格子との混用が続き、幕末までに格子戸や格子に吸収されて、この意味でのムシコは消滅した。かつて虫籠格子と呼ばれた出格子状のものは、竪子釘打に代わって格子戸はめ込み式が増加する中、出格子の名称を得た。
●天明大火後、土塗格子の開口も「むし子」の名称を、土塗格子の開口内側の障子は「むし子障子」「むし子明かり障子」の名称を得た。その結果、格子戸と土塗格子の両方に、ムシコという名称が混在する時期もあったが、やがて土塗格子の開口のみムシコというようになり、近代の建築関係者へ伝えられた。
●辞典類では、江戸時代前期の「虫籠窓」「虫籠格子」の説明が近代に踏襲された。そして、昭和二〇年の終戦以降に増加した土塗格子の開口の説明機会に付会され、土塗格子の開口に「虫籠窓」「むしこ窓」が定着した。

このような変遷をみると、土塗格子の開口の名称は、必然的な漢字表記がないことから「ムシコ」が適当なようです。他方「虫籠窓」は、本来は竪子釘打の出格子に関わること、俳諧用の造語の可能性が大きいこと、この二点から歴史用語としては取り扱いに注意が必要です。すでに定着した名称である以上、否定はできませんが。

付記（一）　ムシコとムシコ障子

江戸時代のムシコ障子の意匠をひとつ、紹介しましょう。

京都近郊の東梅津に現存する林家住宅は、厨子二階にムシコを開けるなど、町家型民家です（第四章）。その二階は物置として用いられ、祈祷札を詰めた藁包みが幾つもぶら下がるなど、江戸時代を彷彿とさせる空間です。調査のため、そこにはじめてのぼらせてもらったとき、十字の列が目に飛び込んできました（写真7）。ムシコ障子の桟組が障子越しの光の中に交点を浮かべていたのです。

両端の桟の間隔を調整して、このようにみせています。偶然の形状ではなく意図的な意匠です。しかし、この細やかな意匠は外からほとんどみえない高い位置（第四章　写真2）。日中はまず意識しません。夜間も、物置の二階に常灯はありません。したがって内部に向けた意匠ですが、そこは物置。林家の皆さん以外、どれほどの人がこの意匠に気付いたでしょうか。無駄と言っているのではありません。誰も気付かない細部にまで緻密な意匠を行き渡らせる、その実直な姿勢と洗練された美的感覚が同居する江戸時代の普請の凄みをみる気がするのです。

現存する京都の町家では、多くのムシコ障子が取り替えられ、江戸時代の意匠はほとんど伝わっていません。実は林家のムシコも鴨居と敷居は新しいのですが、障子自体は天保一一年（一八四〇）建築当初。大事に残されてきたものなので、この意匠をみることができます。

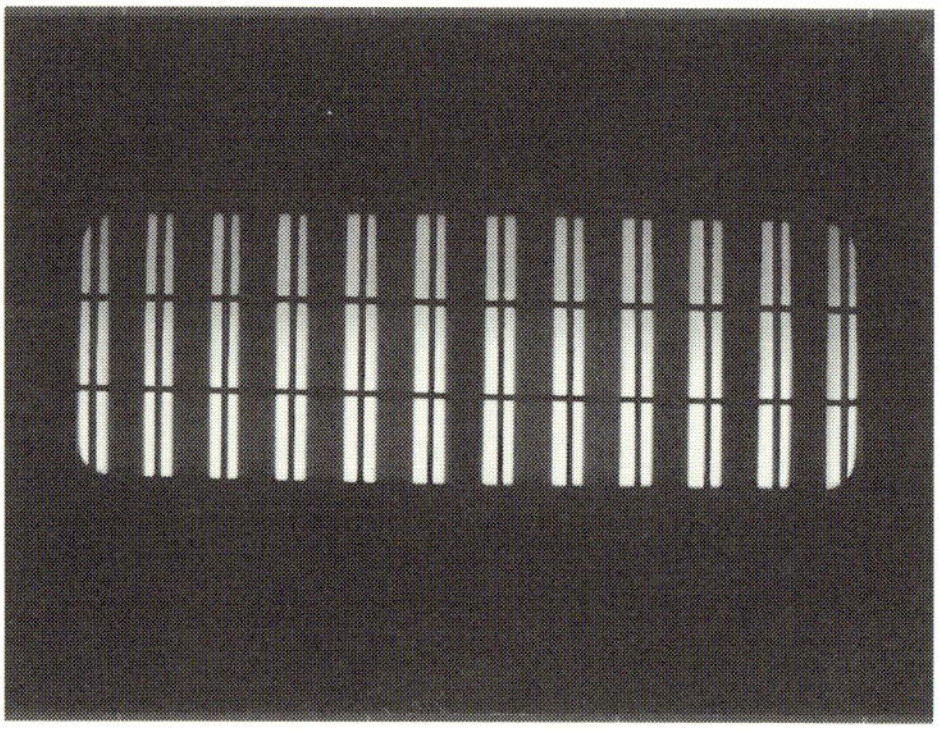

写真7　林家のムシコ障子の桟組

付記（二）　ムシコはどこから来たのか

ムシコという名称の始まりを虫かごにみてよいのか。先行研究はそうみて疑いません。本章でも、塗窓と呼ばれた土塗格子の開口が、天明大火後に格子芯の竪子が「虫子」、土塗格子が「塗り虫子」となった、そして建具に関わる「虫子」が消滅すると、「塗り虫子」の「塗り」が省略されて「虫子」という名称を独占した、としました。

しかし「塗窓」と呼ばれた頃の土塗格子の開口は、個々の土塗格子を「中子」「子」と記していました。その太い土塗格子が、なぜ細い竪子の名称を取り入れたのか。また、一時期にせよ、格子建具と土塗格子の開口の両方に、ムシコが共存したのはなぜなのか。今少し慎重な検討が必要です。といっても、それを確定する史料は得られないので、想像の翼をひろげてみましょう。

まず「虫籠」は、確かに虫かごです。しかし虫子は、必ず虫かごとは決め付けられません。妙な言い方ですが、文政九年（一八二六）『還魂紙料』は「きりこ燈籠《とうろう》のきりこ」を「切籠」と「切子」どちらもあると記し、「子とは格子のこと」とも記します（七二）。この格子は縦横の格子組ではなく、細い竪子のことです。また天保一四年（一八四三）『筠庭雑考』には、箱は「破子」と「破籠」（七三）どちらもあります。そうすると、虫かごの虫籠から、略語の虫子が生まれたとだけみてよいのか。実は「虫籠」と「虫子」は、早くから共存したのではないか。そんな疑問が生まれます。

大工文書の『近江屋吉兵衛家文書』では、元禄元年（一六八八）「光円寺建直居宅」平面図に、「上二階南方に二間半の土まどあり、戸入」と書き込まれます。享保二〇年（一七三五）「光円寺長屋門」平面図では、「此うへ塗窓」とあります。「土まど」や「塗窓」が土塗格子の開口全体の意味です。そして個々の土塗格子は「中子」「子」と書き込まれます。ところが天明大火直後の「塗り虫子」や「むしこ鼠壁」（6）から、土壁に関わる「塗り」や「鼠壁」を除くと「虫子」「むしこ」です。「中子」や「子」ではありません。そしてちょうど同じ頃、格子建具や建具の竪子名称にも「むしこ」が現れます。そうすると「むしこ」は、もともと竪子あるいは縦長材との関係こそ、深いように思われます。

実は、戦国時代の『洛中洛外図』屏風にみる平屋大勢の町なみに、土塗格子の開口は余り見当たりません。二階表に多くなるのは、二階建てが普及した近世初期です。これらの二階建ては豊臣政権の政策で増加した部分が大きいので、生活習慣のない二階表室は天井の低い物置程度。そのとき採光・通風用に土塗格子の開口が増加したのです。しかし、だからといって上等の建築要素ではないとも言い切れません。なぜなら当時の城郭にもみえるからです。たとえば江戸前期の『洛中洛外図』屏風で二条城の堀端城壁に描かれるのは、白亜の漆喰塗や本瓦葺、塗籠の城壁に土塗格子の開口開く姿です。そして富裕層の町家（塗家）にも同じ姿があります。このように多くの町家の二階表に普及した建築要素として、新たな名称を得る機会はこのときにこそありました。

写真８　丸岡城の開口

そこで当時の名称を探してみると、二条城に関する中井家の見積史料では、城壁の開口は「連子」「連子窓」とあるだけですが、同じ開口に「武者窓」という名称も伝えられています。これを平井聖氏は「木造で木地のまま、あるいは黒塗」「白または黒の土塗」「城郭では櫓や天守などに用いて竪格子」(七四)とされました。越前丸岡城にみるような木製竪子を並べ外に突上げ戸を付ける形式であったのが(写真８)、防火のため竪子を土塗にし、内側に土戸を備えるようになった、そのとき石灰分を含んで火に強い白亜あるいは黒漆喰塗になったとされたのです。

さて、ここに現れた「武者窓」という名称について、明治二二年(一八八九)『言海』(七五)から次の記述を拾ってみました。

●む志や　武者　戦う人、いくさびと
●むしや　蟲屋　蟲籠……住み慣れし元の野原や偲ぶらん、移す虫屋に虫の侘《わ》ぶるは……
●むしかご　蟲籠　古く蟲屋、蟲を蓄《か》うに用いる小き籠、竹を削りて精巧に造るものあり

「武者」と同音で「蟲屋」つまり「虫屋」「むしや」があります。そして「蟲屋」は「蟲籠」つまり「虫籠」の古語です。逆にたどると、「虫籠」「虫子」は、「蟲屋」を介して「武者」につながります。そのとき、近世初頭に城郭の建築技術が町家に導入され、町家の建築水準が向上したことが想起されます(第一章)。土塗の有無に関わらず、竪子を並べる開口に「武者」窓に通じる「虫屋」、それを介して「虫籠」「虫子」が現れた可能性が生まれるのです。それに武者窓には、竪子を並べるにしても、土塗の有無の両方がありました。ですから後代のムシコに土塗格子の開口

と木製竪子の意味が共存する現象も、武者窓が持った両方の意匠を受け継いだと考えれば話が通るのです。今のところこの変遷を裏付ける史料は得られていませんが、現時点の見通しとして記させていただきました。

付記（三）揚見世とばったり床机

京都の町家の店先に目立つ台は、江戸時代の史料では「揚見世」や「見世棚」、「上げみせ」や「見せ」「店」と記されました。商品陳列台を意味し、古くから用いられていたものです（建物から離れて置く縁台は台子《だいす》）。ところが、

写真９　明治末期、平屋町家
（石井行昌撮影写真、京都府立総合資料館寄託）

これに「ばったり床机」という名称も使われます。床机とは腰掛けのこと。ばったりは壁面収納式から来ています。この名称がいつ頃から用いられたのか明らかではありませんが、一七世紀末に始まり一八世紀後半に加速した仕舞屋化に関係が推測されます。それまでの開放的な表構えでは、壁代わりに収納された揚見世を広げると、内部につながる「店《みせ》」になりました。ところが仕舞屋化すると、これらは格子の前に付きます。もはや店の一部ではなく、壁面に折りたためる腰掛けでしかない。そのとき収納式の腰掛けとして、ばったり床机と呼ばれるようになったのでしょう。たとえば写真９は明治末期の風景ですが、開放的な店構えを仕舞屋化したばかりのようです。ばったり床机にしては大きな、明らかに揚見世であったものを広げています。家業が変わりでもしたのでしょうか。こちらをみる子供たちの表情はどこか不安げです。

◉註

一　永井規男「京都府民家の総観」（『京都府の民家』調査報告　第七冊所収　京都府教育委員会　一九七五）

二　新谷昭夫『京町家』（光村推古書院　一九八八）

三　井之口有一・堀井令以知編『京ことば辞典』（東京堂出版　一九九二）

四　『京都市交通局市バス・地下鉄を利用して歩いて楽しいまちなか観光・町家物語・京町家マップまちなか編』（京都市交通局・京都市産業観光局　二〇〇二・三）

五　清水一「民家の構成と美」（『京の民家』所収　淡交社　一九六二）

六　寺島良安『和漢三才図会』（東京美術版　一九七〇）

七　喜多村信節『嬉遊笑覧』名著刊行会版　一九七〇、同　岩波書店版　二〇〇二、記述内容に違い有。

八　芳賀矢一・落合直丈編『日本大辞典　言泉』（大蔵書店　一九二八）

九　新村出編『広辞苑』第一版（岩波書店　一九五五）

一〇　下出源七『建築大辞典』（彰国社　一九七四）

一一　日向進「近世中期における京都町屋の建築構成」日本建築学会論文報告集　第三一八号　一九八二・八、同「三井家京都本店の建築について――江戸時代における大規模商店の普請」『普請』第八・九号（京都伝統建築技術協会　一九八三・一九八四）、同『近世京都の町・町家・町家大工』（思文閣出版　一九八八）

一二　毎日新聞社京都支局編『京都民家譜』（日本資料刊行会　一九七七、岩井武俊『京郊民家譜』〔大阪毎日新聞社京都支局一九三一〕を再刊）

一三　中村利則「京都・町家考」（『京の町家』淡交社　一九九二）より、「木地がそのまま露にされており城郭や土蔵のように防火を意図して堅固に造ったものとは異なる」。

一四　中村昌生『京の町家』（河原書店　一九九四）

一五　髙橋康夫「近世京都における町家の諸類型について」（日本建築学会近畿支部研究報告集　第一四号　一九七四・六）、同「近世京都の町の変遷と住居構成について――下京太子山町を事例として」（日本建築学会大会学術講演梗概集一九七四・一〇）、同「京格子とむしこ窓の今昔」『京町家通信』（京町家再生研究会　一九九五・九）、同『京町家・千年のあゆみ――都にいきづく住まいの原型』（学芸出版社　二〇〇一）

一六　柳亭種彦『用捨箱』（『日本随筆大成』第一期一三　吉川弘文館　一九七五）

一七　新編日本古典文学全集七五『近松門左衛門集』二（小学館　一九九八）

一八　新編日本古典文学全集七五『近松門左衛門集』二

一九　『田中家（近江屋）文書』京都市歴史資料館架蔵フィルム

二〇　京都の伝統的な建具を大工の立場から説明したものに、北村伝兵衛氏の「京都の家並の出腰と格子」（『普請』第一・二号　京都伝統建築技術協会　一九七九、一九八〇）がある。本章第三節の同氏に関わる記述も本書に拠る。

二一　立面図（本文図2）から、「鬼戸」とは引違いながら左右の建具幅が異なる形式と判断される。

二二　下出源七『建築大辞典』

二三　その前後となると文化一〇年（一八一三）癸酉、天保八年（一八三七）丁酉

二四　京都府立総合資料館蔵

二五　『京都町触集成』第十二巻　三七四頁（岩波書店　一九八六）

二六　京都府立総合資料館蔵

二七　藤田元春「郊外の民家」（岩井武俊編『京ところどころ』金尾文淵堂　一九二八）

二八　高谷伸『京洛雑話』（さくら井屋　一九三六）

二九　依田義賢『京のおんな』（駸々堂出版　一九七一）

三〇　毎日新聞社京都支局編『京都民家譜』

三一　『訓蒙図彙』早稲田大学出版　一九七五

三二　個人蔵。ここでは平安建都千二百年記念『都の形象　洛中洛外の世界』解説付総目録（一九九四）を参照した。

三三　『新修京都叢書』第一巻（臨川書店　一九六七）

三四　「花にきてやの巻」（『連歌集・俳諧集』新編日本古典文学全集六一　小学館　二〇〇一）

三五　『重要文化財、瀧澤家住宅修理工事報告書』（京都府教育委員会　一九八五）
三六　喜多村信節『嬉遊笑覧』（岩波書店　二〇〇二）
三七　喜田川守貞『守貞謾稿』（東京堂出版　一九九二）
三八　井原西鶴集『本朝二十不孝』所収「今の都も世は借物」（小学館　二〇〇〇）
三九　井原西鶴集『世間胸算用』所収「神さへ御目違ひ」（小学館　二〇〇〇）
四〇　日本古典文学大系『西鶴集』下巻所収「千貫目の時心得た」（岩波書店　一九六〇）
四一　『ケンペル江戸参府旅行日記』『史料京都見聞記』第一巻（法蔵館　一九九一）
四二　叢書　京都の史料3『京都町式目集成』八七〜九二頁（京都市歴史資料館　一九九九）
四三　『福長町文書』京都府立総合資料館蔵
四四　『京都町式目集成』二二九〜二三〇頁
四五　神沢貞幹『翁草』歴史図書社　一九七〇
四六　『京都町触集成』二巻　三一五頁（岩波書店　一九八三）
四七　『京都町式目集成』一〇八頁
四八　『年中行事大成』（臨川書店　二〇〇四）
四九　『近江屋吉左衛門家文書』京都府立総合資料館蔵
五〇　京都府立総合史料館蔵
五一　京都府立総合資料館蔵
五二　個人蔵。『近代日本画に見る京都――京を描く』（京都国立近代美術館　一九九五）掲載。なお白幡洋三郎『幕末・維新　彩色の京都』所収「祇園祭」（京都新聞出版センター　二〇〇四）にも、明治期の同様の町なみ写真がある。
五三　奈良県立美術館蔵。ここでは特別展「幕末・明治京都名所案内」（宇治市歴史資料館　二〇〇四）を参照した。
五四　『たびまくら』（『史料京都見聞記』第三巻　法蔵館　一九九一）
五五　『翁草』

五六　石川明徳『京都土産』（『史料京都見聞記』第三巻　法蔵館　一九九二）
五七　『京都町触集成』第一巻　三四二頁（岩波書店　一九八三）
五八　『京都町触集成』第二巻　一三九頁
五九　『京都町触集成』第三巻　一八二頁（岩波書店　一九八四）
六〇　『京都町触集成』第十二巻　四三一頁（岩波書店　一九八六）
六一　『京都町触集成』第十二巻　三七四頁
六二　益田兼房「町並と町家のうつりかわり」（『京の町並』京都府文化財保護基金　一九七七）
六三　『京のわらべ歌』一、二（京都新聞社　一九九六、一九九七）
六四　北村伝兵衛「京都の家並の出腰と格子」
六五　『京都府行政文書』京都府立総合資料館蔵
六六　化学薬品等を扱う木造工場に「甲種防火戸」「網入不透明硝子戸」等の「防火構造」を命じたもの。同内務省令を翌昭和一七年（一九四二）に受けた京都府は「工事煩雑……効果の点とを見合」せて、命令の一部を緩和して発令している。
六七　大村しげ『静かな京』（講談社　一九七六）
六八　田中緑紅『古都発見』一九六一　京都府立総合資料館蔵
六九　柴田実「民家に生きる伝統」（『京の民家』淡交社　一九六二）
七〇　『京都府の民家　調査報告　第六冊　昭和四四年度京都市内町家調査報告書』（京都府教育委員会　一九七〇）
七一　川端康成『古都』（新潮社　一九八七）
七二　文政九年（一八二六）柳亭種彦『還魂紙料』（『日本随筆大成』第一期一二　吉川弘文館　一九七五）
七三　喜多村信節『筠庭雑考』（『日本随筆大成』第二期八　吉川弘文館　一九七九）
七四　国史大辞典編集委員会編『国史大辞典』一三巻　六一七頁（吉川弘文館　一九九二）
七五　大槻文彦編『言海』（吉川弘文館　一八八九）

第六章

町家内部の違反建築
——規制された唐紙を使えたわけ

（石井行昌撮影写真、京都府立総合資料館寄託）

はじめに

江戸時代の京都の建築規制。その存在は、これまであまり指摘されてきませんでした。しかし、ここまでみてきたように、町家型式や町なみに影響をあたえたのは間違いありません。それでは町家の内部はどうでしょうか。

本書は、京都の町家と町なみの関わりを取り上げるものなので、間取りの移り変わりなどは別の機会に譲ります。しかし、建築規制の影響を考えるとき、外部に関わる内容と内部に関わる内容が、同じ命令に混在する場合もあります。なので本章では、規制の影響という点に限って内部にも触れておきたいと思います。

京指物や京石工工芸品など京ブランドの伝統産業は、町家建築と結びついて発展し、継承されてきました。中でも京唐紙は、縦一尺横一尺五寸ほどの版木型押し。京間ふすまに張って独特の空間を創り出しました。その紋様は御所御用から武家好み、茶方好み、町方好み、いずれも「町家の歴史を語る貴重な存在」(一)と評価されています。

しかし、実は唐紙張は規制の対象でした。床框の漆塗などとともに、幕府や所司代・町奉行所体制が繰り返し規制したものなのです。それなのに、なぜ町家では用いられ続けてきたのでしょうか。ここで「町家に規制がなかった」「規制はあっても町家に影響はなかった」という答えは論外です。まあ町家への規制の影響を否定しておけば、すべて町人が創り出したことにできるので楽ですが。低い厨子二階やムシコなど住環境の面で不合理な要素も、町人の美意識が選択したと言えばそれまで。そんな姿勢は往々にして「町家に関わるものはすべて良し」という礼讃気分から生まれるようですが、礼讃では町家の本質はみえません。なぜみえないのか。大村しげさんの言葉を紹介しましょう(二)。大村さんは、昭和の戦争よりも前の京都の暮らしを現代に語り継ごうと努力された方です。

……ご飯ごしらえに火を使うていても足許《あしもと》は指の先が痛うなるほどで、天窓から射しこむお日ィさんも大方にぶい……

大村さんは指先をいわれますが、薄暗い通り庭で御番菜《おばんざい》こしらえに立ち働くおかみさん達の中には、身体の節々を痛める方がとても多かった。太古、湖底であった京都盆地では、土間から絶望的な冷気が上がり、通り庭にうずくまって身体を蝕んだのです。京都の家作りを「家の作りやうは夏をむねとすべし、冬はいかなる所にも住まる」（『徒然草』第五五段）と語ったのは兼好法師ですが、彼がどれほど冬の土間で立ち働いたというのでしょうか。その土間に床張りする「東京ダイドコ」「東炊事《あずますいじ》」の導入まで、床上との段差も膝を痛めつけました。また厨子二階で寝起きしながら暗い格子内で働く子供丁稚が健康を害して国元へ帰されることも多かった。そのため富裕な町人の中には、子供を近郊農村に預けてまで丈夫に育てようとする者もいたのです。このような町家の住環境を、住まいとしての本質をとらえようとしたとき、礼讃に終始してよいはずがありません。

もっとも、そのようなことがあっても皆が大切にし、美しく受け継いできたのが町家です。何かそうさせるものが町家にはある。だからこそ住環境の問題や耐震性、防火性能への当時の考え方をよく分析し、受け継がれてきた理由を明らかにして、これからの建築に反映させていかなければなりません。

話を戻します。なぜ唐紙張ができたのか。これまでみてきたように、町家の表構えや町なみには建築規制の影響が明らかです。しかし町家の内部規制は機能しなかったらしい。だから唐紙張もできたとしか考えられない。では外部に影響を与えた規制が内部に働かなかった理由は何か。本章ではこの点をみていきます。

第一節　町家内部の規制

町家内部の建築規制

町家内部に関わる触書。京都では寛永一九年（一六四二）八月二〇日、二代所司代の板倉重宗が次の触書（三）を出しました。これは大工組を支配する京都御大工頭の中井家が記録したものです。

……町人作事、自今已後、結構に仕まじき事……

町人の建築（「作事」）に「結構」を規制しています。結構とは立派なもの、つまり贅沢として規制すべきものの意味です。前年から続く諸国飢饉を理由に、諸事倹約を基本方針とする徳川幕府が、豊臣政権以来続いてきた京都の多層・多様化を規制したのです。「結構」の具体的な内容には触れませんが、四半世紀後の寛文八年（一六六八）三月二五日、設置されたばかりの京都町奉行所が「江戸被仰出の条」つまり幕府からの命令として、次の触書（四）を出しています。

……町人の屋作ならびに衣類諸事倹約相守、成程軽く仕るべき事……

「京都町中」の町家建築に「倹約」を命じます。そして具体的な内容が同日の次の触書（五）に読み取れます。

一、町人の屋作軽少、長押、付書院、櫛形《くしがた》、彫物、組物無用、床縁《とこぶち》、桟框《さんかまち》塗候事、ならびに唐紙張付停止の事、附けたり、遊山舟金銀の紋、座敷の内、絵書申まじき事

一、金銀の唐紙、破魔弓、羽子板、雛の道具、五月の甲《かぶと》、金銀の押箔一円無用の事……

町家に座敷に打ち付ける長押や付書院、社寺が軒先を飾るような組物や彫物、漆塗の床框や桟框、そして唐紙張を規制しています。「櫛形」は吉田兼好『徒然草』三三段に「閑院殿の櫛形の穴は丸く、縁もなくてぞありし」とあるように、窓ぶちが弧を描き、竪子が並んで櫛のような窓を指します。一七世紀前半の『洛中洛外図』屏風では櫛形窓を二階表に複数並べる町家が散見されますが、その後にみえなくなるのは、このような規制が影響を与えたのです。また附けたり文では、金銀の紋（絵画の大紋か）や絵（ふすま絵や屏風絵か）を規制しています。これらが町家内部

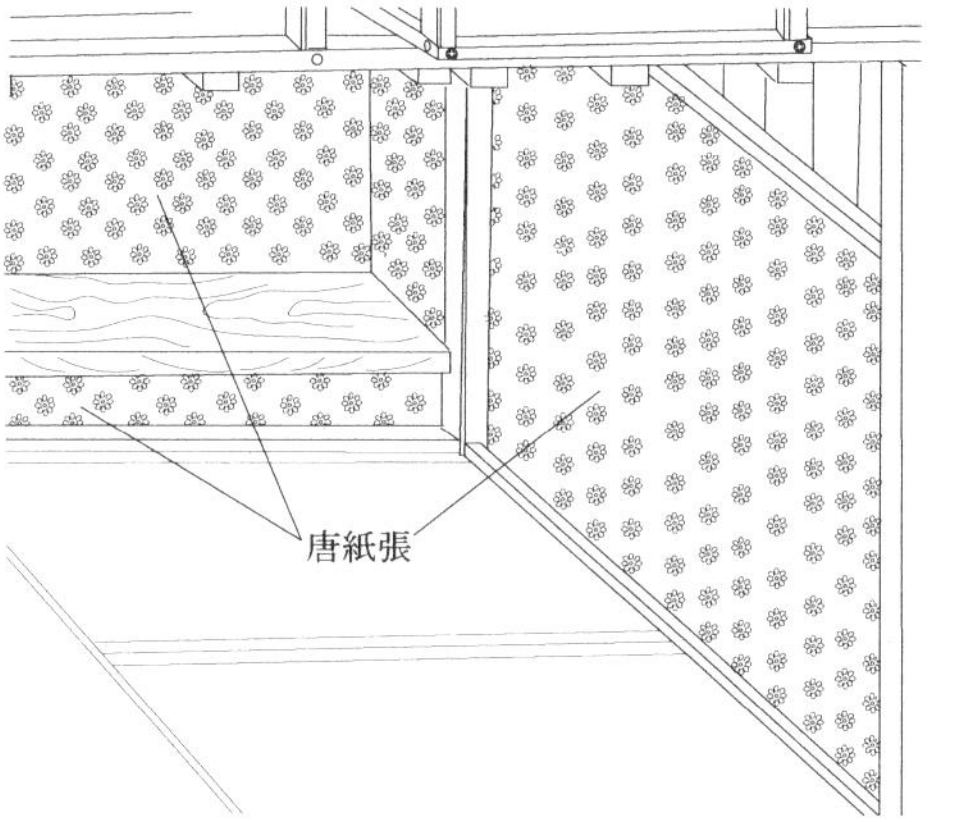

図1　唐紙張の『鎧師』宅（『職人尽絵』）

の建築規制として初見されるものですが、その目的は第二項が玩具の金銀箔張を規制するように贅沢の禁止いわゆる奢侈《しゃし》禁令《きんれい》とみて間違いありません。

なお江戸では、同じ触書が三日早く、三月二〇日に触れられていて（六）、その後各地にも命じられたようです（七）。

一、町人屋作致軽少、長押、杉戸、附書院、櫛形、彫物、組物無用、床縁、桟框塗候事、ならびに唐紙張付停止事……京都、大坂、奈良、堺、伏見、長崎、駿府、山田へも、これを遣せらる……

京都など全国八つの幕府直轄都市に、同じ規制が命じられたのです。それまで町家には、豊臣政権の頃から外観だけでなく内部にも多様な意匠が取り入れられていました。慶長末期の『職人尽絵』（東京国立博物館寄託）に唐紙張の『鎧師』宅があるのが一例です（図1）。このような結構の規制を、幕府は直轄都市に、京都については京都所司代・京都町奉行所体制へ命じたのです。

そうすると、ここに記されない内容は規制対象外という見方もできますが、それはわかりません。ただ町家や民家の調査結果をみる限り、少なくとも床の間や仏壇、天井板張、畳敷は規制対象ではなかったようです。

店先の建築規制

天和二年（一六八二）七月二八日、町奉行所の触書（八）には次のように記されています。

……町中諸商人、諸職人のかんばん、金銀の箔を押、蒔絵《まきえ》、梨子地《なしぢ》、金具めっき、かな物無用にいたし、木地のかんばん墨にて書付、かな物鉄銅の外は一切仕間鋪候、ならびに（揚）見世に金銀の張付、金銀の唐紙、同所金銀の屛風立候義《ママ》、向後御停止候間、無用に致べし、もし右相背もの、これ有においては急度曲事《くせごと》となすべき者也……

金箔や銀箔押しや蒔絵など豪華な看板が、店先を飾っていたようです。また、店先に広げた揚見世（「見世」）にも「金銀」の張付や唐紙張、金銀張の屛風が置かれていました。綺羅《きら》々しい町なみだったことでしょう。触書はこれらを規制します。ちなみに江戸でも慶安二年（一六四九）二月の触書に「町人作事に金銀の箔、付間敷事」とあります。

さらに京都では宝永元年（一七〇四）正月にも、幕府の命令を受けた触書（九）に次のように記されています。

……家作の儀、前々も相達候通いよいよ軽く、向後、居屋敷下屋敷共に一通り軽相見候ても手の込たる作事無用事……

「軽相見候ても、手の込たる作事」とは、数奇屋普請や茶室など一見素朴ながら杢目《もくめ》や細部にこだわる建築です。「居屋敷下屋敷」は武家屋敷ですが、元が江戸を対象にした触書だからです。武家屋敷を対象にした規制が庶民建築に準用される例は梁間規制にもありましたから（第四章）、この触書も町家に影響をあたえたことでしょう。

結構な町家建築の増加

一八世紀前半、質素倹約を強調する享保改革の断行後、一八世紀後半に農業技術が発達して農村に余剰生産物が生まれました。これが都市へ流入し、貨幣が農村へ逆流しました。貨幣を蓄積した農民は田畑を買い集め、金融業も営むなど資本を蓄積し、幕初以来の村役人層から村の代表権を奪い取るようになりました。新興の上層農民として住まいも上質な民家に建直します。農村に瓦庇や総瓦葺が現れるのもこの時期です（第二章）。

一方、町人も各地の殖産興業策の恩恵を受け、中には行き過ぎた贅沢に陥る者も現れます。「世に合うは道楽者に奢り者、世に合わぬは武芸、学問、御番衆、ただ慇懃《いんぎん》に律義者《りちぎもの》」などと正直者を小馬鹿にするような風潮も現れ、みかねた所司代・町奉行所体制は、安永三年（一七七四）五月、京都に次の触書（一〇）を出しています。

……近来、寺社または百姓町人そのほか茶屋、旅籠など造作の儀、しだい結構超過いたし、不相応の住居などもこれ有趣相聞候、めいめい分限をわきまえ、御制禁の義はもちろん、おごりがましき筋、そのほか、前々より相触候趣、心得違これ無き様、堅相守申すべく候事……

町人や農民の建築が「結構超過」になってきたとして、身分（「分限」）をわきまえるように命じました。

この結構超過とはどのような建築だったのか。町なみに関わる外観なら町内の相互規制が働いたはずですし、所司代や町奉行所役人も見つけ次第、叱りつけたでしょう。そうすると結構超過は町家内部に考えられます。触書はそれを規制するのですが、町奉行所役人の神沢杜口が「此変に過たるは幸ひにて、数千両の金を抛ち、思ひの儘に結構を尽す有り」（一一）と記しように、天明大火（一七八八）後も町家内部の贅沢志向は収まりませんでした。だからこそ京都では唐紙張など伝統産業が展開され、茶室文化が花開き、贅沢品が「備後表《びんごおもて》に八歩縁《はちぶべり》、床板黒檀《こくたん》、机は朱塗の唐机」などの定型句でもてはやされたのです。

天保改革、再び贅沢の禁止

天保大飢饉（一八三三〜三六）直後、質素倹約を重視する天保改革が始動します。そして京都では、天保一三年（一八四二）一〇月一八日に所司代・町奉行所体制が町家建築に関する次の触書（一二）を出しています。

一、町人屋作の儀、長押、杉戸、付書院、櫛形、彫物、組物等無用に致すべし、此外とて無益の費《ついえ》をはぶき、分限に応じ、相当の家作致すべき事

一、町中諸商人、諸職人の看板、金銀の箔を押、蒔梨子地《まきなしぢ》、金具めっき、金物無用にいたし、木地の看板墨にて書付、金物鉄銅の類相用、その外は一切仕間鋪候、ならびに（揚）見世に金銀の張付類、金銀の屛風立候義、無用と致すべき事
右の趣、前々触置候趣もこれ有候得共、年を経、わきまえざるものもこれ有べく、近年不相当の家作等いたし候者もこれ有趣、看板類も見立候品もこれ有やに相聞、不埒《ふらち》の事に候、向後、右触書の趣相守、無益手籠候義これ無き様いたし、不相当の義もこれ有候はば、追々相改申べく候……

この内容は、先にみた寛文八年（一六六八）三月の触書と天和二年（一六八二）七月の触書を合成して再令したとみてよいものです。看板に関わる部分もありますが、相互監視が働く当時、触書をわきまえない行為は町家内部にこそ多かったはずです。もっとも所詮は過去の触書と同じですから、町人にはあまり意識されなかったのではないでしょうか。そのためか、幕府は翌天保一四年（一八四三）五月、所司代・町奉行所体制に命じて、次のような触書（一三）を出させています。

……町中は勿論、国々在町共、家作の儀に付きては、先年より度々相触置候処、追々相ゆるみ、長押、杉戸、附書院、入側等々、紛《まぎ》らわしき家作致し、櫛形、彫物、床縁、框を塗、金銀の唐紙等相用、門玄関様の物取建、あるいは外見質素にても、かえって工手間《たくみてま》等相掛け候、茶席同様好事《すきごと》の普請もこれ有趣相聞、奢侈潜上の儀、不埒の至に候、たとえ先代の取建候家作に候共、此節早々に造作相改、其外別荘を補理、格外手広不相応の家作もこれ有由相聞候間、当六月を限、質素の家作に相改可申候……

……町人共の家作に手広に候共、華麗奢侈にもこれ無、物好の儀もこれ無分は、取毀《とりこわし》申付候に及ばず候、町家に不似合、不相応の家作の分は残らず引直申すべく候、右限月を越し、等閑《なおざり》に捨置ものもこれ有候はば、見分のもの差遣し、吟味の上、厳重の咎《とが》申付くべく事……

右、御書付、江戸より到来候条、心得違これ無き様致すべく候、もっとも江戸表の儀は当六月を限に候えども、当地の儀は左にては難儀に及び候間、町方の分は同七月限、前文の通、急度相守可申事

今度は寛文八年（一六六八）三月と宝永元年（一七〇四）正月の触書を合成しています。列記された仕様は規制されてきた筈ですが、この時期に、これらに類するものを持つ町家があったのは、それまでの内部規制の実効性に疑問を生みます。また、この触書は当主ではなく先代が改築したものでも、七月（建直し期限を六月にした江戸触書は四月二八日に出されていた）までに「不相応の家作の分は残らず引直」つまり建直しを命じています。それまでは先代の建築なら許されたのかもしれません。それでも解体（「取毀」）や建直し（「引直」）という具体的な対応まで明らかにする点、これ以前の触書とは違う強い姿勢です。規制の実効性を強めようとする意図が明確になっているのです。

そのほか、茶室建築や「好事《すきごと》」すなわち数奇屋普請《すきやぶしん》が規制対象であったことも明らかです（「外見質素にてもかえって工手間等相掛け候、茶席同様好事」）。茶の湯は上層町人のたしなみでしたから、茶室建築の需要も多かったはずですが、規制違反でした。そのほか「手広」つまり建築規模に関係なしとする点は、梁間規制（第四章）の意味ではなく、建築仕様の規制であることを示しています。

以上が京都の町家内部に関わりが考えられる触書です。それでは、これらの実効性を確保したのは誰だったのか。結果的に徹底されなかったわけですが、どのように考えられていたのかをみていきましょう。

第二節　町家内部の規制の実効性

建築許可申請の問題

町家内部の規制の実効性を考えるとき、注意すべきは建築許可申請の制度です。申請を行うことで、町人の建築計画が町奉行所の知るところとなります。そして町奉行所が検査を受けることで、規制の実効性が確保されます。ですから京都の町人がすべて申請を行えば、内部規制も徹底されるはずでした。しかし実際はそうならなかった。この申請に関して、元禄三年（一六九〇）八月の町奉行所の触書（新家改）（一四）は、次のように記しています。

……地子御免の町家は、古来の通、申し来たるに及ばず候、但し、寺社道場は前々の如く可申来事
附けたり、茶屋旅籠屋は修復、内造作にても申し来たるべき事

「地子御免の町家」とは「地子」（年貢の代銀納）を免除された地域の町家のことです。一七世紀後半、延宝期の時点で京都全体の七四パーセント（一五）を占めた地子赦免地の町家は町奉行所への建築許可申請を免除されていました。申請義務がないのですから検査も受けません。ですので、この地域の町家は町内の相互規制だけが影響するのです。それでは「地子赦免」でない年貢地の町家はどうだったのか。鴨東地域の建仁寺領借家群など、江戸前期から新規開発された町々には申請義務がありました。まず領主の地頭に申請を行い、その許可を得た後に、今度は町奉行所へ申請します。そして許可を得て着工し、竣工後は報告して町奉行所の検査を受けました。検査には多額の費用を要したので（第四章）、それがない地子赦免地の町家は大きな特権を持っていたわけです。先の触書から四三年後、享保一八年（一七三三）四月の触書（一六）にも地子赦免地の申請免除を確認する内容があります。

……洛中年貢赦免の町方は、只今迄の通、普請願出候に及ばず候
附けたり、洛外ならびに在方、普請修復の儀、只今迄の通、願い出るべく候事

地子赦免地の町々は増加しませんが、新規開発の町々は徐々に増加します。そして自分たち年貢地も申請を免除してほしいとの声も大きくなりました。元文三年（一七三八）二月一一日の触書（一七）には次のようにあります。

……先だって普請御願御免の願書、差上置候儀に付、明十二日昼九つ時、東御役所へ、町々年寄ならびに五人組の内より壱人ずつ付添、罷出候様、仰渡され候間、申渡候……
山内五左衛門

年貢地の町々が申請免除を願い出ていたのです（「普請御願御免の願書」）。そして、これへの町奉行の回答があるこ

とを町代の山内五左衛門が町々へ周知した触書です。町代は半官半民の立場で町奉行所に詰め、洛中の町々の民政に関わる手続きや触書を回覧に出す役割を担いました。町奉行の回答内容は不明ですが、その後に申請基準が変わった形跡はありません。幕初の徳川三代（家康・秀忠・家光）が定めた地子赦免に関わることですから、町奉行にはどうしようもなかったでしょう。願い出は却下されたようですが、申請を嫌がる町々の姿勢はよくわかります。

それはさておき、ここでは京都の大部分の町々に町奉行所への申請義務がなく、検査も受けない点に注目します。申請制度による建築規制の実効性の確保ができないとき、それでも外観には衆目が集まり、町奉行所の目も、町内の相互監視も働きます。しかし内部には届きません。敷地奥に茶室を建てても、誰かが言い立てない限り問題になることはない。つまり町人には、内部に関わる規制を守る動機が見当たらなかった。その可能性があります。

大工の建築許可申請

実際に建築に携わる大工は、どのように考えていたのでしょうか。

京都の町家に関わる大工は、それぞれ地縁的な大工組に属し、その大工組は幕府御大工頭の中井家の支配を受けていました。中井家は幕府御大工頭として配下に弁慶、矢倉、池上の被官大工棟梁（御扶持人棟梁）を置き、五畿内（山城、大和、摂津、和泉、河内）および近江国の六カ国の全大工組を支配していたのです。また所司代・町奉行所体制とも密接な関係を持ち、同体制が命じる建築規制を支配下の大工組や所属大工に徹底する役目も担っていました。

京都では中井家支配の「役大工仲間二〇組」が活動しており、京都近郊農村にもこれら大工組に属する大工が住んで活動していたことが記録されています（一八）。

この中井家支配の実態を示す史料として、近江国高島郡横江組に元禄一四年（一七〇一）の文書があります（一九）。

一、村々にて細工仕候共、その持分の大工にことわりなく細工仕間敷事

一、ことわりなく細工仕候はば、仲間より道具取りあげ申すべく事

大工組に所属する大工は、中井家が命じる幕府関係の仕事を最優先する義務がありました。その務めを果たす代わり、それぞれ「持分」(得意場ともいう)が定められ、営業の独占が認められました。他の大工が仕事を請け負う場合は、持分大工の了解を得る必要があったのです。この点、なおざりに放っておくと、組から追放される恐れもありました。

このような大工が町家建築を請け負う場合、建築予定地が年貢地なら、まず建築主が町奉行所への申請を終えてから、大工が大工組を通じて中井家へ申請しました。そして、許可を示す中井家の奥書を、申請書に得る必要があったのです。このとき中井家へ提出する申請書には、町奉行所の許可を示す割り印が必要な場合もありました。つまり建築主→町奉行所の申請と、大工→中井家の申請は、お互いに関連付けられていました。所司代・町奉行所体制は、この申請制度によって建築規制の実効性を期待できたはずなのです。

しかし、建築予定地が地子赦免地の場合はどうでしょう。建築主の町人は町奉行所へ申請しません。ですから、大工による中井家への申請が唯一のものでした。それでも中井家は所司代・町奉行所体制に代わって建築規制の運用を担う立場でしたから、この経路の申請だけでも、きちんと行われれば規制の実効性は確保できるはずでした。はずでしたというのは、そう、この申請にも問題があったのです。それを示す触書を二つ取り上げましょう。

無役大工、田舎大工の活動

まず寛延元年(一七四八)一〇月の町奉行所の触書(二〇)に、次のように記されています。

……大工の作法、相背《そむ》き、中井主水より大工職取放し候もの共、忍び忍びに大工の所作《しょさ》いたし候輩もこれ有る旨相聞、不埒の事候、向後、職分取放され候もの、大工の所作致間敷候、もっとも、外々へ雇われ細工仕間敷候、右躰の儀これ有候

えば、大工仲ケ間見改訴出はず候間、紛らわしき儀、仕間敷候、もし此趣相背候はば、急度相咎められるべく候、右の趣、洛中洛外へ雑色町代より申し通すべく候事……

この触書は、中井家から追放された大工が隠れて大工仕事をすることを禁じています。警察裁判権を担う町奉行所が、中井家を頂点とする大工組所属大工の権利保護を命じたのです。しかし、これは逆に中井家の支配を外れた大工が存在すること、その活動が活発で中井家の支配に従う大工たちを脅かしていたことを示しています。

明和四年（一七六四）一〇月の触書（二二）にも次のようにあります。

……洛中洛外の者共、家作ならびに町掛り橋は勿論、其外小破などの修復いたし候節、近来は公用勤候役大工のほか、無役の大工ならびに田舎の大工、あるいは日雇の者入り込み、役大工の職いたし、家業薄く罷成、難儀いたし候間、右躰の者共、向後、大工職差留候様致度《いたしたく》候旨、中井主水申聞候間、右の趣、向後急度《きっと》相守、右躰の者共、洛中洛外にて大工職いたし申間鋪候、もし此已後大工職いたし候者、これ有においては吟味の上急度申付……

「公用勤候役大工」が大工組所属大工です。先述のように彼らは中井家が命じる「公用」を課せられる分、持分や得意場の保証という庇護を期待できました。ですから彼らの姿勢は、文化二年（一八〇五）の借家見積書に「御公儀様より仰せ出され候御法度《おんはっと》の趣き堅く相守り申すべく候」（『真町文書』）とあるように法令遵守でした。

一方「無役の大工」は幕府が命じる公用を務めない者、つまり寛延元年一〇月触書のいう中井家の支配を外れた者、追放された者たちです。また「田舎大工」や「日雇大工」は初めから中井家支配下にない渡り者、いわゆる流れ大工です。これらの大工が京都へ入り込んで活動するので、大工組所属大工は仕事が減り（「家業薄く」）、困っているとして町奉行所が雇用を規制したのです。

そして、これらと同じ触書が幕末まで繰り返されます。ですから中井家に支配されない大工の活動は一八世紀後半に活発になり、幕末まで続いたのでしょう。これまで大工を取り上げた研究では大工組所属の大工が注目されてきましたが、中井家支配に属さない大工の活動も無視はできません。

それでは、彼らはどのような仕事をしたのでしょうか。いうまでもなく中井家の庇護を期待できない彼らは、中井役所の命令に従う義務もない。そうすると、これらの大工を頼りにするのは、規制違反の仕様、数奇屋造の座敷や茶室、唐紙張を望む町人達です。もちろん中井家や所属大工の目がありますから、おおっぴらな新築や建直しは頼みにくい。しかし奥向きなら、中井家の支配を外れた大工こそ競争原理が働く中で請負価格を争い、贅沢禁止に反する「結構超過」も構わずに腕をふるってくれる。それでも町奉行所への申請義務はなく、完成後の検査も予想されないのですから、ばれようがありません。こうして町家内部の建築規制は有名無実化していったのでしょう。そうすると年貢地の町家も、建直しを行って町奉行所の検査を受けた後に贅沢な風への改築ができたかもしれません。万一ばれても先代のやったことと言い逃れはできたようですから。

町家の裏の面立ち

無役大工の活動が活発になった時代背景をもう少しみておきましょう。彼らの活動が活発になった一八世紀後半、庶民建築の「結構超過」を規制する触書（安永三年五月触書）が出たのは、当時の時代背景に関係がありました。この頃、商業活性化と流通経済の進歩で伸張した町人の経済力は、文化・文政期（一八〇四〜二九）の化政文化の原動力になりました。市川、尾上、中村の宗家が生まれた歌舞伎、植村文楽軒が復興した人形浄瑠璃、川柳や狂歌の流行、歌麿や写楽、北斎、広重が活躍した浮世絵、池大雅や蕪村の南画、円山応挙の写生画、司馬江漢の洋画。いずれの隆盛も町人が支えました。その時代に町家内部に規制違反の仕様を求める町人が増加しても不思議はありません。だから中井家支配を飛び出した大工や、京都に入り込んだ流れ大工も、日々をしのいでいけたのです。そうなると大工経路の申請も、町家内部の建築規制の実効性を確保することはできませんでした。

繰り返しますが、外観の規制違反は、所司代・町奉行所体制の目につきやすい。その咎めは建築主だけでなく、町役人など町内にも及びます。それは誰も望みませんから、表構えに関わる規制は、相互監視の対象として徹底されます。しかし内部は役人の目が届かない。なので町人同士も暗黙の了解するところになり、町家の奥は経済力を競う場所になって唐紙張の数奇屋造や茶室も設けられます。そして町人文化が展開される空間になっていったのです。

第三節　天保改革時の規制の実効性

天保期の規制の実効性

ところで江戸時代を通じて一度だけ、京都の町家内部の規制が実効性を持ったときがありました。紹介しましょう。

先にあげた天保一三年（一八四二）九月の触書は、「町家、百姓家」の「奢侈潜上の家作」に「厳重引直し」、つまり建直しを命じ、大工にも身分「不相応の作事」を禁じました。続く天保一四年（一八四三）五月の触書も、過去の触書を再令した上で、さらに門や玄関の建築、「茶席同様好事の普請」など、外見は質素でも手間をかける建築を「奢侈《しゃし》潜上の儀、不埒の至」として、規制しました（第一節）。特に、当代当主の責任でなく先代が建てたものでも、違反要素は七月までと期限を切って取外しを命じた点は異例でした。なぜなら寛文八年（一六六八）三月、江戸の幕府役人間の申し渡し（「番頭より惣御番衆へ申渡」）に「有来《ありきたり》家は其儘差置《そのままさしおき》、重て作直し候節は、此ケ条の趣、守候様にと申渡之」（二二）とあるように、規制違反の要素でも、規制時点で存在していたものなら直ちに取り外す必要がないのが普通でした。建直しや修理を行う時点で取外せばよい、それが原則だったのです。ですから内部規制の徹底を図る天保期の触書の強い姿勢は、少なくとも京都では異質なものでした。

それでは、触書を受けた町々はどう反応したのでしょうか。この点、次のような報告書（二三）が残されています。

覚

一、床塗縁　壱ケ所　大和屋九兵衛　冨小路御池上る町（守山町）

右大工　枡屋源左衛門

一、二階座敷違ひ棚　壱ケ所　枡屋勘兵衛　大宮三条下る町（三条大宮町）

右大工　松本屋惣兵衛

一、床塗縁　壱ケ所、書院様の物　壱ケ所　越後屋さの　綾小路御上り町西入町

右大工　与八

一、なけし壱間、違ひ棚　壱ケ所　伊勢屋五兵衛　葦室辻子小川西入町

右大工　木況屋新兵衛

一、床塗縁　壱ケ所、違ひ棚　壱ケ所　大文字屋利右衛門　新町五条下る町

右大工　山形屋九郎兵衛

右、残らず取払、此外少も御触に有候箇所、御座なく候

一、式台ようの物　壱ケ所　医師　池田玄洞

右、これ在候に付、七月廿二日　西御役所へ御伺書、差上置候

右の通に御座候、以上　卯　九月廿日

富小路三条上る福長町　年寄多八　印

（帳面裏表紙）右の通相認、廿日夜　町代山中与八郎方へ持参仕候

下京福長町の町役人（「年寄」）が、規制違反の所在と居住者、施工大工の名前をまとめて、それらの撤去を町奉行所配下の町代へ報告した文書です。規制違反の内容は、床框《とこかまち》の漆塗三ヶ所、座敷飾の違い棚二ヶ所、付書院二ヶ所、長押一ヶ所、ほかに規制違反はないとします。また式台は、西町奉行に撤去の必要の有無を問い合わせています。

この報告が天保一四年（癸卯）の触書（第一節）を受けて提出されたのは間違いありません。九月という報告時期は、

触書が定めた建直し期限の七月から二ヶ月遅れますが、とにかく内部規制の実効性を確認できる点は重要です。

調査範囲の問題

その一方で、これら規制違反の存在は、それまで繰り返されていた内部規制の実効性を疑わせます。

また調査の範囲ですが、福長町は「上艮組」の「太郎助廿八番組」所属でした。守山町も同じです。しかし三条大宮町は「川西九町組」の「三条大宮組」。これらをまとめる範囲は「下京古八町ならびに枝町、新町」すなわち下京惣町しかありません。そうなると下京の町数は文政二年（一八一九）『下京古町八組并枝町新ン町組名軒役附、并町代共内分場所』に六〇七町。そこに規制違反がこれだけとは、およそ信じ難い。唐紙張や茶室、数奇屋普請もまったくない報告は、生贄のように選んだ違反要素の撤去を記して、お茶をにごした可能性が大きいのです。

だいたい強固な相互関係を持つ町々が、すべての違反建築を調べ上げて町奉行所へ報告する保証などありません。それを町奉行所が見抜けなかったとも思えませんが、これ以上、町奉行所は動きませんでした。おそらく報告が提出された九月に、天保改革が頓挫したためでしょう。将軍家慶の信任を得て天保改革を断行していた老中水野忠邦は、関東一円の上地に失敗。責めを負って辞職しました。全国に発令された贅沢禁止令も事実上停止され、幕府へ規制成果を報告する必要も無くなった所司代 - 町奉行所体制は、町々との無用の摩擦を避けたのです。

今ひとつの理由は、町奉行所の姿勢です。町家内部の規制は、江戸の幕府老中から命じられたものがほとんどです。しかし、その実効性を確保するため、所司代 - 町奉行所体制が積極的に動いた形跡はありません。江戸で防火仕様（瓦葺、土蔵造、塗家）の徹底が強権的に進められたとき（第二章、第三章）、京都では町奉行所が「勝手次第」としたのは、老中から強制権限を与えられなかったためですが、町家内部についても同じだったのでしょう。申請義務がないので検査もできない。罰則も設定できずに、ただ放置するだけだったのです。それを町人もよく知っていたのでしょう。

おわりに

京都の町家について、所司代‐町奉行所体制の内部規制はほとんど機能しませんでした。それは、町なみを低層・均質化した外観規制とはまったく対照的でした。その理由は、一八世紀後半に経済力を増した町人の中に、数奇屋造や茶室、唐紙張といった規制違反の仕様への需要が大きくなったこと、中井家支配下の大工組大工を脅かす無役大工の活動が増加したこと、その結果、内部規制に違反する建築要素への需要と供給が一致したこと、これらがあげられます。

そして、これらを規制するはずの申請制度も、地子赦免地の町家が町奉行所への申請を免除され、検査も受けなかったこと、大工組経由の申請も支配外大工には及ばなかったこと、これらにより機能しませんでした。そして所司代‐町奉行所体制も、老中から命令や許可のないまま罰則を設けて内部規制の徹底を図ることまではしませんでした。このため町家の奥は個々の経済力を注ぎ込む場所であり続け、それを肥料にして町人文化が華開いたのです。

付　記　町奉行所と町家の関わり

京都の町なみを低層・均質化させる触書を出したのは所司代ですが（第一章）、町奉行所には、町家の所有権に関わったことを示す触書があります。それは明和四年（一七六七）一〇月の触書（二一四）。次のように記されています。

……洛中洛外町屋敷、沽券状《こけんじょう》の儀、前もって二重に書入、金銀賃借り致す間敷旨、相触置候置、ことに洛中の儀は、元禄年中より買得の度毎に、町代共立合、奥印いたし候えども、近ごろは偽沽券状、あるいは前もっての沽券状をもって二

重、三重に賃借致候もの共これ有、居町のもの共難儀趣相聞こえ、不埒の至りに候
洛中の義は雑色《ぞうしき》奥印も無之、その上、沽券状もこれ無町屋敷多く候故、べっして猥成趣相聞こえ、借り主不届きは勿論、
貸主共に不吟味の貸方、甚だ以って不埒の至に候、よって吟味の上、宝暦一三年未年、相触置候趣を以って、家屋敷を取
り上げ、双方共に、急度咎可申付候えども用捨《容赦》せしめ、此度、洛中洛外建家これ有分は一同に沽券状相改、新沽券状に改
の割印いたし、一同持主へ可相渡候……

〈意味〉

……京都の町屋敷の沽券状（家屋敷の権利書）の二重質入は、従来から禁止しているが、特に洛中は元禄年間に、家屋敷の売買時に町代が確認するように定めた。それでも近年は偽の沽券状や古い沽券状を二重、三重に質入する者があり、他人に迷惑をかけるのは許しがたい。沽券状がない町屋敷も多いというが、質入側だけでなく貸す側にも罪がある。そこで宝暦一三年（一七六三）に触れた通り、問題のある家屋敷は町奉行所が取り上げ、双方に罪を科すべきところだが、今回は容赦する。そして洛中洛外の建物には、町奉行所が新たな沽券状に割印を与える……

町奉行所は、元禄一三年（一七〇〇）に町代へ町家の取引監視を命じ、享保一八年（一七三三）には家質《かぢち》改《あらため》会所《かいしょ》を置いて所有権の確認を行っていました。それでも多重質入や紛失などの問題が収まらなかったので、明和四年（一七六七）一〇月、東町奉行石河《いしこ》土佐守政武は、二三代所司代（阿部飛騨守正允）の許可を得て、この触書を出して町々に「沽券改《こけんあらため》」を通告したのです（第一章、第二章）。そして町奉行所が所有権を証明する新沽券状を、明和五年（一七六八）春に次の書式で発効させ、旧沽券状は失効させました（「割印無之沽券状ばかりにては通用無之候」）。

家屋敷の事
一壱カ所　何間役、何の町通、何町何側、何隣何屋誰、何隣何屋誰
表口　何間何尺、裏口　何間何尺、但し、地面入組有之、別紙絵図に記歟、土蔵何カ所歟

右屋敷、何年以前、何屋誰より何貫目に買受歟、何屋誰より譲り受歟、私所持相違無御座候
此度沽券状御改に付、御割印奉願候、尤右家屋敷に付、親類縁者、他所より出入差構、毛頭無御座候、以上
明和四年亥十一月
持主　何屋誰　印
年寄　何屋誰　印
五人組　何屋誰　印

この書式（二五）に従った文書を提出させて、町奉行所が割印を押すことで発効させたのです。それまでの旧沽券状は町が所有権を保障するものでしたから、町家の売買に町が関与することもありましたが、所詮は町人同士、いろいろあったのです。これに対して新沽券状は町奉行所が所有権を確認した権利書ですから、信頼性の違いは歴然たるものでした。

そして新沽券状は町なみにも影響も与えます。所有権が整理され、明確になったことで、かえって町家の売買が促進されました。「隣が売りに出たら借金しても買え」という声は今の京都でも耳にしますが、新沽券状を買い集めて大きな町家が現れることもありました。それどころか売買資産とみる所有者は移り住まず、代わりに「家守《やもり》」という管理者を置いて買い手が現れるのを待つ場合もありました。その場合、軒役はもちろん実働的な町内の役目も、金銭の代納で済ますことが多かったようです。

このような結果を生んだ沽券改は、町奉行所が町家の所有権に関与した点で江戸時代を通じて珍しい例でしたが、その後の動静を見る限りこの措置は的確だったようです。そんな業績をあげた石河政武は、明和三年（一七六六）の着任以来、ほかにも南山城中請問題や宇治の寺社騒擾、そして沽券状問題など代々の町奉行が解決できなかった諸問題を次々に解決した人物でした。その手腕は口さがない京雀たちに評判がよく、西町奉行は不在の如しとまで揶揄されました。しかし老中や所司代には、やりすぎと映ったのでしょうか。在職わずか四年で職を解かれました。その後

の東町奉行は酒井忠高が在職四年で病没。赤井忠晶は在職八年後の帰府途中に町人による嫌がらせを受け、続く丸毛政良は嫌がらせに耐えかねて心身症が悪化、罷免されています。激務でありながら細かい配慮が必要な町奉行職は、平穏無事に終わるだけでも大変。目立つ業績を幾つもあげた石河政武は、さりとてはの人物だったに違いありません。

◉註

一 中村昌生『京の町家』(河原書店 一九九四)
二 大村しげ『静かな京』(講談社 一九七六)
三 『京都町触集成』別巻二 一九六~一九七頁(岩波書店 一九八九)
四 『京都町触集成』別巻二 二三六頁
五 『京都町触集成』別巻二 二三六頁
六 『徳川禁令考』前聚 第五帙(吉川弘文館 一九三一)
七 『御触書寛保集成』倹約之部 五五二頁(岩波書店 一九五八)
八 『京都町触集成』別巻二 二八四頁
九 『京都町触集成』第一巻 一一九頁(岩波書店 一九八三)
一〇 『京都町触集成』第五巻 二五三~二五四頁(岩波書店 一九八四)
一一 『翁草』歴史図書社 一九七〇
一二 『京都町触集成』第一一巻 二三七頁(岩波書店 一九八六)
一三 『京都町触集成』第一一巻 二九三~二九四頁
一四 『京都御役所向大概覚書』(『京都町触集成』別巻二 三〇九~三一〇頁)
一五 土本俊和「一七世紀後半京都における周辺地域の形態」(大河直躬先生退官記念論文集刊行会編『建築史の鉱脈——大河直躬先生退官記念論文集』中央公論美術出版 一九九五)

一六　『京都町触集成』第二巻　一八九頁（岩波書店　一九八四）
一七　『京都町触集成』別巻二　四一六頁
一八　寛保三年（一七四三）『岩倉村差出明細帳』に京大工「平松組」大工三名。（『橋本家文書』京都市歴史資料館架蔵フィルム）
一九　谷直樹『中井家六カ国大工支配の成立、展開過程に関する研究』（私家版　一九八三・九）参照、原典は『村谷家文書』
二〇　『京都町触集成』第三巻　一七一頁（岩波書店　一九八四）
二一　『京都町触集成』第四巻　四六五頁
二二　『徳川禁令考』第四帙　巻三六　家範身模　三六六～三六七頁
二三　『福長町文書』京都府立総合資料館蔵
二四　『京都町触集成』第四巻　四五九～四六一頁
二五　『京都町触集成』第四巻　四六〇～四六一頁

第七章

武士を見下ろしてはいけなかったのか

——町家二階からの見下ろしと町家型式

(石井行昌撮影写真、京都府立総合資料館寄託)

はじめに

通説と都市文化反映論の存在

本章では、規制に関わる通説を検証します。加えて所司代・町奉行所体制の景観行政をみたいと思います。

これまで本書では、京都の町なみが均質・低層化した理由として、一七世紀以降の建築規制を指摘しました。また、京都と江戸の異なる町なみに一八世紀後半以降の所司代・町奉行所体制の建築行政を指摘しました。京都の伝統的な町家型式や町なみに支配者の命令の影響を指摘したのです。

しかし、この見解には反論もあります。その多くが「町家を厨子二階にして、土塗格子を並べたムシコを開けたのは、町人が武士を見下ろすのを遠慮したからで、規制されたためではない」として、町人の自主的な選択を主張するものです。公刊本にも「統一的で均質な町なみを作りあげたのは町衆自身」（一）とするものがあります。このように規制の影響を否定して町人の自律性だけを重視する中から、「長い都市的な伝統に基づき洗練された町家様式を作り上げてきた京都」と「富の象徴としての土蔵造町家がもてはやされていた」江戸が、「それぞれの都市の培ってきた都市文化」を反映して異なった町なみを生み出した（二）という見解も生まれるようです。

都市文化反映論の問題

しかし、それが事実なら、徳川政権の規制が確認されるよりも前、一七世紀中頃以前にも町人の自律性は発揮されてよいはずです。しかし、当時の『洛中洛外図』屏風は近世を通じて最も賑やかな町なみを伝えます（第一章）。また、時代は下って明治四年（一八七一）、京都市民が新政府から建築届出を不要とされたときも、市民の自律性は機能せず自由な建築活動が展開されて、本二階建てや煉瓦造の三階建てが現れました（三）。規制の影響を受けず自由な建築活動が許されたとき、個々の経済力を元に、町なみは多様・多層、非均質化するのです。町人が積極的かつ能動的に、低層・均質化につながる自律性を発動したことは、歴史上一度もありません。あるのは、まず徳川政権の建築規制が町なみを整えさせた後、京都支配機構の末端に組み込まれた町が町なみの維持管理を相互規制的に行ううちに、整った町なみに価値付けした中での自律性です。根本的に受動的なものなのです。

たとえば京都の老舗（千切屋）が延享二年（一七四六）に定めた家訓（四）には、次のように定められています。

……御公儀様、御法度の儀は申すに及ばず、常々仰出せられ候御触書の趣、家内の者へ残らず申し聞かせ、急度相守るべく候、ならびに町内申し付けの通、疎略無き様仕るべき事……

幕府の家作禁令や所司代・町奉行所体制の触書、そして町内の町式目を守るように定めています。このように考える町人だから、町奉行所役人や町役人の目が届く外観規制にはよく従いました。だから町なみは整ったのです。しかし、それでもなんでも、とにかく建築規制の影響を否定して、町人の自主選択とするご意見は多い。そこで、視点を変えて臨むことにしました。つまり、これらのご意見を批判と受けとめず、通説に検証を求める社会からの要請とみるのです。そういうことなら、根拠をもって応じなければ本研究の存在意味がありません。

そこで本章では、「町家の表構えを厨子二階にして、むしこを開けたのは、武士を見下ろすのを遠慮した町人」という通説について、その根拠らしきものを提示した上で検証していきたいと思います。

第一節　通説の根拠

石川明徳の記録

まず、通説の歴史的根拠を探りましょう。いろいろ探したのですが、どうやらそれは幕末に江戸から上洛した武士、石川明徳が記した『京都土産』（五）の記事のようです。

……町家二階、窓格子は皆、塗格子にて明き間少し、右は近ごろ、御上洛前迄は京都所司代通行下座触れの節、二階窓より窺見候者これ有時は厳敷《きびしく》譴責《けんせき》を蒙り、町家の難渋になる事故に、皆塗格子にして、明く所少く、容易に顔を出す事成らざるためなりとぞ……

写真1　明治末期、二階表がムシコの町家
（石井行昌撮影写真、京都府立総合資料館寄託）

「御上洛」は文久三年（一八六三）公武合体の回復を目指して上洛した将軍徳川家茂を指します。この上洛までは所司代の通行時に「下座触れ」が命じられ、そのため二階から見下ろす者が見咎められたので、顔を出せないように（十）「塗格子」を並べたと聞き伝えるのです。「所司代を見下ろすことが許されず、もしもそうなったら町中の迷惑になるので、町人は二階表を土塗格子の開口つまりムシコにした」を読みかえると、「町人が二階から武士を見下ろすことを憚って、二階表を見下ろしにくいムシコにした」となりますし、「そんな二階は低い天井で充分、だから厨子二階」ということのようです。しかし、土塗格子でも表通りは見下ろせる。むしろ土塗格子の奥行が邪魔して、周辺への眺望が効かない点こそ注意すべきですが、ここでは史料を追ってみましょう。

旅行者の紀行文と町なみ

石川のような旅行者の紀行文は、その時代の町なみを伝える根拠とされます。たとえば元禄四年（一六九一）頃の京都が板葺の町なみであったことに、ケンペルが伝えた「木の薄板で葺いてある屋根」（『江戸参府旅行日記』）（六）は重要な根拠です。また天明元年（一七八四）刊行『見た京物語』（七）に、二鐘亭半山が「町々隣境梲《うだち》といふものあり」と記したのは、彼が上洛した明和期の京都にウダツが連なる町なみがあった根拠になっています。そして石川の『京都土産』も、「何れも平常の家作、塗家等目立普請にこれ無く」と記した部分は彼自身の観察結果として、幕末も近い京都に真壁の町なみを伝えています（第三章）。

しかし石川の塗格子に関する記述は（前項）「なりとぞ」とあるように伝聞です。その点で信頼性が下がります。ただ切り捨てるのも惜しい。なぜなら石川が聞いたのは京都者からのはず。そのまま当時の京都の通説であった可能性もあるのです。その通説が現在に受け継がれ、「武士を見下ろすのを遠慮した町人が、厨子二階にムシコ（土塗格子の開口）を開ける型式を生んだ」という今日の通説につながったとも考えられる。また『京都土産』を読んだ人々が、さらに通説を広めたかもしれません。伝聞は伝聞でしかないのですが。

そこで本章では、畿内幕政に強大な権力を持った所司代や、幕府が朝廷へ派遣した幕府上使など、譜代大名級の武士、また法皇や宮方など朝廷関係者、それから外国からの使者、それぞれが京都を通行する際に、所司代・京都町奉行所が町々に何を命じたのか。それを触書から読み取って、通行時の命令が町家型式に影響を与えたのかどうかを検討してみます。そして、本当に命じられた内容は何かという点を確認してみましょう。

第二節　所司代通行時の触書

所司代通行時の触書

所司代が町々を通るとき、前もってそれを町々に周知し、心構えや準備を促す触書は、巡見時、上洛および離洛時、そして御所参内時にあります。この中に石川が記した「下座触れ」があるのかどうか。当面の眼目になります。

ちなみに「下座触れ」は「路頭で貴顕に邂逅した際の地下以下の拝礼、馬上の者も下馬して恭敬をするので下座といい、地上に平伏するのを土下座」(八)といいます。通行人は立ち止まってお辞儀、町家内部の町人は床上でのお辞儀が「下座」です。土間に平伏するのは「土下座」です。違いは微妙ですが、区別されています。

所司代巡見時の触書、庶民への配慮

宝永二年（一七〇五）三月、一二代所司代松平紀伊守信庸（丹波篠山藩）の在任中、次の触書が出されます（①）(九)。

一、今度上使酒井雅楽守殿、松平隠岐守殿上京候……
一、上使町々御通りの節、みせ先へ出居候もの共または道通り違の町人、不作法成躰これ無き様仕《つかまつ》るべき事
一、かねて所司代町々御通りの節、みせ先に罷在候町人共、平臥成躰仕候これ有様に相聞候、もっとも家業なと仕《し》かけ候ものは格別の儀候、さもこれ無きもの共、向後不礼の躰これ無き様に相心得るべき事

第三項が注目されます。所司代の通行時、町人が揚見世（「みせ先」）に寝そべったままでいる（「平臥」）「不礼」をするなと命じています。「かねて」から命じられているのに、開幕から一世紀が過ぎてなお、畿内最上位の幕府要人の通行時に町人の「不礼」がある。意外な光景が見えてきます。その一方で、仕事中の町人（「家業なと仕懸候もの」）には「格別」として、その姿勢のままでよいとします。直ちにお辞儀を命じる「下座触れ」は見当たりません。

同じ宝永二年（一七〇五）の四月、次のような触書も出されています（②）(一〇)。

……御上使様、御所司代様、町〃御通りの節、みせ先へ出居候もの、または道通りの者、不作法成躰、仕間敷《しまじき》旨、頃日御触状御出し成られ候処、相守申さず、今もって不礼の躰仕ものも相見え、不届に思し召され候、重ねて急度申触候様に仰付られ候、此上もし左様の者これ有候はば、年寄、五人の越度《落度カ》成べく申候間、家持借屋ならびに下人等堅相守、惣じて御

歴〃様御通りの節、少しも慮外が間敷躰、これ無様相心得申すべく候……

①触書後も「不礼」が止まないことに、町役人の責任を問うぞと脅しつけ、監視を命じています。ただし、これに続く記述があって、家業に励む町人はやはり「格別」とします。①同様、仕事をしていてよかったのです。

享保六年（一七二一）七月、一四代所司代松平伊賀守忠周（信濃上田藩）在任中の触書も次のようです（③）（一一）。

……所司代ならびに御番頭、両奉行、御所附衆、御目付中通り節、町〃にて法外の躰成者これ有、不作法に候、向後左様の族これ無き様に町〃へ急度申聞すべく候事、但し、大工、屋根屋、総じて職人、其職を仕居候内は格別に候間、右通りの節も構わずその職仕るべく候、其外無職にて、みせ門口などに罷在候もの、堅平臥成躰仕間敷事……

所司代や二条城在番の番頭、東西両町奉行、御所附役人、大目付は、いずれも京都在住の幕府要人です。これらの通行時、町人の「不作法」を戒めますが、職人には仕事の継続を許しています。特に「大工」や「屋根屋」は仕事柄、通行を見下ろす形になりやすいので、わざわざ降りなくてもよいと明記します。意外に細やかな配慮です。

ちなみに、農村における所司代巡見時も同様の配慮がありました。延享三年（一七四六）一二月の触書に「巡見通候道筋にても、百姓農業の儀、少も遠慮無く営《いとな》み候様、申さるべく……」（一二）とあり、農作業の手を止めないでよいとします。これと同じ触書は幾度も出されていて、庶民の日常生活への配慮がうかがえます。

触書の定型化、変わらない庶民への配慮

③触書の五日後、一六年前の②触書と同じ文面の触書（一三）が出されます。所司代の通行が繰り返されるに連れて、触書の内容も定型化したようですが、「御通り筋の儀は弥入念申すべく渡」として特に道筋に注意を促しています。

その後、延享元年（一七四四）一〇月八日の触書は御室双岡から高雄、槙尾、栂尾の寺院を列挙して「牧野備後守

様（貞通、一七代所司代、日向延岡藩）御巡見成られ候に付、三井下総守様（京都西町奉行）御案内なられ相越候、先〃御道筋掃除等仕、無礼これ無き様入念申し付くべく候……御馳走がましき義、仕らず候……」（一四）などと触れます。それまでのように京都全域に注意を促すのではなく、目的地と順路を予告し、道筋の町々に限って「無礼」を戒め、「道筋掃除」を命じるのです。また「御馳走がましき義、仕らず」として、巡見への対応を具体的に記しています。

延享三年（一七四六）二月の触書（一五）も、ほぼ同じ文面で同じメンバーの巡見を予告します。このような触書は、道筋以外の町人の負担をなくし、道筋の町々には確実な対応を命じる目的があったのでしょう。それでも一八代所司代松平豊後守資訓（遠江浜松藩）在任中の寛延三年（一七五〇）五月の口触には、次の内容があります④（一六）。

……所司代町方御通りの節、みせ先に罷在候もの、ならびに往来のもの共、不礼いたし候段、度〃御沙汰これ有候、右御通りの節、みせ先に罷在候もの共は勿論、往来のもの不礼致さず候様に相慎申すべく候、なかんずく、この節町〃自身番のもの共、別して心を付、不礼致間敷候、且又、牛馬其外、嵩高《かさだか》成荷物持通りのもの共、猶以《なおもって》御通りの節相慎、不礼致間敷候、かくの如く触知置候上、重ねて無礼いたし候御沙汰これ有候はば、吟味の上急度咎め申付べく候……

不礼が止みません。もしまたあれば叱り付けるというのですが、七年後の二〇代所司代松平右京太夫殿輝高（上野高崎藩）の巡見を予告する宝暦七年（一七五七）一〇月触書にも、次のようにあります⑤（一七）。

……所司代御巡見の節、御道筋掃除等仕、無礼これ無様致すべく旨、其度〃相触候処、近来麁末《そまつ》の儀共これ有、甚《はなはだ》不埒《ふらち》に候、所司代御巡見の御道筋、家並に手桶、箒差出し、右御通行の節、年寄五人組壱人宛、町内へ罷出、無礼これ無き様申付、御通の節麻上下着、町内両木戸際へ壱人宛、罷出居申すべく候、もっとも御往来共、夜分に相懸り候はば、家並行《あん》燈《どん》差出置申すべく事……

「道筋掃除」や「無礼」への配慮が「近来麁末」なのは「甚不埒」として、各町家に手桶や箒の差出しを命じます。手桶は砂埃を押えるための水打用でしょう。夜になれば行燈の差出し、町役人には町境の木戸門脇での待機も命じていますが、これらの準備対応が充分でない状態も「麁末」な対応とみなされていたことがわかります。「平臥成躰」①②が「不礼」「無礼」にあたるだけでなく、命じられた準備を充分に用意しない場合も「甚不埒」だったのです。

定型化の完了

この後、二一代所司代井上河内守正経（遠江浜松藩）の巡見を予告する宝暦九年（一七五九）四月の触書は、「去丑年十月御巡見御触の通相心得」（一八）と記します。「去丑年十月御巡見御触」は⑤です。それから後の宝暦や明和期にも、ほとんど同じ文面の触書（一九）が繰り返されます。所司代巡見時の触書は⑤で定型化したのです。なお文化二年（一八一九）八月、三四代所司代稲葉丹後守正謙の巡見時の触書（二〇）には「御往来町〃諸商売差支これ無様、もっとも掃除等改めて致し候に及ばず事」として掃除も不要としていますが、これは一時的なものでした。

三八代松平和泉守乗寛（石見浜田藩）巡見時の文政四年（一八二一）一二月触書は次のように命じています⑥（二一）。

……所司代、町奉行、町方通行の節、町人共駕籠《かご》に乗候侭《まま》にて行違ひ、又は百姓躰の者、頭巾、手拭、笠等かぶり、不礼の躰にて行違ひ申間敷、但し、町家等にて家職は見合に及ばず候えども、みせ先に腰掛け、不行儀の躰にて罷在候儀堅致間敷候、此趣も是又度々相触置候……

所司代の巡見時、町人が駕籠から降りないことや、揚見世に腰掛けたままを戒めています。その一方で、仕事中の職人は手を止めないでよいとするのは①②③と同じです。この後、天保、嘉永、安政、文久期にも⑥と同じ文面の触書（二二）が繰り返されます。職人は手を休めないでよいとする方針は幕末まで変わらなかったのです。

町々も、これらの触書を意識した町式目を定めています。たとえば享保一一年（一七二六）正月、二条西洞院町が定めた『町儀式目相改帳』(二三)には、「表近く罷出、御公儀様噂致間鋪候、なお又、みせ先にて平臥の体嗜《たしなめ》申すべく候事」とあります。表通りで幕府や所司代・町奉行所体制(「御公儀様」)の噂話をしないように、また揚見世で寝そべらないように、つまりは町奉行所から余計な注意を受けないようにと申し合わせているのです。

所司代の上洛・離洛時の触書

この場合の触書は宝暦九年(一七五九)正月。二一代所司代井上河内守正経が上洛したときに初見されます⑦(二四)。まず「御通り筋町〃、不作法これ無き様致すべく候」と命じた後に、次のように記しています。

一、御通り筋、御上京前夜、家並行燈《あんどん》出申すべく候
一、御通り筋掃除致し、家並手桶、箒差出し、並能《なみよく》盛砂致すべく候
一、御上京前日当日、御道筋車留申し付くべく候

上洛前夜に、町家毎の行燈差出し、手桶と箒の差出し、そして「並能」の「盛砂」を命じます。「並能」については、明暦三年(一六五七)三月の幕府の家作禁令に「町中作事仕候砌《みぎり》、地形築候とも、両頬《りょうつら》高下これ無き様に申合、並能《なみよく》地形築申すべく候」(二五)とあるように、町なみを整えるという意味です。この後、宝暦一一年(一七六一)二月六日の二二代所司代阿部伊予守正右(備後福山藩)上洛時の触書(二六)や二三代所司代阿部飛騨守正充(武蔵忍藩)上洛時の触書(二七)にも同じ内容があります。

離洛時は、享保一〇年(一七二五)三月六日、一四代所司代松平忠周の帰府時の触書(二八)に「御道筋掃除ならびに御発駕前夜、家並行燈出し候様にと仰付けられ候」とあります。上洛時とほぼ同じ内容の準備を命じています。

なお明和五年(一七六八)九月、二三代所司代阿部正充の江戸参府時にも同様の触書がありますが(二九)、このとき町代の山中仁兵衛は担当の町々に「前日御道筋御見分これ有候間、其節御出迎成られ候」(三〇)として、町奉行所役人

の事前検査に町役人の立会いを命じています。このような事前検査によって、命令の実効性が確保されたのです。

災害時の特例

天明大火直後の天明八年（一七八八）二月。二八代所司代の松平和泉守乗完が上洛した際の触書（三一）は「御道筋掃除いたし、家並に手桶、箒差出、並よく盛砂」だけを命じます。その上で「家並行燈差出し先格に候得共、此度は市中類焼も多くこれ有候砌に付、行燈差出しに及ばず候」「御上京前日、当日、車留申付べくの処、この節運送差支候に付、右両日共、車留は申付けず候」とします。行燈の差出しや車止めは⑦にも見たもので、所司代の上洛時や離洛時の基本的な準備対応でしたが、災害時は軽減されたのです。これもあくまで一時的措置でしたが。

御所参内時の触書

所司代の御所参内時については、二二代所司代阿部正右の初参内時、宝暦一一年（一七六一）二月六日の触書（三二）に、「御道筋掃除等諸事先格の通、みせ先へ出居候て不作法の躰、これ無き様致すべく候」「盛砂等致候には及ばず候」とあります。同年一二月二八日の参内時の触書（三三）には「車留の儀も車屋へ仰付られ候事」とあり、荷車の通行を遠慮させる「車留」も命じています。箒や行燈に触れない点は、所司代の上洛や離洛時よりも軽い扱いですが、基本的には町々の巡見時と変わりません。

ちなみに前年の宝暦一〇年（一七六〇）三月二七日。二一代井上河内守正経の参内時の触書には「御道筋ざっとはき置、馬ふん等掃除いたし……」（三四）とあり、とても軽い内容ですが、このときは直前に幕府上使の通行があって「御道筋掃除、盛砂」が行き届いていたようです。状況に合わせて町々の負担を軽減する程度の配慮はあったのでしょう。

所司代通行時の触書

このように所司代が町々を通行する際の触書を見てくると、順路となる通りの掃除を行って、町家毎に手桶や箒を、夜には行燈を差出し、町境では町役人が出迎えるように命じていたことがわかります。その際、町人は「平臥」「腰掛」といった「不礼」「無礼」の態度をとらなければ、仕事を続けていて大丈夫でした。石川が記した「下座触れ」や、二階から町人が見下ろすことを戒めたり、二階表をムシコで閉鎖的にしむけるような内容は見当たりません。

もちろん、所司代の巡見に安易な対応が許されなかったことは、たとえば安政六年（一八五九）の福長町の記録に「御所司代様に辻又は見込に不浄の品差し置かず候様、き飛しく《きびしく》仰渡せられ……」とあることにわかります（第八章）。三条通と富小路通の辻近くに置かれた塵箱を見て、所司代は「不浄」として町役人を叱責し、別の場所へ移すように命じたのです（三五）。このような例はあるのですが、それでも宝暦・明和期以降の触書の定型化があったように、町々の方でも、所司代巡見への対応には慣れていったと思われます。そして建築的な影響はうかがえません。

第三節　二階からの見下ろし、下座触れに関する触書

幕府上使の通行時の触書

所司代の通行時、町家二階に町人がいるのを規制した触書は見当たりません。そうすると、それを伝えた石川明徳の伝聞（第一節）が問題になりますが、幕府上使の通行時にはそれがあります。上使とは徳川政権が朝廷に派遣する使者で譜代大名が務めました。たとえば享保一〇年（一七二五）五月の触書には次のようにあります⑧（三六）。

……上使町〃御通りの節、みせ先へ出居候もの、又は、道通り違の町人不作法これ無き様に仕るべし、もっとも、御通り

の節、道筋二階に人置間敷事……

確かに二階に「人置間敷」とします。同年五月二三日にも、次の口触が出されています（⑨）（三七）。

……今度、御上使御着御通の節、御供前横切、または二階より望《ママ》見、あるいは、みせ先にて煙草吸い、総じて不作法これ無き様に、御逗留中相心得るべきの旨、仰出され候趣、町代より申来候……

⑧⑨は「不作法」のないように命じますが、「不作法」の内容は⑧が「道筋二階に人置」、⑨が「二階より望見」として明らかにしています。もっとも揚見世で煙草を吸う程度のことなのですから、とんでもない重罪のようには思えません。町家の建築型式に影響をあたえるようなことではないのです。

享保一三年（一七二八）六月の触書にも次のようにあります（⑩）（三八）。

一、上使町〃御通の節、みせ先へ出居候もの、または道筋通り違の町人、不作法これ無き様に仕るべく候、もっとも、御通の節、道筋二階に人置申間敷候事

一、木屋町筋、其外御寄宿近辺、薪なと高く積申間敷候事、ならびに松平民部太輔屋敷南舟入、其外近辺に屎船差置申さず、悪敷臭い致さざる様に仕るべき事

一、上着（上使到着）前日道筋車引通間敷事ならびに松平民部太輔北横、町車取捌候もの共、車にて往来妨致間敷事

第一項が⑧⑨と同様に、二階の町人を規制しています。第二、三項の「松平民部太輔屋敷」は高瀬川に面した木屋町筋の土佐藩京都藩邸で、幕府上使の寄宿先に指定されていました。その南側に舟入、北側に車屋が集まる車屋町、周辺は材木屋が多い木屋町なので、それぞれに必要な注意を促しているのです。

上使の上洛、離洛時、そして御所参内時の対応は、享保二〇年（一七三五）一〇月の触書に読み取れます（⑪）（三九）。

一、京着ならびに発足の節、道筋掃除、蒔砂仕るべき事
一、参内の節、道筋掃除仕るべき事
一、町〃火の元の儀、いよいよ油断無く、裏借家に至迄随分念入申すべく候、勿論、御寄宿五町四方、自身番申付候事
一、上着（上使到着）前日、道筋車引通間鋪事
一、上使町〃御通りの節、みせ先へ出居候者または往来の者、不作法これ無き様仕るべく候、勿論御通りの節、道筋二階に人置申間敷事
一、一逗留中、寄宿前車引通間敷事

第五項の「道筋二階に人置申間敷」は⑧⑨⑩と同じ、ほかも上使の通行時と同じ。「御寄宿」は土佐藩邸です。この後、延享二年（一七四五）一一月触書（四〇）に「勿論二階に人置申間敷事」とあり、続く宝暦や明和期の触書（四一）にも同じ文言があります。上使通行時に二階の町人の規制が定着していたことがうかがえます。

さらにその後、明和五年（一七六八）二月の触書（四二）には「戊年（宝暦四年）五月松平大和守上京の節の通」とか、明和八年（一七七一）四月触書（四三）に「去子年（明和五年）二月松平下総守上京の節の通」など、前回と同じ対応を求める触書が繰り返されます。一八世紀後半にあたる明和や安永期にも、これが繰り返されるのです（四四）。ちょうど所司代の通行時の触書が一八世紀中頃に定型化して繰り返されるのと同じです（第二節）。

災害直後の上使への対応

天明大火（一七八八）直後。いわゆる寛政改革に着手したばかりの老中松平越中守定信が上使として上洛します。直前の所司代（松平和泉守）上洛時は、普段町人に命じる準備のうち行燈の差出しや車止めが軽減されましたが（第二節）、このときは加えて「掃除は勿論、手桶、箒差出に及ばず候」（四五）とあり、負担の軽減が徹底されています。もっ

とも命じたところで住まいを失った町人が準備できたとも思えませんが、執政者としての配慮を示したのでしょう。もちろん、これらの負担軽減も一時的な措置で、後に元へ戻されています。

上使通行時の対応への慣れ

一九世紀（文政、天保、嘉永期）の触書(四六)には「京着ならびに発駕の節、且参内の節〃、道筋町〃掃除、盛砂等、諸事前〃御使上京の節の通……」「町〃通行の節、みせ先へ出居候もの、または二階に人差置申間敷候、勿論往来之もの不作法これ無き様……」などと、一通りの対応を簡潔に命じる触書が繰り返されます。

一方、これらを受ける町々も対応に慣れていきます。それを示す例として、享保二〇年（一七三五）の上使上洛時、町々が町奉行所の「御道筋御支配方」という部署に、これまで通りの対応でよいかとの伺い書（「先格之義御窺書」）を提出しています。そして、これまで通りでよいとの回答（「弥先格の通、仕るべし」）を得たことにも、それはうかがえます(四七)。

上使の寄宿屋敷周辺

所司代と上使の通行を比べると、上使通行時だけに二階の町人が規制されます。しかし②が「御上使様、御所司代様町〃御通りの節……」としたように、両役儀は同格の譜代大名が務めます。ですから、格差による対応の違いは考えられません。そうすると所司代の通行時にも、町人が二階にいるのを自粛する空気はあったのかもしれません。

しかし、確かに規制される上使の通行時も「不作法」を戒める程度です。それが石川明徳のいう「下座触れ」にあたるとしても（そうとも思えませんが）、煙草を吸うのと変わらない扱いです。煙草を吸う不作法があったからといって、煙草そのものが規制されなかったように、二階の町人が見つかったからといって、厨子二階や土塗格子のムシコを必然化させた規制には、とても読めません。町役人と共々、叱責される程度で済んだはずです。

この点に関して、上使寄宿先の周辺がどんな所だったのかみておきましょう。⑩にもあったように、寄宿先は二条城周辺でなく京都の東端、「河原町三條下ル三町目」の松平（山内）土佐藩邸でした。屋敷の規模は『京都御役所向大概覚書』(四八)より「南側屋敷表口三拾間程、裏行三拾間程」「北側屋敷表口三拾五間程、裏行六間程」です。宝暦二年（一七五二）には「松平右近将監」が(四九)、宝暦六年（一七五六）には「西尾隠岐守殿」(五〇)がというように、老中の寄宿も確認される重要な屋敷です。しかし周辺は⑩にみたように材木や薪を商う木屋町筋、北は車屋が集まる車屋町、南は肥料用の「屎船」が入る「舟入」がありました。近くの「生洲」料理屋(五一)は、さすがに婦人だけの利用や音曲は規制されていましたが(五二)、『都名所図会』にみる店構え（表構えではなく背面の高瀬川側）は二階に充分な高さを持つ本二階建て。高欄付の腰掛縁を備えた大開口を木屋町通りに向けています。そこは繁華な通りですから、多くの武士が通行し、上使の寄宿屋敷にも近い。しかし、見下ろしに配慮する要素はまったく見当たらないのです。

実は徳川政権は、寛文八年（一六六八）三月に農民の「不應其身」の建築を規制したとき(五三)、街道筋の宿場や旅籠などは対象外にしました（「道筋町家、人宿仕候所は格別」）。料理屋も同じ扱いで本二階建てに二階座敷の店構えを許されていたのです。それでも二階の町人の規制は上使通行時の触書のみに記されたように、上使への配慮だったはず。その寄宿屋敷の近くにこんな店舗が許されたのですから、普通の町家の建築型式にも大きな影響があったとは考えにくいのです。

天皇や上皇通行時の触書

本当のところ朝廷関係の通行時の触書が一番町人に服従的な対応を命じています。たとえば享保六年（一七二一）九月。法皇（出家した上皇）が林丘寺宮へ御幸したときの触書(五四)には、次のように記されています。

……家内土間に罷在《まかりあり》、拝見仕るべく候、床の上に罷在候儀、堅く無用に候……

屋内の床上ではなく、土間に座っての「拝見」を命じます。石川の「下座触れ」よりも厳しい、いわば「土下座触れ」です。享保七年（一七二二）の法皇御幸および還幸の際の触書にも、次のようにあります⑫（五五）。

……右御道筋ならびに横小路掃除入念、商売物は見苦敷これ無き様、そのまま差し置き、百姓町人男女共、家内土間に平伏仕可罷在候、かつ又、他所より参拝申者これ有候は、右の通平伏仕可罷在候、帯刀仕候ものは停止の事、但し、御道筋へは罷出間敷候……

「百姓町人男女共、家内土間に平伏」という文言は、誰にも頭をあげさせません。その点、土間の上での「拝見」なら許していた前年の触書よりも、さらに厳しくなっています。もちろん二階の町人も許しません。翌享保八年（一七二三）四月や同九年（一七二四）一〇月にも同様の触書が続きます（五六）。

ところが、元文二年（一七三七）五月の法皇葬送時の触書は少し違います⑬（五七）。

……拝見人家内に男女相分け罷在、不作法これ無き様急度相慎、御車御通の節平伏仕るべく候、もっとも二階にて拝見の儀、堅く停止せしめ候事、但し、格子の内より拝見の儀、女は苦しからず候、男は停止せしめ候事……

ここでも「二階にて拝見」は規制しますが、一階では「御車御通の節」以外に平伏を命じず、女性には「格子之内」からの拝見を許しています。この「格子」は一階の出格子や平格子、当時の仕舞屋化を反映したものです（第五章）。

その後、寛政二年（一七九〇）一一月。天皇と法皇の遷幸時の触書は次のように命じています⑭（五八）。

……町家等にて拝見の儀は、男は拾五才以上、土間に罷有、女ならびに子供は床の上にて拝見苦しからず候、格子の内、……其外二階にては拝見相成らず候間、二階等堅く〆切……

一五才以上の男性は土間、女や子供は床上での拝見を命じる一方、格子の内側や二階からの拝見を禁止します。「二階等堅く〆切」とあるのは、二階の開口を閉じればよいという意味です。開口の存在自体は、まったく問題にしません。閉鎖的なむしこや出格子を必然化するものではないのです。なお天皇の行幸例は比較的少ないのですが、上皇や法皇の行幸時の触書にも同じ内容が繰り返されています。⑭が定型化したとみてよいでしょう。

宮方通行時の触書

それでは天皇や上皇の血縁である宮方の通行時はどうでしょう。享保一六年（一七三一）四月の触書(五九)は「比宮様御下向」に「御通の節二階窓〆置、人揚り申間敷事」とします。また寛延二年（一七四九）二月の触書(六〇)は、「五十宮御方」の下鴨神社への「御道筋」に、次のように命じています。

……御通り筋町〻、二階窓ならびに出格子の類、内より〆置、堅く人上げ申間敷事……

……御通りの節、男は無刀にて土間に平伏仕、女小児は床の上に罷在、不作法これ無き様仕るべき事……

町家の二階に町人がいるのを規制し、「二階窓」や「出格子」内側の窓は閉めさせています。また男性には一階で土下座と平伏を命じます。天皇や上皇通行時と変わらない内容があるのです。

ところが寛延三年（一七五〇）九月の触書(六一)は、「緋宮様」の泉涌寺への社参時に「御通の町〻火之元入念、無礼これ無き様……手桶、箒等出候に及ばず」として二階には何も記しません。これ以降の宮方通行時の触書も、同じような文言を繰り返します(六二)。二階の町人には何も記さないのです。おそらく町家の二階に町人がいない状態が定着し、わざわざ触書に記す必要がなくなったのでしょう。また寛延二年（一七四九）二月の「五十宮御方」通行時の触書は「二階窓ならびに出格子」に「内より〆置」を命じていますが、これも⑭と同様、一時的な閉鎖を命じただけです。二階の窓の存在自体を問題視する姿勢はありません。

前代未聞の通行時の触書

朝廷関係の通行時の触書は、確かに町家二階の町人を規制しました。しかしだからと言って厨子二階やむしこ、出格子を必然化するほどではありませんでした。そこで最後に、所司代・町奉行所体制が最も緊張した通行時を見ましょう。文久三年（一八六三）三月、孝明天皇が上賀茂神社と下鴨神社に攘夷誓願のため行幸されたとき、上洛中の将軍家茂が随行したのです。それは三条衣棚町の町人が『今上皇帝御幸之祓《はらえ》控』（六三）に「近世不聞」と記したように、前代未聞の出来事でした。

禁裏御所から出町を通り、鴨川堤より加茂御祖神社（下鴨神社）から加茂別雷神社（上鴨神社）へ至る行列の道筋は「雑人拝見免許」として庶民の拝見が許されました。そのため所司代・町奉行所体制も町々に最高レベルの準備を命じたことが想像されますが、このときの内容は不明です。しかし翌四月の石清水神社行幸時は次の内容が記録されていました⑮。このときは後見職の慶喜（次将軍）が随行しました。なお（　）内は説明のため入れています。

『今上皇帝御幸之祓控』

●御道筋、塀ぎわ、盛砂前砂致し、家並に手桶、箒差出すべく候事、但し、手桶、箒有合《ありあわ》せ相用候事

●道中狭き所は溝ふた、表道巾三間以上は溝ふたに及ばず、三間以下は溝蓋……

●車除けの石、小便田子、塵溜め撤去、町家表両側、みせ（揚見世）、孫庇（通庇に付す小庇）、駒寄（柵）取払

●町々、木戸ぎわ、これ有小便田子（小便桶のこと）取払、木戸ぎわこれ有戸当りの柱石（第九章）取払……

●石仏、辻堂、髪結所被固■子掛、塵溜等取除……

●表格子、むしこ〆切、町々車除け石取除、伏樋、石橋等これ有所は丈夫に取繕《とりつくろい》、石高の所は御道造り……

●御道筋近辺の町在とも、屋根に人上け申間敷事
●張紙、張札取除、表両側に出置の我《ママ》木、古木、古板木の類取除、屋根火の見、水溜取除……
●牛馬往来無用の事
●在町とも図子これ有哉、通御の節（天皇が通行するとき）出口〆切置申すべき候事
●町在とも裏借家に至迄、火の元別っして入念申すべく候
●御道筋近辺在町にて瓦焼、茶碗焼其外、煙立の義一切無用の様、申し付くべく事

色々ありますが、とにかく通行の邪魔になるものを撤去させて、行列を無事に進ませるのが眼目です。このとき三条衣棚町は、町奉行所役人から木戸門の瓦屋根が出過ぎと注意され、切縮めを命じられました（「当町西の方門、門柱より出張り候屋根共の瓦取除け候様、仰付られ候」）。町奉行所役人が廻ってきて命令の実効性を確保したのです。そして同町は、次のように命じられたことも記録しています。

……御道筋の内、御行列雑人拝見の儀は、男十二才以上は土間に罷在、老女ならびに小児は床上拝見苦しからず候、格子の内、其外二階にては拝見相成らず候間、二階窓ならびに表格子の類、内より〆切達、皆人上ケ間敷候……

天皇や上皇通行時の触書と同じです。二階窓は閉めればよく、その存在が問題にされないことも変わりません。このように見てくると、「町家を厨子二階にして、むしこを開けた理由は、町人が武士を見下ろすの遠慮したから」という通説は否定されねばなりませんが、さらに二階からの見物を許す触書も紹介しておきましょう。

第四節　二階からの見物を許す触書

町奉行所は町家の二階表から見物を許す触書も出しています。たとえば正徳元年（一七一一）九月の触書は次のよ

うに記しています。第八回の朝鮮通信使の上洛を翌月に控えて準備と心得を命じたものです（⑯）[六四]。

一、朝鮮人、京着二日前より逗留の間、洛中洛外自身番可仕事

一、朝鮮人通り道筋の町中、掃除念を入、間数に応じ水手桶出し置、朝鮮人通り前に水打申すべき事

一、朝鮮人通り候節、往来の輩《やから》、急用の外は貴賤によらず断を申、道の左右へ寄らせ止め置べし

一、見世棚（揚見世）ならびに二階にて見物仕候とも作法能《さほうよく》、高声高笑指さしなど仕らず物静《ものしずかに》見物仕るべく候

一、辻の横小路へ行懸り見物の儀、桟敷とは違候間、男女僧尼等入交り候とも苦しからず候、行儀能見物……

一、通り筋橋より見通し、川岸ならびに橋詰、薪竹木之類積候所は猥にこれ無き様に、並能積置掃除仕るべく候店下に手桶つり置べからす、勿論、竹棒、梯子、熊手、其外見苦敷物立置申間敷事

第四項に「見世棚（揚見世）ならびに二階にて見物仕候とも作法能」とあり、確かに二階からの見物を許しています。見物を許すのですから、二階の開口の存在など問題にもしていません。享保四年（一七一九）九月の第九回朝鮮通信使上洛をひかえた六月触書[六五]にも、次のようにあります。

……見世店ならびに二階にて見物仕候共、作法能、高声高笑指さしなど仕らず、物静に見物可仕候、もっとも男女入交り申さず様にわかり見物仕るべく事、但し、二階は簾掛見物仕るべく候、見世店は奥のほうに簾《すだれ》掛《か》け候儀、苦しからず候事……

このときは、二階の窓に「簾掛」をした上での見物を許しています。また前月の五月二五日の触書[六六]には「天和年中、朝鮮人来朝の節の趣相心得べく事」とあり、天和二年（一六八二）八月の第七回朝鮮通信使上洛時にも、同様の対応が命じられていたことがわかります。寛延元年（一七五〇）三月、第一〇回朝鮮通信使上洛に先立つ触書[六七]にも「見世店ならびに二階にて見物仕候とも作法能、高声、高笑ひ、指さしなど仕らず……」とあります。「享保年中朝鮮人

来朝の節趣に相心得べき事」ともあり（六八）、朝鮮通信使を迎えたときの対応では、町家の二階表から見物を許す方針があったことが読み取れます。彩り豊かな海外からの使節や来訪者を迎えたとき、いわば京都の祝典として町人の参加を許していたのかもしれません。

もっとも、第八回朝鮮通信使を描く今井町本『洛中洛外図』屏風（喜多家蔵）では、ムシコや出格子で閉鎖的にされた厨子二階の表構えに町人の姿はありません。男女を問わず土間や床上にいます。表通りでも、辻の奥まった所や行列から離れた路上に、町人たちは座っています。これが実際の風景なら、町人は二階からの見物が許されても、朝廷関係の通行時と同様に対応したことになりますが、警護にあたる幕府役人への配慮があったのかもしれません。

ちなみに、享保一四年（一七二九）に将軍吉宗へ象が献上されたとき、その行列が京都に立ち寄りました。これを迎える四月の触書（六九）にも「二階にて見物の儀も苦しからず候」とありますが、「辻〻にひかへ罷有候見物、通り筋へ少しも出張申さず候様に仕るべく候」ともあります。今井町本にある通りに座る町人たちを指すのでしょう。

このようにみてくると、所司代・町奉行所体制が町家の二階表の窓からの見物を規制しない、つまり二階窓の存在を問題にしないのは明らかです。そもそも上使や朝廷関係の通行時に二階の町人を規制したときも、その理由は、そこからの見下ろしが「不作法」とされたためでした。しかし、それも揚見世で煙草を吸うのと同じ程度の不礼です。不礼の場所となった揚見世の撤去が命じられなかったように、二階表の開口も不作法が理由で閉鎖的になったとは考えられません。土塗格子をならべた開口すなわちムシコや厨子二階が生まれた理由にはできないのです。

おわりに

本章では、「町家の表構えを厨子二階にして、むしこを開けたのは、武士を見下ろすのを遠慮した町人」と主張する見解の背景に、幕末の石川明徳の「二階窓より窺見候者、これ有時は厳敷譴責を蒙り、町家の難渋になる事故に、皆塗格子」という伝聞記事を取り上げました。そして、所司代・町奉行所体制の触書に信憑性を検討しました。その結果をまとめます。

●所司代通行時の触書は「平臥」や「腰掛」等の「不礼」「無礼」を戒める一方、町人には仕事の継続を許した。よって石川明徳の記す「御上洛前迄は京都所司代通行下座触れ」は確認できない。掃除を行い、家毎に手桶や箒、夜は行燈差し出し、町境で町役人が出迎え程度を行えばよく、町家二階の町人には触れていない。

●二階の町人を規制する触書は、幕府上使の通行時に確認される。したがって、上使と同じ譜代大名の所司代通行時も、町人が同様に対応した可能性はあるが、上使通行時の触書も一階の町人には「不作法」を戒める程度であって、「下座触れ」というほどの内容は見当たらない（臨時の自身番には出されることがあった）。

●天皇や上皇、宮方といった朝廷関係の通行時の触書は二階の町人を規制し、さらに一階にも「土下座触れ」や「下座触れ」に相当する内容を命じている。しかし、それでも二階窓の存在は問題とされず、建具があれば一時閉鎖、なければ内側から板張、もしくは二階に誰もいなければ問題はなかった。

一八世紀初頭をさかのぼる触書は収集できませんが、①に「かねて」とあるように、これらは早い時期からのことであった可能性が大きい。よって本章では、身分の高い者の通行に町人が配慮して、厨子二階の二階表にむしこや出格子を開ける町家型式が生まれたとの見解を否定します。そして次のような経緯を指摘します。

まず最初に、周辺眺望や遊女施設を規制した寛永期の触書があって、町なみが低層・均質化しました。そして、規制を町内の相互規制に取り込んだ町々が維持に努めました（第一章〜第六章）。しかし整えられた町なみが相互規制によって維持されるうちに、規制の影響という幕初の事実が忘れられ、繰り返される上位身分の通行時の触書と結び付けられた結果、幕末には石川明徳が伝聞した通説が生まれていて、今日にも伝えられた、このように考えられます。

付記　車除け石と目印石

江戸時代の京都の町なみを考える上で、少しおもしろい要素を二つ紹介しましょう。どちらも石です。

『今上皇帝御幸之祓控』（『千吉西村家文書』）は、本文にも記しましたが、文久三年（一八六三）の孝明天皇と将軍家茂（実際は後見職慶喜）の行幸前に町々が命じられた内容を記録します。その中に次の一文がありました。

……車除けの石、小便田子、塵溜め撤去、町家表両側、みせ（見世棚）、孫庇、駒寄取払……

この「車除け石」に『今上皇帝御幸之祓控』は次のようにも記します。

……車除け石は、これ有所の塀、地形埋在、其外はこれ取払様、仰出られ候……

車除けというところからして、荷車が接触して壁などが傷まないように、表通りに置かれた石のようです。

そこで文政三年（一八二〇）『三条油小路町町並絵巻』をよくみると、表通りに幾つも石があります（図1）。表溝より内側の通庇下なら往来の邪魔になりませんが、これらは表溝より外、表通りに置かれています。車が接近し過ぎないように、わざと邪魔になるように置かれた石、これが車除け石なのです。幕末の『百足屋町町並図絵』ではさらに大きく、周辺には草も植えています（図2）。先の命令はこれらを、塀際では土中に埋めこみ、他は取り払え、ということのようです。

それにしても、なぜ、こんな車除け石が許されたのか。藤田元春氏は記されています（七〇）。

……徳川時代を通じて、元来建家は蹴放《けはな》し（門口の大戸の下框）より外は大道幅の内ときまっていたから、道の両側、か

図1　車除け石や鉄柵（『三条油小路町町並絵巻』）

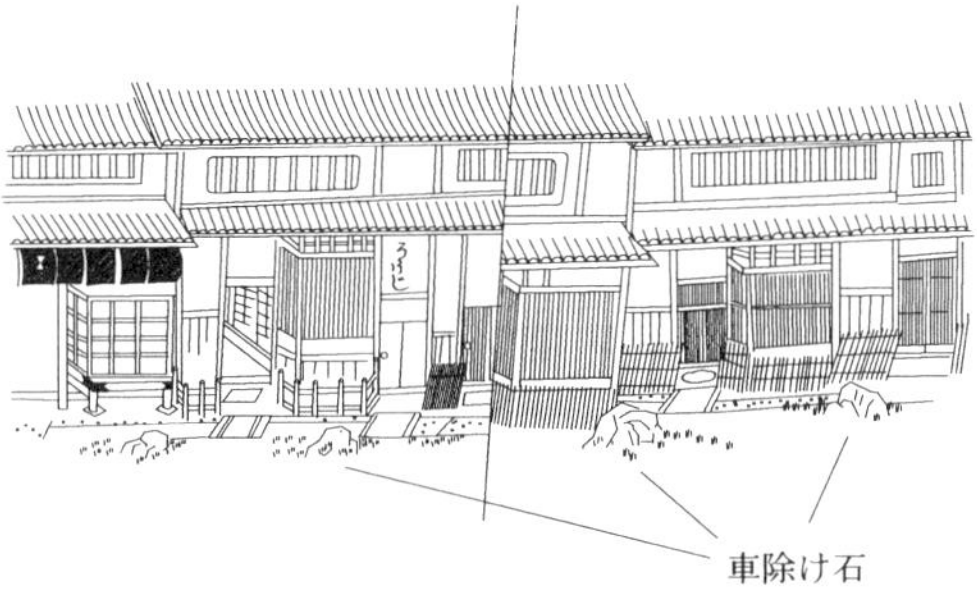

図2　車除け石（『百足屋町町並図絵』）

　ずら石（表溝の縁《ふち》石）から軒の戸口まで、狭くとも三尺二寸五分は引き込んでいた。格別に張出した出格子もなければ、今の世に見るような大造《おおづくり》の駒除《こまよけ》（柵、駒寄《こまよせ》ともいう）はなかったから、筆者の子供の頃は雨でもふれば京極から寺町荒神口の学校まで傘なしに軒づたいに帰れたものである。しかし維新以後各戸いずれもかずら石までを私有地と心得るようになってから、鉄柵を付ける、駒除けをつける。遂には店の間を張出してきて、軒下というものをないことにした……

　通庇の軒下、つまり表溝と戸口の間は、公的な「大道幅の内」とされています。軒下は公的な空間であったのです。藤田氏が少年であったのは明治期ですが、通庇の下を子供たちが傘も持たずに歩いて行く向こうに、江戸時代の町なみがおぼろげに浮かぶようです。もっとも『三条油小路町町並絵巻』には車除け石だけでなく、鉄柵を立てる所や、通庇の内側にも柵（犬矢来か、現在のような曲線はない）を置く町家があります。また『百足屋町町並図絵』では、ほとんどの町家が通庇の下に駒寄や木杭に貫を通すらしい武骨な矢来を置いています。とても歩けたものではありません。そして車除け石は土地の占

写真２　現在の百足屋町会所前の目印石

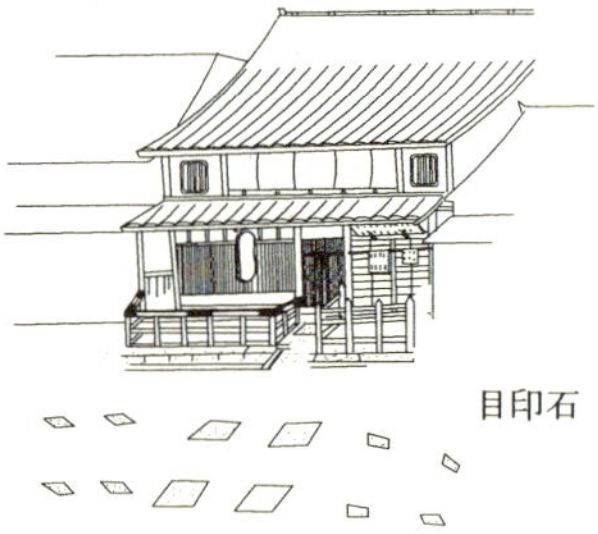

図３　会所前の目印石
（『百足屋町町並図絵』）

有権を表通りにまで広げて主張するかのようです。藤田氏のいわれる町なみもどこかにあったのでしょうが、京都全体ではなかったのでしょう。なお江戸中期の町奉行所の触書に車除け石を置くなという内容（石・杭木往還へ出張候分除《よけ》させ）がありましたが、『今上皇帝御幸之祓控』が記すように、問題があれば動かせばよいということだったのです。

そんな車除け石ですが、江戸時代の京都の町なみを考えるとき、その存在は無視できません。町内でどのように考えられていたのか。誰でも新規に置いたり、どけたりできたのか。表通りに占有権を主張するものとして、その許可基準や取り扱いの解明が、今後の課題です。

続いて目印石。『百足屋町町並図絵』をみると、南観音山を出す百足屋町の会所前に正方形の大石が四つ、前後に小さい正方形の石が四つずつ、合計一二個の石が埋め込まれています（図3）。現在では、かつて大石があったところに小石が四つ埋め込まれているだけ。ほかの八個は見当たりません（写真2）。しかし他の鉾や山を出す町々でも、会所前にはこのような石があります。よく探すと繁華な四条通りの路面にもあります。これらは普段目立ちませんが、祇園祭りの山鉾巡行の一週間前。鉾建てや山建てが始まったとき、存在が際立ってきます。

鉾や山を立てるとき、すべてはこの目印石の確認から始まります。正式名称かどうか、作業にあたる大工さんや見守る町の方が目印石と呼ぶ石に四本の柱を立て、その上に囃子台や屋根、鉾柱を支える胴組を、藁縄を使っ

写真3　南観音山の山立て、石持添え直後

て組み立てます。続いて石持という長材を胴組柱の両脇に添え（写真3）、石持の前後に車輪を用意し、車輪の間に車軸を通して石持を載せます。これで胴組柱はせり上がり、目印石は荷重から開放されるのです。

一連の作業の中で目印石の役割は、まず四本の柱を立てる場所の目印。これには会所の二階から直接に梯子を渡して、人や物が直接移動する位置がずれないようにする目的があります。続いて水平を確保する基準の目印。こちらは山や鉾を組み上げる段取り上、間違いがあってはならぬものです。このような役割を持つため、道路舗装のやり変えがあるときは、自分の家の前はほっといても目印石だけは徹底的に注意するとのお話をうかがいました。そういう目印石なのです。

それでは『百足屋町町並図絵』にみた八個の小石は何だったのでしょうか。想像するに、車輪との関係がうかがえます。車輪は合計四枚。それぞれの前後に小石二個があると考えると、八個になって数が合います。かつて舗装がなかった頃、この小石に車止めを置いて、車輪が勝手に動き出さないようにしたのではないでしょうか。今となってはよくわからないのですが、路面に残る四個の目印石は、京都の歴史を伝える小さな点景です（七一）。

◉註

一　「京町家の定義」（京町家作事組編『町家再生の技と知恵——京町家改修の手びき』（学芸出版社　二〇〇二）

二　藤井恵介・玉井哲雄『建築の歴史』（中央公論社　一九九五）

三　苅谷勇雅「近代化と景観保存施策のはじまり」京都——古都の近代と景観保存『日本の美術』四七四号（至文堂　二〇〇五）

四　『老舗と家訓』（京都府　一九七〇）
五　『京都土産』（『史料京都見聞記』第三巻　法蔵館　一九九二）
六　斉藤真訳『ケンペル江戸参府日記』東洋文庫（平凡社　一九七七）
七　『見た京物語』（『史料京都見聞記』第二巻　法蔵館　一九九一）
八　『国史大辞典』五　八九頁　吉川弘文館　一九三四
九　『京都町触集成』第一巻　一二七頁　岩波書店　一九八三
一〇　『京都町触集成』第一巻　一二七～一二八頁
一一　『京都町触集成』第一巻　三五〇頁
一二　『京都町触集成』第三巻　六一頁（岩波書店　一九八四）
一三　『京都町触集成』第一巻　三五〇頁
一四　『京都町触集成』別巻二　四三五頁（岩波書店　一九八九）
一五　『京都町触集成』第三巻　六五頁
一六　『京都町触集成』第三巻　二二四頁
一七　『京都町触集成』第三巻　四七二頁
一八　『京都町触集成』第四巻　四五頁（岩波書店　一九八四）
一九　『京都町触集成』第四巻　四五、八〇、一〇一、一〇三、三七五、四四四、四九二頁
二〇　『京都町触集成』別巻二　五五四～五五五頁
二一　『京都町触集成』第一〇巻　五七頁（岩波書店　一九八六）
二二　『京都町触集成』第一〇巻　八三、一七一、二一五～二一六頁、『京都町触集成』第十一巻　七五頁（岩波書店　一九八六）、『京都町触集成』第十二巻　二五四～二五五、二七五～二七六、四〇八～四〇九頁（岩波書店　一九八七）
二三　叢書『京都の史料』三　京都町式目集成　一二〇～一三〇頁（京都市歴史資料館　一九九九）
二四　『京都町触集成』第四巻　三四頁

二五　『御触書寛保集成』八三〇～八三一頁（岩波書店　一九五八）
二六　『京都町觸集成』第四巻　一一八頁
二七　『京都町触集成』第四巻　三一九頁
二八　『京都町触集成』別巻二　三八四頁
二九　『京都町触集成』第四巻　五二一頁
三〇　『京都町触集成』第四巻　五三五頁
三一　『京都町触集成』第六巻　四六七頁（岩波書店　一九八五）
三二　『京都町触集成』第四巻　一二〇頁
三三　『京都町触集成』第四巻　一六四頁
三四　『京都町触集成』第四巻　七九頁
三五　『福長町文書』京都府立総合資料館所蔵文書（第九章）
三六　『京都町触集成』第一巻　四七一～四七二頁
三七　『京都町触集成』第一巻　四七二頁
三八　『京都町触集成』第二巻　四一頁（岩波書店　一九八三）
三九　『京都町触集成』第二巻　二五三～二五四頁
四〇　『京都町触集成』第三巻　五〇～五一頁
四一　『京都町触集成』第三巻　一一九頁、別巻二　四七五頁、第四巻　七六、九八～九九頁
四二　『京都町触集成』第四巻　四八三頁
四三　『京都町触集成』第五巻　一一三頁（岩波書店　一九八四）
四四　『京都町触集成』第五巻　一九八頁、第六巻　九四頁
四五　『京都町触集成』第六巻　四九九～五〇〇頁
四六　『京都町触集成』第一〇巻　一七三、二二三頁、第十二巻　二二頁

四七　『京都町触集成』第二巻　二五五頁
四八　清文堂史料叢書　第五刊『京都御役所向大概覚書』「五十一　京都大名屋鋪・拝領地并買得屋鋪之事」（清文堂　一九七三）。ほかに別冊太陽『京都古地図散歩』八六（平凡社　一九八四）にも紹介されている。
四九　『京都町触集成』第三巻　二九六頁
五〇　『京都町触集成』第三巻　四二三頁
五一　「生洲というは瀬川筋三條の北にあり」（『都名所図会』〔『新修京都叢書』第六巻　臨川書店　一九六七〕）
五二　『都名所図会』より「婦人の来集、琴三弦の音曲を禁す、むかしより此所の掟となんいひ伝へ侍り」。
五三　『徳川禁令考』前聚　第五帙　農家　二五六～二五七頁（吉川弘文館　一九三一）
五四　『京都町触集成』第一巻　三五三～三五四頁
五五　『京都町触集成』第一巻　三八三頁
五六　『京都町触集成』第一巻　四〇一、四一三、四四八～四四九、四五〇～四五一頁
五七　『京都町触集成』第二巻　三一五頁
五八　『京都町触集成』第七巻　一二〇～一二一頁（岩波書店　一九八五）
五九　『京都町触集成』第二巻　一三九頁
六〇　『京都町触集成』第三巻　一八二～一八三頁
六一　『京都町触集成』第三巻　二三三頁
六二　『京都町触集成』第三巻　二三三、三八六、四一七、四四八頁
六三　『千吉西村家文書』京都府立総合資料館蔵
六四　『京都町触集成』第一巻　一八七～一八八頁、これ以前の慶長元年、元和三年、寛永元年（以上は回答兼刷還使）、寛永一三年、寛永二〇年、明暦二年、天和二年の朝鮮通信使上洛時の触書は収集されていない。
六五　『京都町触集成』第一巻　三〇四～三〇五頁
六六　『京都町触集成』第一巻　三〇〇～三〇一頁

六七　『京都町触集成』第三巻　一四五〜一四六頁
六八　『京都町触集成』第三巻　一五五頁
六九　『京都町触集成』第二巻　七七〜七八頁
七〇　藤田元春「郊外の民家」（岩井武俊編『京ところどころ』金尾文淵堂　一九二八）
七一　祇園祭と鉾町・山町の関係を知る近年の史料に木村万平編著『職・住・祭　共存のまち　百足屋町史』百足屋町史　巻一と同編者『祇園祭南観音山の百足屋町今むかし』百足屋町史　巻二（ともに南観音山の百足屋町史刊行会　二〇〇五）がある。同書には『百足屋町町並図絵』も掲載されている。

第八章

木戸門のある町なみ

——町々と木戸門のかかわり

はじめに

江戸時代の京都を歩くことができたなら、どんな印象を持つでしょう。美しい町なみもさることながら、目に付くのは木戸門《きどもん》のはず。木戸門は、両側町（表通りの両側に向かい合う町家が構成する町）の往来を遮断するため、表通りの両端（町口）に置かれた門です。一九世紀前半に「京坂、路上に出るもの木戸のみ」（第三節）とされたように、その存在は、町なみの中で際立つものでした。本章では、京都の町なみを考える上で見落とせないこの装置を取り上げます。

京都には木戸門がなかったという説（一）もありますが、間違いです。多くの都市がそうであったように、京都にも、「木戸」や「門」とも称される木戸門がありました。町口に門柱を立て、板扉を両開きにしました。傍らには木戸門の番人が詰める番小屋が置かれ、門柱と町家の間には脇塀や木柵を付けていました。

この木戸門を夜間や緊急時は閉じ、逆に火事のときには開けました。閉じた後は、番人が門や脇塀に組み込んだ「潜戸《くぐりど》」を通しながら監視しました。ですから木戸門は町にとって治安装置だったのです。

それにしても木戸門を閉めた夜の京都は、どんな感じだったでしょうか。交通量が多い通りでは、終日開放されている所もありましたが、ほとんどの通りでは夜になると閉じられました。その後は今では想像もできないほど閉鎖的。しかし犯罪が町へ入るのを許さないという町の意思は、黒漆塗の頑丈な姿が明らかにしたのです。

その木戸門。町の治安装置ですから設置や維持修理は町の負担です。しかし所司代・町奉行所体制は、その存在を前提に治安政策を行いました。町々に設置を義務付け、閉鎖時間を統一し、社会情勢が不穏になれば早く閉めさせる。格子縞に走る京都の通りは町々が木戸門を閉じれば消滅し、かわって町の数だけ閉鎖空間が現れる。そのときそれぞれの閉鎖空間の治安は各町の責任になります。そして町々の木戸門は総体として都市の治安装置になるのです。

今日的な感覚でみれば、都市の治安装置なのだから、設置や維持修理に公的補助があって当然となるかもしれません。しかし補助がないのはもちろん、建築時は町奉行所への申請も必要でした。木戸門の設置を義務付ける町奉行所が、町々が建てる木戸門に申請を義務付けたのです。その上、完成後には検査まで義務付けました。大部分の町々が町家や土蔵など建築に申請を免除される中で、この扱いは特別です。なぜ申請を義務付けたのか。何を検査しようとしたのか。この点を探ると、京都の木戸門の特徴が明らかになります。本章ではこれらの点をみていきましょう。

第一節　釘貫と呼ばれた木戸門

釘貫とは

木戸門は、豊臣政権の頃までは釘貫《くぎぬき》と称されていました。そのことは天正一四年（一五八六）、豊臣政権の京都所司代（前田玄以）が出した次の触書（一）に読み取れます。

……町の夜番の儀、両方釘貫、寝ずにこれありて、往還の人を相改め、油断なく相勤めるべき事……

「町」の「両方」の「釘貫」に「夜番」が一晩中張り付いて「往還」する通行人を確認するように命じています。両方とは、両側町の両端の町口を意味します。そこに釘貫が置かれていて、その脇に町の夜番が詰めていたのです。日本の都市における釘貫の存在は、さかのぼる天正二年（一五七四）頃。宣教師ジョアン・ロドリーゲスが著した『日本教会史』（二）にも読み取れます。

……すべて都市を警戒するために毎夜閉ざされていたのであって、それぞれの門には不寝番がいて、火がたかれており、用事のある人がそこを通り、通る者は調べられる……

京都も日本を代表する都市ですから、「門」で「不寝番」が検問を行っていたはず。それが釘貫と呼ばれたのです。

当時の京都は、天正元年（一五七三）四月の織田信長の上京焼き討ち、五月の二条城攻防から町なみを復興する最中でした。その中で信長は「新造構《かまえ》の条、寄《き》宿《しゅく》相除《あいよけ》おわんぬ、しかる上は家宅、油断無く再興すべきの状、件の如し」と記した朱印状[四]を町々に出して、仮陣（「新造構」）を撤去した跡地に復興を急がせています。ほかにも洛中の地子免除、再建中の家々への人足免除など、矢継ぎ早に復興策を進めていました。しかし信長自身は岐阜から動かず、京都に奉行を置きました。そこで奉行は町々に釘貫の設置を命じ、治安体制を強化していたのです。

しかし信長は、天正一〇年（一五八二）、本能寺の変に倒れました。その跡目争いに決着を付けたのは羽柴秀吉。天正一三年（一五八五）に従一位関白として豊臣姓を賜った秀吉は、天正一四年（一五八六）に聚楽第と方広寺造営に着手、そして配下の所司代が本項冒頭の触書を出します。豊臣政権が京都の治安確保に乗り出したのです。

豊臣政権による撤去の真偽

天正一八〜一九年（一五九〇〜九一）。豊臣政権は一町四方の街区を東西に分割する天正地割を行い、御土居を築造する京都改造を断行しました。当時の京都を訪れた宣教師ルイス・フロイスは『日本史』[五]に記しています。

……町の他の町と区分けする二つの門は、夜間は閉鎖することになっているが、関白はそれらの門を一つ残らず、すべて撤去させた、こうしてすべての町は昼夜開放されることになった……

豊臣政権が町々の「門」つまり釘貫の撤去を命じたといいます。そうすると、御土居で都市防衛を確立した京都に釘貫が障害となった、あるいは都市景観の整備のため撤去された、だから以降は建てられなかった、となるかもしれません。しかしフロイスの記述は鵜呑みできない。なぜなら上京冷泉町が天正一〇〜慶長一二年（一五八二〜一六〇七）に記録した『太福《ママ》帳』[六]に、釘貫に関わる次の内容があるからです。

●天正一七年（一五八九）　壱〆八百五十文　門柱一本
●慶長　二年（一五九七）　十文め　釘貫建て中時……
●慶長　三年（一五九八）　合四匁也　北の釘貫の根継入用

天正一七年に「門柱」を購入しますから、釘貫を建直したはずです。それから撤去が伝えられる天正一八～一九年を経て慶長二年に釘貫を建直し、翌慶長三年には根継、つまり土中に掘っ立てた根元部分を取り替えています。もしも天正一八～一九年に撤去されたなら、慶長二年に新たな釘貫を建ててその翌年に根継ぎということになりますが、わずか一年でそれほど腐食が進むでしょうか。たとえば伊勢神宮の掘立柱が式年造替《しきねんぞうたい》の二〇年間、土中に立って揺るぎないことをみればわかります。天正一八～一九年の間も含めて同町に古い釘貫があったと考えるのが自然です。それに冷泉町は上京と下京を結ぶ室町通り（夷川通下ル）にあって禁裏御所も近く、豊臣政権が釘貫の撤去を命じたとしたら見落とされたはずがありません。つまりフロイスのいう撤去命令は真偽がよくわからない。また豊臣政権に代わる徳川政権が町々の「両方の門」の存在を前提に、京都治安政策を進めることを思えば（次節）、撤去されたとしても短期間。すぐに建直されたはずです。ひょっとすると撤去されたのは、京都に残っていた中世以来の「構《かまえ》」（序章）や「構」に開く釘貫だったのかもしれません。信長時代に一三〇〇前後の町々が江戸時代初頭までに一三〇〇前後に増加するとき、それらは障害になったはずですから。それはともかくフロイスがいう天正一八～一九年前後にも、確かに釘貫を持つ町はありました。すでに天下統一は成り、戦場は朝鮮半島に移って醍醐の花見が催されたのは慶長三年（一五九八）。それでも釘貫は町の施設として必要とされていたのです。

そして江戸時代。所司代・町奉行所体制の触書に釘貫の名称は見当たりません。代わって「木戸」や「木戸門」が現われます。冷泉町の記録でも同様で、慶長一〇年（一六〇五）『門之入目之日記』（七）に「門」とあります。他の町々の史料も「門」あるいは「木戸」、「木戸門」と記すようになるのは、徳川政権の文言に合わせたからかもしれません。

第二節　江戸時代の京都の木戸門

江戸時代初期、木戸門の役割

慶長八年（一六〇三）二月。徳川家康は従一位右大臣征夷大将軍、源氏長者、淳和奨学両院別当として、徳川幕府を開きました。勅使（勧修寺光豊）の宣下告知と、告使（中原職善）の「御昇進」発声が響いたその年から一二年。元和元年（一六一五）四月晦日に初代京都所司代板倉伊賀守勝重は次の触書（八）を出します。

……今度、御陣中、京都夜番の儀、一町の内より家主十人ずつ罷出、両方の門に火をたき、宵の六つ過、其くぐりをさし、一切人の出入在間敷候

大坂夏の陣の最中、「一町」ごとに「両方の門」があるのを前提にして、町々に治安維持を命じています。これ以前に町々に門の整備を命じた触書は見当たらないので、豊臣政権の頃から存在するものを当てにしたのでしょう。

宣明暦（貞観暦）四月の「六つ」（午後六時）は、まだ明るさが残る時間です。その時間に閉めるのは「くぐり」。木戸門は両開きの大扉が本体ですが、それとは別に大扉閉鎖後に開閉する片開きの潜り戸を大扉や脇塀に設けていました。これに閉鎖を命じるのですから、当時は大扉を日中閉め切りにしていたのかもしれません。もちろん、これは普通の状態ではなかった。京都での豊臣方の放火に備えて町人の通行を制限したのです。また先の豊臣政権の触書と異なり、閉鎖時刻まで指示する点は、都市の治安装置として細かく制御する姿勢を示しています。

翌五月、豊臣秀頼が淀君とともに大坂城で爆死、豊臣家は滅亡します。それを見届けた徳川家康と秀忠親子が江戸へ帰府した後、一一月一四日に所司代板倉勝重は次の触書（九）を京都の町々へ出しています。

……町中、方々へ盗人《ぬすっと》入由申候間、夜番固申付、九つ時より木戸、潜り共に打候て、人の出入仕間敷候、自然、公儀御用の儀に於いては木戸を明、町送りに伊賀守番所へ送届ケ申すべき事……

大扉と潜り戸を午前〇時（「九つ」）閉鎖（「打」）と命じ、その後の出入りを認めない点、治安は定まっていません。ただし公用（「公儀御用」）だけは所司代屋敷まで「町送り」、町から町へ伝達して「木戸」も一時開けよと命じます。慶安元年（一六四八）一一月二八日には、二代所司代板倉周防守重宗が次の触書（一〇）を出しています。

……其町へ盗人入候はば、次の町、二町、三町まで木戸を打ち、木戸を開けず候て、次之町へ申届、我等やしき迄、町伝えに申越すべき事……

ある町に盗賊が入ったら、隣町から二町、三町、つまり二四〇〜三六〇メートル内（一一）の町々に木戸門を閉ざすように命じます。そして町送りに二条城近くの所司代屋敷へ通報を求めています。しかし、そのような対応で盗賊を捕らえられたとは思えません。それよりも、町に対して責任ある対応を命じる一方で通報も義務付けた、というところでしょう。その後、放火が多発した承応二年（一六五三）六月一一日には次の触書（一二）が出ます。

……夜に入、四つ時に成候はば、門木戸固め申すべき事、何の町にても町送と為申出し町は、御公儀へ申来べく候事

午後一〇時（「四つ」）に「門木戸」の閉鎖を命じています。また、木戸門の一時開放を連絡する「町送」を始めた町には、所司代屋敷へ理由を届け出るように定めています。

このように町々の木戸門の閉鎖時間を制御するのは、所司代にとって都市の騒擾を押さえる手段になっていました。

江戸時代前期、閉鎖時間の制御と消防道具

所司代の調節に対して、町々はそれならと木戸門の閉鎖時刻を早めることもあったようです。元禄一三年（一七〇〇）五月の町奉行所の触書（一三）は、午後八時（「五つ」）に木戸門を閉めてしまう町を厳しく戒めています。そして午後一〇時（「四つ」）に大扉を、午前〇時（「九つ」）に潜り戸を閉めるように命じ、その後は木戸門脇に詰める番人が通行人を確認した上で通すように定めます。これが京都の木戸門の閉鎖時間の基準になったようです。

また寛文二年（一六六二）四月一九日の町奉行所の触書（一四）は、次のように命じています。

……町々木戸際に火たたき五本ずつ、往来の障に罷成ざる候様に立置べく候、ならびに、むしろ五枚、町々会所に用意致し差置べく候、火たたき五本之内、三本は丸き円座《えんざ》なり、弐本は藁箒《わらほうき》、竹の柄に仕るべき旨仰付られ候……

この触書によれば、木戸門辺りに竹の柄付の円座（藁を編んだ丸い敷物、わろうだとも読む）三本と藁箒二本という消防道具が置かれていました。火事のときには町口の木戸門が町人の集合場所になったのでしょう。なお、この触書は町々に「会所《かいしょ》」の存在を明らかにします。この会所について。早見洋平氏によれば（一五）社会が不穏であった一六世紀後半まで会所は町々の防衛根拠地「番屋」であったといいます。それが「元和偃武《げんなえんぶ》」、つまり武器を収める時代になった一七世紀前半の元和期に、寄合場所の「会所」「町会所」に変わったのです。当時、所司代が町々に、徳川政権の命令を町内で確認するための「寄合」実施を命じたので、町には各戸当主が集まる建物が必要でした。そこで、世の中がある程度落ち着いて不要になった番屋が会所に変わったのです。

そもそも会所は、中世の武家屋敷や公家屋敷において連歌や闘茶、立華、闘香、猿楽、発酵度をあげた濁酒で来客をもてなす建物の名称でした。俳諧や草庵茶、華道、香道、能狂言、清酒など日本文化の揺籃《ようらん》になった建物の名称が町の集会所に用いられたのです。そして会所には会所番が必要となり、髪結が入り込むこともありました。

一方、木戸門の脇には消防道具が置かれたほか、木戸門の番人が詰める小屋が置かれて番小屋《ばんごや》と称されました。ただしそれはかつての番屋とは違う、簡単な小屋だったのです。

通りの拡幅と木戸門幅の基準

宝永五年（一七〇八）の大火は京都を焼け野原に変えました。そのとき所司代 - 町奉行所体制は、狭かった京都の通りを三間、あるいは二間半に拡幅するように命じます。その命令内容が、福長町の『町儀定』（一六）に記されます。

覚

一、町幅三間
一、溝幅壱尺五寸ずつ
一、四辻溝ならびに四方へ三間三尺ずつ
一、木戸廣さ弐間
　右は宝永五年子の年御定也

第四項に「木戸廣さ弐間」とあります。この「廣さ」は、二本の門柱間の有効内法幅《うちのりはば》の意味です。それが二間つまり約四メートル（一二尺）と定められています。通りの幅が広げられたとき、木戸門の大きさにも基準が現れたのです。もっとも福長町が享和三年（一八〇三）に木戸門を建直した際の図面（『享和三年癸亥六月造立』）には、門柱間が「柱明キ壱丈壱尺二寸」、三・四メートルと書き込まれています（一七）。ほかに芝大宮町（大宮通上立売通下ル）では安永九年（一七八〇）に建直した際の記録（『北南木戸門普請帳』）（一八）に「門明壱丈四尺七寸」、約四・五メートルとあります。特に芝大宮町は完成後に町奉行所の検査（「見分」）を受けていますから、この大きさは規制違反ではありません。二間は絶対的な基準ではなかったのです。拡幅した通りに木戸門を建直す際の基準を示したのでしょう。

閉じない木戸門

享保六年（一七二一）五月。町奉行所は再び木戸門の閉鎖時間を午後一〇時とする触書（一九）を出します。これが元禄の定めに代わり後世の基準となります。また、この触書は夜間開け放しの木戸門があったことも伝えます。

……京都町中、木戸の儀、向後は夜四つ時（午後一〇時）より木戸〆申すべく候、もっとも四つ以後、往還の通路差支申さず候様に、町々木戸番人に急度申付、通り候もの改次第、滞りなく明ケ通し候様致すべく候、もっとも出火之節は、早速木戸明ケ候様致すべく候……

下立売、三条、四条、松原、五条橋、七条、渋谷海道、建仁寺町、伏見海道、川原町、寺町、東洞院、烏丸、油小路、大宮、千本通、右町々は只今迄の通、木戸明ケ置申すべき事

潜り戸には触れませんが、大扉閉鎖後の通行人を番人が確認して通すときには、潜り戸を開けて通したはずです。そして「木戸明ケ置申すべき」という通りの存在が注目されます。洛中では、東西方向の下立売、三条、四条、五条、松原、七条通り、南北方向の寺町、川原町（現在の河原町通り）、東洞院、烏丸、油小路、大宮通り、洛外では渋谷街道や伏見街道、建仁寺町、これらにたつ木戸門はこれまで通り終夜開放というのです。地図上でみると、これらの通りは等間隔に並ぶわけではありません。計画的というよりも、既存の交通量が考慮されて木戸門は開け放しになっていたのでしょう。都市の動脈については夜間の通行を確保する一方で、それ以外の通りは夜間制御して治安を確保する、そんな政策だったのです（後に終夜開放は部分的と判明、『京都の町家と火消衆』参照）。

番人の役割、町の責任

享保九年（一七二四）四月の触書（二〇）は「向後四つ時、木戸打候以後、往来のもの、これ有度々拍子木打、隣町へ

相知らせ、其先々も右の通拍子木打送り、往来これと申儀、知らせ合申すべく候」として、通行人があるときは、番人同士が拍子木を打って隣町に連絡せよと命じます。通行人を滞りなく通すため、木戸門脇で終夜「立番」を務める番人に、拍子木が鳴ったときだけ立てばよいとしたのは、番人への配慮のように読めます。

その一方で、享保一六年（一七三一）三月の触書（二一）は、午後一〇時の大扉閉鎖後、潜り戸に自由通行を許して放火を招いた「葭屋町中立売下ル町」に、「油断」した番人は「町預り」つまり町による処分を命じ、町役人は町奉行所に召喚して厳重注意したことを町々に触れています。所司代・町奉行所体制が命じた取り扱いを怠る町々を、みせしめにしたのでしょう。さらに触書は「あやしき躰の物、徘徊致し候はば、召捕罷出るべく候」として、町々に不審者の逮捕と連行を命じています。町の治安責任は安全確保だけでなく、警察権の執行にも及びました。木戸門が囲む空間は、町が治安責任を果たすことを求められる責任空間であり、木戸門は境界の明示装置でもあったのです。

閉鎖時間の制御

寛延三年（一七五〇）一二月。普段より二時間早い午後八時（「五つ」）に大扉閉鎖、潜り戸は午後一〇時に閉鎖を命じる触書（二二）があります。しかし寛政二年（一八〇〇）一〇月（二三）、文政七年（一八一〇）一二月（二四）、天保元年（一八三〇）一二月（二五）、天保七年（一八三六）九月（二六）、盗賊への対応を命じる触書が繰り返されたとき、大扉は普段通り午後一〇時の閉鎖とします。八時の大扉閉鎖は一時的な治安制御でした。この点、幕末も近い万延元年（一八六〇）五月の触書（二七）は大扉の閉鎖時間を「享保六年触定置」と記しています。前掲、享保六年（一七二一）五月の触書を指しており、先述のように、この触書が定めた午後一〇時の大扉閉鎖、その後番人が確認して潜り戸を開閉。これが江戸時代を通じて京都の木戸門の基準でした。ちなみに午後一〇時の大扉閉鎖は江戸でも同じでした（二八）。

ただし、社会状況が不穏になったときの制御も、京都では幕末まで行われていました。そのことは尊皇攘夷派による天誅が横行した元治元年（一八六四）四月の触書（二九）に読み取れます。

……洛中洛外町続、所〃木戸門の義は、凡そ三町ずつ一組合に相立、そうじて夜五つ時限大扉〆候積相心得……町毎にて、家持ならびに借家の者共五人ずつ、かねて組合立置、暮六つ時より木戸門際へ相詰……怪敷人体《あやしきにんてい》見かけ次第、急度相糺《ただし》候上、万一乱暴及び、手余り候節は、打殺候ても苦しからず候事……

この前月から天誅予告の張り紙が増加。そして二ヶ月後に池田屋騒動。三ヶ月後には長州軍襲来となる不穏な時期、町奉行所は、通り沿いの三町ずつが「組合」を組織して、木戸門を整備するように命じたのです。修理が必要なものがあったのでしょう。そして午後六時（「六つ」）から木戸門脇に町人五人が詰め、大扉は平常より二時間早く午後八時（「五つ」）閉鎖（寛延三年と同じ）、不審者は取調べて手向かう者には殺害することも認めています。もっとも相手は盗人ではなく修練を積み場数を踏んだ二本差しですから、新撰組でもなければ無理な注文だったと思いますが。

消えた木戸門

長州藩と会津・薩摩連合軍の攻防戦及び掃討作戦からの出火が元治大火（一八六四）となって、京都は灰燼に帰します。そして町々の木戸門や番小屋も失われました。それからすぐに明治維新ですから、これで木戸門や番小屋は消えたように考えやすい。しかし、実は新政府の京都参与役所は、京都の実効支配を始めた慶応四年（明治元年、一八六八）正月に、木戸門の再整備を町々に命じていました（三〇）。

……騒乱の後、賊徒狼藉等、少なからずやに相聞候に付、非常用心の為、市中町々木戸旧に復し、急々取建候様……

新政府側も木戸門による治安確保を試みたのです。もっとも直ぐにその必要は失われ、明治五年（一八七二）までに木戸門は取り払われました。明治六年（一八七三）二月の京都府布令（三一）には、次のように記されています。

……市中木戸門取除跡、敷石取除の事、昨壬申（明治五年）、府下市中区々、木戸門取除き溝蓋《みぞぶた》補理致候より、道路の清麗、従前の頃に非ず、壮観喜ぶべき事に候……

明治五年の時点で木戸門の撤去跡に敷石が残っていた。その撤去と溝蓋の修理が命じられ、明治六年二月までに実行されたのです。こうして中世から確認される京都の木戸門（釘貫）は姿を消しました。新しい時代を告げる風が吹き抜ける通りには番人もいなくなり、物置や塵箱にかわった番小屋もやがて消えていったのです。

実際の閉鎖時間

これまでみたように、所司代・町奉行所体制は江戸時代を通じて、町々の木戸門を都市の治安装置として扱いました。特に享保五年（一七二〇）以降は大扉に午後一〇時閉鎖、その後の通行人は番人が確認して潜り戸を通らせることを基本とし、幕末の動乱期を迎えるまで変わりませんでした。

これに対して町々が定める町式目類には、木戸門の閉鎖時刻に関わる規定がほとんど見当たりません。開閉が番人の役割であったので、町人のための規定には記さなかったかもしれません。そうすると徳川政権が定めた閉鎖時間が守られていたようですが、よく探すと享保一四年（一七二九）に柳八幡町（柳馬場通御池通東入ル）が「初夜に大門、夜半に潜り戸」（三二）、宝鏡院殿東町（寺之内通小川通東入ル）が「木戸初夜時より閉め申すべき事、但し潜り九ツ時より閉め候事」（三三）と定めています。「初夜」つまり初更は午後八時。触書が定めるよりも二時間早く大扉閉鎖、午前〇時には潜り戸閉鎖というのです。これでは、元禄一三年（一七〇〇）五月の触書が戒めた早い時間の閉鎖が続いていたことになります。『幕末京都市街正月風俗』図（風俗博物館蔵）にも「町〃の木戸門、夜分の十二時に〆切る」（第九章　図3）とあり、これを全閉時間とみれば柳八幡町や宝鏡院殿東町の町式目と一致します。実際の閉鎖時間はいつだったのか。本当に制御された都市の治安装置だったのか。さらなる検討が今後の課題です。

第三節　設置と維持管理

木戸門整備命令

文政期（一八一八〜二九）に京都と大坂を訪れた喜田川守貞は、風俗を江戸と比べて、天保一一年（一八四〇）頃刊行の『守貞謾稿』(三四)に次のように記しました。

……江戸市街は、路上に木戸、自身番、番小屋、髪結所、井戸等これあり、民居の列高ありて自ずから一覧紛々たり、京坂、路上に出るもの木戸のみ、しかのみならず民宅高低なく、一望自ら整然たり……

江戸の町なみは「路上」に様々な物があり、町家にも高低差があって整っていない、京都や大坂は「路上」は木戸門だけで、町なみも高低差のない町家が並ぶとしています。絵画史料でも、確かに江戸の通りには露天商や物売小屋が多い。一方、京都の通りにも番小屋や塵箱、中には消防道具入れを置く町もあったのですが、旅行者には木戸門こそ印象深かったのでしょう。そんな木戸門の整備を町奉行所は享保六年（一七二一）七月に定めています(三五)。

一、洛中末々の町に木戸これ無き所これ有由
一、類焼仕候木木《ママ》戸未　拵《こしらえ》所、これ有由
　右之所〃盆後に至り、軽くとも木戸造候様と申渡すべく候事……

「類焼」した町々の中に木戸門を設置しない所があるとして、「軽く」てもよいからと早急な建直しを命じています。これは「洛中」の「末々」が対象ですが、洛外町続きにも同月に次の触書を出しています(三六)。

……木戸これ無き町々には、麁相《そそう》にても苦しからざる間、仮りになり共、木戸をこしらえるべきの由、御触これあり、洛外町続同前……

洛中に続いて洛外町続きも対象になったことで、京都全域に木戸門整備が求められたことになります。これ以前から洛外町続きにも木戸門の整備が進められていたことは、寛永一八～承応三年（一六四一～五四）頃の『寛永万治以前京都絵図』（三七）に書き込まれた木戸門に明らかですが、それでもまだ設置されない所があったので整備を命じたものなのでしょう。

軽い木戸門

京都の端々まで整備を命じた触書から半世紀、安永八年（一七七九）五月の触書（三八）が、次のように定めます。

……近来、町々、門木戸麁略《そりゃく》いたし、所に寄、破損致候へば其侭《そのまま》取片付置候類もこれ有趣相聞、不埒の事にて、右体の場所は手軽共、早々取建候様、致すべく候事……

木戸門を「麁略」に扱って壊れたら撤去したまま建直さない町々を「不埒」と叱り、「手軽」でもよいからとして、早急な建直しを命じています。木戸門がなくてもよいほど社会が安定したのか、建直す費用がもったいないなかったのか、よくわかりませんが、それよりも「手軽」や、先の享保六年七月触書の「軽く」がどんな木戸門を指していたのか、そちらのほうが気になります。この点、寛政二年（一七九〇）一〇月の触書（三九）に次のように記されています。

……他国より盗賊共入込、強盗の類もこれ有、町家のもの共難儀の趣相聞へ候……先つ手軽く竹垣、竹簀子にても取建、〆り宜様取手、追々に木戸門等取建候様致すべく候……

天明大火（一七八八）後の犯罪対策として、「竹垣」や「竹簀子」の門の設置を命じています。このうち竹垣は寛延元年（一七四八）三月の触書(四〇)に朝鮮通信使の上洛準備として「竹垣、高さ七尺ニ三四寸廻りの竹にて仕るべく候……通り筋は簀戸付申すべく候」とあり、直径一〇～一二センチの竹を高さ二・一メートルに組むものでした。また「竹簀戸」や「簀戸」は、寛延二年（一七四九）二月の触書に「木戸これ無き所は竹、簀戸にて〆切」(四一)とあるように割竹を編んだ扉のようです。ただし寛政二年一〇月の触書が「追々に木戸門等取建」と記したように竹製はあくまで仮門で、町の木戸門とは認められませんでした。ちなみに江戸でも、竹は仮の境界装置に用いられる場合が多く、たとえば明暦大火後に「竹もがり（竹矢来）」設置が命じられています(四二)。

町奉行所の関与、検査の内容

その後も京都では仮門の整備を命じる触書が文政七年（一八二四）や天保元年（一八三〇）、天保七年（一八三六）に繰り返されます(四三)。そして元治元年（一八六四）四月の触書(四四)は禁裏御所近辺に次のように命じています。

……木戸門これ無き所、其外あり来たり柱ばかりにて、両扉仕附申さず分は、凡三町程目当にいたし、木戸門一ヶ所ずつ新規取建、または修復相懸り候はずに申渡、何れも町々取締相立候様、取りはかり候、新規木戸門取建場所等の義は、見分の者差遣され候義にこれ在り候……もっとも急御用に付、右、木品《きしな》ならびに職方《しょくかた》共、そうじて其町〃へ御任せ切に相成候……取建中見廻りの者差遣され申すべく候

治安が悪化する中、木戸門なしや門扉なしの町々に、約三六〇メートル（三町）毎に木戸門の建直しや修理を命じたのです。一町毎の整備を断念して三町の協力を命じるあたり、治安の確保は差し迫った課題だったのでしょう。

さて、ここで注目されるのは「右、木品ならびに職方共、そうじて其町〃へ御任せ切に相成候」です。「木品」は材木の材種や程度を、「職方」は請負職人を指します。「急御用」だからこれらを町々に任せるという町奉行所は、普

段は関与していたのでしょう。江戸でも木戸門の型式に江戸町奉行所の誘導が指摘されていますが（四五）、材木の程度や請負大工の選別に関与があった京都ですから型式への関与もあったかもしれません（第九章）。

町の顔

町奉行所が木戸門の材木や大工に関与し、これをすべての町が履行すれば、京都は町奉行所の思う木戸門ばかりになったはずです。しかし実際は元治元年四月触書が記したように木戸門なし、門扉なしの状況がありました。仮門でもよいとする触書が繰り返されたとき、かえって木戸門を粗末に扱う町が増えたのかもしれません。

もっとも、天保元年（一八三〇）一〇月の触書（四六）は町々に「何通何町上ル下ルまたは西入東江入何町」などを書いた表札のような板を、木戸門の門柱に打ち付けるように命じています。この板はやがて町内へ移りますが（四七）、木戸門は町の顔という位置付けがよくわかります。そんな木戸門を修理しない、あるいは撤去して未整備のままに置く、仮門のまま置くような町が町同士の付き合いの中で大きな顔をすることはなかったでしょう。

治安義務と責任

徳川政権に公然と歯向かう勢力が消滅した江戸時代。所司代・町奉行所体制が、町々に繰り返し木戸門の整備や維持管理を命じた理由は、たとえば正徳三年（一七一三）一一月の町奉行所の触書（四八）に読み取れます。

> ……夜、盗人入、其上人を〆殺し立退候えども、所のもの等、出会取逃し、不届に思し召され候……隣町へもかねて申合置、早速出会捕候様に仕るべく候、盗人と知候上は、たとえ瑕《きず》付候ても苦からず候間、取逃し申間敷候、此以後、近所より出会ず取逃し候儀、相知候はば年寄、五人組迄、急度《きっと》曲事《くせごと》仰付られべく候……

強盗殺人犯を捕まえそこなった町を「不届」と叱り、傷つけてもよいから犯人を捕まえて連行せよ、と命じます。

町が担わされた警察権は指摘しましたが、ここでも犯罪の予防、摘発、犯人の逮捕、そして連行が町々の義務とされています。時代劇では鼠小僧を追って御用提灯が群れ、通りを駆け抜けますが、ずいぶん違います。町ごとに閉じられた閉鎖空間で、町人は凶悪な盗人と対峙したのです。命がけの治安維持です。また隣に泥棒が入ったのを知らずに寝ていると怒られるのですから、おちおち寝てもいられません。代表して町奉行所に召喚される町役人はなおさらです。町々の治安責任は、現代では想像もできないほど重大なものでした。江戸初期の元和六年（一六二〇）五月一九日、所司代は次のような触書（四九）も出しています。

……炭屋町九兵衛、大坂より出候、玉候（禁裏御所か）への火付けの者候の宿を致し、隠し置くに付きて、九兵衛夫婦の儀は申すに及ばず、その十人組改め申し上げずによって、十人組をも御成敗成られ候間、以来のため、残らず町々へ此よし申触れべきもの也……

「大坂」から来て禁裏御所に放火したのは、豊臣方の残党でしょう。その放火犯をかくまった夫婦とともに「十人組」（寛永年間に五人組に改編されるまでの町内組織）の連帯責任を指弾し、全員を処刑（「成敗」）したのです。治安義務を果たさなかったことへの見せしめでした。戦国時代の余風が残り、命が安い時代だったとはいえ、周囲の町々は恐れおののいたはずです。その義務を裏付ける触書も元和八年（一六二二）一一月に所司代が出しています（五〇）。

……職をも仕らず、町所をも存ぜず、不審なるもの寄合出入仕家、これ在るに於いては、町中として穿鑿《せんさく》致すべし、油断仕、盗人に宿かし候を、他所より申出るに於いては、後日たりと言とも、宿主は申すに及ばず、其町中、曲事に申付くべき事……

町々に不審者の調査を命じ、怠って犯罪者を置いていた町は、それが他町の通報で発覚した場合は町人全員を処分としています。先の見せしめをみていた町人が、この触書をみたときの当惑は察するに余りあります。なにせ知らずにいると累加は町人全員、素直に読めば女子供にも及ぶのですから。現在では想像もできない治安責任の重大さなのです。後代には少しずつゆるやかになったでしょうが、町人の治安責任に関する基本は同じだったはずです。

町奉行所の治安能力

町人に治安責任を負わせる方針が江戸初期だけでなく、その後も続いたことを示すのが、盗人との直接対決を命じた先の正徳三年（一七一三）一一月の触書でした。そして、その町の責任範囲を示すのが木戸門でした。延宝四年（一六七六）一一月の触書（五一）にも次のように記されています。

……京都町中、夜に入、遊女たぐいの者、辻小路に立やすらい、人寄せ致由、往来のさまたげ、かつまた口論のもとたる間、其町切に吟味を遂げ、右の女たたずみ申さず様、急度申触べき事……

街娼の規制を、町ごとに行うように命じています。この「町切」範囲を明示するのが木戸門なのです。

そもそも町奉行所には、捕物道具や捕吏、牢獄の用意がありました。しかし東西の町奉行所にそれぞれ与力五〇騎、同心一〇〇人程度の体制。これで京都の民政のみならず、畿内諸国の公事訴訟や警察権まで管掌しました。手下を使ったとしても一八〇〇余の京都の町々の生命財産を保証できたかどうか。この問いの回答がここまでみてきた触書です。町々に治安責任を繰り返し命じた触書なのです。たとえば天明大火後の寛政元年（一七八九）一一月、町奉行所は「盗賊」が増えて「町々難儀」だから「定役」以外の「夜廻り」役人を増員する、としました（五二）。町々には結構なことですが、同じ触書が「怪しき者見逢候はば捕置、右夜廻りの与力、同心共通り候節、引渡申すべく候」とし、町人が捕えて巡回する町奉行所役人に引き渡せ、と命じます。繰り返しますが、時代劇のように町人のため走り回る町奉行所役人の姿はありません。町人は生命財産を自ら守るため、犯罪の種を町内に入れない手段を考える必要がありました。そして治安責任を問題なく果たすためにも、木戸門の設置は必要だったのです。

ここまで二節にわたり、所司代・町奉行所体制が町々の木戸門を都市の治安装置とみなし、江戸時代を通じて開閉時間や品質仕様に関与したことを確認しました。また治安責任を課せられた町人にも安全を確保するため、責任を果たすために木戸門は必要でした。責任範囲を明示する装置であり、町の顔でもあったのです。粗雑に扱い、維持管理に積極的でない町もあったようですが、町格という点で、その町が高く評価されることはなかったでしょう。

次に木戸門の建築許可申請の実態をみることにします。

第四節　福長町の木戸門建築

木戸門の建築許可申請

江戸時代の京都は、二条城周辺の幕府政庁と御所周辺の公家屋敷、それに洛中洛外町続きの町家地が構成しました。このうち町家地には寺社や諸藩の京都藩邸も混在しましたが、一七世紀後半の時点で一八〇七町、うち約七四％の一三三三町が地子（年貢の代銭納）を免除される地子赦免地でした（五三）。地子赦免の町々は町奉行所への建築許可申請を免除されていたことが、元禄三年（一六九〇）八月の触書（「新家改」）（五四）や享保一八年（一七三三）四月の触書（五五）に確認できます（第七章）。それでは木戸門はどうだったでしょう。町家と同じと考えやすいのですが、天明七年（一七八七）正月の町奉行所の触書（五六）には次のように記されています。

一、町々木戸門、扉屋根等、有形の通り修復、其外、いささかの取繕《とりつくろい》は願い出に及ばず候、但し、門柱根継《ねつぎ》等、往来の障りの儀は、相届出るべく候
一、番小屋、火消道具入、髪結床の類、往還へ出張申さず、家並庇内の分は新規たりとも、是迄の通り、願い出に及ばず候、いささかにても、往還へ出張の分は願い出、もっとも新規の分は見分《けんぶん》差遣候上、差図《さしず》に及ぶべく候、有形修復は

見分差遣わさず候
但し有来り候を取たたみ、中絶の上、已前の如く取建候節は願い出るべく候、出来の上、見分指遣すべく候

この触書（以下、天明七年正月触書）の第一項は、「木戸門」の「扉屋根等」の簡単な修理や、既存と同じ形での「修復」を申請不要とします。ですからこの触書が出るまでは、そのような軽微な工事にも申請が必要だったのです。また表通りの交通に関わる工事にはこの後も申請を命じ、新規建築には現地指導まで定めています。そうすると木戸門はどうしても「往来」の「障り」になりますから、申請が必要でした。

第二項は、番小屋、火消道具入、髪結床といった小規模建築（五七）を置く場合に、町家の通庇の内側、表通り両端の溝内であれば申請は不要とする一方、少しでも出る場合は申請を命じ、新規建築には検査も義務付けています。また「有形」つまりそのままなら検査なし、変更するなら検査対象とする点は木戸門にも及びました。このほか但し書きは、一度取壊して時間が経過したものを建直す場合に竣工検査を義務付けています。

このように路上の小規模建築のうち表通りに出ないものは申請免除、と定めたのが天明七年正月触書でした。またほかに木戸門や番小屋の申請書類に「絵図面」不要と訳す部分もあります。このような方針が余計なものはない表通り、すなわち「路上に出るもの木戸のみ」という町なみを生んだのです。

申請の管轄部署

文化二年（一八〇五）七月には次のような触書（五八）が出ています。

……町〻において、木戸門ならびに往還地形、其外、溝筋等普請に付、其節の馬上通行相成りがたく、牛車、地車留の義相願置、普請出来致候段、訴出候義、延引致し候義もこれ有り、通路差支候義は不容易の事に付、普請出来候はば、速や

かに訴出申すべく候……

木戸門の建築で騎乗通行や車通行ができなくなる場合は、「牛車、地車留」の許可を求めて申請する必要があったのです。天明七年正月触書のいう「往来」の「障り」への申請義務と一致します。表通りに立つ木戸門ですから、当然車止めは必要でした。その車止めをした町の中に、工事完了届を出さないところがあって交通障害が解消されないとして、速やかな届出を命じたのです。

ちなみに木戸門が立つ表通りは、町奉行所の目付方の管轄でした（五九）。目付方は監視が重要任務ですから、車止めも厳しく取り扱ったでしょう。なお目付方には、寛保三年（一七四三）に建築物全般を扱う新家方が兼帯とされましたから、木戸門の建築型式への関心も強まったかもしれません。

福長町の木戸門

福長町（京都市中京区富小路通姉小路下ル）は、富小路通沿いの両側町です。地子赦免地の同町で保管されてきた『福長町文書』（六〇）より、明治三年（一八七〇）九月「永代町中絵図写」に木戸門をみると、北木戸門（以下、北門）は姉小路通りから富小路通りを少し南下したところ、南木戸門（以下、南門）は三条通りから富小路通りを北上したところにあります（図1右）。ここで注意されるのは、南門が南隣の中之町の町域にある点です。中之町（三条通柳馬場東入ル）は東西方向に延びる三条通り沿いの両側町で、富小路通りと三条通りが交差する辻も町域に含みました。この辻に福長町の南門が立つのです。なぜ隣町に福長町の木戸門があるのでしょうか。この点、京都の木戸門を考える上で非常に重要なのですが、本節ではまず申請前後の経緯をみていきます（本章の注記なき史料は『福長町文書』所収）。

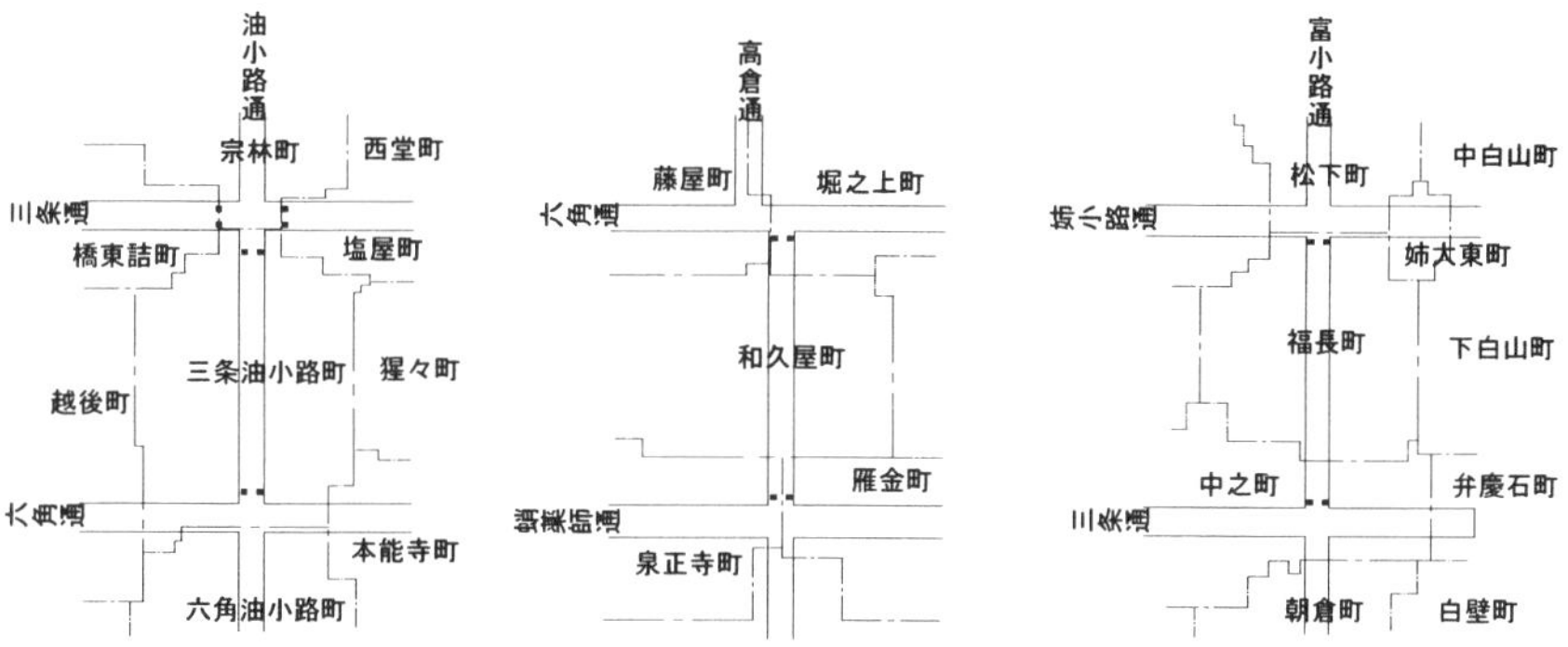

三条油小路町　　和久屋町　　福長町

図1　町域と木戸門

木戸門建直しの理由

福長町には、安政六年（一八五九）に南北木戸門を建直した経緯を記録する『安政六年己未七月木戸門普請控』（以下、『木戸門普請控』）も残されています。それによると、まず建直しに至るまでの経緯は次のようでした。

……天明三癸卯年、普請出来控これ有、これ已前は、手近に控これ無く相分らず候事、右の後六ケ年目、天明八年戊申年の大火に焼失と成、翌年より仮木戸門を以、相用られ候、それより六ケ年過て、寛政六甲寅年より拾ケ年の間、積金手当に相成、已前の如く享和三癸亥年、本普請出来、其後無難〃五拾七年目、此度安政六巳未年也……

天明三年（一七八三）に建直した木戸門が、天明八年（一七八八）の天明大火で焼失。寛政元年（一七八九）から「仮木戸門」を用いて五年後、寛政六年（一七九四）に「積金」を始め、享和三年（一八〇三）に本格的に建直し、それを用いて五七年目が安政六年（一八五九）でした。それが「当町内木戸門の儀、追々破損に及ぶに付……普請の儀相談に相成、取かかり申すべしに治定也」つまり自然劣化が進んだので建直しとなったのです。

このとき町内が相談して建直しを決定していますが、「相談」は明和元年（一七六四）一二月の町奉行所の触書（六一）が実施を命じたものでした。

……町々木戸、溝、会所等修復の類、年寄五人組ばかり申合、取さばき致間敷候、町内の者一統相談の上、諸事取はかり申すべく候事……

町役人の独断を禁じ、町内の意思確認を命じています。各地の町式目にも同じ内容がありますから、そんな問題があったのでしょう。何年も積み立てたお金を町役人だけでふいにされては訴えたくもなるはずです。

積立金額

福長町の建直し予算は『木戸門普請控』に「積立講も当二月満講に相成、割戻し相済」「壱ケ月に壱軒役四拾八文宛集」とあります。これにより、積立金を運用して得た利潤や、一軒ごとに徴収（「軒役」）していたことがわかります。この点、大田南畝と田宮橘庵の『所以者何』（文政期頃）（六二）にも次のように記されています。

……京都の民家は……大体三間ン間口の家多く御座候、それ故、町役入用銀役、その分にて、一カ年分一〇匁から廿匁迄、常入用にて御座候、木戸門等の普請これ有、其の外臨時入用は別なり……

普段の軒役は銀一〇～二〇匁。これとは別に、木戸門の建直し費用の徴収が町々で行われていました。こうして集まった福長町の予算金額は七一両一朱と五七六文でした。ちなみに積立講は、木戸門の建築用に積み立てた費用を運用にまわしたようですが、実は寛政三年（一七九一）八月の町奉行所の触書（六三）が規制しています。

……町内木戸ならびに橋等の普請手当と申、銀銭取集置、右銀子町入用にも使わず、貸付候趣もこれ有様相聞え……右躰の儀はかねて相止、入用の節〳〵、取集申すべく候……

運用に失敗して修理費用を丸ごと失う町もあったのでしょう。その手の訴訟が絶えないとして規制したのですが、罰則は見当たりませんし、福長町のように運用に成功して費用の相当部分を手当てしたところもあったのです。

塵箱争論

『木戸門普請控』には、福長町の町役人が南隣の中之町へ申入れた内容が記されています。

……当町内門、普請、近々より取掛申候、然処《しかるところ》、古人に成られ候人にもかねて申上居候、富小路辻に番小屋ならびに塵箱と両方にこれ有、其御町内の御地面に候得共、毎々、上々様方御通行折々、警固に罷出候えば、見込《みこみ》に相成、当町内持の様相あたり、既に先年、御所司代様に辻または見込に不浄の品差置かず候様、きつく仰渡せられ、私の町分も、番小屋隣に塵箱これ有候ところ、上方（北方）へ場替仕候……

……夕立大雨の節、両側の溝など別っして水捌《は》け悪《あ》しく、往来へ水あふれ出候、全ごもく溝へはまり、石橋下にて支えも、と案じ奉り候、なにとぞ外へ取替下され候様、御願申上候……

福長町は南門を中之町の町域に置いていました。そこは富小路通と三条通が交差する辻の近くでした（図1右）。その南門のかたわらに、中之町が番小屋と塵箱を置いていたのです。この塵箱を見た所司代は福長町のものと間違えて、辻の警固（辻固め）に立つ福長町の町役人を叱責したのです。この叱責は、享保四年（一七一九）六月の触書（六四）が朝鮮通信使の順路沿道に「不浄の所、其外見えがかり（見える部分）悪敷所は取繕、見苦敷これ無き様に掃除……」と命じたように、行列から目に付くところの掃除は町々にとって準備の基本でしたから、やむをえません（第七章）。そのため福長町も、南門の脇に置いていた番小屋を北側に離した過去の経緯を強調して、中之町にも番小屋と塵箱の移動を迫ったのです。

ただし注意すべき点があります。南門は中之町の町域に立っている。それなのに福長町は中之町に番小屋と塵箱の移動を申し入れています。なぜ、そのようなことができたのか。だいたい所司代が間違えたのなら中之町の塵箱ですと申し開きをすればよい。それが嫌なら木戸門をもっと北、福長町の町域に置けばよい。そんな疑問がわくのですが、それらの検討はひとまず置いて中之町の返事は次のようでした。

……何方前々より右の処《ところ》にこれ有儀、只今外へ向《むかう》所もこれ無く、御門御普請出来候えば、ちり捨は手丈夫の箱にても仕るべく候、左様御承知下されー……

移す場所なしとの返答です。もっとも福長町の申入れにも理解を示し、場所があれば移したいとの思いをにじませます。中之町の町域だから何を置こうと勝手、というような断り方はしていません。この返事を受けた福長町は、以前から申入れていると再度ねじこみます。これに中之町は「外へ替所これ無し、此上は幾度行事（使者）遣わされても、一切相談致方これ無し」と取り合いませんでした。これに対して福長町は「もってのほか強き御断《おことわり》」と憤りながらも、中之町の町役人の血縁者を探して仲介とし、粘り強く接触を試みます。これに対して中之町は、塵箱にふたを付けると譲歩しますが、塵箱の移動は最後まで応じませんでした。そこで福長町は仕方なく「会所へ町中寄合……壱間、通手前へ引きの義に相談極〆」とします。中之町の番小屋や塵箱から南門を離すため、南門を約二メートル（壱間）北へ移して建直しを決めたのです。それでも中之町の町域なのですが。

南門移動の断念

この南門移動を町奉行所が許可するのかどうか。判断をあおぐため、福長町は町奉行所配下の町代（半官半民の役人）に相談しました。すると「御上に差支えはこれ無し」つまり町奉行所が問題視することはないとの答えでしたが、福長町の「支配」が一間狭くなった分「支配」が広くなる中之町の反応はどうかと問われます（「支配壱間へり之義、後日中之町よりいかがの事致され候や」）。後々問題にならないように事前の確認が求められたのです。この点、かねてからの中之町の反応より問題なしと判断した福長町は、申請書類を代書する「筆工」（六五）に建築許可申請書の作成を依頼します。

　すると筆工は、位置の変更を伴う申請書には中之町の連署と加判が必要とした上で、この場合は工事前に町奉行所の現地確認（「前見分」）があり、竣工検査も必ず行われることを指摘しました（「門壱間手前へ引候に付いては……前見分これ有べきの儀ばかりか、出来見分が是非これ有之」）。先の天明七年正月触書（本節冒頭）の申請基準と照合すると、単なる建直しではなく、新規の木戸門建築として扱われたことがわかります。

　このような検査の町側負担は芝大宮町に記録されています。これによれば、東西町奉行所から与力、同心、上下の町代、中座（牢番）らが訪れ、全員に「遣物《つかいもの》」として金銭を渡す必要がありました（『北南木戸門普請覚帳』）。それが福長町には二度、予想されたのです。同じ頃、請負大工から「壱間手前へ引寄候えば、右入用銀五百匁か金十両」つまり場所を変えると手間賃増額との連絡を受けていた福長町は、二度の検査費用との合計を銀「壱貫匁」と見積り、ためらい始めます。そこに中之町から「塵箱」を南門から少し離す（「少し南之方へ寄せるべし」）との連絡があり、福長町は方針を変えました（「入用相掛第一心配中々少なからず、やはり在来通りにして、木箱にて、ふたも致され、南へ寄申され候えば、是迄とはまんざらにもこれ無く……」）。これまで通りの南門の位置でも、中之町が塵箱を新しく木箱にしてふたを付け、さらに少し南へ離すのなら悪くはないとして、ついに南門と番小屋の移動を断念したのです。

　以上が建直しを決断した後、町奉行所へ申請を始めるまでの経緯です。このとき福長町は、かつて北門脇にあった番小屋の再建も筆工に打診しますが（「上の方の番小屋も普請致すべきはなし」）、これも「御見分」の返答で断念します。撤去後に時間が経過した番小屋を建直す場合も検査対象になることは、天明七年（一七八七）正月触書の但し書きが定めていましたが、町人にとって町奉行所の検査は、それほど避けたいものだったのです（第四章付記）。ちなみにこれらのことは、幕末近くなっても町奉行所への申請や検査基準がきちんと守られていたことを示しています。

福長町の申請

町奉行所への申請は、福長町の町役人を代表する年寄と五人組代表の二名が午前八時（「朝五ッ時」）に出向いて、月番の西町奉行所と非番の東町奉行所、両方の「町代部屋」（町代詰所）に同じ申請書を提出しました。この申請は、天明七年（一七八七）正月触書が「町々木戸門、扉屋根等、有形の通修復、其外いささかの取繕は願い出に及ばず候、但し、門柱根継等、往来の障りの儀は相届出るべく候」と定めたうち、「往来の障りの儀」に該当します。

①　乍恐口上書

一、当町南北木戸門破損に及び候付、明後日廿五日より取掛、普請仕度、右に付、御火消方御馬乗御通行成られ難く、ならびに牛車、地車共、南東通候儀相成り難く候間、何卒《なにとぞ》恐れながら車留仰付下され度、願上奉り候、尤、出来次第早速御届可申上候間、右之趣御聞届被成下候ハヽ、難有可奉存候、以上

安政六未年五月廿三日　　富小路通三条上ル町

年寄　嘉助　印、五人組　勘四郎　印

御奉行様

（配置図略）

内容をみると、厳密な意味での建築許可申請ではないことがわかります。「御火消方」つまり譜代大名の月番火消や、火事場へ出動する町奉行所役人の騎馬通行が、工事中はできなくなることを届け出るものなのです。その上で、工事中の「牛車、地車」の「車留」に許可を求めています。つまり木戸門の申請は、交通障害になる工事を行うにあたり、車止めに許可を求めるものでした。建直し自体に許可を求めるものではなかったのです。ただしこれは建直しの場合であって、新築には「木品ならびに職方」に指導があったことは先述の通りです（第三節）。

また申請書には配置図も付きます。天明七年正月触書が絵図を求めなかったことと整合しませんが、配置図といっ

ても通りを示す二本線に木戸門を黒丸で示す簡単なもの。慶応元年（一八六五）に福長町が番小屋の建直しを申請した申請書にも同様の配置図が付きますから、路上施設の申請では、見取り図を付すのは慣例だったのかもしれません。

さて、①を提出した同日、町役人は次の「御受書」も提出しています。

②　御受書

一、当町南北木戸門及破損候付、明後日廿五日より取掛、普請仕度、右に付、御火消方、御馬乗御通行成られがたく、ならびに牛車、地車共南東通候儀付、車留仰付下され度願上奉り候処、御聞届成下され有がたく存じ奉り候、然る上は日限取掛、尚、出来次第御届申上げるべく候、これにより御受書差上奉り候、以上

安政六未年　五月廿三日

富小路通三条上ル町年寄　嘉助　印、五人組　勘四郎　印、

①で申請した「車留」を「聞届」けられた福長町が、申請通りの期日着工と、完成後の報告を誓約して提出する請書です。ここでも①は車止めの許可を求める申請であったことがわかります。さらに『木戸門普請控』は次の文書を記しています。

③　御

……富小路通三条上ル町、右町南北木戸門、明後日より普請中、車留願出候所、御聞届に相成候間、例年の通、車方へ御達成られ候、以上

未五月廿三日

「半紙半枚にしたためこれ有」と傍記されており、福長町が作った文書ではありません。おそらく西町奉行所の車止めの許可を受けた町代が記したものでしょう。この文書の掲示をもって車止めが発効したと思われます。

続いて次の文書が二点記されており、それぞれに「御非番東御役所へ納」、「西御当番に納める」とあります。

④
……富小路三条上町、明後日より木戸門普請に付、御火消方、御乗馬御通行成られ難き旨、御断出申候、以上

五月廿三日

これは車止めの許可を得た福長町が、着工直前の車止め開始を町奉行所へ届けた文書です。期日は①②③と同じ五月二三日ですから、申請書の提出→請書の提出→着工届の提出は同日に行われました。『木戸門普請控』によれば、申請以前に神事を伴う着工が二日後の二五日と決まっていましたから、急いでいたのかもしれません。

その後、滞りなく工事を進めて建直しを終えた福長町は、筆工に「出来届けに罷出申度候、したためもの相願」として工事完了届の作成を依頼します。そして申請から四六日後の七月五日、「御役所昼時迄々相済、出来届ケ願面文略ス」と記します。②での誓約通り工事完了届を町奉行所へ提出して、一連の工事と申請を終えたのです。もちろん町奉行所の検査はなく、天明七年正月触書が従来通りの木戸門建直しに検査を定めなかったことに整合しています。

申請制度の実効性

福長町の『木戸門普請控』をみると、申請以前に、大工と木挽の手間が記録されています。これは芝大宮町の『北南木戸門普請覚帳』でも同じです。しかし、これをもって申請制度の形骸化という評価はできません。なぜなら木戸門の建直しは交通障害になります。車止めを得ず勝手に着工して火事場へ急行する火消の障害にでもなれば、厳しい処罰を受けたはず。おそらくこれらの手間は加工場での作業のもの。現地着工を示すものではありません。

さて、せっかく建てた安政木戸門と番小屋ですが、五年後の元治大火で焼失します。そこで慶応元年（一八六五）一一月、取り急ぎ番小屋だけの建直しを福長町は申請します。町奉行所は天明大火（一七八八）後に「如何様にも手軽く番小屋しつらい」として木戸門よりも番小屋の建直しを急ぐように命じる触書（六六）を出していましたから、こ

の時もそうだったのでしょう。そうして完成した番小屋は、翌慶応二年（一八六六）五月に町奉行所の竣工検査を受けています。天明七年（一七八七）正月触書が竣工検査の基準を定めた中の「有来り候を取たたみ、中絶」扱いと判断されます。

このように木戸門や番小屋に関する申請制度は、幕末ぎりぎりまで基準通りに行われ、町奉行所の竣工検査も行われていました。申請制度は実効性を失わないまま、明治維新を迎えたのです。

申請制度の目的

町奉行所は町々に、木戸門に関する建築許可申請と、完了届の提出を義務付けました。しかし、その申請は、建築許可を求めるものではなく、工事中の交通障害を届け出て、車止めの許可を得るものでした。町奉行所は、都市交通への影響を最小限に抑える目的で申請を義務付けたのです。ただし、それは既存通りの位置及び形状での建直しに限られ、新規の建築や、位置や形状の変更を伴う場合は、工事前の現地指導や竣工検査が義務付けられました。この現地指導で、元治元年（一八六四）四月触書のいう材木や請負職人の選択の指導がなされた可能性もあります。そして型式も誘導されたかもしれません。そうすると京都の木戸門に共通の型式が存在した可能性もある。この点は次章で取り上げましょう。

第五節　町の境界と支配の境界

辻の門と支配の境界

ここで、後回しにしていた福長町の南門の位置について考えてみましょう。まず状況を整理します。

福長町は、中之町の「御地面」（図1右）に立つ同町の南門を「当町内門」と記し、所有権を明確にしています。

一方、中之町は、同町の町域にある福長町の南門の脇に番小屋や塵箱に置きました。そして、これらに移動を求める福長町に、番小屋や塵箱を置く場所がないと断りましたが、中之町の町域であることは理由にしませんでした。また福長町の相談を受けた町代は、木戸門の移動によって、隣町の「支配」の増減を指摘しました。ここに町域の境界とは別のもの、木戸門の位置に基づく「支配」の境界の存在がわかります。そこで他町の例をみると、和久屋町（六角通蛸薬師通上ル）では両門どちらも和久屋町の町域に置かず、隣町に置いています（図1中）（六七）。また三条油小路町（油小路通三条下ル）は、油小路通と六角通との辻を町域に含むのですが、辻から町内側へ引いた所に南門を置いています（図1左）（六八）。これらは、町域の境界ではなく、辻を閉鎖する目的で置いているのです。これらの木戸門が明示するのが支配の境界なのでしょう。そもそも町域の境界ではなく、辻に面した位置取りが普通であったことは、たとえば大名火消の淀藩が「京都火消詰纏勤方覚書」（六九）という心得書に、町々の木戸門を「辻々の門」と記すことや、近松門左衛門作が『堀川波鼓』に記した内容にうかがえます（七〇）。

……よるべやうもなき所に、妹のおゆら、表に回り、辻の門に手をかけて、柱を伝ひ、貫木踏へ、尾垂《おだれ》より這い上がって、抜き打ちにちょうと切る……

〈意味〉

……どうしようもない所に、妹のおゆらは（町家を出て）表に回り、辻に面して立つ木戸門に手をかけ、柱を上り、（控柱との間に差し込まれた）貫に上り、さらに脇塀の笠木（七一）に足をかけ（二階に上り）えいと斬り付ける……

辻に面した木戸門の位置取りがわかります。それでは、この位置取りはいつごろ始まったのでしょうか。

辻に向かう位置取りの始まり

辻に面して建てられた理由は、両側町を走る表通りの交通を遮断するとき、もっとも効率的な場所だからでしょう。

そうすると、この位置取りは、町ごとに二名ずつの夜回りが記録される一五世紀中頃(七二)に始まりが想像できます。近世初期の統一政権も一町に二つずつの木戸門（釘貫）を前提に治安政策を行いましたが（第一節）、一六世紀中頃の『洛中洛外図』帖（奈良県立美術館）には、すでに辻を閉鎖する位置取りの木戸門が描かれています（図2）。これを、一五世紀に始まる位置取りの定着とみることも不可能ではありません。

しかし、厳密な町境にあってこそ各町の境界明示装置。そして治安装置です。なぜそこに置かなかったのか。

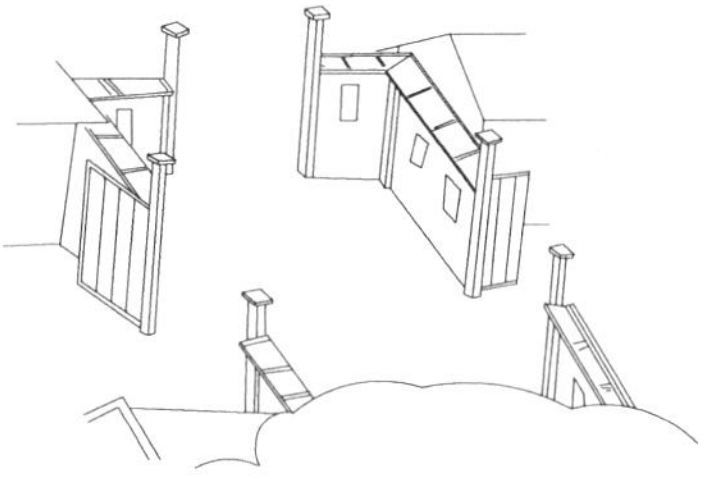

図2　辻に面する木戸門
（釘貫、『洛中洛外図』帖）

京都の両側町は、もともと中世の戦乱と復興の中で、向かい合い隣り合った町家が古代からの街区を蚕食しながら自然発生的に形成したもので、さらに天正地割がありました。そのため町域は複雑に絡み合い、町域を辻から離れた所に置く町や、逆に辻を町域に含む中之町のような町もありました。その中で、交通遮断や通行人の確認を目的にして木戸門（釘貫）を置く場合、町域の境界よりも、辻の閉鎖を主眼にした位置取りが有効だったはずです。そして、それは町同士の相談によって可能でした。それから後の近世の統一政権も、この配置を追認しながら木戸門の整備を徹底させます。一つの両側町が二つの木戸門を置くのが原則でしたが、その位置取りは町境ではなく、従来のように辻に面する位置取りが優先されたのでしょう。

ちなみに寛政三年（一七九一）八月の触書(七三)は「町々へ自身番《じしんばん》申付候節、是迄一町限に番所を建……自然と軒役《のきやく》入用も相掛り申すべく間、已来は四辻に壱ケ所の積、最寄《もより》町々申合」としています。個々の町が置いていた自身番の詰所を集めて、辻に面する位置取りでまとめさせたのです。このことにも、都市の治安維持には辻の監視が有効という判断があったことがうかがえます。

支配の境界と町域の境界

町が協力し合って辻に面する位置取りが定着していた京都に、徳川政権が町毎の治安責任を明確にした場合、どうなるでしょうか。

治安上の不手際があった町を他町に通報させるのですから（第二節）、もはや町同士の連帯よりも、木戸門を境界とする治安上の責任範囲を明確にせざるをえません。ここに町域の境界とは別の概念、つまり支配の境界という概念が生まれます。そうすると隣町の町域に立つ木戸門でも、そこは支配の境界ですから、足元つまり支配の境界に不浄なものを置かれては迷惑という理屈も生まれます。それなりに理の通った話ですから、申し入れられた方も、移動先がないという消極的な理由で逃げざるをえません。そうすると、木戸門の移動に現地検査を義務付けた町奉行所は、移動した後に辻の閉鎖が確保されるのかどうかを確認する目的も持っていたかもしれません。

空白の都市空間論の問題

これまでの研究では、支配の境界という概念が把握されていませんでした。ですから碁盤の目のように表通りが走る京都では、通りに交差する辻に、それぞれ四方の町が辻に向って木戸門を置き、これを閉め切った後の辻はどの町にも属さない空間、つまり空白の都市空間となる、そして捨子や行き倒れがあった場合は四方の町が協議する、などとされてきたのです（七四）。

もちろん、辻に面して木戸門が向かい合う場合も多かったでしょうし、辻内のできごとには、辻を囲む木戸門を所有する町同士で協議したでしょう。しかし、だからといって、辻を空白の都市空間と決め付けることはできません。なぜなら「空白」は木戸門が明示する空間、つまり「支配」において生まれるものでした。町域つまり土地所有という意味では、辻もかならずどこかの町域に属しました（図１）。そして、この町域という概念も、福長町が南門の場所を「其御町内の御地面」と記したように、忘れられてはいなかったのです。

このように江戸時代の京都は、支配と町域という二種類の境界が並存する都市空間でした。各町の木戸門が閉じられたとき、そこに現れるのは各町が支配する場所。治安責任を負う支配空間だったのです。

洛外町続きの配置と島原の配置

寛永一八〜承応三年（一六四一〜五四）頃の『寛永万治以前京都絵図』（七五）をみると、木戸門らしい印が、洛外町続きに限って、書き込まれています。それらは辻に面さず、町域の境界に位置しています。一方、同図にみる島原すなわち寛永一八年（一六四二）に京都中の遊郭が集められた朱雀野の西新屋敷では、土塀に囲まれた地域の街路上の辻に面した位置に木戸門があります。この位置取りの違いはどういうことなのでしょうか。

洛外町続きは、江戸時代になって新規開発され、町場化したところです。中世から幾多の変遷を経た洛中の町々と違い、町域の境界と支配の境界が異なるような経緯は経ていません。ですから江戸時代になって町場化したとき、純然たる町の境界明示装置および治安装置として、町域の境界に置かれたのでしょう。一方、島原は、土塀の内側は歓楽街という単一の性格でしたから、町域の境界は存在しません。そこに辻に面した位置取りがあるのは、やはりそれが治安上、最も有効な位置取りだったからです。

おわりに

町奉行所が考える木戸門の役割

所司代・町奉行所体制は、江戸時代を通じて、町々の木戸門を都市の治安装置と位置付けました。そのため、新規に建築する場合や、位置、形状を変更する場合は、工事前の現地指導と竣工検査を義務付け、位置取りや品質仕様にも関与しました。また、同じ位置で、仕様や形状を変えずに建直す場合も、そこが町家の建築許可申請を免除される地子赦免地でも申請を義務付けました。これにより、都市の治安装置の動向を把握したのでしょう。ただし、この申請は建築許可ではなく、車止めを許可制にして、都市交通や災害出動時の停滞を押さえる目的がありました。

これに対して町々は、中にはぞんざいに扱うところもありましたが、多くは治安責任を果たすため、木戸門を維持・管理しました。そのため、建直し資金を長年にわたって徴収し、積み立て、ときには運用して調達したのです。

町人の木戸門への位置づけ

福長町の場合、建直し費用は最終的に金八〇両を超えました。借家一軒の新築も可能な額は、町にとって大きな負担だったはずです。なぜ、これほど費やしたのでしょうか。もっと簡単な木戸門にすれば負担は少なかったはず。先にもあげましたが、老舗「象彦」の『歳中行事記』(七六)には次の一節があります。

……町家は禄《ろく》なきものにて、己《おの》が商売の御蔭《おかげ》にて利益を得、今日の渡世《とせい》をいたす身分なれば、格式とてもあらぬ者也、諸事倹約を相守り、相続無難の工夫を仕、名跡《みょうせき》を汚さぬように致すべし……身上不如意《しんじょうふにょい》の趣に成行《なりゆき》と思され候はば、厳敷《きびしく》逼塞《ひっそく》いたすが肝要《かんよう》也……家財に遠慮無く売払い、成《なる》たけ小躰に暮して狭き借家をかり、無人ながらもほそぼそに、今日商売筋取続仕おり候て、時節さへ待てば、出精次第にて元の如くに立ち戻る近道也……

倹約を守り、家業が続くように工夫をし、商売が立ち行かない場合は店をたたみ、借家で慎ましく商売していれば、時節が廻って回復の機会もある。世間体も何もない、という徹底した商人哲学です。ここまで徹底しなくても、見苦しくない程度の倹約を定める家訓は多くあります。江戸時代の倹約は、いわば社会規範ですから、町奉行所が命じる木戸門というだけなら、簡単なものでもよかったはずなのです。

しかし福長町には、木戸門の建築を迷惑とする記録は見当たりません。損得に生きる町人にしては腑に落ちないのですが、大工が見積書に「惣檜の上々赤身、見附無節、念入細工」とした上質の仕様を値切った様子もなく、予算をこえる額は町内から徴収してまで皆済しました（「不足の分は壱軒役に金壱分弐朱ずつ集、目出度相済《めでたくあいすみ》」）。所司代・町奉行所体制が関与した木戸門でも、まさか見附無節（見た目に節《ふし》無し）まで命じられたとは思えません。それに位置や仕様を変えずに建直せば、竣工検査もなかったのですから、そこまでこだわる必要はなかったはずです。

どうやら福長町は、義務付けられた木戸門でも町の顔と捉えて、出来る限り立派なものにしようと考えたようです。倹約すべきは倹約しても、使うべきときには使う。そこに京都の町人の心意気をみても間違いはないでしょう。

近隣への配慮

福長町は、中之町以外の近隣の町々にも、工事に先立って木戸門の建直しを次のように伝えています。

……私町分、木戸門普請に取かかり申候付、此段、行事（使者）を以、御断申上候、もし不行届《ふゆきとどき》の儀御座候えば、早々仰下され候……

工事によって問題が発生すれば知らせてほしいとしています。同じ内容の書面を建直し中の木戸門柱にも巻いており、近隣への細やかな配慮がうかがえます。

最後に塵箱の置き場所でもめた中之町との交渉に付言しておくと、両町を代表する町役人は、直接に顔を会わせることを最後までしませんでした。必ず町内から使者（「行事」）をたて、口上を伝えさせ、相手の返事を待ちました。その返事を受けてから町役人で相談し、さらに町内全員で相談して町の意思を確認してから、再び使者をたてました。これを繰り返す中でお互いに落とし所を探ったのです。

この経緯を現在からみれば手間と時間の浪費でしょう。当事者が会って意見を交わし、結論を導き出すはずです。しかし江戸時代の町々は複雑に結びつく町組を組織していたので、隣町同士の対立でも、思わぬ方向に伝播する可能性がありました。その中で隣町間の交渉は、決して決裂できなかったのです。ですから決裂を招かないように声を荒げず、粘り強い交渉を行う必要がありました。中之町の町役人の「もってのほか強き御断」は、それこそもってのほかの言動だったのです。それでも最後にはまるくおさまり、中之町の町役人もお祝いに来るあたり、さすがの交渉術と言うほかありません。

付記　番人と歌舞伎

番小屋と番人派遣

番人は木戸門脇に置かれた番小屋に詰めました。その広さは安永九年（一七八〇、第二節）に芝大宮町が門とともに建直した二つのうち、一つが間口六尺、奥行二尺五寸。畳一帖分もありません。いま一つは「本間壱帖」つまり一帖分です。

福長町の慶応元年（一八六五）の番小屋は、「間口一間半、奥行四尺五寸」で一帖半程度。下京古西町（西洞院通蛸薬師上ル）が嘉永二年（一八四九）に記録（七七）するのは間口一間五尺、奥行一間五寸、畳三帖分ですが、他町には四尺四方つまり半帖程度を指摘する見解（七八）もあります。だいたい一帖程度というところだったのでしょう。

そんな番小屋に詰める番人は、底冷えのする冬の夜も、湿気や藪蚊がまとわりつく夏の夜も、そこで頑張りました。木戸門の開閉や通行人の監視、夜廻りだけでなく、昼間の散水（水打ち）や表通りの掃除まで、町に関わる様々な雑事を担当しました。その内容は先行のご紹介に委ねることにして（七九）、ここでは福長町に残る文書（八〇）を紹介します。

一札

文化八年未十月　　番人親方（二名）

……此度、私共へ御町内両番とも仰付なされ、有がたき仕合に存じ奉り罷り有候、然る上は、万事、御道筋の見廻、御町の儀に御座候えば、両番とも大切に相守、昼も壱人ずつ相残り、不断掃除、水打等迄、急度《きっと》入念《にゅうねん》相勤申すべく候、其外不時に何とも仰付なされ候事とも、少も相違申間敷候、よろず勤仕らず候や、または御刻《おんとき》に入り申さず儀に付、何時番人御仕替遊され候共、御町内様へ対し、一言の申分け無く、引き退き申すべく候、後のため証明、一札と為し件の如し

文化八年未十月十九日　番人親方（二名）印、付添（二名）印

文化八年（一八一一）一〇月、番人を派遣する権利を得た親方が福長町へ提出したものです。「此度、私共へ御町内両番とも仰付なされ」とあるように、番人を派遣する親方は複数存在していて、受注競争もあったようです。このときは享和木戸門（第四節）ができて八年目ですから、それまでは別の親方が派遣していたのでしょう。

新たに「両番」つまり両方の町口に立つ番人を派遣する権利を得た親方は、町に対して誓約します。表通りの夜廻りはしっかり行う、昼間も一人残り、通りの掃除を怠らず、散水も入念に行う、また突然何を命じられても間違いなく行う、さらに勤務怠慢や遅刻があれば番人を変えてもらってよい、という内容です。

これにより番人の選択は、町の自由意志で行われたことがわかります。大工の場合と比べると、大工は大工組に属して人足義務を果たす代わりに、得意場という独占的営業権が保証されていました。得意場では、受注競争は基本的になかったのです。これに対して番人親方間の受注競争は注目されるものですが、二人必要な番人を一人ずつ別の親方から派遣させることもできたようですから、町に対して番人側の弱い立場が読み取れます。

坂田藤十郎が演じた番人

このような立場の番人ですが、華やかな歌舞伎の舞台に登場することもありました。宝永四年（一七〇七）早雲座初演『石山寺誓の湖』がそれです。石山寺観音御開帳の舞台設定は京都ではありませんが、ここで番人久介を演じたのが『夕霧名残の正月』で「傾城買の開山」と称えられた初世坂田藤十郎でした。

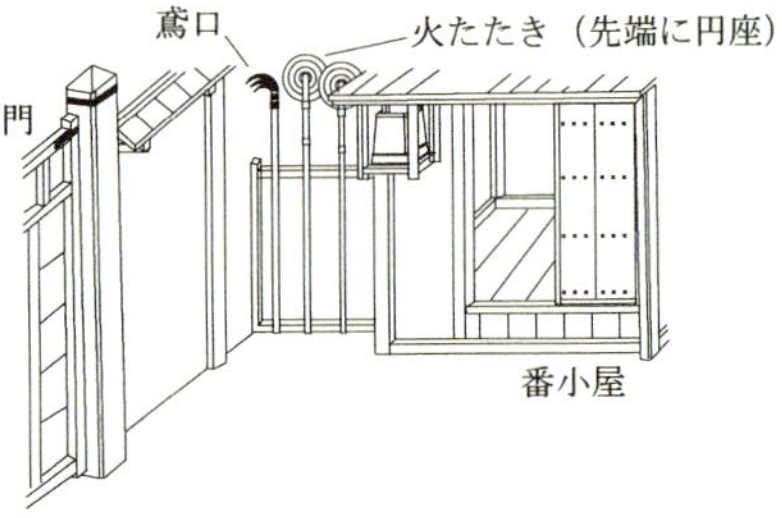

図３　番小屋（『石山寺誓の湖』狂言本）

狂言本『石山寺誓の湖』挿図をみると（八一）、木戸門近くに番小屋があり、番人久介が詰めています（図3、人物は省略）。

番小屋の広さは確かに一帖程度。近くには円座付の火たたきや鳶口の消防道具があり、京都でも寛文二年（一六六二）四月一九日の町奉行所の触書が命じた用意です（第二節）。番小屋の軒先近くには行灯がありますが、火事の火元になることもあって京都では軒先に近づけるなとする触書（八二）もあります（「番所のあんとうを軒近くつり申間敷事」）。京都の番小屋も似たような姿だったのでしょう。

さて舞台では、番人久介を訪ねてきた百太郎（大和山甚左衛門）に、久介が紙子（紙衣、紙を貼り合わせた粗末な着物）を譲る場面が展開されます。この紙子こそ、初世藤十郎が完成した「和事、やつし芸」の象徴でした（八三）。それを二世藤十郎ではなく、芸風の似た甚左衛門へ譲った点に、芸道の系譜を重視する上方歌舞伎の主張が指摘されます。そして宝永六年（一七〇九）の藤十郎没後に甚左衛門が人気を博す中で、藤十郎の名跡は三世で消えていったのです。

それから二三一年。平成一七年（二〇〇五）京都師走の吉例顔見世興行が「中村鴈治郎改め坂田藤十郎襲名披露狂言」（松竹株式会社）と銘打たれました。初世藤十郎の志を汲んだ人間国宝中村鴈治郎氏（成駒屋）が、坂田藤十郎（山城屋）の名跡を復活されたのです。初世藤十郎の当り役『夕霧名残の正月』（復原）の主人公藤屋伊右衛門として舞台に現れた姿は、浅縹色《あさはなだ》（薄めの藍染色）の紙子姿。「由縁も深き古紙子、引き継ぎ合わすその風情……」との浄瑠璃語りの中でゆるやかに舞う姿は、初世藤十郎をはるかに想わせるものでありました。

◉註

一　「木戸……京都には設けられなかった」下出源七『建築大辞典』（彰国社　一九七六）

二　「前田玄以触書」『饅頭屋町文書』京都市歴史資料館架蔵フィルム

三　ジョアン・ロドリーゲス『日本教会史』上・下巻　大航海時代叢書　第一期（岩波書店　一九七〇）

四　神沢杜口『翁草』より「古町記録書抜」（史料『京都見聞記』見聞雑記Ⅰ　法蔵館　一九九二）

五　『史料　京都の歴史』第四巻　市街・生業（平凡社　一九八一）

六　『京都冷泉町文書』第一巻（京都冷泉会　一九九一）

七　『京都冷泉町文書』第一巻

八　『京都町触集成』別巻二　一六七頁（岩波書店　一九八九）

九　『京都町触集成』別巻二　一七〇頁

一〇　『京都町触集成』別巻二　二〇四頁

一一　距離単位とみている。一町は六〇間、京都の一間は六尺五寸、一尺は三〇・三センチメートルで換算した。

一二　『京都町触集成』別巻二　二〇九頁

一三　『京都町触集成』別巻二　三三一頁

一四　『京都町触集成』別巻二　二二七頁

一五　早見洋平「近世初期京都の会所と番屋」日本建築学会計画系論文集　第五九〇号　二〇〇五・四

一六　『福長町文書』京都府立総合資料館蔵。

一七　『享和三年癸亥六月造立』図（『福長町文書』）

一八　『芝大宮町文書』京都市立歴史資料館架蔵フィルム

一九　『京都町触集成』第一巻　三四二～三四三頁（岩波書店　一九八三）

二〇　『京都町触集成』第一巻　四三三頁

二一　『京都町触集成』第二巻　一三七頁（岩波書店　一九八四）
二二　『京都町触集成』第三巻　二四二頁（岩波書店　一九八四）
二三　『京都町触集成』第八巻　一四五～一四六頁（岩波書店　一九八五）
二四　『京都町触集成』第十巻　一四九～一五一頁
二五　『京都町触集成』第十巻　三二九～三三一頁（岩波書店　一九八六）
二六　『京都町触集成』第十一巻　三八～三九頁
二七　『京都町触集成』第十二巻　三四五～三四八頁（岩波書店　一九八七）
二八　伊東好一『江戸の町かど』平凡社　一九八七
二九　『京都町触集成』第十三巻　九～一〇頁（岩波書店　一九八七）
三〇　『京都府百年の資料』四　社会編　一五頁　京都府総合資料館　一九七二
三一　『京都府百年の資料』七　建設・交通・通信編　四七頁　京都府総合資料館　一九七二。当時の経緯は苅谷勇雅氏の著作『日本の美術四七四　京都――古都の近代と景観保存』（至文堂　二〇〇五）に詳しい。
三二　叢書京都の史料三『京都町式目集成』一八一頁（京都市歴史資料館　一九九九）
三三　秋山國三『近世京都町組発達史』（法政大学出版局　一九八〇）
三四　喜田川守貞『近世風俗志』（一）（岩波文庫　一九九六）
三五　『京都町触集成』第一巻　三四八頁
三六　『京都の歴史』六　伝統の定着　六九頁（学芸書林　一九七二）
三七　『寛永万治以前京都絵図』京都大学付属図書館蔵。洛中には木戸門の印なし。また印が木戸門を示す確証もないが、位置的に可能性は大きい。
三八　『京都町触集成』第五巻　二五三～二五四頁（岩波書店　一九八四）
三九　『京都町触集成』第八巻　一四五～一四六頁
四〇　『京都町触集成』第三巻　一四五～一四六頁

四一　『京都町触集成』第三巻　一八三頁
四二　伊東好一『江戸の町かど』
四三　『京都町触集成』第十巻　一四九〜一五〇頁、三二九〜三三一頁、第十一巻　三八〜三九頁
四四　『京都町触集成』第十三巻　一〇頁
四五　波多野純「江戸における木戸・番屋の成立と機能」（『国立歴史民俗博物館研究報告　第六〇集』国立歴史民俗博物館　一九九五・三）
四六　『京都町触集成』第十巻　三二三頁
四七　天保一〇年七月触書（『京都町触集成』第十一巻　一一二頁）に「其後町〃木戸門柱などへ右板打付」とあるように木戸門の町名掲示は進んだが、後に町内の見えやすい場所へ移される（『京都町触集成』第十一巻　一二四頁）。
四八　『史料　京都の歴史』第三巻　政治・行政　五〇七頁（平凡社　一九七九）
四九　『京都町触集成』別巻二　一七二頁
五〇　『史料　京都の歴史』第三巻　政治・行政　四三四〜四三五頁
五一　『京都町触集成』別巻二　二六八頁
五二　『京都町触集成』第七巻　六三頁（岩波書店　一九八五）
五三　土本俊和「一七世紀後半京都における周辺域の形態」（大河直躬先生退官記念論文集刊行会編『建築史の鉱脈——大河直躬先生退官記念論文集』中央公論美術出版　一九九五）
五四　『京都町触集成』別巻一　一三七〜一三八頁（岩波書店　一九八八）
五五　『京都町触集成』第二巻　一八九頁
五六　『京都町触集成』第六巻　四五三〜四五四頁（岩波書店　一九八五）
五七　秋山國三氏によれば、番小屋、消防道具入、塵箱、梯子等は木戸門傍に置かれたが、髪結床は会所に移り、やがて髪結が会所番を務めるようになったという（『近世京都町組発達史』）。
五八　『京都町触集成』第八巻　四〇二頁

五九　安国良一「町奉行所の役人」（京都町触研究会編『京都町触の研究』岩波書店　一九九六）
六〇　京都府立総合資料館蔵
六一　『京都町触集成』第四巻　三三五～三三六頁（岩波書店　一九八四）
六二　大田南畝、田宮橘庵『所以者何』（『続日本随筆大成』八　吉川弘文館　一九八〇）
六三　『京都町触集成』第七巻　一五七～一六〇頁
六四　『京都町触集成』第一巻　三〇二頁
六五　筆工は民間業者ながら町奉行所への申請書類の代筆を行い、町奉行所の検査にも町代や中座とともに随行した（拙稿「京都町奉行所による出来見分の実施形態——出来見分の役人構成を中心として」日本建築学会計画系論文集　第五三一号二〇〇〇・五、拙稿「明和四年一二月の触書——江戸時代の山城国農村部における建築規制（その二）」日本建築学会計画系論文集　第五三九号　二〇〇一・一参照）。
六六　『京都町触集成』第七巻　五七～五八頁
六七　明治元年「下京区四番組和久屋町絵図」京都市立歴史資料館架蔵フィルム
六八　『三条油小路町町並絵巻』『近江屋吉左衛門家文書』京都府立総合資料館蔵
六九　『伊藤家文書』京都市立歴史資料館架蔵フィルム
七〇　『新編　日本古典文学全集七五　近松門左衛門集』（小学館　一九九八）
七一　「尾垂」は『物類呼称』に「庇、関西にて、をだれ、という」とある。
七二　「応永年中頃より夜行太郎二人両所にこれを定む」『北野文叢』九八（国学院大学出版部　一九一〇）
七三　『京都町触集成』第七巻　一五六～一六一頁
七四　たとえば伊藤毅氏の見解（同「町の施設」髙橋康夫他編『図集日本都市史』東京大学出版会　一九九三）参照。
七五　『寛永万治以前京都絵図』京都大学付属図書館蔵
七六　『老舗と家訓』（京都府　一九七〇）
七七　『古西町文書』京都市歴史資料館蔵

七八　秋山國三『近世京都町組発達史』

七九　秋山國三『近世京都町組発達史』、川嶋将生『京都人権歴史紀行』（人文書院　一九九八）など参照。

八〇『福長町文書』

八一　早稲田大学坪内博士記念演劇博物館蔵、本章では、開館三周年記念『京の歌舞伎展』「四条芝居から南座まで」（京都府京都文化博物館　一九九一）を参照した。

八二『京都町触集成』別巻二　二八四〜二八五頁

八三　水落潔「上方歌舞伎の祖、坂田藤十郎の系譜」（『吉例顔見世興行』京都四条南座　二〇〇五）

第九章

木戸門のかたち

——京都の立派な木戸門

はじめに

明治期の終り頃まで、京都の子供たちは夏の夕暮れ時に「一丁《いっちょう》まわり」で遊んだといいます（一）。行水をすませた子供たちが、首筋やおでこを白く塗って集まり、男の子は白、女の子は赤に塗った丸い弓張提灯を持って、表通りを埋める一団となって歌い歩いたのです。それはこういう歌でした。

……ヨーイサッサ　ヨイサッサ　これから八丁十八丁　八丁目のこおぐりは　こおぐりにくい　こおぐりで
頭のてっぺんすりむいて　一貫膏薬二貫膏薬　それで治らんなら一生の病じゃ　ヨーイサッサ　ヨイサッサ……

「こおぐり」とは、木戸門の大扉を閉めた後、番人が通行人を確認してから開け閉めする潜戸《くぐりど》のことです。木戸門には大扉と潜戸が必要でした。本章ではこのような京都の木戸門の建築型式（以下、型式）を取り上げます。それも、これこそ中世京都の型式を受け継ぐものを紹介します。

木戸門の新規の建築には、品質や請負職人の選択に町奉行の指導がありました（第八章）。ですから、もしも京都の木戸門に類型的な型式があれば、それも町奉行所の指導であった可能性があります。本章では、この点もみましょう。

図1　『守貞謾稿』の木戸門

京都研究の重鎮、秋山國三氏が「頑丈な黒漆塗」（二）と形容された京都の木戸門。文政期（一八一八～一八二八）に京都と大坂を訪れた喜田川守貞は「京坂、路上に出るもの木戸のみ」（三）と記し、挿図に木戸門を描きました（図1）。しかし背景の本瓦葺の塗家は守貞が「本葺（本瓦葺）を専らとし、簡略（桟瓦葺）を稀」とした大坂の町家であって、「簡略葺を専らとし、本葺を稀」とした京都で

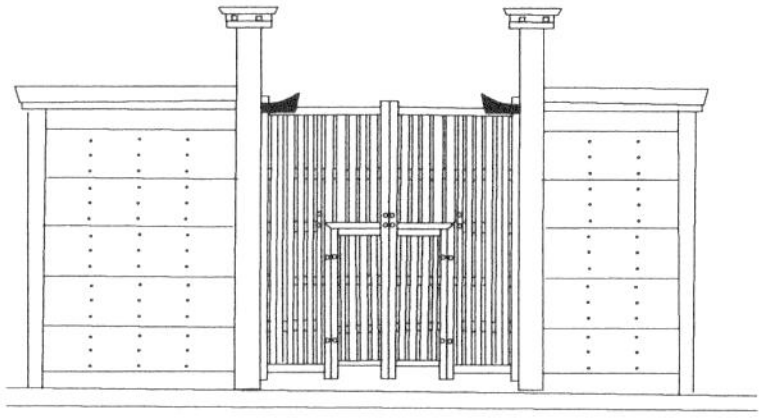

図2　下京烏帽子町の木戸門

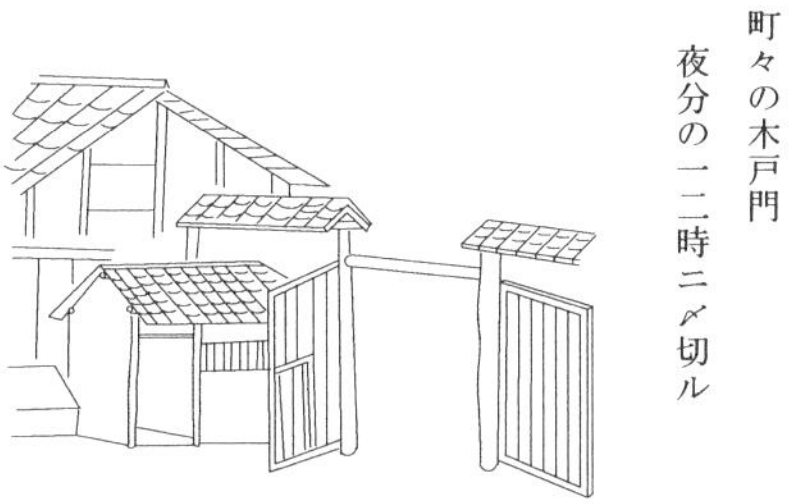

図3　『幕末京都市街正月風俗』の木戸門

はありません。ですから木戸門も大坂のものです。もっとも松川半山の文久三年（一八六三）『宇治川両岸一覧』（四）より京都南郊の『藤杜岐道《ふじのもりわかれみち》』図にはこの型式がありますし、京都でも下京烏帽子町（室町通三条通下ル）に紹介されています（図2）（五）。二本の門柱に皿板を載せる点に特徴があるこの型式は、一六世紀中頃の『洛中洛外図』帖（奈良県立美術館蔵）から確認され、全国各地の絵画史料や写真史料にも同じ型式があります。したがって全国共通の型式が京都にもあったことになりますが、本章で紹介する型式は違います。

　このほか『幕末京都市街正月風俗』（風俗博物館蔵）が、門柱二本の間に貫を通す型式を描きますが（図3）、この時期は元治大火（一八六四）で京都全体が灰燼に帰した直後。平時でもまともな木戸門の建直しには約一〇年の積立てや運用が必要でしたから、これは仮門でしょう（第八章）。大火から四年後、明治元年（一八六八）正月、新政府参与役所が京都「市中木戸」の「急々取建」を命じたのも（六）、木戸門の建直しに手が廻らない状況を示しています。その命令を受けて建てたであろう木戸門を、京都の代表的な型式とみることはできません。

第一節　『洛中洛外図』屏風にみる木戸門の変容

　中世末期から近世初頭の『洛中洛外図』をみましょう。それぞれが描く景観の年代は、狩野博幸氏の考察（七）を参考にします。

歴博甲本『洛中洛外図』屏風（国立歴史民俗博物館蔵、三条家本、町田家本）大永五年（一五二五）頃

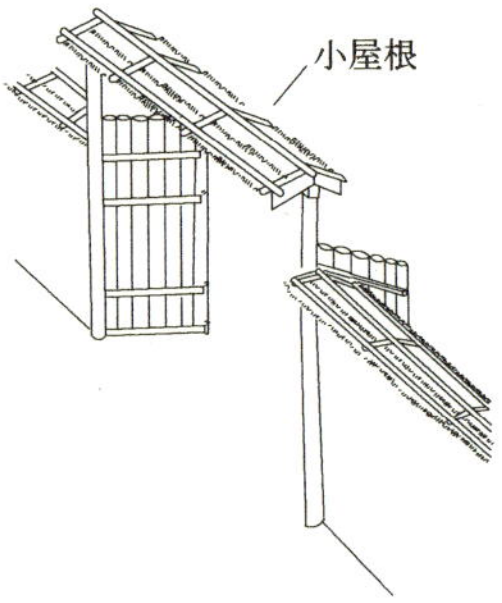

図４　歴博甲本の木戸門（釘貫）

応仁文明の乱で京都が荒廃し、『宗長日記』に「京を見わたし侍れば、上下の家、むかしの十が一もなし」（八）と記されたのは大永六年（一五二六）です。ちょうどその頃を描く同図にみる木戸門（釘貫）は、土塀が町家群を取り囲む構《かまえ》に、門柱の間に貫（冠木《かぶき》）を通す釘貫門（冠木門《かぶきもん》）や、その貫に小屋根（笠木）を付けた門が開いています（図４）。

東博摸本『洛中洛外図』屏風（東京国立博物館蔵）天文一二～一五年（一五四三～一五四六）頃

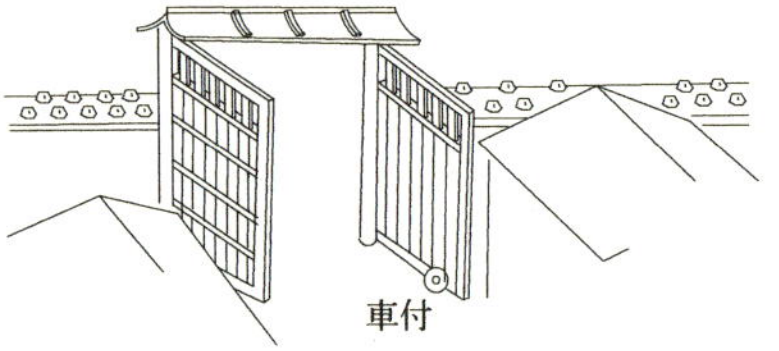

図５　東博摸本の木戸門（釘貫）

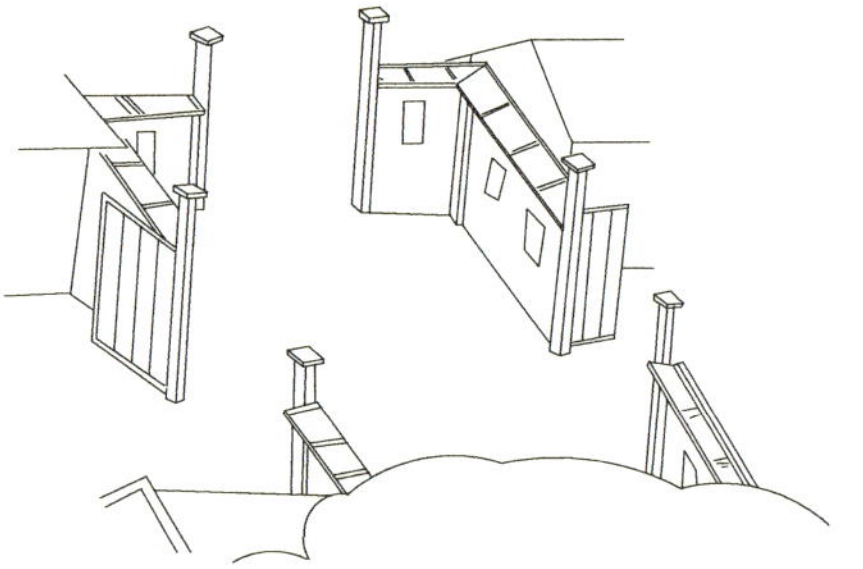

図６　『洛中洛外図』帖の木戸門（釘貫）

天文法華の乱を経た当時、歴博甲本と同じ型式の木戸門（釘貫）があります（図5）。大扉に車を付け、動かしやすくしたものもあります。これらと同様の型式が少し後の歴博乙本『洛中洛外図』（国立歴史民俗博物館蔵）にも描かれています。

ところが、歴博乙本と同時期に松栄直信作（九）という『洛中洛外図』帖（奈良県立美術館蔵）には、門柱に皿板が載っています（図6）。そして町家との間には脇塀が付けられ、その脇塀は板葺屋根の土塀として描かれています。

上杉本『洛中洛外図』屏風（米沢市上杉博物館蔵）永禄七〜八年（一五六四〜一五六五）頃

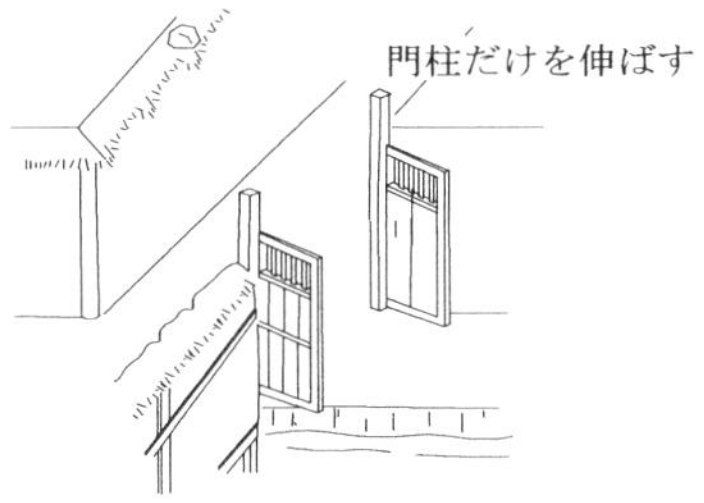

図7　上杉本の木戸門（釘貫）1

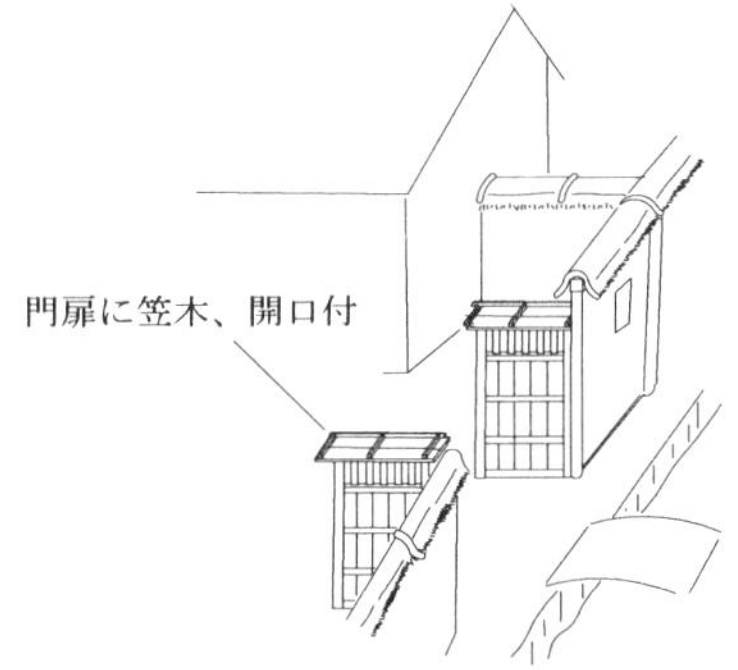

図8　上杉本の木戸門（釘貫）2

松栄直信の子、狩野永徳の筆とされます。永徳は濃絵《だみえ》の障壁画で桃山様式の画風を確立したとされる人物です。

門柱間に貫を通して笠木を付ける型式が多いのですが、門柱だけが伸びて、門柱間の貫はない型式（図7）や、大扉のほうに笠木が付く型式（図8）もあります。特に前者はいかにも門柱間に屋根や貫があったのを外した観がありますが、ひょっとすると取り外しができたのかもしれません。京都では祇園祭りの山鉾巡行がありますから。

また、これら大扉の上部には竪子が並びますが、閉鎖後の見通しを確保したのでしょう。これが構造的に、格子のはめ込みなのか、扉の構造をなす骨組が見えているのか。このおそらく後者でしょうが、残念ながらはっきりしません。

舟木本『洛中洛外図』屏風（東京国立博物館蔵）慶長末期（一六一三〜一四）頃

門柱間に貫を通し、笠木を付ける型式があります。そのほか方広寺門前に、杭を並べて貫で通す柵（本来の釘貫）や、釘貫（門）があります（図9）。しかし、同じ頃の勝興寺本（富山県）や文化庁本では、門柱が伸びて門柱間に貫や屋

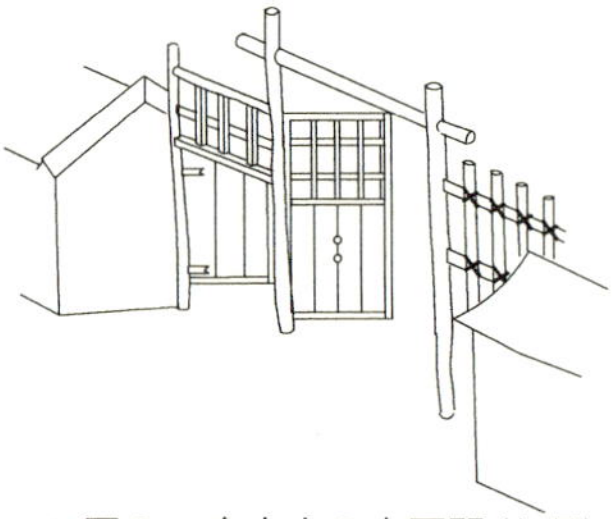

図9　舟木本の木戸門（釘貫）

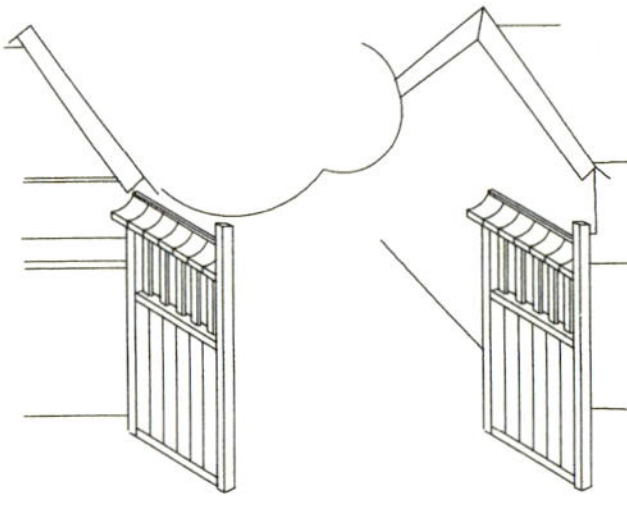

図10　勝興寺本の木戸門

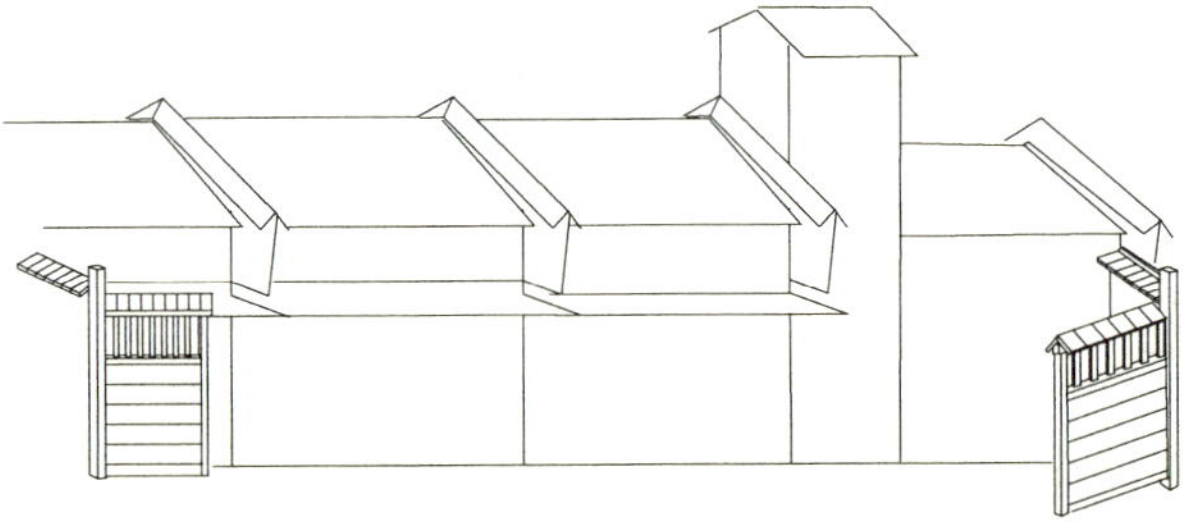

図11　林原美術館本の木戸門

根はなし。大扉そのものに笠木を付ける型式が描かれています。そして大扉の上部には竪子が並んでいます（図10）。

林原美術館本『洛中洛外図』屏風（同館蔵）
元和三年（一六一七）頃

門柱だけが伸び、門柱間に貫はなし。大扉に笠木が付き、大扉上部には竪子が並ぶという型式が辻々にたちます（図11）。勝興寺本と違うのは、大扉の板張が横方向である点ですが、この頃から寛永期までの『洛中洛外図』屏風では、大扉の板張方向には縦横あって定まりません。その中でこの林原美術館本では、片面だけ板張、それも町外側だけに板を張る木製の脇塀を確認できます。

寛永期中頃（一六三三）頃の『祇園祭礼図』
（京都国立博物館蔵）

門柱間に貫を通す型式です。大扉は片面のみの板張で、上部の開口は板張を張残して骨組をみせています（図12）。この骨組（竪子）を門柱から伸びる軸

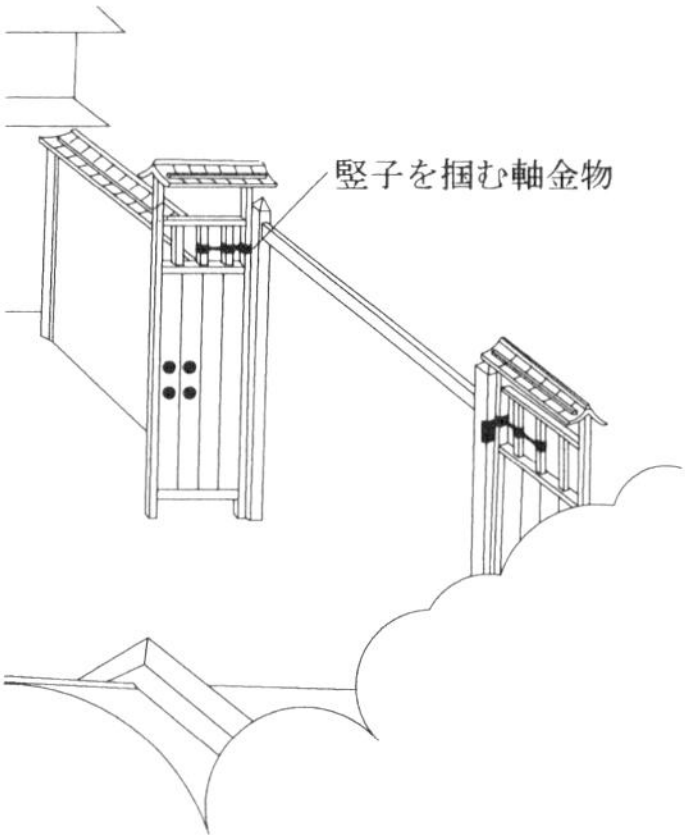

図12　『祇園祭礼図』の木戸門

金物が掴みますが、これで大扉の回転軸応力を負担すると、竪子には歪みを生じたはず。なぜ、こんな構造が選択されたのか。おそらく大扉が大きくなったためでしょう。大扉が大きくなると、閉鎖後の見通しを確保するため、板張の張残し部分が大きくなります。その結果、軸金物が竪子を掴む位置にまで広がったと考えられます。もっともこれでは骨組の歪みが避けられませんから、開口は脇塀に移動していくことになったようです。

木戸門（釘貫）の型式の変遷

中世末期から近世初頭の絵画史料に木戸門（釘貫）をみると、中世末期には門柱間に貫や笠木を付ける型式が数多くあったようですが（図5）、やがて門柱間の貫や笠木が消えます。代わって、大扉に格子組の構造を持ち、片面だけ板張、笠木を付けた大扉を両開きにする型式が現れます（図8）。先行研究が取り上げたような、門柱に皿板を載せる型式もありましたが（図6）、京都では大勢を占めていません。大扉に笠木を付けた型式が多かったようです。

この変容について、『建築大辞典』に興味深い記述があります。古代平安京の貴族屋敷、いわゆる寝殿造りでは中門廊や透廊に屋根付の門があったのですが、旗等の通行の障りとなって屋根が外され、残った門柱間に両開きの大扉を入れる型式（塀重門）が生まれたというのです（一〇）。そうすると（図5）から（図8）への変容も、次のように考えることができるのではないでしょうか。

戦国時代末期。京都は織田信長を筆頭に、膨大な数の騎乗武者や長尺武具を持つ武士が上洛して、表通りを通行しました。そのとき、門柱間の貫や笠木が邪魔になって取り払われたのでしょう。それに祇園祭りの山鉾巡行が伝統行事の京都では、門柱間の屋根や貫は取り外せる構造だったかもしれません。とにかく門柱間に何もない状態が増加すると、それまで門柱間の屋根が担ってきた大扉の保護を、ほかの物が代わる必要が生まれます。そこで大扉に笠木を付ける型式が工夫されたと考えられるのです。本章では、この中世末期に生まれた型式の系譜に注目していきます。

なお、上杉本以前の『洛中洛外図』屏風では、大扉の開口が明瞭ではありません。しかし上杉本以降ははっきり描かれます。この開口は大扉上部の板張を止めて骨組越しに見通しを確保したもの。用心警戒の工夫のようです。

第二節　江戸時代の史料にみる木戸門の型式

江戸時代の京都の木戸門は笠木付

江戸時代の京都では、笠木付大扉はどの程度普及していたのでしょうか。

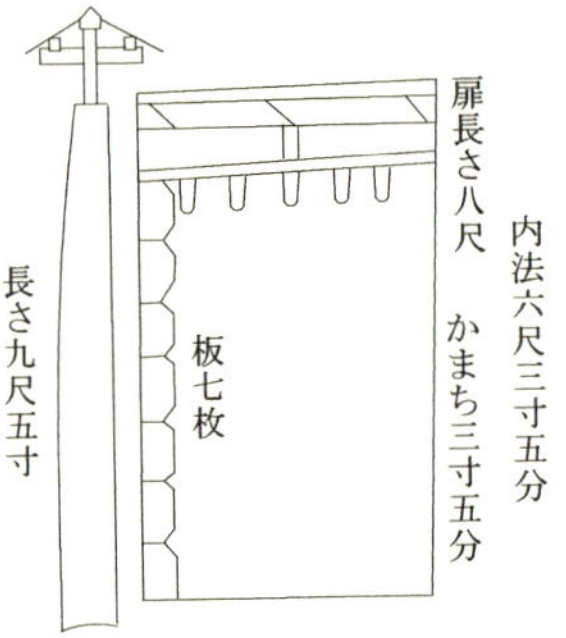

図13　錦小路町木戸門絵図
（『近江屋文書』）

「近江屋吉兵衛」を名乗った大工（田中家）家蔵文書（一一）（以下『近江屋文書』）より錦小路町（錦小路通西洞院通東入ル）の木戸門絵図をみると、板張の大扉上に束《つか》が立って笠木を支えます（図13、年記なし）。同門の見積書には「門屋根」用部材として「上棟《あげむね》」（笠木の棟）と「猿頭《さるかしら》」（笠木板の間を押さえる棒材）があるので、木製笠木とわかります。西綾小路町（醒ヶ井通綾小路東入ル）で享和元年（一八〇一）、万寿寺御供町（万寿院通室町通東入ル）で寛政一二年（一八〇〇）と享和二年（一八〇二）、それぞれ木戸門を建直したときの見積書にも、木製笠木付の大扉であったことが読み取れます。

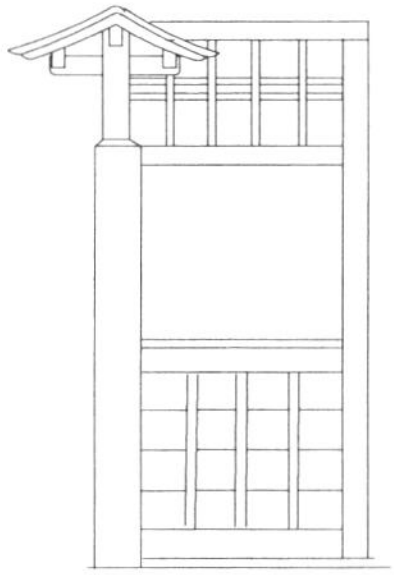

図16　上大坂町脇塀
（『近江屋文書』）

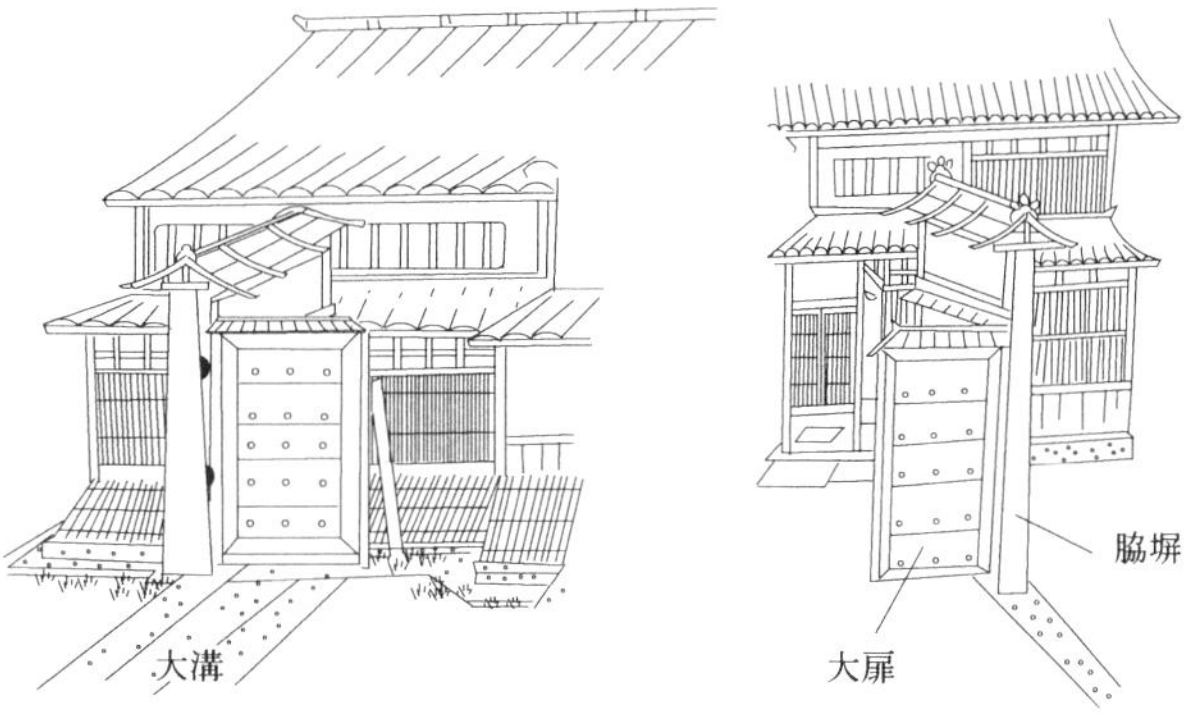

図14　幕末の木戸門（『百足屋町町並図絵』）

図17　洛東大仏餅所前の脇塀（『都名所図会』）

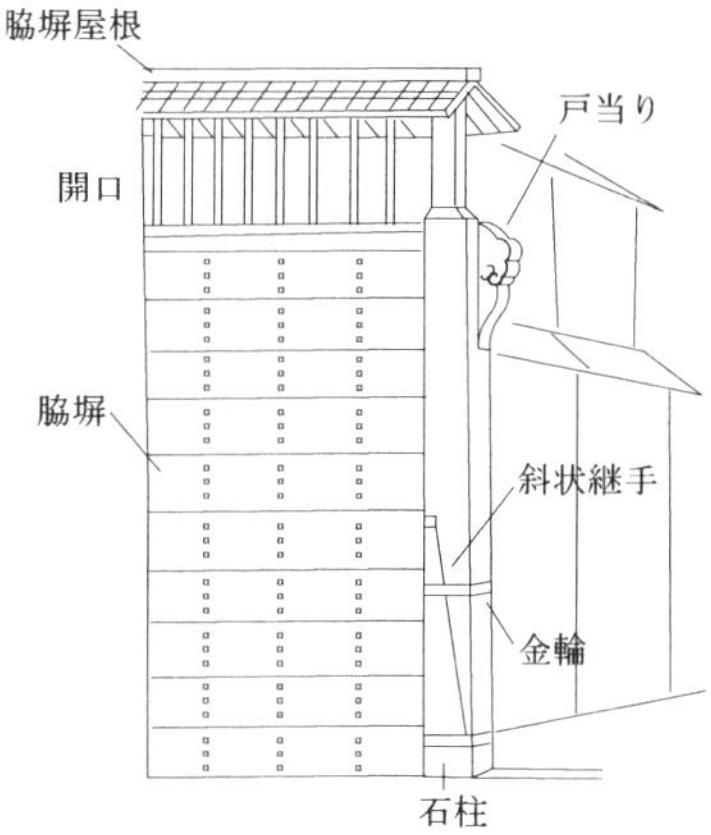

図15　祇園御旅所の脇塀（『伝応挙筆眼鏡絵』）

『近江屋文書』以外の史料でも、冷泉町（室町通夷川通下ル）が慶長一〇年（一六〇五）に建直した両門に「北南之笠木」とあります(一二)、芝大宮町（大宮通上立売下ル）の安永九年（一七八〇）の両門建直し史料にも「枝用松九ツ割」(一三)とあります。この「枝」も笠木でしょう。幕末の『百足屋町町並図絵』（同町蔵）でも、大扉は笠木付です（図14）。中世末期から確認される笠木付大扉の木戸門は、江戸時代の京都にも多かったとみて間違いありません。

脇塀に移った開口、控柱の存在

続いて脇塀をみます。宝暦九年（一七五九）頃に円山応挙筆という眼鏡絵（『祇園御旅所』）(一四)に、四条通りの御旅町の木戸門（寺町東）が描かれています。大扉はみえませんが、脇塀は横板張の上部に竪子を並べて板葺です（図15）。中世には大扉にあった開口が脇塀に移ったようです。そして屋根は板葺です。この点を先の『近江屋文書』にみると、上大坂町（三条通西木屋町通上ル）の脇塀など（図16）すべてが瓦葺です。安永九年（一七八〇）初刊、天明六年（一七八六）改訂の『都名所図会』（一五）にも、瓦葺の脇塀が大和大路通りの洛東大仏餅所前にあります（図17）。一八世紀前半に瓦葺規制が解除された後、京都の町家に桟瓦葺が普及するのは一八世紀後半ですから（第二章）、その頃から脇塀も瓦葺になっていったのでしょう。もっとも幕末の『百足屋町並図絵』にみる脇塀は板葺なので（図14）、すべて瓦葺ではなかったようですが。一方、大扉の笠木には瓦葺がなく、すべて木製です。開閉時に衝撃を受けるため瓦葺にできず、中世以来の木製笠木が受け継がれたのでしょう。

このようにみてくると、大扉から脇塀に開口が移り、その脇塀に瓦葺が増えた変化はありましたが、それを笠木付大扉と組み合わせた姿は中世の印象を受け継ぐものでした。その中でひとつだけ大きく違うのは、『近江屋文書』など江戸時代の木戸門の門柱に控柱があった点です。持たないものは少数。控柱付が圧倒的に多かったようです。その控柱は門柱よりも町内側に立ち、門柱とは貫で結ばれていました。これまで指摘されていませんが、これは木戸門の安定に有効であったと思われます。栗や檜材が多く用いられたのは、防腐性が考慮されたようです。

第三節　福長町の木戸門建直し

安政六年の木戸門建直し記録

『福長町文書』（一六）に同町の木戸門の型式をみます。

同町に残る文書史料のうち、「町内木戸門普請控并諸払控、作事通書出し諸書付共入」と表記された文書入れの中に、富小路通りに立つ南北木戸門の建直しを記録した『木戸門普請控』や、工事費の支払い記録である『両門普請勘定控』、不足金の町内追徴文書、業者の出面（出勤）記録の『通』、そして大工の見積書『木戸門木寄積り書』（以下、積書）などがあります。一点を除くと、すべて安政六年（一八五九）の年記を持ち、それも積書だけが二月、あとは七月です。町の出来事とを記録した『町儀定』（一七）に確認すると、福長町は破損した木戸門の建直しを安政六年二月から検討しています。そのとき大工から取った見積もりが積書です。そして五月一五日に着工、七月三日に完了・支払。不足分は町家毎に一分二朱ずつ集めています。このときの支払関係を整理して後世に残したのが他の史料です。

このように、安政六年の福長町の木戸門建直しに関わる史料が文書入れにあるのです。

享和三年の図面

安政六年でない一点は、「享和三年癸亥六月造立　冨小路福長町蔵」と書込まれた木戸門の絵図（図18、以下、木戸門絵図）です。（明朝体は同図の書込み、ゴチックは積書にみる各部名称）。

享和三年（一八〇三）の木戸門建直しは、『木戸門普請控』に「享和三癸亥年本普請出来」とあり、『町儀定』にも「木戸門普請出来、大工神屋源左衛門これを造る、但し四月六日取懸、七月十二日成就、諸書付、指図等別にこれ有、但し南北二箇所」とあります。したがって安政六年（一八五六）に建直した木戸門は、五七年前の享和三年に建築されたものであり（以下、享和木戸門）、そのときに用いられたのが木戸門絵図です。それを安政六年にも用いたのは、木戸門の型式を変えなかったことを示します。型式を踏襲すれば検査対象になりませんでした（第八章）。

享和三年以前、安政六年以降

享和三年以前の木戸門は、『木戸門普請控』に次のように記されています。

……天明三癸卯年普請出来控有之……天明八年戊申年之大火に焼失と成、翌年より仮木戸門を以相用いられ……寛政六甲寅年より拾ケ年之間積金手当に相成、已前の如く享和三癸亥年本普請……

天明三年（一七八三）に建直した木戸門が、五年後に天明大火（一七八八）で焼失しました。そこで翌寛政元年（一七八九）に仮の木戸門を建てたのです。その後、享和三年に本格的な木戸門に建直したとき、請負大工に絵図を作成させて後世に伝えたのがこれ。絵図を残しておけば、建直しのとき型式を変えない証明になりますし、大工への指示も容易になります。そのため、見積関係の史料などは安政六年のものに差し替えても、図面は享和三年のものが残されたのでしょう。

なお安政木戸門は五年後の元治大火（一八六四）で焼失しますが、六年後の明治三年（一八七〇）『永代町中絵図写』に両門を示す記号があり、再建されています。しかし文書入れの中身は安政六年のもの主体で変わっていませんから、仮の木戸門だったのでしょう。福長町にとって本格的な木戸門は、安政六年のものが最後になりました。

木戸門絵図の情報

木戸門絵図は、和紙三枚を横継にした九三×四四センチの用紙に縮尺一〇分の一で墨書されています（図18）。中央に大扉が二枚、その上に束が立って笠木を支えます（錦小路町の図13に似ています）。向って左側の大扉には、潜り戸が開きます。右側の門柱には、瓦葺の脇塀が付きます。これら笠木付大扉と脇塀は、立面図です。

続いて、向って左側の門柱は、その左側に、笠木付大扉を側面からみた図が付きます。よくみると、かんぬきも描かれています。また、この大扉の側面図のすぐ右上、門柱の上部には、瓦葺脇塀を側面からみた図があります。その門柱の足元には、右側門柱の根継ぎを、側面からみた線があります。左側門柱は控柱と貫で繋がっていますから、これらの部分は側面図（立面図）です。この側面図から、控柱の存在もわかります。その控柱は普通、町内側に立ちますから、それがみえない中央の大扉や右側の脇塀は、町外からみた正面図になります。つまり町の顔となる部分です。

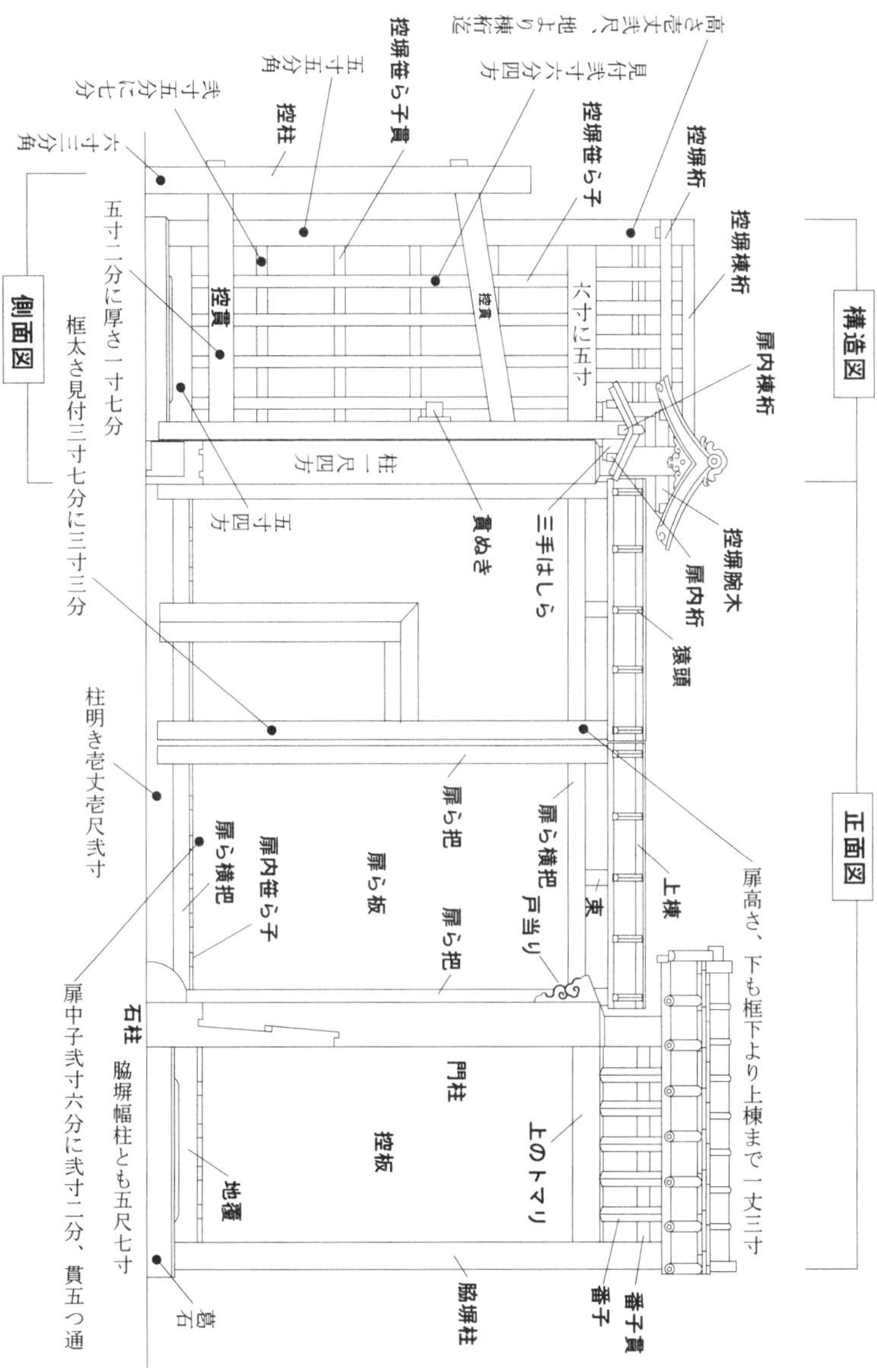

図18 『木戸門絵図』(明朝体は書込み、ゴチックは積書にみる各部名称)

そうすると、残るのは側面図の背後の格子組です。これが何なのか。形状から脇塀の内部構造でしょうが、確認しておきましょう。『町儀定』には「町幅三間、溝幅壱尺五寸ずつ……木戸廣さ弐間、右宝永五年子の年御定也」とあります。三間つまり一九・五尺（五・九メートル）の両脇に、一・五尺（四五センチ）の溝が付く、それらを合計した富小路通りの幅は二二・五尺（六・八二メートル）です。これに対して木戸門絵図の書込みには「柱明き壱丈壱尺弐寸」とあり、門柱間が一一・二尺（三・四メートル）、そして「脇塀幅柱とも五尺七寸」より門柱一本と脇塀一枚の合計幅が五・七尺（一・七三メートル）。大扉二枚の両脇に脇塀を合わせると、合計二二・六尺（六・八五メートル）。道幅とほぼ一致します（一八）。したがって福長町の木戸門には、大扉の両脇に脇塀があったことがわかります。

次に格子組の足元をみると、地盤面にかずら石を据えた上に、木製の地覆《ぢふく》（風抜穴あり）を置きます。この上に格子（控塀笹ら子）を立てますが、その本数は、正面図の脇塀の足元にのぞく本数と一致します。よって格子組は、脇塀の骨組、板張を外した構造図です。また脇塀の開口は、中世のような骨組の一部ではなく、別に竪子を組み込んだ格子とわかります。

続いて、脇塀の正面図では、開口の竪子が立つ中框（積書では上のトマリ）の天端に、水勾配があるように描かれます。ところが構造図の同じ部分には勾配を示す線がありません。ですから構造図は正面図ではなく、町内側からみたものと判断されます。中框の下の竪子や貫の形状が正面図と違うのも、そのためでしょう（一九）。

このように木戸門絵図は、一枚の図面の中に正面図、側面図、構造図を描いています。瓦や石材、水勾配まで表現して驚くほどの情報量ですが、金物類は描きません。これが請負大工の手によると考える理由です。

亨和木戸門と安政木戸門

亨和木戸門の木戸門絵図と安政木戸門の積書から紹介します。亨和木戸門の姿は図18に示しました。これと積書との検討から復原的に描いた安政木戸門図が図19です。

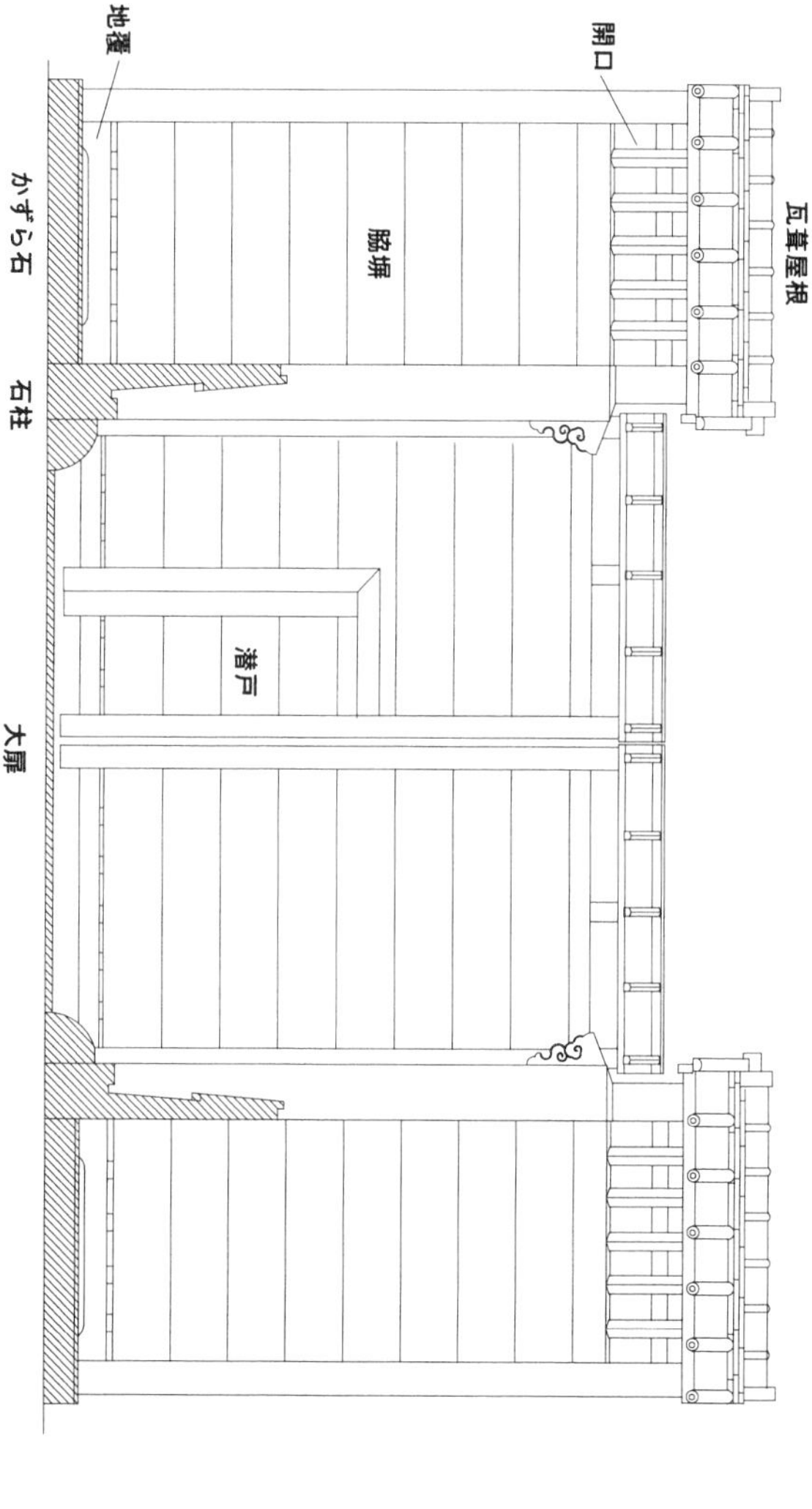

図19　安政木戸門

木戸門の大きさ

木戸門絵図の書込み（図18）から、享和木戸門の全体の大きさがわかります。

木戸門全体の幅は、先述のように二二・六尺（六・八五メートル）。そのうち二本の門柱は一尺（三〇・三センチ）四方です。

門柱の間は壱丈壱尺弐寸（一一尺二寸、三・四メートル）開きます。町奉行所が命じた「木戸廣さ弐間」（第八章）つまり一二尺（三・九四メートル）には足りませんが、芝大宮町が四・五メートル、『近江屋文書』の西綾小路町が三・二メートル、二・九メートルなど色々ありましたから、「弐間」は目安だったのでしょう。

大扉の幅は一枚あたり一・七メートル。これを二枚、両開きにします。

脇塀は、幅が脇塀柱込みで五尺七寸（一・七三メートル）、脇塀柱を除くと幅一・五六メートルです。大扉の高さは一丈三寸（三・一メートル）。閉めれば、向こうはまったく見えません。大扉に幅〇・七メートルで開く潜り戸も、高さは一・七メートル。通行にはまったく支障ない大きさです。これで頭をすりむくなら、いわゆる六尺の大男クラス、江戸時代ではかなりの巨漢です。わらべ歌の「こおぐり」とは、ずいぶん違う印象です。また脇塀は高さ壱丈弐尺（三・六メートル）。地盤面から棟瓦天端となると四メートルにもなります。脇塀上端の格子窓も地盤面から二・七メートルの位置にあり、梯子でもかけなければ覗くこともできません。もはや装飾のようなものです。

とにかく全体が大きいのです。これが秋山國三氏の言われた「黒漆塗」なら、かなりの迫力だったはず。福長町に漆塗の記録は見当たりませんが、芝大宮町の木戸門には確かに漆塗の記録があり、福長町の門にも想像は許されるでしょう。そうなると閉めた姿はまさしく黒い壁。その閉塞感や威圧感はいかばかりだったでしょうか。

ちなみに黒という色調だけなら現在でも、京都御苑（通称、御所）の土塁石垣に開く高麗門型式の諸御門や、幕末に京都守護職の会津藩本陣となった金光戒名寺（黒谷さん）の諸門などにみることができます。

大きくなった安政木戸門、短くなった脇塀屋根

積書にみる安政木戸門の部材は、木戸門絵図に書込まれた享和木戸門の寸法よりも二分や三分（〇・六センチ、〇・九センチ）、あるいは一寸（三・〇三センチ）近く太くなっています。削仕上げの分を加えた買付寸法とも考えられますが、門柱だけは木戸門絵図の書込みと積書が「壱尺四方」で一致します。『近江屋文書』にみる四つの木戸門では門柱幅は七・八寸、八寸、九寸、一尺にわかれますから、一尺は流通規格ではないらしい。この門柱を含む全部材の見積基準として、福長町の請負大工は積書に「檜上々赤身、見付無節《むぶし》」と記しますが、太い門柱用の節なし材は高価だから極薄の鉋削仕上、削りしろを取らなかった可能性もあるでしょう。

しかし、それよりも、木戸門絵図の門柱の斜状接合跡、金輪根継を示す線が注目されます。根継の下部は、積書に「柱根継石柱、壱本」とあるように、地中に掘り込んで立てる「石柱」です。この石柱と木製の門柱とをつないで、金輪で絞めるのが金輪根継です（金輪は記入なし）。この建直しでは石柱が一本取り替えられており、その寸法は一尺四方でした。そうすると門柱は一尺四方が変わらなかったから、部材寸法も元のままであったことになります。したがって門柱以外は、実際に少しずつ太くなったのでしょう。部材長さも、積書は木戸門絵図より少しずつ長くなっていますから、安政木戸門は享和木戸門の型式を踏襲しつつ、全体を少し大きくしたものと判断されます。形状変更でも検査対象にならない範囲で、長持ちさせる目的で大きくしたのでしょう。

もっとも脇塀棟桁や脇塀桁だけは短くなっています。どちらも脇塀屋根を支える部材なので、脇塀屋根が短くなったことになります。具体的には、積書の記す長さが、脇塀桁木戸門絵図で計測する長さより三・二尺短い。これを四枚の脇塀に振り分けると、一枚あたり〇・八尺（二〇・四センチ）短くなります。この理由は安政木戸門の建直しから三年後。文久二年（一八六二）に三条衣棚町（衣棚通三条通下ル）が町奉行所から命じられた内容が参考になります。同町は、天皇行幸に先立ち、木戸門脇塀に「門柱より出張り候屋根ならびに瓦取除」、門柱から出すぎた脇塀屋根の

切断を命じられました(二〇)。行列の邪魔と判断されたようですが、これと同じような力が早く福長町にも働いたか、あるいは町奉行所の方針を知っていた大工が短くしたのかもしれません。

脇塀屋根と笠木、板張方向、戸当り

享和木戸門も安政木戸門も脇塀は瓦葺、大扉笠木は木製です。それ以前の天明木戸門はわかりませんが、桟瓦葺の普及はその頃でしたから、まだ脇塀も木製笠木だったかもしれません。そうすると仮木戸門を本格的に建直したのは享和木戸門(第八章)。それは時間をおいた建直しとして、町奉行所の検査と指導を受けたはずですから、どうしても現地指導や検査を受けざるをえない仮門の建直しを機会に、瓦葺に変える許可を得たのかもしれません。

また、木戸門絵図では大扉の板張方向は描かれていませんが、積書の内容は横方向で片面張りでちょうど見合います。脇塀も横方向で片面張り、潜り戸も同じ横方向で板張されていたようです(図19)。

このほか、正面図の右側門柱に、刳型《くりがた》(彫刻)のある木鼻が付きます。積書と照合すると戸当りのようです。眼鏡絵にみる脇塀にも、このような戸当りがありましたから(図15)間違いないでしょう。門柱の下部にも、柱石(根継下部)の左側に弧線があって戸当り石を示します。そして戸当り石の間には敷居石が敷かれていますが、これは重要な通行があるとき取外されることもありました(第八章)。

材種指導の可能性

積書に記された材種は、控柱の栗を除けば総檜です。控柱は堀立柱なので、栗の防腐性が求められたのでしょう。それ以外はいわゆる総檜です。上京冷泉町の慶長一〇年(一六〇五)『門之入目之日記』(二一)でも、建直し部材は檜です。芝大宮町が安永九年(一七八〇)に建直した両門も、番小屋には松や杉を用いますが、木戸門は檜主体で、他は笠木の松、板類の「栢《かしわ》」だけです。『近江屋文書』の四つの木戸門も控柱が栗で揃うほか、ほとんど檜で統一されています（万寿寺御供石町だけは門柱も栗）。つまり京都の木戸門は総檜が基本なのです。

ただし、この檜。町奉行所は寛政二年（一七九〇）一〇月の触書（一二）で次のように触れています。

……去申年、京都大火に付、檜材木の義、公儀御用の外、売買一切停止……

檜は、大火後は「公儀御用」として寡占される高級材でした。このような高級材を雨ざらしの木戸門に用いる点について、元治元年（一八六四）四月の触書（一三）が「急御用に付、右木品ならびに職方共、そうじて其町々へ御任せ」としたことに関係がうかがえます。「急御用」だから材種（「木品」）や職人の選択（「職方」）の指導は行わないとする町奉行所は、普段は関与していました。その中で、防腐性に優れた総檜が指導されたのではないでしょうか（一四）。たとえば、享和木戸門は建直しが必要になるまでに、実に五六年間も福長町を走る富小路通りで風雪に耐えました（『木戸門普請控』）。これも町奉行所の指導が生んだ好結果かもしれませんが、指導があったとしても、積書の「上々赤身、見附無節」まで指導されたとは思えません。やはり町の顔は立派にということだったのでしょう。

根継の問題

門柱と石柱の根継について、冷泉町が慶長三年（一五九八）に行った門柱根継に「ねつき入用」の「ねつきの木」と釘と鎹《かすがい》を記しています。石柱ではありません。このように木柱の根継を繰り返す中から耐久性に優れた石柱が現れたようです。そして「金輪根継」というように、金輪で巻いて固定されたのです。先の『祇園御旅所図』の木戸門脇塀でも金輪根継されていました（図15）。

ところで木同士の金輪根継の場合、斜状継手を見付（目に付く部分）側に向けないのが普通です。大仰な継手を目立たせない工夫です。ところが木戸門絵図や『祇園御旅所』図の門柱は見付側に向けます。なぜでしょうか。

この点について、知恩院三門参道（京都市東山区）に兜巾覆輪《ときんふくりん》付の姿で屹立する二本の柱を取り上げます（写真1）。

写真１　知恩院三門前の門柱

現在の駐車場に取り残された姿からは想像もできませんが、安永九年（一七八〇）刊行『都名所図会』(二五)をみると、山門前正面の参道にあたるこの位置には釘貫門が立ち、両脇には長い柵がありました。舟木本『洛中洛外図』屏風の方広寺前にみたのと同じ構成です（図９）。しかし、都路華香《つじかこう》のスケッチにみる明治期当時は門柱上部の貫が抜かれて兜巾覆輪がかぶされています(二六)。さらに『新撰都名所図会』(二七)にみる昭和三二年（一九五七）には、両脇の柵も短くなっています。その後、柵は完全に撤去され、門柱の間も広げられたようですが、この二本の門柱が掘立ての石柱と金輪根継されている点が注目されます。根継の斜状継手を参道からみえる側に向けるのです。多くの参詣客からみえる側に向けるのですから、木同士と比べて例の少ない木と石の根継は、これを誇示したい気分があったのではないでしょうか。先の福長町の根継にも同様のことが想像されるのです。

京都の木戸門の型式

福長町のものを含めて江戸時代の史料にみる京都の木戸門は、大扉に木製笠木を付け、脇塀には格子窓が開き、控柱で支える型式でした。これまで指摘された門柱に皿板を置く型式や、柵だけの門とは違い、立派なものだったのです。

京都以外の都市や宿場町では、柵状の大扉の釘貫門が多く、門柱には皿板が載ります。全国的にはこの型式が普及していました。これに対して京都では、黒漆塗で笠木付の木戸門が並び、町なみの印象が違ったはずです。町奉行所

写真２　京都御所の塀重門

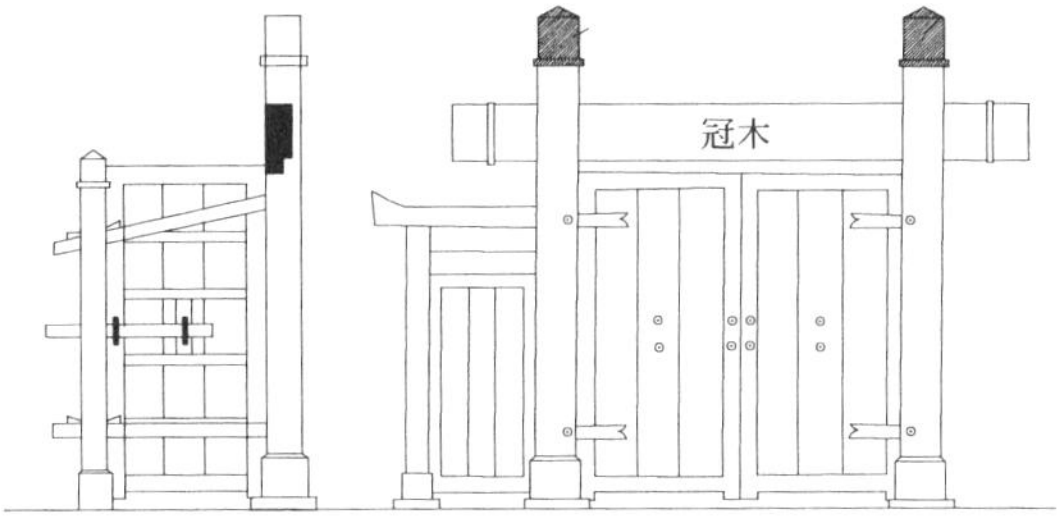

図20　釘貫門

の型式誘導は確認できませんが、この型式の多さがそれをうかがわせています。

なお江戸でも笠木付大扉を持つ木戸門の存在が、寛永一一年（一六三四）頃（二八）の歴博本『江戸図』屏風（国立歴史民俗博物館）より日本橋周辺に確認できます。都市的な発展過程で京都から導入されたのかもしれませんが、やがて江戸では釘貫門（ただし柵状大扉）が普及しました。火事が頻りの江戸では、簡単な型式が誘導されて整っていったのではないでしょうか。

最後に、江戸時代の京都の木戸門を現在の門型式と比べると、名称でつながりがある釘貫門（図20、冠木門）は、門柱間に貫を入れる型式で印象が違います。控柱を持つ門には棟門や薬医門がありますが、門全体に屋根を架けていて、大扉だけ笠木付の木戸門とはやはり印象が違います。比較的近いのは塀重門で、門柱間に貫がなく、控柱が付くものもあります。京都御苑内の京都御所（旧禁裏御所）庭園には幾つも塀重門（平中門）があり、大扉には笠木も付きます（写真2）。しかし、その起源が古代の寝殿造にあって意匠的な襷桟《たすきざん》付の大扉は、板張だけの木戸門とは違います。中世から受け継がれた京都の木戸門の系譜は明治維新と共に消えていったのです。

おわりに

本章の結果をまとめます。

●江戸時代の京都の木戸門は、中世末期に発生した型式を受け継ぎ、全国的にも特筆すべき立派な型式であった。

●この型式は、笠木付大扉、格子窓付の脇塀、控柱を持つ点に特徴がある。中世末期の格子窓は、大扉の骨組の一部を張り残すものであったが、江戸中期までに脇塀へ移っていった。

●脇塀の屋根は、一八世紀後半までの板葺から、瓦葺に変わる傾向があった。これはほぼ町家と同時期である。

●木戸門の材種は、防腐性能の高い栗を一部に用いるほかは総檜だった。これには町奉行所の指導がうかがえる。

付　論　釘貫の由来

江戸時代直前までは、木戸門は釘貫と呼ばれていました。この名称は、どこから来たのでしょうか。普通、門を「潜り抜ける」から「潜抜」、それから「釘貫」に転じた、というような説明がなされます。しかし『嬉遊笑覧』（二九）には、次のような用例が紹介されています。

●卒塔婆くぎぬきいとおほかる中に、これはこその、このごろの事ぞかし（『栄花物語』）

●卒塔婆を起て、釘貫差せり（『今昔物語』）

●清見が関はかたつがたは海なるに、関屋ともありて、海まで釘ぬきしたり（『更科日記』）

●門などもなくて、たゞくぎぬきといふものをぞ、したりける（『狭衣物語』）

古代から中世へ移る頃の用例です。このうち第一項の「卒塔婆くぎぬき」。ステゥーパ（塔）を語源とする卒塔婆は、この場合、上端を尖らせた棒杭を意味します。卒塔婆状の杭を並べて「くぎ」で打ちぬくのです。続いて第二項。卒塔婆を起てて釘貫を差す、つまり貫で差しつらぬくのです。そうすると、卒塔婆釘貫は杭を貫で打ちぬく、つまり差し通す柵となります。柵を意味する卒塔婆釘貫から、卒塔婆が省略されて釘貫になったようです。したがって第三項のいう海まで続く釘貫は、波打ち際まで設けられた柵でしょう。ところが第四項の「くぎぬき」は違います。この釘貫は門と比べられますが、柵では通れません。この場合は、二本の門柱の上部に貫を通しただけのもの。門扉のない釘貫門と思われます。

中世の京都では「町の構《かまえ》」や「町の囲い」として、各地に柵としての釘貫や、そこに開く釘貫門が数多く現れていたはずです。土塀もあったようですが、東博模本（東京国立博物館蔵）では禁裏御所（大里《内裏》）近くに柵が描かれていて、この柵の出入口が釘貫門。門扉はありません。このような釘貫が自衛に動く両側町にも普及していたのでしょう。

なお北野神社の記録『北野文叢』には、永享二年（一四三〇）に町毎に二名の「夜行太郎」つまり夜回りが記録されています。このような夜回りは応永期（一三九二～一四二七）に発生して、一五世紀中頃に普及したとされます（三〇）。この二名が町の両端に立つとき、境界装置も表れたのではないか。それが町々の釘貫の始まりだったのでしょう。

そして一六世紀後半から一七世紀前半。両側町が増加すると釘貫も増えます。本章でみたような型式の変容も始まったでしょう。しかし江戸時代になって、型式が大きく変わったわけでもないのに、釘貫という用語が所司代・町奉行所体制の触書から消えます。門や木戸、木戸門になったのです。そして町人の用語からも釘貫は消えます。もっともこれは京都での話だったようで、『近世建築書構法雛形』（三一）に所収され「一応江戸時代後期の史料」と推定されている『木戸之図』（東京国立博物館蔵）には、次の名称を持つ木戸門が図示されています（図21）。

●大手町釘貫　●小越町釘貫　●木町木戸絵図　●木町釘貫　●紙屋町釘貫
●中之辻釘貫　●清須町釘貫　●千御馬出釘貫

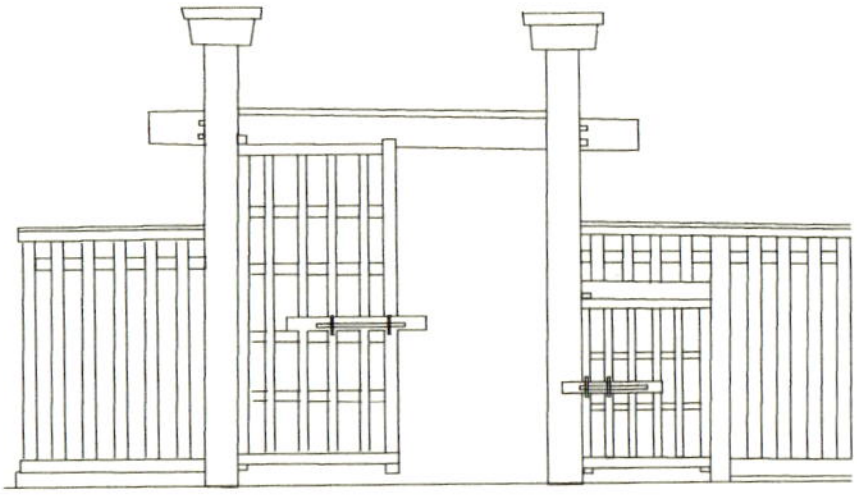

図21　木町釘貫（『木戸之図』）

「釘貫」と「木戸」がありますが、型式はすべて同じ。二本の門柱頂部に皿板を載せ、門柱上部に貫を通し、柵状の大扉を両開きに装置する釘貫門です。京都周辺でも、本章冒頭で取り上げたもの以外に、文化一一年（一八一四）刊行『近江名所図会』の『水口』図や文久三年（一八六三）『淀川両岸一覧』の大坂『片町』図にこの型式が描かれていて、全国各地に普及していたことがわかります。そして釘貫の名称も残っていました。

しかし、これらに比べると、笠木付大扉を持ち、脇塀に格子窓を開け、町内に控柱を持つ京都の木戸門のなんと立派であったことか。江戸時代の京都の町なみは、この型式の木戸門によって印象付けられていたでしょう。

◉註

一　角田賢治『豆政京がたり』（編集工房ノア　一九八八）

二　秋山國三編『公同沿革史』上巻（一九四四）、同『近世京都町組発達史』（法政大学出版局　一九八〇）

三　喜田川守貞『近世風俗志（守貞謾稿）』（一）（岩波文庫　一九九六）

四　『日本名所風俗図会』京都の巻（角川書店　一九七九）

五　髙橋康夫他編『図集日本都市史』七・一三　伊藤毅「町の施設」（東京大学出版会　一九九三）

六　『京都府百年の資料』第四巻　社会編　一五頁（京都府総合資料館　一九七二）

七　平安建都千二百年記念　特別展覧会『都の形象　洛中洛外の世界』（京都国立博物館　一九九四）、なお髙橋康夫氏らが論争を

八　展開された上杉本の景観年代は、黒田日出男氏の『謎解き洛中洛外図』（岩波新書　一九九六）を参照した。
九　『宗長日記』（岩波書店　一九七五）
一〇　平安建都千二百年記念　特別展覧会『都の形象　洛中洛外の世界』解説
一一　下出源七『建築大辞典』縮刷版　一三八二頁（彰国社　一九七六）
一二　『田中家（近江屋）文書』京都市歴史資料館架蔵フィルム
一三　『門之入目之日記』（『京都冷泉町文書』第一巻　京都冷泉会　一九九一）
一四　『北南木戸門普請覚帳』（『芝大宮町文書』京都市立歴史資料館架蔵フィルム）
一五　神戸市立博物館蔵
一六　『新修京都叢書』第六巻（臨川書店　一九六七、初刻版掲載）
一七　京都府立総合資料館蔵
一八　『福長町文書』京都府立総合資料館蔵
一九　延宝二年と同五年（一六七四、七七）の洛中検地は一間六尺五寸で行われた（小川保「近世京都における宅地の境界とその変遷――京都の町を事例として」稲垣栄三先生還暦記念論集刊行会編『建築史論叢――稲垣栄三先生還暦記念論集』中央公論美術出版　一九八八）。また明暦三年（一六五七）四月江戸の触書に「跡々改道……道はゞ或京間」とあり（『御触書寛保集成』「普請作事并水道等之部」八三二頁　岩波書店　一九五八）、一間長さを六尺五寸として換算した。
二〇　原図では、構造図の中框の天端は、正面図の水勾配の水上線に一致する高さに水下線をひくが、この程度は誤記の範疇と判断している。
二一　『今上天皇行幸祓之控』（『千吉西村家文書』京都府立総合資料館蔵）
二二　『京都冷泉町文書』第一巻
二三　『京都町触集成』第七巻　一一七頁（岩波書店　一九八五）
二四　『京都町触集成』第十三巻　一〇頁（岩波書店　一九八七）
二五　緊急避難的に竹製の仮門も認められたが、正式な木戸門とは認められず、建直しが求められた（第八章）。

二五　『新修京都叢書』第六巻
二六　二〇〇六年『都路華香展』（京都国立近代美術館）にて拝見した。
二七　竹村俊則『新撰都名所図会』一（白川書院　一九六六）
二八　小沢弘・丸山伸彦編『図説　江戸図屏風をよむ』（河出書房新社　一九九三）
二九　喜多村信節『嬉遊笑覧』（一）（岩波書店　二〇〇二）
三〇　川嶋将生「町衆と自治」（『京都の歴史』中世の展開〔京都市　一九九四〕）
三一　『日本建築古典叢書　第八巻　近世建築構法雛形』（大龍堂書店　一九九三）

結章

京都の町家と町なみ

――目立つ普請にてはこれなく候

本書は京都の町家と町なみのなりたち、そしてうつり変わりをみてきました。本章では、この結果を時系列にそってまとめます。その上で、京都の町家という文言を考えてみます。

戦国時代、戦乱が繰り返された一六世紀中頃の町なみ——先進的な板葺密集の都市景観

この時代、京都の町家は平屋が多く、二階建てが混じりました。現在とは印象が違う町なみですが、壁は真壁。一階は台格子や蔀戸、揚見世で開いた店構えで、江戸時代に受け継がれました。一方、数少ない二階は、江戸時代の土塗格子のような定まった形が見当たりません。屋根には石置板葺が多く、風除けのウダツは、まばらでした。

このような町家を、貴族は自らの邸宅と比べて小屋《ちいさきや》と記しました。しかし、もちろん町人はそのように呼ばず、家や在家と呼びました。小屋《こや》と卑下したりしません。板葺が密集する都市景観は、全国的には進んだものでしたから。

近世初頭、豊臣政権の経済活性化を反映した一六世紀後半の町なみ——自由建築の多層・多様化

豊臣政権の奨励もあって、二階建てが増加しました。しかし二階の生活習慣がない中、流通規格の影響もあって、厨子二階が多くありました。二階表室は物置程度、通風・採光用の開口に土塗格子を並べるのが基本型式になります。

やがて町人の経済力を反映して本二階建てが増加。高くなった屋根には、石置板葺のほか、こけら葺や本瓦葺が現れ、風除けのウダツも増加します。そのとき、おそらく側おこしの影響もあって、両妻壁に通柱が並びました。壁は真壁大勢ながら、本瓦葺の町家には、白亜の漆喰塗で塗り籠める塗家もありました。ただし、塗家も真壁の町家も、一階は中世以来の開放的な姿。塗家の二階のみの塗籠は、防火の目的もありましたが、基本的に城郭建築を模した富裕表現でした。また、防火性を持ち、風に煽られない本瓦葺は、ウダツを必要としませんでした。富裕表現の構成要素に、ウダツは不可欠ではなかったのです。したがって、この頃、ほとんどの板葺にあがったウダツは、防風性能を

中心に、火の粉を受け落とす程度の防火性能を期待されて増加したのです。

やがて二階表に、土塗格子だけでなく半円形の櫛形窓《くしがたまど》や火頭窓、様々な形の格子が現れました。本二階建ての増加が進み、さらに三階建ての蔵座敷や、あずまや風の建物を乗せる楼閣、三階建ての表蔵も現れ、多層・多様化した町なみが生まれます。町人の自由な建築が許された時代。町家型式や町なみが整うことはなく、京都は賑やかな、そして綺羅《きら》々しい姿になったのです。

江戸前期、徳川政権の規制が整えた町なみ――一七世紀後半の低層・均質化と、町人の相互監視

江戸時代に入っても、多層・多様化が進みました。本二階建てや出梁造が増加し、手摺付大開口を持つ二階座敷での生活習慣は定着しました。表蔵の中には四階建てすら現れます。

ところが、所司代が町家建築の結構を規制し、町中の遊女施設を規制した寛永一九年（一六四二）を境に、二階座敷から人影が消えます。続いて低層・均質化が始まります。二階に大開口を持つ本二階建ては、旅籠や飲食店には許されましたが、一般の町家では減り、厨子二階が再び町なみの大勢を占めていきます。二階表も多様なデザインを失い、壁や土塗格子で閉鎖的になります。二階の生活習慣は失われました。四階蔵や蔵座敷も消え、表蔵は敷地奥に曳かれました。本瓦葺や塗家も減少しました。こうして町家は、板葺に風除けのウダツをあげ、真壁の厨子二階、二階表は閉鎖的、一階は開放的な店構えで再び揃っていったのです。

このように江戸前期の京都の町家は、それまでと比べて建築的に大きく後退しました。理由は、周辺眺望の規制や、町中に遊女を置く施設の規制、土蔵を除く瓦葺規制及び三階建て規制など、所司代の建築規制でした。なお武士の見下ろしを許さない所司代・町奉行所体制の方針は見当たらず、町人の自主規制が厨子二階や土塗格子の開口を生んだわけでもありません。町人が望んで低層・均質化させたわけではないのです。

このような建築規制の実効性を示す町なみの変容は、個々の建直しのほかに、火事や地震などの建直しを機会に進

みました。特に宝永五年（一七〇八）の宝永大火後、表通りの拡幅と新溝設置が徹底されたとき、溝に沿った町家建築に町奉行所の検査が通告されました。多くの町家が申請と検査を免除される中、この検査は例外的かつ効果的でした。なぜなら、この機会に寛永一九年以降七六年間の建築規制が徹底されたのです（図1）。その結果、低層・均質化を終えた町なみは、町人の相互監視の対象となり、それを良しとする価値観が生まれました。そして町人の相互監視に組み込まれ、町なみは維持されていったのです。ただし規制の影響は、町なみに関わる表構えに集中しました。そのため、敷地奥に本二階建てを置く「おもて造り」や、表は厨子二階にしながら奥を高くする型式が生まれました。この点、江戸の土蔵造に表通りに向う部分だけの店蔵があったことや、大坂にも表側だけの塗家が存在したことに似ています。

そして、表蔵は敷地奥に曳かれました。しかし、敷地奥に並んだ土蔵が塗り繋がれたわけではありません。町奉行所にも町々にも、土蔵群を都市の防火帯と考えていた形跡はなく、そのような評価はむずかしいようです。

また、宝永大火後に、二階の居室機能を求める動きが再び現れます。そのとき二階表には、さすがにかつてのような手摺付大開口ではなく出格子が増加します。木製竪子を釘打ちするこの出格子は、虫籠や虫籠格子と呼ばれ、土塗格子の開口よりも高い居室機能を持ちました。この増加に連れて、二階もじりじり高くなったのは、町内の相互規制の中で、いわばお目こぼし的に許されたものですが、その蓄積は、やがて本二階建てにつながっていきます。

なお、農村部の民家は、上屋梁に梁間規制を課せられました。しかし京都の町家は、両妻壁に通柱が並び、上屋梁を持たなかったので、梁間規制の対象になりませんでした。当時の梁間規制には農村の景観を、また低層・均質化を命じる建築規制には都市の景観を、徳川政権の武威に従う整った姿に整えさせる意図がうかがわれます。

江戸中期、江戸のようには防火政策が徹底されなかった京都――桟瓦葺の普及とウダツの減少

町なみの瓦葺規制は徹底されましたが、敷地奥の土蔵は許され、火の気を持つ小屋にもお目こぼしがあったようで

す。防火性能が評価されたからです。そして八代将軍吉宗は、贅沢として規制対象であった瓦葺や厚い塗壁を、都市防災の観点から、享保五年（一七二〇）に規制解除しました。その後、江戸では瓦葺が、土蔵造や塗家とともに強制されます。しかし、ほぼ同時期に使用が許された京都では、町奉行所がどんな屋根葺替えも申請不要としたように、瓦葺の強制はなく、奨励に終始しました。これは所司代・町奉行所体制が、老中から強制権限を得られなかったためのようで、土蔵造や塗家にいたっては奨励すらされませんでした。

一方、瓦葺が普及した江戸では、ウダツが瓦葺の重量を支えるのに不向きとされ、減少します。一八世紀前半のことです。京都はまだ板葺にウダツの町なみでしたから、同じ幕府直轄都市の江戸と異なることになりました。総城下町であった江戸の防火性能の向上は急務でしたが、京都は所司代の消防任務を天皇警護に集約することにより、徹底的な都市防災の整備は必要なしと判断されたようです。町人との軋轢も避けたのでしょう。

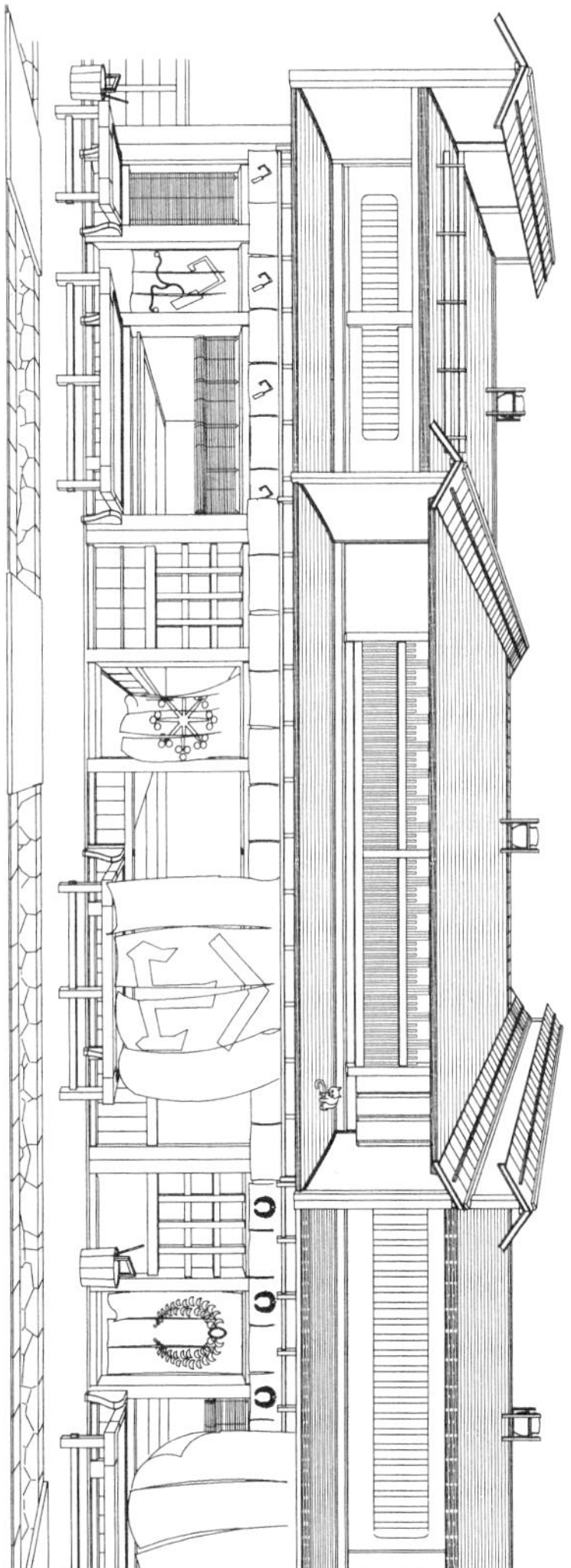

図1　開放的な宝永大火後の町なみ想像図

京都では、一八世紀後半に、ようやく桟瓦葺が普及します。他国瓦や田舎瓦が京都に流入し、価格が下がったためでした。この傾向は、天明大火（一七八八）後に加速して、大屋根と共にむくり付の意匠的なウダツも現れました。この点、板葺の頃に多かった直線的なウダツとは違いますが、防風や防火の役割を失い、構造的にも不適切となったウダツは、やがて減少していきました。その後、大屋根よりも低い袖ウダツが現れましたが、大勢にはなりませんでした。

江戸後期、町人の相互監視の中での仕舞屋化——閉鎖的になる一階表構え

町家に桟瓦葺が普及すると、木戸門の脇塀にも瓦葺が増加します。もっとも、開閉時に衝撃を受ける大扉の笠木は、木製のまま変わりません。この笠木付大扉は、中世の釘貫の伝統を受け継ぐ型式で、全国と比べても立派なものでした。

また、江戸で増加した土蔵造や塗家は、京都では普及せず、真壁の町なみは変わりませんでした。江戸でも強制がなくなった天保期以降、土蔵造の普及は止まったとされますから（明治期に一時的に増加）、京都で普及しなかったのは強制がなかったことが大きな理由でしょう。

実は京都でも、一度だけ土蔵造や塗家を勝手次第とする触書が出ていますが、普及しませんでした。ただし、この触書が命じた中の、こけら葺を桟瓦葺にという命令が、通庇に残っていたこけら葺を桟瓦葺に変えます。

町家の表構えは、ますます高くなった二階では、天明大火（一七八八）直後に出格子状の虫籠格子が減少し、土塗格子を並べた開口が増加して、塗り虫子などというムシコに絡んだ名称を得ます。その後、復活してきた出格子には、格子戸建具のはめ込み式が現れ、その格子戸建具や、組み込む竪子にもムシコに絡む名称が現れました。一方、従来の竪子釘打ち式の出格子は、一九世紀前半まで、従来と同じように虫籠格子と呼ばれていましたが、やがて出格子という名称に吸収されていきます。

一方、一階では、大通りや対面販売中心の町家は、開放的な店構えを残しました。しかし、大通りを一筋入ると、

平格子や出格子、それも格子戸建具のはめ込み式が増加しました。これらは取外しができたので、山鉾巡行など行事のときは、からりと取払うわけです。江戸前期に萌芽が見られた仕舞屋化ですが、これがさらに進んだものでした。

こうして京都の町なみは、大通りでは一階が開放的な店構え、二階は出格子や平格子で取外し可能。大通りから一筋入れば、一階は平格子や出格子に格子戸建具のはめこみ式で仕舞屋化。べんがら色の千本格子の町なみとなり、二階は土塗格子というように整っていきます（図2）。そのとき、開放的な店構えでは揚見世と称されていた商品陳列台は収納式の腰掛、いわゆるばったり床机と呼ばれるようになっていきました。

また、同じ頃、数奇屋造や茶室、唐紙張など、規制違反の仕様を求める傾向が強くなりました。これを、中井家支配を受けない大工などが引き受けて、町家の奥に、町人の経済力を反映した空間を生み出していきます。

図2　仕舞屋化した天明大火後の町なみ想像図

幕末、目立たぬ町家がつくる端生な町なみ――元治大火後の繊細な格子

江戸時代を通じて、少しずつ町なみが高くなる、仕舞屋化が進む、この二点の変容があったものの、京都の町家と町なみには、おおよそ相互監視が行き届きました。その結果、町家は表構えを揃えて、端正な町なみを生みだしました。「民宅高低なく、一望自ら整然たり」「何れも平常の家作、塗家等目立普請これ無」と評される町なみになったのです。そしてさらに、元治大火（一八六四）により、幕末から明治初年の復興時に、江戸時代最後の加工技術による格子戸を付ける機会を得ました。町家に関わる技術が最高水準に達した大工によって（写真1）、復興という広範囲な建直しが行われる中で、全国的に最も細く、繊細な格子が京都の町家に現れたのです。そのとき、格子戸建具に関わるムシコの名称は、格子戸や格子に吸収されて消滅しました。その結果、明治期には、土塗格子を並べた開口だけが、ムシコの名称を受け継ぎます。しかし必然的な漢字表記はなく、様々な漢字表記があてられました。

写真1　明治末期の町家大工たち
（石井行昌撮影写真、京都府立総合資料館寄託）

　このように見てくると、明治期に入って「船鉾みたいな家建てて、ねっからお客がコンチキチン」と歌われた理由がわかります。もともと徳川政権の建築規制が整えた町なみでも、維持したのは、町人の相互監視でした。そのため、少しずつ町家が高くなったり、修景した表蔵も許されたのですが、煉瓦造や石造の建物が町なみを極端に変化させる状況に、かつて町人であった明治期の京都市民は、穏やかではいられなかったでしょう。極端な変容は、木戸門が取り払われた町なみに、遠目にも目立ったはずです。新しい時代を告げる風を背中に感じつつ、やっかみ混じりの気分で作られ

た歌だったのではないでしょうか。

しかし、厨子二階に変わって本二階ての町家が増加し、土塗格子を並べたムシコも大きなガラス窓に変わって再生産されなくなります。そしてムシコという名称も、建築関係者の中で伝えられる程度になりました。

ところが、昭和の戦争中に、避難口として一部の格子が切り取られたムシコは、戦後の観光開発で注目されました。そのとき辞典類に受け継がれていた虫籠、つまり木製竪子釘打ち式の虫籠格子に関する説明が付会されます。そして説明に記されていた虫籠窓という名称が、俳諧用の造語の可能性すらあるにも関わらず取り上げられて、学術的にも一般的にも定着していきました。

ところで土蔵造の防火性能や断熱性が、真壁造に勝るのは間違いありません。その意味の住環境や防火上の安全性を重視したとき、江戸時代の町家がたどり着いた極相は、江戸の土蔵造と評価してよいでしょう。しかし、強制がなくなると減ったように、費用対効果などの面で土蔵造には問題があったらしく、必然的な町家型式にはなりませんでした。それに地震の影響を考えても、本瓦葺に大棟、分厚い土壁の土蔵造は、軸組に大きな影響が避けられません。これに対して京都の町家の桟瓦葺に真壁は、まだしも軽い。それに軸組をほとんど釘で固定せず、込栓でかしめる（固める）だけの籠のような建築でしたから、変形しても太縄で引き起こし、貫や軸組を修理交換、込栓を打直して壁を塗れば元通りでした。この一連の作業を考えたとき、塗家や土蔵造よりも真壁造のほうが、はるかにやりやすい。もちろん危険な地震の頻度は火事よりも少なく、修理を考えての真壁造ではなかったかもしれませんが、京都の町人の姿勢も、あながち不合理、非防災的とは言えません。土蔵と違って土蔵造の町家は開口が多くなるので、防火性能は怪しいとみた可能性もあります。桟瓦葺になった町家の多くが不要となったウダツを切り捨て、ケラバを伸ばしたように、単なる富裕表現は取り入れないのが江戸後期の京都の町人だったのでしょう。だから江戸や大坂のように本瓦葺を選択せず、土蔵にはしっかり壁土を塗り重ねながら、ほかの建物は真壁のまま。その結果、他の都市にはない軽やかな町なみが京都にはあったのです。

以上が、建築規制などの史料をもとに、本書が明らかにした京都の町家と町なみのなりたちとうつりかわりです。ところで私たちも、平成一九年（二〇〇七）議決の新景観条例が次なる巨大地震後に発動したとき、規制による町なみの均質化を経験することでしょう。ただしヨーロッパでは歴史文化的裏付けを持つ高さを規制数値としますが、三一メートル以下という町家には関わりない数値が生みだす町なみがどう評価されるのか。それは観光客ではなく、行政がいう「痛み」に耐えた京都市民だけが語る権利を持ちます。

それでは最後に、京都の町家という文言を考えてみましょう。

京都の町家とは

京都の町家は、平安時代の市の商店「店家《まちや》」に始まり、やがて通りに面した店舗付住宅も店家になりました。「家」や「家居」「在家」は専用住宅を指しましたが、店家を含んで庶民住宅の総称になることもありました。

室町時代の庶民の中に「町人」を自称する者が現われると、店家も「町家」になっていきました。店舗付住宅の町家は、見世棚や台格子越しに開放的な表構えを見せました。二階建ては少数でしたが、一六世紀末の豊臣政権による二階建て政策や、城郭の建築技術の導入で建築的な発展が進むと、二階建ての「町家」が町なみを形成していきます。

江戸時代には、所司代・町奉行所体制の触書に「洛中洛外、寺社ならびに町家」「今般、町家・百姓家」とあるように、また公刊本に「京中の町家」（『かなめ石』）とあるように、店舗の有無に関わらず、京都の都市住居すべてが町家になっていきます。仕舞屋化が進み、外から見ただけでは店舗か専用住居か、わからなくなったことにも関係したようです。江戸後期には「町家は禄なきもの」（『歳中行事記』）とか「譴責《けんせき》を蒙り町家の難渋」（『京都土産』）などと、町人自身を「町家」と記す例も現れますが、「町家」は基本的に都市住居の総称でした。

明治時代、江戸時代の建築規制が外れた各地の町家は、住環境の面で不合理な部分を変化させます。京都では、元治大火後から明治期にも江戸時代の型式が建てられましたが、それでも本二階建てや二階表の大きなガラス窓の増加で変化が現れました。「町人」が「市民」となり、都市住居を示す行政用語も「府下、街上或いは川岸へ家屋建て出し……」（明治三年府令書）とあるように、「町家」から「家屋」などに変わりました。世間でも「家」や「建家」「住居」となり、「町家」は「古い都」の「古建築」の名称になったのです（『京ところどころ』）。これから「京都の町家」を定義すると、それは江戸時代の所司代・町奉行所体制の建築規制の影響を受けた「洛中洛外町続きの都市住居」です。店舗付住宅に限らない一方で、建築規制と町内の社会的規制を背景に、均質な町なみを生む特性を持つものでした。

ところが、近世が近代へ移る社会変革、歴史用語でいう明治維新を経た後、江戸時代の建築規制や町内の相互規制が外れた京都の都市住居は、二階表に大開口を持つ本二階建てが増加、煉瓦造も現れるなど多様化しました。もはや「京都の町家」ではなく、当時の行政用語から「京都の家屋」とでも定義されるものです。町家と近似していても、現実に規制を受けていないものは町家風「京都の家屋」です。もっとも元治大火で「京都の町家」がほとんど焼失した京都では、その型式を伝える「京都の家屋」も同じように重要であることは間違いありません。

これに続く転換点が、「都市計画法・市街地建築物法」の大正八年（一九一九）公布、翌九年（一九二〇）の施行です。特に市街地建築物法は、日本初の建築法規として、都市の木造「住居」に構造補強を義務付けました。これは明治二七年（一八九四）の庄内地震後に文部省震災予防調査会がまとめた「木造耐震家屋構造要領」が元で、基礎設置・仕口欠損の回避・接合部金物補強・筋違《すじかい》による軸組補強が含まれました。通柱に貫を通すそれまでの町家構造は、地震や強風の揺れを水平方向にうねって吸収し、軸組の変形も縄をかけて戻せる籠でしたが、太い軸組をがっちり固定する箱的な構造に変えたのです。また詳細な防火規定も定めました。この規定は昭和初期の火災実験で検証され、「簡易防火木造建築」の「木造モルタル塗」定着につながり、真壁や木格子の表構えは許されなくなりました。このとき防火のため登場したウダツ状の境界壁はある程度普及しましたが、一時的でした。

昭和の戦争後、市街地建築物法は、昭和二五年（一九五〇）に建築基準法へ発展的に受け継がれました。これらの影響を受けた住まいは、「京都の住居」とでも定義できます。そして「京都の住居」は多様化し、在来軸組工法以外の住宅や大規模集合住宅（マンション）も、その多様性に括っていくことになりました。

このように建築史的観点から、近世から近代の京都の都市住居をみた場合、建築規制の影響を受けた江戸時代の「京都の町家」→規制が外れた明治期以降の「京都の家屋」→大正期の市街地建築物法・都市計画法および改正内容、そして昭和期の建築基準法の影響を受けた「京都の住居」。このような文言の変遷があったと考えられます。

今後の方針

現在、木造モルタル塗や鉄筋コンクリートの「京都の住居」を否定的に評価して、もう一度、町家と同じ構造・外観の住居を建てたいとの動きがあります。本物の「京都の町家」や「京都の家屋」は風雪に耐えたゆえの魅力を持ち、「京都らしい」「住んでみたい」との印象を生み、観光資源となって不動産的価値も持ちます。しかし、本物は数が限られる。そこでもう一度、町家と同じ構造・外観の住居を建てたいとの動きが「京町屋はモルタル塗の箱より風通しがよく長持ち」「解体や転用も可能」「京都の景観にふさわしい」などの解説付きで出てくるようです。


しかし、このいかにも普遍的な価値付けが「〜らしい」「〜みたい」といった感覚に基づく点は注意が必要です。感覚は定義がむずかしい。一部の趣味的感覚が普遍的価値に置きかえられる恐れもあります。他方、都市防災の面では、たとえば万単位の命を奪う大火を封じ込める点では、町家よりも「京都の住居」が優れているのは間違いない。土蔵造・塗家が京都で普及しなかった理由は述べましたが、もしも「日本の建築技術史上見逃せない成果」(二)とされるほど確実かつ安価なモルタル塗があったなら、江戸時代の町人はどうしたか。隣町の火事にも消防義務があった彼らが、真壁や木格子の風趣を惜しんでそれを拒否したとは考えにくい。それに限られた都市空間に大人数を収容する能力もマンションなど「京都の住居」がはるかに高く、そこに住む人々がもたらした活力も重要でした。「京都の住居」の増加による町なみの変容は、京都が大都市である以上は歴史的必然だった部分も否定できません。

そもそも木造モルタル塗の防火性能を証明する実験は、大正〜昭和期の工学技術者により、全国三〇都市で本物の木造住宅を一五〇棟以上燃やして行われました。そして最高火事温度一〇〇〇度への到達時間が点火後わずか一〇分という木造火事への性能が裏付けられたのです。今、その成果を取り払うのなら、燻煙や薬剤で同等以上の防火性能を付加してこそ建築的発展といえます。それがないまま、情緒論から町家と同じ構造・外観を許容するのは建築的後退でしかありません。「火事は個人の不始末が多いから、注意し合えばモルタル塗はやめられる」と主張する向きもありますが、都市防災の放棄です。土蔵造を奨励した江戸幕府の方が責任ある姿勢といえるでしょう。

その一方で、本物の「京都の町家」や共通型式の「京都の家屋」には異なる扱いが必要です。なぜなら、昭和の戦争で全国の町家が焼かれてしまい、大都市の伝統的住宅様式や町なみを伝えるのは、京都だけになりました。ですから、その保存や維持修理は、日本人の歴史を伝える重要な行為なのです。これまでは、全国一律の文化財的評価基準の中で、私有財産として手が差し伸べられず、相続税などの問題から姿を消していきましたが、その重要性をふまえれば、京都固有の対策に結びつく可能性があります。そのためには、京都の町家と町なみのなりたちやうつりかかわりに、さらなる解明が必要になるでしょう。そのための研究を、今後の方針にしたいと思います。大量消費時代のつけを、自然災害というかたちで返されつつある今だからこそ、本物の町家から、町なみから、住まわれる方々から知恵や工夫を学び取り、正確に後世へ伝えつつ、その本質を今後に活かす義務を自覚します。宝物は失われたとき再び得られないから宝物なのです。代わりはありません(一)。

写真２　近江八幡の町なみ

◉註

一　村松貞次郎『日本建築家山脈』鹿島出版会　一九六五

二　江戸時代の京都を考えるとき、滋賀県近江八幡市の新町通り（重要伝統的建造物群保存地区）が参考になります。京都との関係も深かった近江八幡商人の住まいは、所司代・町奉行所体制の支配の影響を受けていました。大火がなかった同地は、宝永三年（一七〇六）（国重文）建築の旧西川家住宅を初め、表通りに面して真壁の厨子二階、桟瓦葺でもウダツをあげる町なみがあります。特に、こけら葺を残す西川家の桟瓦葺は直線的でウダツも同じ、むくりが付かない点が古風で、刷上式の蔀戸を持つ開放的な店構えも残します。通りの反対側には仕舞屋があり、その千本格子は幾分太く、ちょうどウダツが減少期に入った頃の京都を彷彿とさせます（写真２）。元治大火前の京都を思わせる同地。訪れてみてはいかがでしょうか。

あとがき

これから先、伝統的な京都の町家や町なみは、どうなっていくのでしょうか。

地球温暖化の影響を受けた気候は、荒々しさを増しています。少なくとも町家礼讃に耽っていられる時間は少なくなりました。本当の町家や、人々が暮らす町なみが息づくうちに、なりたちや住環境、構造の特質を明らかにして、この国の伝統的住宅様式として正確に記録し、特長を抽出して、将来の建築に反映させなければなりません。それには現存する町家を好意的にみるだけでなく、古文書や建築背景の史料にも視野を広げ、科学的実証実験も進めて複合的な検討が必要です。その意味で本書はまだ一里塚ですが、今後も真摯に研究を進めたいと思います。

ところで、本書は史料として支配者の触書を数多く取り上げました。その理由について、江戸時代の落書をご覧下さい。

制　札

一、狸、腹鼓を打つこと、今後は手鼓に致し、鳴物御停止の節は無用に致すへし、七化《ばけ》も三化に減すべきこと

一、山鳥の尾の余り長々しく、不相応に見ゆるに付き、今後は鶏の尾同様に致すべきこと

一、雀、百になりても踊を忘れざること、若輩の至りなり、以後盆のほか踊無用のこと

一、小金虫、あまり結構なる色につき、今後真鍮虫と唱うべし、ただし金魚も同然たり、銀魚は苦しからざること

庶民の生活に枠をはめるばかりの幕府を、触書の書式になぞらえて皮肉っています。しかし、この皮肉も背景にある享保改革を、その倹約的な性格を把握しないうちは本当の思いが理解できません。建築も同じです。今も勝手な建築が許されないように、江戸時代にも建築規制がありました。興味の有無は別にして、それを触書に読み取って影響

を考えない限り、本当のところは何もわからない。そこで本書は、建築規制や木戸門に関わる所司代・町奉行所体制の触書を取り上げました。これまであまり重視されませんでしたが、確かに重要な史料なのです。

なお本書では先行研究の批判を繰り返しましたが、先学への敬意は忘れずに記したつもりです。各位にご不興の点ございましたら著者の力量の至らぬところであり、心からお詫び申しあげます。

末尾になりましたが、これまでご指導、ご鞭撻いただいた諸先生方に心から感謝いたします。また本書公刊の機会をいただいた昭和堂の皆様とりわけ松井久見子様、出版助成いただいた財団法人　住宅総合研究財団の皆様に感謝致します。

本書を手にとっていただき、本当にありがとうございました。京都の町家と町なみに関心を持つ方々に少しでもお役に立てれば、著者にとってこれほどうれしいことはありません。

平成一九年　五月一六日

住環境文化研究所代表（当時、現京都美術工芸大学工芸学部教授）

丸山俊明

初出一覧

序　章　古代から近世初頭の京都――江戸時代までの町家と町なみ　書き下ろし

第一章　京都の町なみを整えたのは――家作禁令と建築規制、御触書と町式目
「一七世紀の京都の町並景観と規制――江戸時代の京都の町並景観の研究（その一）」
日本建築学会計画系論文集　第五八一号　二〇〇四年　七月

第二章　桟瓦葺になった町なみからウダツが消える――瓦葺の規制と解除
「一八〜一九世紀の京都の町並景観と瓦葺規制――江戸時代の京都の町並景観の研究（その二）」
日本建築学会計画系論文集　第五八七号　二〇〇五年　一月

第三章　京都と江戸の町なみが違ったわけ――江戸の土蔵造と京都の真壁
「京都の真壁と京都町奉行所の建築行政――江戸時代の京都の町並景観の研究（その三）」
日本建築学会計画系論文集　第五九六号　二〇〇五年一〇月

第四章　京都の町家と梁間規制――町家の構造と民家の梁間規制
「京都の町家と梁間規制に関する試論」
日本建築学会計画系論文集　第六〇六号　二〇〇六年　八月
「京都町奉行所による出来見分の実施形態――出来見分の役人構成を中心として」
日本建築学会計画系論文集　第五三一号　二〇〇〇年　五月

第五章　ムシコと町家の表構え――名称の変遷と表構えの変容
「京都の町家における『むしこ』」
日本建築学会計画系論文集　第五九九号　二〇〇六年　一月

第六章　町家内部の違反建築――規制された唐紙を使えたわけ
「町触、町式目とまちづくり」　分担執筆『京・まちづくり史』所収　昭和堂　二〇〇三年
第七章　武士を見下ろしてはいけなかったのか――町家二階からの見下ろしと町家型式　書き下ろし
第八章　治安装置のある町なみ――町々と木戸門のかかわり
「木戸門の役割と建築許可申請――江戸時代の京都の木戸門の研究（その一）」
日本建築学会計画系論文集　第五六九号　二〇〇三年　七月
第九章　木戸門のかたち――立派な京都の木戸門
「京都における木戸門の建築形式――江戸時代の京都の木戸門の研究（その二）」
日本建築学会計画系論文集　第五七五号　二〇〇四年　一月
結　章　京都の町家と町なみ――目立つ普請にてはこれなく候　書き下ろし

■著者略歴

丸山俊明（まるやま としあき）

1960年　京都市左京区生まれ、第四錦林小学校、近衛中学校、鴨沂高校卒業
1983年　琉球大学法文学部史学科（日本史専攻）卒業
1989年　大阪工業技術専門学校Ⅱ部建築学科卒業
1997年　京都工芸繊維大学大学院修士課程修了（工学修士）
2001年　京都工芸繊維大学大学院博士課程修了（学術博士）
2012年　京都美術工芸大学工芸学部教授
一級建築士　日本建築学会正会員

専門：建築史・都市史

著書：『京都の町家と火消衆――その働き、鬼神のごとし』（昭和堂）、『山城国農村部の建築規制の研究』（私家版）、分担執筆『京・まちづくり史』（昭和堂）、共著に『京都府指定文化財（建造物）鹿島神社修理工事報告書』（鹿島神社）、『京都府指定文化財（建造物）小林家住宅長屋門ほか四棟修理工事報告書』（小林凱之）、『京都府指定文化財（建造物）萬福寺塔頭天真院客殿・経蔵修理工事報告書』（天真院）、『石塀小路町並み調査報告書』（京都市都市景観局）ほか。

論文：「江戸時代の京都の町並景観の研究」（1～4、日本建築学会計画系論文集）、「江戸時代の京都の木戸門の研究」（1～5、日本建築学会計画系論文集）、「江戸時代の京都の消防の研究」（1～9、日本建築学会計画系論文集）、「江戸時代の山城国農村部の建築規制の研究」（1～5、日本建築学会計画系論文集）ほか。

京都の町家と町なみ――何方《いづれのかた》を見申様《みもうすよう》に作る事、堅仕間敷事《かたくつかまつるまじきこと》

2007年5月31日　初版第1刷発行
2012年7月31日　初版第2刷発行

著　者　丸山俊明

発行者　齊藤万壽子

〒606-8224　京都市左京区北白川京大農学部前
発行所　株式会社昭和堂
振込口座　01060-5-9347
TEL（075）706-8818／FAX（075）706-8878
ホームページ　http://www.showado-kyoto.jp/

印刷　亜細亜印刷

ISBN 978-4-8122-0725-3